Axel Klitzke

Pyramiden:
Wissensträger aus Stein

Axel Klitzke

PYRAMIDEN:
WISSENSTRÄGER AUS STEIN

Das Geheimnis der Pyramiden
Ägyptens und Mittelamerikas

Govinda-Verlag
Zürich · Jestetten

Herausgegeben von Ronald Zürrer

Kontaktadressen des Verlages:

Schweiz: Govinda-Verlag, Postfach, 8053 Zürich
Deutschland: Govinda-Verlag, Postfach, 79795 Jestetten
Internet: http://govinda.ch

Erste Auflage – Januar 2006
© 2006 Govinda-Verlag GmbH
Alle Rechte vorbehalten.

Lektorat: Armin Risi, Zürich
Layout: Helmut Kunkel, Jestetten
Umschlaggestaltung: Maria Rossmanith, Jestetten
Gesamtherstellung: Ueberreuter Buchproduktion GmbH
Printed in Czech Republic

ISBN 3-906347-76-1

Inhalt

Dank

Jetzt, wo ich diese Worte des Dankes schreibe, kann ich auf rund drei Jahre anstrengender Arbeit zurückblicken. Es war eine Zeit, in der mein Denken und Fühlen fast vollständig von der geheimnisvollen Welt der Zahlen bestimmt wurde, die als Geheimcode in den Pyramiden eingearbeitet sind. Ihre Bestimmung und «Übersetzung» wurden in dieser Zeit zum Bestandteil meines täglichen Lebens. Demnach ist es verständlich, wenn ich meiner geliebten Frau Liane besondere Hochachtung zolle, denn sie brachte die Toleranz auf, ein oft selbst beim Frühstück geistesabwesendes Gesicht zu ertragen oder sich die gefundenen Erkenntnisse anzuhören. Allerdings erlebte sie auch die schönen Momente, wenn ich rief: «Ich habe wieder etwas Phantastisches herausgefunden, darf ich dich deshalb zu einem Glas Wein einladen?»

Nebenbei bemerkt, es gab öfters Wein. Das sollte aber nicht darüber hinwegtäuschen, daß mich meine Frau mehr am Computer sitzen sah als abends im Wohnzimmer. Insofern gebührt ihr der große Dank, mir diese Arbeit überhaupt erst ermöglicht zu haben.

Die dritte «Person» in unserem Haushalt ist unser Hund Kuno, den wir vor fast vier Jahren aus einem Tierheim geholt haben. Fast ständig lag er unter meinem Schreibtisch zu meinen Füßen und ermahnte mich, meine Arbeit zu unterbrechen, wenn ich zu lange am Computer saß. So sorgte er täglich mehrmals dafür, daß ich etwas für meine Gesundheit unternahm, die sonst garantiert vernachlässigt worden wäre. Diese liebe Seele hat mir in dieser Zeit viel Ruhe und Ausgeglichenheit demonstriert, die auch für meine Arbeit sehr wichtig war.

Mein Dank gebührt auch meinem Freund Rolf Grajek, der sich die Mühe machte, mein erstes Konzept auf Verständlichkeit zu überprüfen. Er gehört ebenfalls in die Kategorie von Menschen, denen die Zahlen und obendrein der Humor in die Wiege gelegt wurden.

Zu guter Letzt möchte ich erwähnen, daß es eine Reihe «entfernt wohnender» Freunde gibt, die mir bei diversen kniffligen Problemen hilfreich zur Seite standen. Im letzten Kapitel gehe ich auf diese Freunde ein, denen ich sehr dankbar bin.

Mein besonderer Dank gilt Armin Risi, der das Gesamtkonzept nochmals detailliert mit mir gemeinsam prüfte und wertvolle Hinweise für die Formulierung von Details lieferte, die für den «Normalverbraucher» sicherlich eine Unterstützung darstellen. Gleichfalls bin ich dem Govinda-Verlag, der in relativ kurzer Zeit die Veröffentlichung dieses Buches realisiert hat, für seine konstruktive Unterstützung dankbar.

Vorwort

μηδείς εἰσίτω ἀγεωμετρικός

Mēdeis eisitō ageōmetrikos. So soll der Leitspruch über dem Eingang zu Platons Akademie in Athen gelautet haben: «Es trete niemand hier ein, der nicht der Geometrie kundig ist.»

Der Eingang zu Platons Schule ist auch der Eingang zur gesamten abendländischen Philosophie und «Akademie». Und der Schlüssel hierzu soll die Geometrie sein?!

Das mag auf den ersten Blick erstaunlich klingen. Aus welchem Grund muß man sich in Geometrie auskennen, wenn man sich in die «Akademie», in eine akademische Bildung, hineinbegeben will? Muß jeder, der sich «Akademiker» nennt, ein *geōmetrikos* sein? Warum verlangte der große Philosoph und Gelehrte Platon diese Qualifikation von seinen Schülern?

Das griechische Wort *ageōmetrikos* kann nicht nur als «der Geometrie unkundig», sondern auch als «der Geometrie abgeneigt» übersetzt werden. In diesem Sinn verlangte Platon nicht unbedingt, daß jeder Kandidat bereits ein gebildeter «Geometer» war (in einigen Quellen wird Platons Leitspruch auch mit dem Wort *ageōmetrētos* wiedergegeben). Platon verlangte eine allgemeinere Qualifikation: Jemand, der in die höheren Wissenschaften eingeweiht werden wollte, durfte nicht geometrieunkundig oder zumindest nicht geometrieabgeneigt sein. Schülerkandidaten mußten also bereit sein, vor der Arbeit in der konkreten Welt zuerst ein klares abstraktes Denken zu erlernen, und hierzu gehörten in erster Linie die Wissenschaften der Philosophie und der Mathematik.

Denselben Leitspruch – *mēdeis eisitō ageōmetrikos* – könnte man auch über das Buch (und die Forschungsarbeit) von Dipl.-Ing. Axel Klitzke stellen. In seinem Werk geht es um sehr konkrete und handfeste Themen: die alten Pyramiden. Axel Klitzke hat die Pyramiden Mittelamerikas und Ägyptens, insbesondere die von Teotihuacán, Dahschur und Giza, untersucht, und dabei entdeckte er verblüffende Parallelen, gestützt auf den Hunab, die Königselle und den Urzoll, deren wahre Länge er zu ermitteln vermochte – ebenfalls eine schlüsselhafte (Wieder-)Entdeckung. Dies zieht natürlich viele Fragen nach sich: Woher kommen diese Parallelen? Wer hat diese megalithischen Bauwerke errichtet? Wann und zu welchem Zweck?

Man könnte es sich bei diesen Fragen sehr leicht machen und einfach die vorherrschende «akademische» Meinung übernehmen, nämlich daß es sich bei den ägyptischen Pyramiden um Grabmäler der Pharaonen der Vierten Dynastie handle (Snofru, Cheops usw.), die um 2500 v. Chr. gelebt haben.

Das jedoch ist keine akademisch gültige Erkenntnis im Sinne Platons, denn diese Ansicht ist *ageōmetrikos*. Wenn Platons Leitspruch für die Philosophie gilt, dann gilt er um so mehr für die Ägyptologie, insbesondere für die Pyramidenforschung! Nur diejenigen, deren Blick «geometrisch» geschult ist, können den Pyramiden und den Erbauern der

Pyramiden gerecht werden. Bezeichnenderweise gehört heute die Geometrie, und erst
recht die Wissenschaft der heiligen Geometrie, nicht zum Lehrplan der Ägyptologie. Die
«akademische» Ägyptologie behauptet sogar, in den Pyramiden gebe es keine heilige Geometrie; dem Bau der Pyramiden liege kein Gesamtplan zugrunde; die Pharaonen hätten
die Pyramiden schrittweise und experimentell gebaut; während des Baus sei die Planung
immer wieder verändert, d. h. den neu gewonnenen Erkenntnissen (oder den Launen des
jeweiligen Pharaos) angepaßt worden.

Hier muß einmal mehr betont werden, daß sich die Erbauer der Pyramiden nirgendwo
schriftlich identifiziert haben. Die megalithischen Weltwunder von Ägypten sind inschrif-
tenlos – ganz im Gegensatz zu den pharaonischen Bauten. Umgekehrt behaupten die Pharaonen (Snofru, Cheops usw.) nirgendwo, sie hätten die Pyramiden von Dahschur bzw.
Giza gebaut. Diese Zuordnung geht auf die Ägyptologen des 19. Jahrhunderts zurück und
hat sich mittlerweile derart etabliert, daß sie kaum mehr jemand hinterfragt. Und doch:
Hinterfragt man diese Zuordnung und untersucht objektiv, was die Beweise dafür sind,
zeigt sich schnell, daß die wenigen Beweise, die angeführt werden, in keiner Weise überzeugend sind.

Axel Klitzke geht weit über diese grundlegenden Fragen hinaus, denn er ist *geōmetrikos*
im strikten wie im weiteren Sinn. Als junger Mann war er, noch zu DDR-Zeiten, im
Bergbau tätig und hat dadurch nachhaltige persönliche Erfahrungen im Umgang mit
Gestein gemacht. Er weiß, was es heißt, mit Stein zu arbeiten. (Die heutigen «akade-
mischen» Pyramidenforscher behaupten, all die perfekt zugeschnittenen Kalkstein- und
Granitquader der ägyptischen Megalith-Bauten seien von pharaonischen Arbeitern mit
Holzhammer und Kupfermeißel in diese Form gebracht worden; damals gab es noch nicht
einmal Eisenwerkzeuge.)

Axel Klitzkes Bildung ist nicht auf Sand, sondern auf Stein gebaut. Sein nachfolgendes
Hochschulstudium und sein langjähriges Wirken auf dem Gebiet der Bauplanung schufen
eine solide Grundlage für seine Forschungen. Wenn er den Bau und die Architektur der
Pyramiden untersucht, kann er dies folglich sowohl von der praktischen als auch von der
theoretischen Seite her tun.

Geometrie im antiken Verständnis bezieht sich nicht nur auf die Strukturierung und
Vermessung der äußeren Welt, sondern auch auf die Erkenntnis der inneren Struktur des
Kosmos. In diesem Zusammenhang sagte der griechische Universalgelehrte Pythagoras:
«Alles ist Zahl.» Damit wollte er ausdrücken, daß die Schöpfung das Werk eines bewuß-
ten Schöpfergottes ist, dessen kosmische Intelligenz sich in allumfassender Ordnung und
Harmonie ausdrückt, die sich vom Menschen – auf der abstrakten Ebene – als erstes in
Form von Zahlen und Zahlenverhältnissen nachvollziehen läßt; die Zahl ist der Ausdruck
des Zusammenhangs von Einheit (Ursprung) und Vielheit (Schöpfung).

So gesehen, ist Axel Klitzke auch *geōmetrikos* im weiteren Sinn, denn er hat neben der
Ingenieurwissenschaft auch die alten Mysterientraditionen erforscht, insbesondere die der
Freimaurer. Dabei mußte er erkennen, daß in diesen Männergesellschaften nicht mehr viel

vom ursprünglichen Wissen vorhanden ist, obwohl sie in ihrer Urform – über verschiedene Stationen des verborgenen Wirkens hinweg – auf sehr alte Wurzeln zurückgehen. Seine Forschungen sind also auch für diese Kreise sehr bereichernd und erhellend.

Platons Forderung bezog sich offensichtlich nicht auf eine einseitige, abstrakte Ausbildung, sondern auf eine universale, die es dem Studenten ermöglichte, weitsichtig und vielschichtig in der Welt der konkreten Formen (Architektur, Medizin, Politik usw.) tätig zu werden. Platon gehört zu den ersten großen Gelehrten des Abendlandes. Der Blick zurück in die Vergangenheit sollte jedoch nicht bei ihm aufhören, denn er selbst stand in der Tradition, die auf Pythagoras zurückgeht. Pythagoras war ein weitgereister Mann und begann seine eigene Lehrtätigkeit erst mit rund fünfzig Jahren. Traditionen, die auf ihn zurückgehen, sagen, er habe viele Jahre lang in ägyptischen Mysterienschulen studiert und sei dort in sehr hohe Grade eingeweiht worden.

Nach dem Vorbild des pythagoreischen Bundes gründete Platon im Jahr 388 v. Chr. seine Schule in den Hainen des Akádemos (vor den Toren Athens, im Nordwesten der Stadt, gelegen; benannt nach dem Heros Akádemos, der als Schutz- und Schirmherr Athens gilt, weil er durch seine Weisheit und Umsicht diese Stadt vor einem zerstörenden Angriff bewahrte). Auch von Platon wird gesagt, er habe Ägypten bereist und sei dort in die alten Mysterien, möglicherweise in die Aton-Mysterien, eingeweiht worden. Einige Interpreten deuten sogar seinen Namen in diesem Sinn: PL-Aton*.

Eine der wichtigsten Strömungen, die das abendländische Geistesleben beeinflußten, stammt also – über Pythagoras, Platon und andere – aus Ägypten und geht, über diese Zwischenstation, auf noch viel ältere Quellen zurück. Auch die jüdisch-kabbalistische Tradition hat ägyptische Wurzeln, wie die historisch-symbolische Geschichte des Moses (ein ägyptischer Name!) zeigt: «Und Moses wurde unterwiesen in aller Weisheit der Ägypter, und er war mächtig in Worten und Werken.» (Apg 7,22)

Sowohl die Geistesschulen Europas als auch die im Nahen Osten entstandenen Religionen haben uralte Wurzeln, die heute aber weitgehend verkannt oder sogar geleugnet werden. Die aktuelle Weltlage zeigt, daß diese Religionen und auch die säkularen Logenorganisationen eine tiefgreifende Transformation und Durchlichtung benötigen, denn nur über eine Horizonterweiterung, die über das Irdisch-Weltliche hinaus ins Universelle geht, können die heutigen Spannungsfelder zwischen den Nationen, den Religionen und den anderen (öffentlichen wie geheimen) Machtorganisationen überwunden werden. Entscheidend hierbei ist die Neuentdeckung der gemeinsamen Wurzeln, die alle Menschen und Kulturen verbinden.

Da im vorliegenden Buch nicht nur Buchstaben, sondern auch Zahlen vorkommen, sind die Leserinnen und Leser eingeladen, ebenfalls *geōmetrikos* zu sein, d. h. offen für die

---

* Platon hieß eigentlich Aristokles. Zur Namensänderung kam es erst im Erwachsenenalter, möglicherweise während oder nach seiner Ägyptenreise. Die übliche Erklärung lautet, der Name Platon gehe auf das griechische Adjektiv *platys*, «breitschultrig», zurück. Dies ist wohl aber nur die profane Erklärung für einen Eingeweihtennamen. Dem Universalgelehrten Platon dürfte es sicher nicht entgangen sein, daß sein neuer Name den Gottesnamen Aton enthielt.

Geheimnisse der Zahlen und auch offen für die Geheimnisse der Bauwerke, die aus diesem Wissen heraus erbaut worden sind. Denn gerade in diesem Bereich stimmt das, was Pythagoras sagte, uneingeschränkt: «Alles ist Zahl.»

Interessant, ja geradezu sensationell, ist hier die Entdeckung, daß nicht die Menschen des heutigen Computer-Zeitalters die Hüter dieses Wissens sind, sondern die ältesten Kulturen der Welt, von denen nur noch einige wenige (anonyme) Bauwerke erhalten geblieben sind. Diese Bauwerke sind Ausdruck eines genialen und komplexen Geistes, der von den heute bekannten Kulturen, angefangen mit den alten Ägyptern, nur noch bewundert und verehrt werden konnte.

Dies alles wird einem klar, wenn man sich als *geōmetrikos* auf das Buch von Axel Klitzke einläßt. Sogar ich als «Zahlenmuffel» fühlte mich sogleich tief angesprochen, und ich las das Manuskript mit Faszination und angehaltenem Atem, wohl wissend, daß ich es noch ein zweites und drittes Mal lesen muß, um alles zu verstehen. Aber ich wollte wissen, wohin die «heiße Spur» der heiligen Geometrie führt, denn, und das ist von allem Anfang an klar: Dies ist die Spur zu den wirklichen Pyramiden-Erbauern und zu unserer vergessenen, aber nicht vergangenen Vergangenheit, die direkt mit unserer Zukunft verbunden ist.

Lassen Sie sich also von den Zahlen nicht abschrecken! Diese Zahlen sind die Handschrift bzw. die «Fingerabdrücke» der Erbauer. Steigen Sie mit ein in die Untersuchung dieser Fingerabdrücke, und folgen Sie der heißen Spur! Dann können Sie Axel Klitzkes Buch nicht nur als Sachbuch lesen, sondern auch als *Zahlenkrimi.* Als dies bezeichnete ich das Manuskript nach der ersten Lektüre, obwohl das Wort «Zahlenkrimi» die Tragweite der hier dargelegten Fakten in keiner Weise zu würdigen vermag. Dieses Wort ist als Kompliment an den Autor gedacht, denn es soll ausdrücken, daß es ihm gelungen ist, ein kompliziertes Thema, das Zahlen (als Geometrie), Mystik und Menschheitsgeschichte in sich vereint, auf eine spannende und verständliche Weise darzulegen. Revolutionär und bahnbrechend ist es ohnehin.

Armin Risi

1. Skepsis als Motor der Erkenntnis

Der Mensch würde im Gewohnten und Vorgegebenen stehenbleiben, besäße er nicht eine bestimmte Grundeigenschaft: die Neigung, Fragen zu stellen und skeptisch zu sein. Was läßt uns immer wieder fragen, ob dieses oder jenes möglicherweise nicht stimmt, ob etwas wirklich korrekt interpretiert wurde, ja ob etwas nicht schlicht und einfach falsch ist? Ist uns der Skeptizismus angeboren, oder ist er nur eine notwendige Eigenschaft, die es uns überhaupt erst ermöglicht, Fortschritt zu machen? Was wäre, wenn wir nicht skeptisch wären, also einfach alles glauben würden, was uns einerseits überliefert oder andererseits von der Wissenschaft vermittelt wird? Würden wir dann nicht noch glauben, daß die Erde flach ist und im Mittelpunkt unseres Sonnensystems steht? Ich glaube, der gesunde Skeptizismus gehört einfach zu uns Menschen, weil er uns geistig wachsen läßt.

Der Inhalt dieses Buches konnte ebenfalls nur entstehen, weil ich mir selbst Fragen stellte und festgefahrene, von der Wissenschaft sanktionierte Thesen anzweifelte, weshalb ich zu «bohren» anfing. Das Hauptanliegen dieses Buches sollte sich ursprünglich den folgenden Fragen widmen:

- Woher kommen unsere alten, überlieferten Maße?
- Gab es bereits früher ein höheres Wissen auf unserer Erde?
- Liegt in diesen Maßen ein Wissen verborgen, das wir bis heute nur deshalb nicht entdeckt haben, weil wir nicht danach suchten?

Wäre ich lediglich auf die Beantwortung dieser Fragen eingegangen, so wäre der Stoff dieses Buches relativ trocken geblieben. In Fortführung dieser ersten Gedanken kamen einige sehr brisante Fragen hinzu:

- Was wußten die alten Ägypter und die Vorfahren der Mayas?
- Haben sie in ihren Bauwerken «etwas» versteckt, das wir erst in der heutigen Zeit mit unserem modernen Denken entdecken können?
- Ist das in diesen Bauwerken verborgene Wissen nur ein einfaches Wissen der damaligen Zeit, oder übersteigt es in seiner Qualität vielleicht sogar unser heutiges Wissen?

In der Welt der Archäologen gibt es gegenwärtig einen großen geistigen Trennstrich zwischen den Pyramiden Mittelamerikas und Ägyptens. Bisher wurden keine Beweise gefunden, die eine mögliche Verbindung überzeugend nachweisen konnten. Daß gerade über die verwendeten Maße und außergewöhnlichen Geometrien ein Bindeglied gefunden wird, war anfangs nicht zu erwarten. Auf den ersten Blick mag eine solche Themenstellung wegen der erforderlichen mathematischen und geometrischen Aussagen manchen Leser erschrecken, aber dieses Thema ist mit so viel Brisanz gewürzt, daß es bei weitem kein fades Hauptgericht wird. Zahlen kann man auch anders interpretieren, als wir es von der Schule her gewohnt sind, und das geschieht im vorliegenden Buch: Mathematik und Geometrie werden von altem, mystischem Geheimwissen begleitet, wodurch die ursprüngliche Bedeutung der jahrtausendealten Pyramiden überhaupt erst richtig erkannt werden kann.

Mit diesem Thema begibt man sich jedoch auf ein Terrain, das – trotz aller Wissenschaftlichkeit – mit vielen Vorurteilen behaftet ist. Hat man nicht schon Unmengen von Theorien gehört oder gelesen, mit denen über die verschiedensten Berechnungen alles Mögliche und Unmögliche bewiesen werden sollte? Sind es nicht gerade Mathematik und Geometrie, die man in der Vergangenheit oft genug «vergewaltigt» hat, um vorgestellten Theorien Beweiskraft und Seriosität zu verleihen? Insofern ist es verständlich, wenn Skeptiker sarkastisch bemerken: «Ich weiß schon: Wenn man die Länge des Schnürsenkels mit der Fläche der Schuhsohle multipliziert, erhält man die Höhe des Sarkophags in der Cheops-Pyramide!»

Mit solchen Vorbehalten – obwohl sie manchmal nicht ganz unberechtigt sind – kann man jede Theorie von vornherein lächerlich machen. Demgegenüber muß man sich fragen, warum im Verlaufe der Geschichte Menschen immer wieder versucht haben, besonders in jenen Bauten, die von einem Hauch des Mystischen umgeben sind, eine verborgene Ordnung zu finden. Deshalb werden einige Bauwerke des Altertums auch als «Weltwunder» bezeichnet, wobei diese Einstufung insbesondere für die Pyramiden zutrifft. Diese ragen sogar unter den klassischen sieben Weltwundern hervor: Sie sind die (mit Abstand!) ältesten Weltwunder-Bauten, und zugleich sind sie die einzigen, die heute noch stehen. Bei den Pyramiden ist nicht geklärt, wie sie wirklich erbaut wurden, weshalb über dieses Rätsel bis zum heutigen Tag immer wieder neue Theorien aufgestellt werden. Der Begriff «Weltwunder» hat sich deshalb im Sprachgebrauch eingebürgert, auch wenn er der Wissenschaft nicht gefällt, denn schließlich, so heißt es laut offizieller Meinung, gibt es keine Wunder; jedes «Wunder» lasse sich logisch erklären.

Aber hier fängt der Denkfehler bereits an. Wenn wir alles logisch erklären könnten, warum wird dann überhaupt noch Forschung betrieben, sogar im Bereich der «unbekannten Phänomene» – von denen es anscheinend doch noch einige gibt? So brachte z.B. im Januar 2005 ein deutscher Fernsehsender in publikumswirksamer Sendezeit einen Beitrag über einen jungen Mann, der auf der Straße vor laufenden Kameras wildfremde Menschen ansprach und ihnen ohne großes Überlegen auf den Kopf zusagte, was sie in den nächsten Stunden vorhaben und wohin sie gehen wollen, wobei er ergänzend auch noch einige persönliche Dinge aus dem Leben dieser Menschen erwähnte. Er selbst erklärte, er habe diese Informationen in ihren Gedanken gelesen, wobei die zufällig Angesprochenen – mit größtem Erstaunen, ja mit Fassungslosigkeit – die Richtigkeit seiner Aussagen bestätigten. Hätte man Wissenschaftler vorher mit diesem Phänomen, das es gemäß ihren Theorien gar nicht geben dürfte, konfrontiert, hätten sie mit Sicherheit die reale Möglichkeit eines solchen treffsicheren Ergebnisses ausgeschlossen. Was ist das also für ein Wunder, das es rein theoretisch nicht geben kann und praktisch doch nachgewiesen wurde?

Die Menschheit ist heute sehr stolz darauf, daß sie mit Hilfe des Verstandes faszinierende Leistungen in Wissenschaft und Technik vollbringen kann. Materialistisch eingestellte Wissenschaftler meinen dabei unbewußt, sie hätten all diese Erkenntnisse unter Einsatz der linken Gehirnhälfte gewonnen.

Es ist bereits Allgemeinwissen, daß die linke Gehirnhälfte mit der rechten Körperseite in Verbindung steht und den logischen Fähigkeiten des Menschen zugeordnet wird. Die rechte Gehirnhälfte ist demnach mit der linken Körperhälfte, auf der sich das Herz befindet, verbunden und wird dem emotionalen und intuitiven Aspekt des Menschen zugeordnet. Männer arbeiten überwiegend mit der linken Gehirnhälfte (es gibt auch Ausnahmen), Frauen im Regelfall mehr mit der rechten Hälfte. Wir betrachten dies als selbstverständlich, schließlich unterscheiden sich die Männer auch im Äußeren deutlich von den Frauen. Aber ist das wirklich auch richtig und normal, daß wir eine Gehirnhälfte vernachlässigen und die andere nur bei Bedarf stärker fordern? Wäre die einseitige Benutzung normal, warum hat die «Natur» dann beide Geschlechter mit gleich großen Gehirnhälften ausgestattet? Daß in unserer einseitig rationalen Denkwelt ein Denkfehler liegen könnte, wird meist nicht in Betracht gezogen.

Über viele Jahre hinweg war es eine festgefahrene Annahme der Männer, daß die rechte Gehirnhälfte für die wissenschaftliche Arbeit nicht ausschlaggebend sei, ja sogar einen störenden Einfluß haben könnte. Aber ist es nicht gerade die Intuition, die dem Menschen verhilft, bestehende Grenzen zu durchbrechen, um zu neuen Höchstleistungen der Erkenntnis zu gelangen? Werden in einer Firma nicht gerade besonders kreative Mitarbeiter gern gesehen, die neue, ungewöhnliche Ideen entwickeln und somit der Firma einen Vorsprung vor den Konkurrenten verschaffen? Heutzutage wird mehr und mehr akzeptiert, daß die rechte Gehirnhälfte ein ungewöhnlich hohes Potential für Kreativität besitzt und daß ohne Kreativität auf dem Weltmarkt nichts mehr zu erreichen ist. Mit anderen Worten, wir akzeptieren zunehmend, daß wir nicht umsonst zwei Gehirnhälften haben, die uns ein zusätzliches Potential verschaffen, wenn wir sie im richtigen Gleichklang benutzen.

Das vorliegende Buch wird verdeutlichen, daß wir das Wesen der alten Kulturen einschließlich ihrer Bauwerke nur dann richtig verstehen können, wenn wir bereit sind, beide Gehirnhälften als gleichwertig zu akzeptieren. Daß der Leser mit diesem Effekt konfrontiert wird, ist beabsichtigt.

Nach all den aufgerollten Erkenntnissen werden wir uns zum Schluß die Frage stellen müssen: Muß die Geschichte der Menschheit neu geschrieben werden? Diese welterschütternde Frage konnte von der Wissenschaft bisher stets abgeschmettert werden. Es soll hier am Anfang keinesfalls eine Antwort auf diese Frage gegeben werden; der Leser möge sie aber im Hinterkopf behalten und dabei die vorgestellten Ideen und Erkenntnisse mit den vorherrschenden Theorien vergleichen.

Ganz eng mit dieser explosiven rhetorischen Frage verbunden ist auch die Frage nach der Herkunft unseres Dezimalsystems und unseres metrischen Systems. Das metrische System wird durch das Dezimalsystem, das Zehnersystem, bestimmt. Verwenden wir dieses

System, weil wir zehn Finger haben, oder haben wir zehn Finger, weil das Dezimalsystem eine kosmische Vorgabe ist? Wissenschaftler mögen hier entgegnen, die Beantwortung einer solch heiklen Frage habe nichts mit Wissenschaft zu tun, sondern ende in religiösem Denken. Warum aber soll man gerade hier der Skepsis gegenüber skeptisch sein? Kritische Fragen wie die oben gestellten könnten vielleicht etwas ganz Aufregendes, Überraschendes ans Tageslicht bringen, etwas, was die Wissenschaft sogar ins Staunen versetzen und zu einem Überdenken orthodoxer Vorstellungen anregen könnte. An dieser Stelle möchte ich nur soviel sagen: Durch die Fakten, die ich im vorliegenden Buch präsentiere, werden die herkömmlichen Ansichten über dieses Thema (und über verwandte Themen) mehr als nur hinterfragt! Parallel dazu werden anhand antiker bzw. archaischer Bauwerke Beweise angeführt, die dem Leser die neuen Erkenntnisse bildhaft und verständlich vor Augen führen. Wir werden tief in das in Stein manifestierte Wissen der Pyramiden von Ägypten und Mittelamerika eintauchen und dabei eine Reihe von bisher ungelösten Rätseln lösen, wie zum Beispiel den Code des «Sarkophags» in der Cheops-Pyramide*.

Den Leser lade ich nun ein, mit mir eine Reise zu unternehmen, auf der wir Meilensteinen der Wissenschaft, der Mystik und des geheimen Wissens begegnen. Diese Bereiche des menschlichen Lebens sind heute weitgehend getrennt oder schließen sich sogar gegenseitig aus, doch im Verlauf unserer Reise wird immer deutlicher werden, daß man sie nicht trennen kann und auch nicht trennen sollte.

---

* Ich verwende hier die traditionellen Bezeichnungen – «Cheops-Pyramide» und «Sarkophag» und im weiteren Verlauf des Buches auch «Königskammer», «Königinnenkammer» usw. –, weil diese Bezeichnungen heute allgemein geläufig sind und sofort klar machen, was gemeint ist. Damit will ich jedoch nicht behaupten, daß Cheops die Große Pyramide gebaut habe oder daß der «Sarkophag» jemals eine Grabstätte gewesen sei.

2. Zwölf Weizenkörner oder ein Zoll?

Einer der hauptsächlichen Anwendungsbereiche der heiligen Geometrie ist die Architektur. Dieser Bereich interessiert uns hier besonders, weil die architektonischen Werke die konkretesten, in vielen Fällen auch die einzigen Spuren sind, die wir von den Pyramiden-Erbauern noch haben. Wenn ein Bauwerk stehen soll, ganz zu schweigen davon, wenn es Jahrtausende überdauern und ein Monument alten Wissens sein soll, dann muß es richtig gebaut bzw. codiert sein. Eine sinnvolle Codierung ist nur möglich, wenn sie einerseits mit einer heiligen Geometrie verknüpft ist und andererseits mit einheitlichen Maßsystemen, die möglichst vielseitig anwendbar sind.

Wie in den folgenden zwei Kapiteln gezeigt wird, enthalten die alten Maßsysteme in sich bereits erstaunliche Bezüge. Denn jedes Maßsystem steht in einem Bezugssystem; das der heiligen Geometrie ist ein **kosmisches.**

Die in der Schulweisheit vermittelte Auffassung besagt, daß die Maße des Altertums und des Mittelalters auf subjektiven Festlegungen beruhten. Als Beispiele seien genannt: Elle, Handbreit, Finger, Fuß und Faden. Unzweifelhaft sind viele Maßsysteme subjektiv, z. T. sogar willkürlich festgelegt worden. Doch von Anfang an zweifelte ich an der Annahme, daß es hier keine Ausnahmen geben soll. (Und ich wurde in meinem Zweifel schnell bekräftigt.)

Als erstes möchte ich die ursprünglichen Maße und ihre Bezugssysteme herausarbeiten, denn dadurch bekommen wir das Rüstzeug, das wir für die späteren Erkenntnisse in diesem Buch brauchen. Ich möchte dort beginnen, wo auch meine diesbezüglichen Forschungen begonnen haben, beim sogenannten Britischen Maßsystem mit Zoll, Fuß und Yard.

Betrachten wir als erstes den *Zoll*, der im englischen Sprachraum *inch* genannt wird. Die heute allgemein vorherrschende Auffassung besagt, daß dieses veraltete Maß nach der Länge des ersten Daumengliedes festgelegt worden sei und aus dem Mittelalter stamme.

Es gibt jedoch eine zweite Auffassung, wonach ein Zoll mit der Breite von 12 Weizenkörnern (= 2,54 cm) gleichgesetzt wird. Dieser Maßbezug soll unter Charles II. festgelegt worden sein, der 1651 zum König von Schottland und 1660 in London auch zum König von England ernannt wurde (in welchem Jahr genau diese Festlegung getroffen worden sein soll, wird nicht berichtet). Auffallend ist nur, daß diese Zeit in eine Epoche des wissenschaftlichen Aufbruchs fällt, in der man begann, Regeln für wissenschaftliches Arbeiten aufzustellen, um alles wissenschaftlich, d. h. rational erklären zu können. Im Jahr 1662 kam es unter Charles II. durch einen königlichen Erlaß zur Gründung der *Royal Society* in London, dem ersten Zusammenschluß von Wissenschaftlern und Ingenieuren.* Es war jene Zeit, wo man glaubte, mit dem Spuk des Mystizismus endlich Schluß machen zu müssen. Und als erstes sollte natürlich die Wissenschaft davon frei sein.

---

* Christopher Knight, Robert Lomas: *Unter den Tempeln Jerusalems,* S. 393

An der Gründung der Royal Society hatten englische Freimaurer, die mit altem Wissen vertraut gewesen sein mußten, wesentlichen Anteil. Dazu gehörte auch der berühmte Architekt Sir Christopher Wren (1632–1723), der die Londoner «St. Paul's Cathedral» plante und unter dessen Leitung sie im wesentlichen errichtet wurde.

Dieser Mann ist insofern interessant, weil er als begabtes Kind im Alter von 17 Jahren mit ersten Erfindungen aufwartete. Weil sein Vater der Kaplan des Königs war, hatte Christopher Wren die Möglichkeit, in seiner Kindheit mit dem zwei Jahre älteren Prinzen, dem späteren Charles II., in Windsor Castle zu spielen, wodurch zwischen ihnen eine enge Freundschaft entstand. Der begabte Wren wurde ein brillanter Naturwissenschaftler, den man mit 25 Jahren zum Astronomie-Professor ernannte. Bald scharte er eine Reihe weiterer Wissenschaftler um sich, die sich regelmäßig trafen. Diese Gruppe war es, aus der – mit Unterstützung des Königs – jene Royal Society hervorging. Eines der bekanntesten Mitglieder der Royal Society ist Sir Isaac Newton, der 1672 als «Fellow» aufgenommen wurde.

Die zu dieser Zeit aufkommende Wissenschaft berief sich auf die von dem Philosophen Francis Bacon (1561–1626) aufgestellte Theorie, wonach die Wissenschaft für immer durch die Herrschaft der menschlichen Vernunft bestimmt sein soll. Bacon hatte in seinem Werk *Novum Organum Scientiarum* neue Methoden der Naturerkenntnis formuliert, wobei er forderte, daß jegliche Wissenschaft auf der Grundlage von Induktion, Analyse, Vergleich, Beobachtung und Experiment stattzufinden habe. Mit seinem Werk legte er die theoretischen Grundlagen dafür, den Mystizismus aus der Wissenschaft zu verbannen. Folglich konnte der uralte Maßbezug des Zolls, auf den wir gleich zu sprechen kommen, niemals akzeptiert werden. Er mußte durch Experimente an geeigneten Objekten «wissenschaftlich» definierbar sein. Daß man sich hierzu Weizenkörner aussuchte, zeugt allerdings von wenig Einfallsreichtum!

Es mag also durchaus auf die damals überall vorangetriebene «Verwissenschaftlichung» zurückzuführen sein, daß man dem Zoll mit Hilfe von 12 Weizenkörnern ein neues Image verschaffen wollte – man kann es tatsächlich so bezeichnen. Daß englische Freimaurer einer solchen Änderung zugestimmt haben, ist allerdings verwunderlich und ist möglicherweise folgenden Ursachen zuzuschreiben:

1) Auf diese Weise konnte man altes Geheimwissen verbergen, oder
2) in den eingeweihten Kreisen Englands war dieses Wissen bereits verlorengegangen.

Zum ersten Punkt muß man ergänzen, daß es der Allgemeinheit absolut egal ist, auf welcher Basis ein Zoll ermittelt wird. Auch heute ist es für den Menschen, der einen Metermaßstab benutzt, völlig uninteressant, wie der Meter mit dieser Länge entstanden ist. Für den hinterfragenden Wissenschaftler ist dieses Wissen jedoch nicht nur interessant, sondern auch wichtig. Da dem Zoll eine Herkunft nachgesagt wird, die man im heutigen Sprachgebrauch als «mystisch» bezeichnen müßte, ist es für einen materialistisch denkenden Wissenschaftler unannehmbar, mit einer solchen Hinterlassenschaft zu leben. Wir können heute nicht mit Sicherheit sagen, ob dies der Grund war, der die Wissenschaftler damals bewog, dem englischen König eine Neubestimmung des Zolls zu unterbreiten. Dieser selbst hatte sich wohl kaum näher mit dem Thema befaßt, sondern sanktionierte einfach nur das Vorgelegte.

Die Vermutung, daß mit dieser Neubestimmung altes Geheimwissen verborgen werden sollte, mag auf den ersten Blick plausibel klingen. Dem steht aber ein entscheidender Fakt entgegen. Der Zoll wurde in England und in den USA unterschiedlich definiert. In Amerika wurde der Fuß auf Basis der metrischen Proportion $\frac{1200}{3937}$ [m] festgelegt!*

Ein Fuß umfaßt 12 Zoll. Das erstaunliche bei dieser Definition ist nun, daß der Fuß mit einem Meterverhältnis angegeben wird. Meter und Fuß bzw. Zoll werden hier in einen direkten Bezug gesetzt, haben also eine gemeinsame Berechnungsbasis. Wohlgemerkt, hier habe ich das Wort Berechnungsbasis verwendet, und das hat etwas mit Mathematik zu tun (und nicht bloß mit Körnchenzählen)! Aber wie kann ein so altes Maßsystem wie das britische eine Berechnungsgrundlage haben, die in einem direkten Verhältnis zum metrischen System steht? Ergänzen muß ich an dieser Stelle, daß ich diesen Hinweis erst fand, als ich die Ergebnisse des nachfolgenden Abschnittes bereits herausbekommen hatte.

Einen Moment möchte ich noch bei den Amerikanern verbleiben. Auf der durch Freimaurer kreierten 1-Dollar-Note ist eine Geometrie verborgen, die sowohl Zoll als auch Zentimeter beinhaltet. Freimaurer bezeichnen sich als Bewahrer alten Wissens, dessen Wurzeln bis nach Ägypten zurückreichen, und da sollen sie zugestimmt haben, den Zoll mit der fragwürdigen Methode des Zählens von 12 Weizenkörnern, die je nach Wahl und Ernte unterschiedlich groß sein können, zu definieren? Und dann sollen sie dieses willkürliche Maß auch noch auf der 1-Dollar-Note verewigt haben? Um es schlicht zu formulieren: An dieser Logik ist etwas faul!

Natürlich werfen diese Hintergründe gleich eine ganze Fülle von Fragen auf. Die naheliegendste wäre: Was soll dieser Unsinn? Aber ich habe herausbekommen, daß es kein Unsinn ist. Ganz im Gegenteil: Hier liegt etwas verborgen, das jeglichen Rahmen sprengt!

Vorher möchte ich aber noch auf den zweiten möglichen Grund eingehen. Wußten die englischen Freimaurer noch etwas von dem alten Geheimwissen oder nicht? Ich kann dies nicht mit Sicherheit beantworten, tendiere aber zu der Auffassung, daß in England dieses Wissen bereits verlorengegangen war. Aber ist das nicht ein Widerspruch? Das Große Siegel der Vereinigten Staaten von Amerika mit einer Grundfläche von exakt einem Quadratzoll wurde am 20. Juni 1782 offiziell angenommen. In England wurde aber unter Charles II., der 1685 starb, rund 100 Jahre zuvor ein «lächerlicher» Zoll neubestimmt.

Eine mögliche Erklärung für diesen scheinbaren Widerspruch finden wir in der frühen Geschichte der Freimaurer, wie sie von den beiden freimaurerischen Autoren Christopher Knight und Robert Lomas beschrieben wird. Besonders interessant für uns ist der geschichtliche Leerraum zwischen dem Untergang der Tempelritter Anfang des

---

* Wolfgang Trapp: *Kleines Handbuch der Maße, Zahlen, Gewichte und der Zeitrechnung*, S. 122

14. Jahrhunderts (eingeleitet durch die Zerschlagung des Templerordens in Frankreich am 13. Oktober 1307 durch die vereinten Kräfte von Papst und König) und dem Auftauchen der Templernachfahren unter dem neuen Namen «Freimaurer» in England Anfang des 18. Jahrhunderts. Die beiden Autoren präsentieren Beweise dafür, daß es nach der Zerstörung des Templerordens einem Teil der Templerflotte gelang, den amerikanischen Kontinent zu erreichen, während der andere Teil in das exkommunizierte Schottland entkam.* Es ist also zu vermuten, daß die übriggebliebenen Wissensträger nach der Zerschlagung des Templerordens eine Aufsplitterung erfuhren. Angesichts dieser realen Möglichkeit ist es keinesfalls mehr abwegig anzunehmen, daß englische und amerikanische Freimaurer unterschiedliches Wissen besaßen.

Bekräftigt wird diese Annahme durch die erwähnte Berechnung des amerikanischen Fußes auf der Basis der metrischen Proportion $\frac{1200}{3937}$ [m]. Eine solche mathematische Proportion kann nicht aus heiterem Himmel gefallen sein und wurde bestimmt auch nicht einfach von den Ureinwohnern übernommen. Dieses Wissen kann nur von Menschen kommen, die ein besonderes Wissen hatten, das dem Normalbürger völlig unbekannt ist. Es gibt daher nur eine einzige Erklärung: Diese mathematische Festlegung wurde in Amerika von Freimaurern getroffen, die noch mehr wußten als ihre englischen Brüder. Sie hinterließen mit dieser winzigen Formel in Form einer Proportion etwas, worüber sich heute kein Mensch mehr Gedanken macht – obwohl diese Information eine große Bedeutung und Tragweite hat.

Nach diesen Vorbemerkungen möchte ich im nächsten Abschnitt auf den mystischen Hintergrund des Zolls eingehen, dessen Herkunft das reinste Abenteuer ist.

2.1. Der Prophet Enoch und der Zoll

Die Länge des Zolls, der im anglo-amerikanischen Raum noch heute verwendet wird und in der Computerindustrie gesetzlich verankert wurde, beträgt offiziell 2,54 cm. Die internationale Abkürzung für den Zoll ist «in» (nach der englischen Bezeichnung inch) oder auch " (z. B. 16in oder 16"). Wir finden den Zoll, obwohl er scheinbar ein mittelalterliches Maß ist, z. B. in der Bezeichnung der Auflösungsgenauigkeit von Scannern und Druckern in dpi (dots per inch = Punkt pro Zoll). Auch im Rohrleitungsbau werden heute noch standardisierte Rohrdurchmesser in Zoll angegeben. Es ist schon erstaunlich, daß die moderne Zeit, die «Gestriges» überaus schnell auf den Müllhaufen der Geschichte wirft, so fest an einem alten Maß haftet. Wenn man englische Websites zum Thema «Britisches Maßsystem» aufsucht, ist man erstaunt, wie viele Menschen es gibt, die intensiv für die Erhaltung des alten Maßsystems auf der Grundlage von Zoll, Fuß und Yard kämpfen. Dieses Maßsystem hat eine für uns ungewohnte Ordnung, denn es besitzt eine Dreiteilung:

---

* Christopher Knight, Robert Lomas: *Der zweite Messias; Unter den Tempeln Jerusalems;* ausführlich zusammengefaßt im Buch von Armin Risi, *Machtwechsel auf der Erde,* Kapitel 5.

$$1 \text{ Yard} \quad = \quad 3 \text{ Fuß} \quad = \quad 36 \text{ Zoll} \quad = \quad 91,44 \text{ cm.}$$
$$1 \text{ Fuß} \quad = \quad 12 \text{ Zoll} \quad = \quad 30,48 \text{ cm}$$

Geht es einfach nur darum, dem altüberlieferten Maß des Zolls, das gleichzeitig in allen Kolonien des Britischen Empire verwendet wurde, Ehre zu erweisen, oder gibt es noch weitere Gründe, warum dem Zoll eine solche Bedeutung beigemessen wird? Diese Frage wird sich als eine Schlüsselfrage erweisen, denn am Ende unserer Nachforschung steht eine Lösung, die man nie und nimmer erwarten würde!

Nach alten englischen Quellen ist überliefert, daß der Zoll als Maßeinheit von dem Propheten Enoch (!) abgeleitet ist, der vor der Sintflut gelebt haben soll.

Im Internet fand ich über die Herkunft des Zolls folgende Informationen:

«Zu diesem Maß ist festzustellen, daß einige Engländer des 19. Jahrhunderts der Meinung waren, daß sie von ihrer Abstammung her allen anderen Völkern überlegen seien. Eine populäre Theorie besagte, sie seien einer der verlorenen Stämme Israels und das von ihnen verwendete Maß namens Inch stamme direkt von Gott. Denn Inch soll sich vom Namen des Propheten Enoch ableiten! Folglich erachteten viele Engländer, auch gelehrte Häupter, dieses Maßsystem als das einzig natürliche und wahre.» *

«Der Begriff Inch geht wahrscheinlich letztlich auf den Namen Enoch zurück ... Da er ein Gelehrter auf dem Gebiet der Maßordnung und wahrscheinlich auch der herausragende ‚Vater‘ dieser Wissenschaft war, kann man davon ausgehen, daß der Inch, die Grundlage des englischen Maßsystems, ein Denkmal des Propheten Enoch ist.» **

Offenbar glaubten diese Engländer mehr zu wissen, als die Geschichte überliefert hat, obwohl sie die tatsächliche, ursprüngliche Länge des *inch* nicht mehr kannten. In ihrem Wissen war lediglich überliefert, daß diese Maßordnung eine kosmische Bedeutung besitzen muß, weil sie direkt von Gott abstamme.

Enoch, der 365 Jahre auf der Erde gelebt haben soll, war laut Bibel von der Erde «entrückt» worden, um göttliches Wissen zu erhalten, das er dann schriftlich überlieferte. Von diesen Büchern ist leider nicht mehr viel erhalten. Teile hat man in den Schriftrollen von Qumran sowie im äthiopischen und slawischen «Buch Enoch» gefunden, der größte Teil ist jedoch offiziell verlorengegangen. Ein ähnlicher Fall geschah in der Neuzeit. Der Amerikaner Prof. J. J. Hurtak wurde vor rund 30 Jahren (1973) ebenfalls von der Erde «entrückt». Ganze zwei Tage war er auf der Erde spurlos verschwunden, um dann mit einem enormen Wissen zurückzukehren, das ihm während seiner Abwesenheit regelrecht ins Gehirn «eingebrannt» worden war. Nach dieser mystischen Erfahrung schrieb Prof. Hurtak in kurzer Zeit ein monumentales Werk nieder: *Das Buch des Wissens – Die Schlüssel des Enoch.* * Dieses Buch enthält Zukunftswissen zu den verschiedensten wissenschaftlichen Disziplinen – von Archäologie, Biologie und Genetik über die Physik des Kosmos bis hin zur Atomphysik und anderen Gebieten –, Wissen, das es gegenwärtig auf der Erde noch gar

---

* www.alien.de/doernenburg/pyramid7.html

** aus dem Amerikanischen übersetzt von: http://greatpyramid.org/aip/gr-pyr1.htm

nicht gibt! Bemerkenswert daran ist, daß wie bei einem Puzzle präzises Wissen formuliert wird, das durch Lücken in der Fortführung abgelöst wird. Dadurch sind diejenigen, die sich mit diesem Buch beschäftigen, gezwungen, selbständig zu denken und zu arbeiten. Aber nur wer sich sehr intensiv mit dieser Quelle beschäftigt und offen für das Neue ist, wird den Schlüssel in dem jeweiligen Fachgebiet finden können.

Ähnlich scheint es sich mit den überlieferten Aussagen des alten Propheten Enoch zu verhalten, denn mit seiner Person werden präzise Angaben zur Größe der Erde verbunden, die zu seiner Zeit für ihn und die bestehende Menschheit ebenfalls als Zukunftswissen betrachtet werden mußte.

In englischen mystischen Kreisen existiert heute noch ein verborgenes Wissen, das zum Teil auf den Propheten Enoch zurückgehen soll. Hierzu gehört, daß der ursprüngliche Abstand zwischen beiden Polen der Erde (der Poldurchmesser) 500 500 000 Zoll betrug. Das ist immerhin auf ungefähr eine *halbe Daumenlänge* genau gemessen. Diese Angabe entspricht einer Präzision, die uns auch heute noch vor eine gewaltige Herausforderung stellt. Nach anderen alten Quellen, die sich im Dunkel der Vergangenheit verlieren, soll der Poldurchmesser in einer anderen Maßeinheit, der sakralen Elle (= sE), 20 000 000 dieser Ellen entsprochen haben. Dabei ging man davon aus, daß die sakrale Elle 25 Zoll entspricht, d. h. 63,5 cm. Es ist nicht möglich, mit der Angabe in Zoll und mit der Angabe in sakralen Ellen auf einen einheitlichen Poldurchmesser zu kommen. Es ist daher nicht möglich, eine direkte Proportionalität abzulesen. Die Überprüfung zeigt den deutlichen Unterschied:

$$500\,500\,000 \text{ Zoll} \times 2,54 = 1\,271\,270\,000 \text{ cm} = 12\,712,700 \text{ km}$$
$$20\,000\,000 \text{ sE} \times 63,5 = 1\,270\,000\,000 \text{ cm} = 12\,700,000 \text{ km}$$

Die Abweichung beträgt immerhin 12,7 km!

Heute wird der Poldurchmesser mit einer Länge von 12 713,560 km angegeben – was zeigt, daß diese alten Angaben dem aktuellen Wert erstaunlich nahekommen. Hier muß auch hinzugefügt werden, daß unterschiedliche wissenschaftliche Einrichtungen verschiedene Meßwerte ausweisen. Die heutige Angabe darf daher nicht für einen absolut festen Wert gehalten werden.

Die relativ große Differenz zwischen den auf uralter Basis berechneten Werten und die Abweichung zum tatsächlichen Poldurchmesser, der auch vor rund 200 Jahren bereits annähernd bekannt war, mag ein Grund gewesen sein, warum die Anhänger der Enoch-Theorie keine Chance hatten, mit ihrer Begründung die Britische Maßordnung zur global gültigen Maßordnung zu erheben und das metrische System zu verbannen.

Wie weiter vorn gezeigt wurde, müssen amerikanische Freimaurer den Meter gekannt haben, denn ohne diese Kenntnis wäre es unmöglich gewesen, den 12 Zoll großen Fuß

* Prof. J. J. Hurtak: *Das Buch des Wissens – Die Schlüssel des Enoch;* ISBN 3-952-003-2-3

in Abhängigkeit vom Meter festzulegen (1 Fuß = 1200/3937 m). Das heißt aber, daß der Meter bereits bekannt war, zumindest noch in diesem Orden. Der spätere Versuch der französischen Nationalversammlung im Jahre 1795, einen Maßstab für die Größe des Meters festzulegen, kann deshalb nur als ein Versuch gewertet werden, den mystisch angehauchten Zoll durch ein wissenschaftlich bestimmtes Maß zu ersetzen. Daß der Schöpfergott für die Erde Planparameter festgelegt hat (darauf kommen wir noch zu sprechen), konnten sie in ihrer materialistischen Denkweise nicht akzeptieren. Insofern ist es kurios, daß sie mit der Festlegung des Meters als zehnmillionstem Teil des durch Paris gehenden Erdmeridianquadranten genau jenen Meter bestimmten, den die Freimaurer bereits kannten. Inwieweit französische Freimaurer zu dieser Festlegung beitrugen, ist nicht überliefert. Mit anderen Worten: Der Meter, den wir heute gebrauchen, ist nicht ein willkürliches Längenmaß, das erst vor gut zweihundert Jahren festgelegt wurde.

Zur Verdeutlichung soll Abbildung 1 dienen, auf der der Durchmesser vom Nord- zum Südpol in Zoll angegeben ist, verbunden mit dem Erdumfang in Metern, so wie das Metermaß klassisch festgelegt wurde: 1 m = ein zehnmillionster Teil vom Viertel des Erdumfangs.

Mit diesen Angaben aus der Enoch-Überlieferung haben wir gleich am Anfang einen gewaltigen Brocken vor uns liegen, denn die daraus abzuleitende Frage lautet ganz profan: Woher kannte Enoch diesen Durchmesser, wo vor der Sintflut doch tiefste Steinzeit geherrscht haben soll? Er kann unmöglich die Technik besessen haben, die erforderlich wäre, um ein so entscheidendes Maß der Erde derart präzis zu ermitteln.

Den Kritikern will ich natürlich an dieser Stelle gleich einräumen, daß dieses Maß heute nicht mehr genau stimmt. Das kann verschiedene Gründe haben, z. B. den, daß die Erde einem Expansionsprozeß unterliegt. Gemäß Prof. Konstantin Meyl soll ihr Durchmesser jährlich um circa 3 bis 5 cm zunehmen. Somit brauchen wir uns nicht damit aufzuhalten, daß mit Enochs Maßangabe der Poldurchmesser gegenüber dem heute wissenschaftlich akzeptierten Poldurchmesser um rund 800 m zu klein ausfällt. Aber ich möchte es mir und auch den Kritikern nicht allzu leicht machen, schließlich könnte es vor langer Zeit einen Durchmesser der Erde gegeben haben, der diesem Maß genau entsprach! Im Moment soll lediglich diese Option offengehalten werden, um weitere Erkenntnisse ins Spiel bringen zu können.

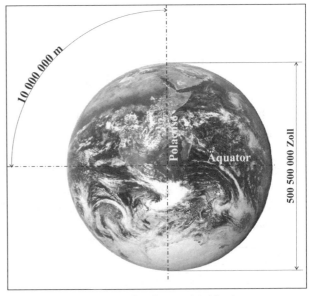

Abbildung 1: Erdumfang und Poldurchmesser nach überlieferten Maßen

Zumindest ist bis jetzt erkennbar, daß es hierbei einen auffälligen Widerspruch gibt. Stammt der Zoll nun aus dem Mittelalter und steht mit 12 Weizenkörnern in Verbindung, oder ist er gravierend älter, das heißt, stammt er aus der Zeit vor der Sintflut und steht mit den Maßen der Erde in Verbindung? Damit kommen einige berechtigte Fragen auf, die da lauten:

- Auf welcher Basis wurde die Länge des Zolls festgelegt?
- Wie groß ist der Zoll tatsächlich?
- Wie alt ist der Zoll?
- Wie groß ist die sakrale Elle tatsächlich?

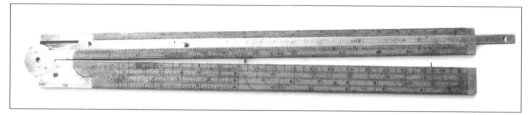

Abbildung 2:
Alter britischer Zollstock aus Elfenbein mit Achtel-Zoll-Unterteilung

2.2. Ist der Urzoll ein «kosmischer» Zoll?

In der heutigen Zeit wurde durch gesetzliche Vorschriften festgelegt, daß das metrische System die Grundlage für das weltweite Maßsystem zu sein hat. Sich mit einem Urzoll zu beschäftigen scheint daher auf den ersten Blick überflüssig zu sein, genauso wie die Frage, ob es heute noch möglich ist, den Urzoll zu bestimmen.

Daß sich bei der Beschäftigung mit diesem Thema eine überraschende Wendung ergibt, habe ich bereits angedeutet. Der Gedanke, sich dieser Thematik zu widmen, entstand aus den folgenden Überlegungen:

- Wenn es einen Schöpfer gibt und er für alles, was je entstand, verantwortlich sein soll, dann besaß er zum Zeitpunkt der Schöpfung keinerlei materiellen Maßstab, weil die Materie ja noch gar nicht erschaffen war. In einem Energieraum einen Maßstab festzulegen bedarf daher anderer Grundlagen, die in diesem Fall nur «geistiger» Natur sein können.
- Wenn man den alten Quellen glauben will, die sagen, daß sowohl der Zoll als auch die sakrale Elle im Poldurchmesser zum Ausdruck kommen, muß man sich fragen, ob beide Maßeinheiten in ihrer Größe richtig angegeben worden sind. Gibt es vielleicht einen winzigen Unterschied, der beide Maße auf einen einheitlichen Nenner bringt?

Diese Fragen haben mich sehr lange bewegt. Wenn es für die Ermittlung der Länge des Zolls eine andere Grundlage gibt als bloß die Definition mit den 12 Weizenkörnern, dann stellt sich die Frage, wo man mit der Suche nach diesem Geheimnis anfangen soll.

Als Hobby-Mathematiker beschloß ich als erstes, den bisherigen Zoll nochmals näher zu untersuchen, um herauszufinden, ob man ihm noch etwas entlocken kann, was auf den ersten Blick nicht gleich sichtbar ist. Wo fängt man aber bei lediglich 3 Ziffern an, die den Wert 2,54 bilden? Bildet man eine Proportion zwischen den Zahlen vor und nach dem Komma, d. h. zwischen 2 und 54, führt dies zu $\frac{54}{2} = 27 = 3^3$ und – als reziproker Wert (2 : 54) – zu $0,\overline{037}$, eine Zahl, bei der sich die Ziffernfolge 037 bis in alle Unendlichkeit wiederholt. Das waren schon Ergebnisse, die mich erfreuten, denn in der ägyptischen Mythologie besitzen diese Zahlen eine besondere Bedeutung, auf die ich in späteren Kapiteln eingehen werde.

Bildet man nun aus dem gesamten Wert eines Zolls das reziproke Gegenstück, kommt man auf die Größe $\frac{1}{2,54} = 0,\underline{3937}00787401\ldots$ Diese Zahl weist keine Regelmäßigkeit auf und wird daher nach den vier Ziffern 3937 ziemlich uninteressant. Aber das sind genau die vier Ziffern, welche die Länge des amerikanischen Fußes bestimmen! Ist in diesen vier Ziffern doch noch etwas Unbekanntes verborgen? Wenn man lediglich diese 4 Stellen als Berechnungsgrundlage ansetzt, gibt es in der Tat eine erste Überraschung, denn daraus ergibt sich eine äußerst bemerkenswerte Zahlenfolge, deren Bedeutung auf den ersten Blick nicht gleich erkennbar ist:

$$\frac{1}{0,3937} = 2,5400050800101600203200406400811 28\ldots$$

Um diese Ziffernfolge zu begreifen, benötigt man ein «mathematisches Auge», das in dem scheinbaren Wirrwarr der vielen Ziffern die richtige Ordnung zu erkennen vermag. Aus diesem Grund schreibe ich die gleiche Ziffernfolge noch einmal mit einer bestimmten Gruppierung ohne Komma sowie mit erläuternden Sequenzen unter den Ziffern (siehe Tabelle 1).

Das sieht schon bedeutend interessanter aus, denn hier ist eine Verdopplungsfolge auf Basis der 254 erkennbar, die sich ohne diese optische Anordnung unserem Auge entzieht. Nun könnte man meinen, das sei ein wunderschöner Taschenspielertrick, der sich so rein zufällig ergeben habe. Man könnte auch behaupten, daß man mit Zahlen viel anstellen könne und daß ich hier einfach nur phantasievoll gerechnet habe. Aus welchem Grund sollte ein uraltes Maß gerade mit dem heute gebräuchlichen **metrischen** System in Verbindung stehen? Aber das tut es anscheinend, wie wir bereits bei der amerikanischen Definition des Fußes erkannt

254 000	**508** 001	**1 016** 002	**032** 004	**064** 008	**8 128** ...
1x254	2x254	4x254	8x254	16x254	32x254

Tabelle 1: Die verborgene Verdopplungsfolge im Wert des Urzolls

haben. Verfolgt man diesen Gedanken konsequent weiter, kommt man zur Frage: Wer hatte vor der Sintflut das Wissen, wie zwei unterschiedliche Systeme unter einen Hut zu bringen

sind? Dann muß man als nächstes über die Rolle unseres Dezimalsystems nachdenken, was
wir an entsprechender Stelle auch tun werden! Mit anderen Worten, die Konsequenzen sind
kaum absehbar – sie haben kosmischen Charakter!

Wer an dieser Stelle angelangt ist und angesichts der angedeuteten Konsequenzen vor
lauter Schreck das gerade gewachsene Keimchen des Zolls wieder in der Senke verschwin-
den läßt, wird niemals entdecken, was für eine tiefe Weisheit im Zoll sonst noch verborgen ist.

Also lassen wir diesen etwas anderen Zoll, den wir schlicht und einfach «Urzoll» nennen, erst einmal so stehen, wie ich ihn definiert habe, als mathematische Relation mit der
Größe:

$$\textbf{1 Urzoll} = \tfrac{1}{0,3937} \textbf{ cm}$$

Das ist im Verhältnis zu dem heute gebräuchlichen Zoll ein verschwindend geringer
Unterschied, denn der mathematische Zoll ist lediglich um den Faktor 1,000002 größer!
Meßtechnisch ist das bei kleinen Objekten kaum zu erfassen. Bei einer englischen Meile
sind es bescheidene 3,2 mm. Folglich hat dieses veränderte Maß kaum einen praktischen
Einfluß auf die Dimensionierung meines 17-**Zoll**-Monitors.

Ehe wir zu dem Vergleich mit dem Poldurchmesser der Erde kommen, möchte ich die
begonnene Zahlenspielerei mit dem Zoll noch vollenden. Da der Zoll mit dem Hauptwert
254 eine gerade Zahl darstellt, wollte ich die Teilbarkeit überprüfen. Dies war sehr leicht,
da 254 geteilt durch 2 bereits die Primzahl 127 ergibt, die nur durch sich selbst teilbar ist. Um diese Primzahl alleinstehend vor dem Komma zu erhalten, muß man lediglich den Zoll mit 50 multiplizieren. Das ergibt in geordneter Form eine Ziffernfolge gemäß Tabelle 2, in der eine weitere Besonderheit
verborgen ist, wenn man 36 Stellen nach dem Komma berücksichtigt.

127,000 **254** 000 **508** 00**1 016** 00**2 032** 00**4 064** 00**8 128**
1x127 **2**x127 **4**x127 **8**x127 **16**x127 **32**x127 **64**x127
1 + 2 + 4 + 8 + 16 + 32 + 64 = 127

Tabelle 2: Die Ziffernfolge auf Basis der 127

Es ist deutlich zu erkennen, daß der gleiche Effekt eintritt: Alle Zahlen verdoppeln sich
wieder, dieses Mal auf Basis der 127, dem Primzahlteiler von 254.

Im Britischen Maßsystem ist 1 Yard = 3 Fuß = 36 Zoll. Vor einiger Zeit hatte ich bereits entdeckt, daß unser Kosmos aus je 12 Schwingungsdimensionen* besteht, die in drei
Feldern angeordnet sind:

- 12 Schwingungsdimensionen in einem immateriellen, transzendenten Feld des Schöpfers
- 12 Schwingungsdimensionen in einem materiellen Feld
- 12 Schwingungsdimensionen in einem antimateriellen Feld

---

* Axel Klitzke: *Die kosmische 6 – von der Zahl zur Holographie des Universums,* Argo Verlag 2002

Diese Dimensionen sind allesamt durch eine nullte Schwingungsdimension verknüpft, wodurch in der Gesamtheit 3 × 12 + «0» (als eigenständige Zahl») = 36 + 1 = 37 Schwingungsdimensionen entstehen. Daß wir Menschen in der dritten Schwingungsdimension leben, dürfte allgemein bekannt sein, weniger jedoch die Tatsache, daß in den weiteren Schwingungsdimensionen höhere Lebensformen existieren.

Kurioserweise baut sich das Britische Maßsystem in analoger Form auf, wobei ein Yard (3 × 12 Zoll) mit der nullten Schwingungsdimension gleichgesetzt werden könnte:

Nach dieser Einfügung möchte ich nochmals auf Tabelle 2 zurückkommen. Bei der Darstellung mit 3 × 12 = 36 Nachkommastellen, also der exakten Anzahl des Zolls in einem Yard, tritt die 127 genau 127 mal auf! Diese Tatsache ist wirklich ungewöhnlich und war der Anlaß, dieser Zahl eine höhere Aufmerksamkeit zu schenken. Die Zahl 127 wird an den verschiedensten Stellen wieder auftauchen. Deshalb ist es Zeit, zu dieser Zahl etwas zu sagen. Ich greife hier auf altes Geheimwissen der Ägypter zurück, indem ich die Zahlen so interpretiere, wie die Ägypter sie qualitativ betrachtet haben. Um die Hintergründe für diese Betrachtungsweise einem Jetzt-Zeit-Menschen begreiflich zu machen, müßte ich an dieser Stelle ein ganzes Buch einfügen. In diesem würde erklärt werden, wie, kosmisch betrachtet, Quantitäten und Qualitäten von Zahlen in einem einzigen Schritt der Genesis entstanden. Diese Zusammenhänge werden separat zu einem späteren Zeitpunkt veröffentlicht werden. Vorerst bitte ich den wissenschaftlich gebildeten Leser, diese Aussagen einfach zu akzeptieren, denn wie wir sehen werden, führen diese qualitativen Betrachtungen zu logischen und homogenen Aussagen, auch wenn sich der rationale Geist dagegen sträuben mag!

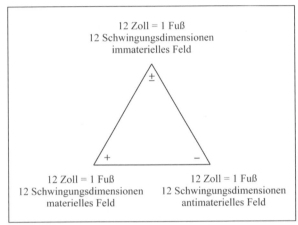

Abbildung 3: Das Britische Maßsystem in Verbindung mit einer Darstellung kosmischer Schwingungsdimensionen

Kommen wir nun zu der angesprochenen Betrachtung der Zahlen im Licht des altägyptischen Geheimwissens.

Die Zahl 127 kann mit einer stufenförmigen Entwicklung in Verbindung gebracht werden. Im positiven Aspekt (+127) ist darunter das sich stufenweise entwickelnde Bewußtsein zu verstehen, das Vertrauen in das Göttliche setzt sowie die Ehrfurcht vor dem Göttlichen anerkennt. Gleichzeitig wird die Begrenztheit akzeptiert, die einer bestimmten Entwicklungsstufe eigen ist. Der negative Aspekt dieser Zahl (–127) lautet: das Ignorieren dieser Auffassung, Verschwendung, ein Leben in Saus und Braus; modern ausgedrückt: ein Leben nach den Prinzipien der Spaßgesellschaft ohne jedes Verantwortungsgefühl.

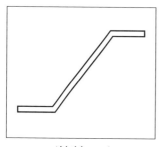

Abbildung 4:
Das Symbol der 127 in
Form einer Stufe

Die 127 entspricht auch einem uralten Symbol, das die stufenförmige Entwicklung des Bewußtseins des Menschen bzw. der Menschheit besonders gut versinnbildlicht:

Dieses Zeichen entspricht auch der «Stufe», die die Mayas in ihren Bauwerken verwendet haben. Sie kommt an der Kukulcán-Pyramide von Chichén-Itzá besonders gut zum Ausdruck (siehe Abbildung 5 im Farbteil). Diese Pyramide hatte in Wirklichkeit die Funktion eines Einweihungstempels. Früher gab es die heute gebräuchlichen Begriffe «Bildung» bzw. «Schule» nicht. Anstelle dessen, was wir heute «Schule» nennen, gab es Priestertempel, in denen Wissen gelehrt und geistige Fähigkeiten ausgebildet wurden, so wie es heutzutage noch beispielsweise in buddhistischen Tempeln der Fall ist. Bildungsinhalte werden dort nicht einfach als Lehrstoff vermittelt, sondern es erfolgt eine Einweihung in das Wissen, das je nach erreichter Stufe mit einem entsprechenden Grad abgeschlossen wurde. Wenn ich im weiteren Verlauf dieses Buches von Einweihungen spreche, dann meine ich damit Einweihungen in dieser Bedeutung.

Die Kukulcán-Pyramide ist aus vielen Gründen bemerkenswert. Sie ist beispielsweise dafür berühmt, daß sich auf ihr jedes Jahr zum Zeitpunkt des Frühlings- und Herbstanfangs, d. h. bei der Tagundnachtgleiche, das gleiche beeindruckende Schauspiel von Licht und Schatten abspielt (siehe Abbildung 6 im Farbteil). Das Sonnenlicht wirft über die Ecke des Tempels ein stufenförmiges Schattenprofil auf die Seitenwand der Mitteltreppe, das sich mit dem Sonnenauf- und -untergang wie eine Schlange abwärts bzw. aufwärts schlängelt. Mit diesem Wandern des Schattens wird der Auf- und Abstieg der Menschheit, aber auch die Entwicklung des Bewußtseins sowohl in positiver wie auch negativer Richtung symbolisiert. In der traditionellen Version heißt es darüber hinaus, daß Gott Kukulcán zur Erde herabsteige bzw. wieder in den Himmel aufsteige. Diese Interpretation mag für die Mayas durchaus eine zusätzliche Bedeutung besessen haben.

Soviel zur Interpretation der Zahl 127. Ich möchte hier auch noch etwas zur Zahl 50 sagen. Um auf die Zahl 127 zu kommen, hatte ich den Zoll mit 50 multipliziert. Die Zahl 50, mit einer Null mehr, taucht im Poldurchmesser mit 500 500 000 Zoll zweimal auf. Unter dem positiven Aspekt kann man der Zahl 50 folgenden Inhalt zuschreiben: «Suche nach dem Weg zur inneren Vollendung und Vervollkommnung!» Der negative Aspekt dagegen bezieht sich auf eine innere Leere, das Sichgehenlassen, was damit zu tun hat, daß der innere Antrieb zur persönlichen Vervollkommnung fehlt.

Mit anderen Worten: Der Hauptschwerpunkt liegt darin, daß eine Vervollkommnung des Bewußtseins sowohl zum positiven wie auch zum negativen Aspekt hin möglich ist.

Auch das Böse und das Kriminelle läßt sich bekanntlich noch steigern. Oder gemäß der bekannten Redewendung: «Wo viel Licht ist, ist auch viel Schatten.»

Nun entsteht bei dem Leser sicherlich die Frage: Was hat die Erklärung der 127 und der 50 mit dem Poldurchmesser der Erde zu tun? Betrachten wir noch mal die obige Behauptung, wonach der Poldurchmesser der Erde 500 500 000 Zoll betragen soll. Die bisherige Berechnung über den traditionellen Zoll hatte nichts Außergewöhnliches gebracht, allerdings haben wir nun eine neue Ausgangsbasis für die Berechnung des Poldurchmessers der Erde. Bei Verwendung des mathematisch berechneten Urzolls ergibt sich eine ungewöhnliche Zahl, in der wiederum eine besondere Ziffernfolge verborgen ist. Die Definition des Zolls auf der Berechnungsgrundlage $\frac{1}{0,3937}$, multipliziert mit den erwähnten 500 500 000 Zoll, ergibt den folgenden Wert:

$$\textbf{1 271 272 542,54… cm = 12 712,7254 km}$$

Damit ist dieser Wert rund 830 m geringer als der gegenwärtig maximal ausgewiesene Poldurchmesser. Da die Erde jedoch infolge der Erdexpansion jährlich um rund 3 bis 5 cm im Durchmesser zunimmt, ist der höhere, durch die Wissenschaft ausgewiesene Wert durchaus erklärbar.

Das extrem Ungewöhnliche dieses errechneten Poldurchmessers ist der Effekt, daß die auf der Grundlage der 127 sich verdoppelnden Werte paarweise nebeneinander auftreten! Ohne Kommastelle sieht das wie folgt aus:

127 127 254 254 508 508		
	1 016	
		1 016
		2 032
		2 032
127 127 254 254 508 509 017 018 034 032…		

Tabelle 3: Die Verdopplungsfolge des Poldurchmessers der Erde

Die versetzte Schreibweise soll verdeutlichen, daß die Verdopplung sich bis in die Unendlichkeit fortsetzt, was aus der unteren Zeile nicht sogleich ersichtlich ist. Diese Verdopplung ist nicht ohne Grund; sie ergibt sich aus dem geistigen Inhalt der 127. Unabhängig von der Reihenfolge verkörpert der eine Wert die positive Bewußtseinsentfaltung, der andere die negative! Über diese Verdopplung kommt zum Ausdruck, daß **die Erde ein Planet des freien Willens** ist und wir uns nicht wundern müssen, daß beide Erscheinungen das tägliche Weltgeschehen prägen!

Diese Aussage beinhaltet auch die Tatsache, daß die Toleranz ein Bestandteil der Planung für die Erde ist und die Menschheit je nach Bewußtseinsstand die jeweilige Entwicklungsrichtung auslebt, um sich letztlich doch dem «Licht» zuzuwenden.

Die Schlußfolgerung aus dieser Erkenntnis ist immens, denn sie läßt nur zwei extreme Möglichkeiten offen. Entweder ist die dargestellte Theorie über den geistigen Inhalt des Urzolls falsch – mit der Konsequenz, daß man die Existenz eines Schöpfers ablehnen muß –, oder man akzeptiert den Urzoll mit dieser Entstehungsgeschichte, und dann muß man auch akzeptieren, daß es nicht nur einen Schöpfergott gibt, sondern auch, daß unsere Erde eine Planungsgröße besitzt! Und diese Planungsgröße über den Urzoll beinhaltet gleichzeitig eine «Planaufgabe» für die Erde, die aus den Erdparametern aufgedeckt werden kann:

Demnach befinden wir Menschen uns auf der Erde, um uns geistig zu vervollkommnen.

Wohlgemerkt, die Betonung liegt auf «geistiger» und nicht auf «materieller» Vervollkommnung, denn die primäre 127 steht, wie bereits erwähnt, für eine Bewußtseinsstufe und hat nichts zu tun mit einer Vervollkommnung im Sinne materiell anzuhäufender Werte. Die weitere Charakterisierung resultiert aus der 50 bzw. der 500 (abgeleitet aus den 500 500 000 Zoll), die einen höheren Grad der Vervollkommnung ausdrückt, nämlich die erwähnte geistige Vervollkommnung! Jedoch spaltet sich die Menschheit in zwei «Bewußtseinsgruppen», die durch die +127 und –127 repräsentiert werden. Je nachdem, wie sich die Seele entschieden hat (siehe Beschreibung der 127 weiter oben), begibt man sich auf dem Weg stufenweise in die positive oder in die negative Richtung. Die Verdopplung des Wertes 127 bedeutet, daß wir auch einem Beschleunigungsprozeß in der Bewußtseinsbildung unterliegen, der nach jeder Stufe einer Verdopplung des Bewußtseins entspricht. Dieses hat jedoch auch zur Konsequenz, daß dort, wo sich viel Licht entwickelt hat, auch viel Schatten (durch die –127) entsteht. Die heutige Zeit mit ihren extremen Auswüchsen und großen Chancen – Spaßgesellschaft, Kriege und Terror und gleichzeitig die sich bewußt entwickelnden Menschen mit dem Glauben an das Göttliche, die Geburt von Indigo-Kindern mit außergewöhnlichen Eigenschaften, usw. – beweisen die Aussagekraft, die hinter diesen Erkenntnissen liegt.

Der Urzoll ist also tatsächlich ein Maß, der seine geistige Berechtigung nachweisen kann. Seine Folgemaße, wie Fuß und Yard, weisen ebenfalls auf ein geistiges Konzept hin.

Der Fuß umfaßt 12 Zoll. Es ist bekannt, daß die 12 eine Zahl ist, die in vielen Mythen und Offenbarungen eine zentrale Bedeutung hat. Deshalb möchte ich einige Beispiele aufführen, wo die 12 in Erscheinung tritt:

Kosmisch
- 12 Sternbilder, welche die Erde in ihrem langen Spiralumlauf in rund 25 920 Jahren durchläuft;
- 12 Schwingungsdimensionen, die kosmische Felder bestimmen;
- Es sind 12 komplexe Drehbewegungen erforderlich, um eine kosmische Superholographie zu erzeugen;[*]
- Einteilung der Uhrzeit in je 12 Tages- und Nachtstunden;
- Länge des Tages = $12^2 \times 10 = 1440$ Minuten;
- 12 Zoll = 1 Fuß (im Britischen Maßsystem).

Religion und Mythologie
- 12 Jünger Jesu
- 12 Stämme Israels

---

[*] Axel Klitzke: *Die kosmische 6 – von der Zahl zur Holographie des Universums*

- 12 Titanen des griechischen Götterrates
- 12 Asen des germanischen Götterrates
- 12 Götter des sumerischen Götterrates
- 12 Gefährten des Siegfried in der Nibelungensage
- 12 Ritter der Tafelrunde von König Arthur
- 12 Cherubim vor dem Tempel des Salomo
- 12 Tore des himmlischen Jerusalem

Sonstiges
- Zwölftonmusik
- Zwölffingerdarm
- 12 Meridiane des Körpers
- 12 Kanten des Würfels
- 12 Ecken des Ikosaeders
- 12 Flächen des Pentagondodekaeders

Von diesen Beispielen ist unsere tägliche Zeiteinteilung besonders interessant. Ich glaube, daß hier eine besondere Botschaft verborgen ist. Diese Einteilung, die dem sumerischen Wissen entstammt, konnte sich erstaunlicherweise mehrere tausend Jahre lang halten, ohne daß die Wissenschaft auf eine dem Dezimalsystem nahe liegende Zeiteinteilung kam. Es scheint, daß kosmisch relevante Daten, wie auch die Gradeinteilung in 360°, durch eine besondere Langlebigkeit gekennzeichnet sind.

Als ich vor längerer Zeit einmal eine Uhr betrachtete, fiel mir eine Kurzgeschichte von Edgar Alan Poe* ein. In dieser Geschichte wird erzählt, wie ein wichtiges Dokument aus königlichem Besitz geraubt wurde. Es war bekannt, daß der Täter ein Minister war und daß es noch in dessen Besitz sein mußte. Jedoch konnte das Dokument bei keiner Hausdurchsuchung gefunden werden. Die üblichen Suchmethoden der Polizei führten zu keinem Ziel, so daß der Präfekt um Rat bat. Um es abzukürzen: Der entwendete Brief mit dem Dokument hing an einem Kartenständer sichtbar im Zimmer, lediglich mit einigen äußerlichen Veränderungen und einem zusätzlichen Stempel versehen, weshalb er keinem Betrachter aufgefallen war.

Genau das war es, was mir die Uhr sagen wollte! Wir alle haben ständig irgendwelche Uhren vor unseren Augen, sehen sie aber nur mit unseren gewohnten Augen, die in ihnen nichts anderes als einen Zeitanzeiger erkennen. Bei den Untersuchungen zu meinem bereits zitierten Buch ist mir jedoch bewußt geworden, daß die Schwingungsdimensionen stets nach 3 komplexen Drehbewegungen eine neue Qualität erreichen. Das Ganze passiert viermal, so wie auf der Uhr nach 3 Stunden bzw. einer Viertelstunde ein neues Viertel beginnt. Daß unsere Tageszeit zusätzlich in zweimal 12 Stunden geteilt wird, erschien mir plötzlich

---

* Edgar Alan Poe: «Der entwendete Brief» in *Phantastische Erzählungen*

von Bedeutung. Was ist, wenn unsere Uhren einen kosmischen Code verbergen? Kann es sein, daß die 12 hellen Stunden des Tages den 12 sichtbaren Schwingungsdimensionen der Materie entsprechen und die 12 dunklen Stunden der Nacht denen der unsichtbaren Antimaterie? Die auf manchen Uhren deutlichere Markierung jeder dritten Stunde würde ebenfalls in dieses Konzept passen. Zu guter Letzt enthalten die 24 Stunden insgesamt 1440 Minuten. Was hinter dieser Ziffernfolge steht, die auch als das Zehnfache von 12^2 betrachtet werden kann, wird im Verlaufe des Buches noch deutlich werden.

Mittlerweile glaube ich daran, daß uns Botschaften aus der Vergangenheit auf subtile Weise erreichen, und wenn wir geistig dafür offen sind, können wir diese auch erkennen. Ist es mit der Cheops-Pyramide nicht ähnlich? Wie viele Menschen haben sie bereits gesehen und ihre angebliche Entstehungsgeschichte gehört. Trotz der weitverbreiteten offiziellen Meinung, daß es in ihr nicht mehr viel zu entdecken gibt, glauben viele Menschen daran, daß sie noch eine ganze Reihe von Geheimnissen birgt. Dieser auch in mir tief verwurzelte Glaube und die Skepsis gegenüber den offiziellen Theorien waren deshalb der Anlaß, nach dem in der Cheops-Pyramide enthaltenen geheimen Wissen zu suchen.

3. Die Cheops-Pyramide und der Urzoll

Aus dem Inhaltsverzeichnis ist ersichtlich, daß der Cheops-Pyramide im zweiten Teil des Buches viel Platz gewidmet wird. Insofern wird es den Leser verwundern, daß ihr Name bereits an dieser Stelle auftaucht. Hintergrund dieses frühen Bezuges ist ihre Verbindung nicht nur mit der Königselle, sondern auch mit dem Urzoll und dadurch auch mit dem Zentimeter. Diese anfänglich selbst für den Autor schwer zu glaubende Erkenntnis erwies sich in den nachfolgenden Untersuchungen als einer der Hauptschlüssel zum Verständnis der Cheops-Pyramide.

Wenn wir die Möglichkeit in Betracht ziehen, daß der Urzoll wegen seines kosmischen Bezuges nicht einfach eine Erfindung des Menschen sein kann, entstehen allein aus dieser Feststellung eine Reihe von Konsequenzen, die unser Geschichtsbild nicht nur ein klein wenig, sondern gleich gehörig durcheinanderbringen. Ein von «außerhalb» der Erde gebrachtes Maß, welches dem Menschen zur Nutzung gegeben wurde, ist für die Wissenschaft ein «starkes Stück», wogegen sich mit Sicherheit ganze Heerscharen materialistischer Wissenschaftler wehren werden. Deshalb drängt sich natürlich unmittelbar die Frage nach Beweisen auf.

Es wäre fatal, wenn die «Götter», welche die Erde über einen längeren Zeitraum besucht haben, uns keinen Beweis hinterlassen hätten. Aber sie haben es getan! Allerdings waren sie so einfallsreich, uns erst hinsichtlich unseres geistigen Wachstums zu prüfen, bevor diese Beweise erkannt werden können. Erst heute, wo durch Computer neue Erkenntnismöglichkeiten geschaffen sind und gleichzeitig auch ein geistiger Umbruch im vollen Gange ist, ist die Zeit gekommen, daß diese Beweise wirklich «gesehen» werden können, obwohl sie die Menschheit schon Tausende von Jahren vor Augen hat. Sehen und erkennendes Sehen sind in der Tat zweierlei Dinge, wie wir bald feststellen werden.

Für die Beweisführung ist es deshalb erforderlich, bereits an dieser Stelle in einem ersten Ansatz auf die Cheops-Pyramide einzugehen. Dieser Teil wird sich lediglich auf das Äußere der Cheops-Pyramide beschränken, während Kapitel 9 der inneren Struktur gewidmet ist.

3.1. Der Zoll und die Pyramidenbasis

Mitunter gibt es Dinge, die so offensichtlich sind, daß sie leicht übersehen werden. Als ich las, die Ägyptologen hätten herausbekommen, daß die erste Schicht der Außenverkleidung der Cheops-Pyramide an einer Basisseite 128 Kalksteinblöcke besaß, war das eine Überlegung wert. Sah man hier «vor lauter Bäumen den Wald nicht»? Betrachtet man nämlich die Cheops-Pyramide von oben, zeigt sich die Situation in Abbildung 7 (siehe folgende Seite).

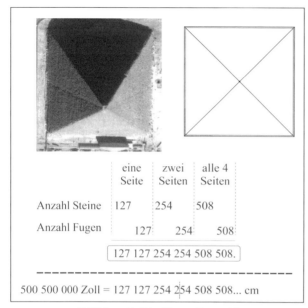

	eine Seite	zwei Seiten	alle 4 Seiten
Anzahl Steine	127	254	508
Anzahl Fugen	127	254	508
	127 127 254 254 508 508.		

500 500 000 Zoll = 127 127 254 254 508 508... cm

Abbildung 7: Die Cheops-Pyramide
von oben betrachtet und der verborgene
Code der Steine und Fugen in Bezug
zum Poldurchmesser der Erde

Wenn auf einer Seite insgesamt 128 Steine angeordnet sind, so ist es nicht möglich, daß bei Anwendung des gleichen Prinzips auf den benachbarten Seiten ebenfalls 128 Steine vorhanden sind, denn der letzte Stein einer Reihe ist als Eckstein gleichzeitig der erste Stein der benachbarten Basisseite. Folglich muß man aus rein mathematischer Sicht schlußfolgern, daß jede Seite in Wirklichkeit nur 127 Steine besitzt. Das hat aber zur Folge, daß an jeder Seite auch 127 Fugen, also Abstände von einem Stein zum nächsten, vorhanden sind.

Ich gehe davon aus, daß diese Anzahl von Basissteinen bewußt geplant wurde, weil hierdurch ein weiterer besonderer mathematischer Effekt eintritt. Denn schreibt man jeweils beide Zahlen so, wie in Abbildung 7 gezeigt, ergibt sich folgendes Bild: Die Anzahl der Steine und der Fugen von einer, zwei und vier Seiten ergänzen sich zu einer **doppelten Verdopplungsfolge,** und diese Zahlenfolge stimmt exakt mit der «alten» Angabe für den Poldurchmesser überein! Dieser Durchmesser wird in der Enoch-Überlieferung mit 500 500 000 Zoll angegeben, was in der Umrechnung genau 1 271 272 542,54508... cm entspricht! In Abbildung 7 wurde in der letzten Zeile an jener Stelle ein senkrechter Strich eingefügt, wo ein Komma stehen müßte, wenn man den Poldurchmesser in Zentimetern angäbe.

Wenn diese Konstruktion kein «Zufall» ist, bleibt nur **eine** Schlußfolgerung übrig: Die Planer der Cheops-Pyramide hatten Kenntnis über den Urzoll und seine Relation zum metrischen System – und haben über diese Relation den Poldurchmesser in die Basis der Großen Pyramide hineincodiert.

Ich höre bereits die Skeptiker, die in den bisherigen Ausführungen nichts anderes als mathematische Zufälle sehen wollen. Aber ich habe noch etliche Joker im Ärmel, um diese Zweifel Schritt für Schritt zu entkräften. Natürlich, es ist unbestreitbar: Wenn die Verschlüsselung des Poldurchmessers in der Basis das einzige «Kuriosum» in dieser Pyramide wäre, würden sich all diese Ausführungen erübrigen. Aber die Verschlüsselung des Poldurchmessers der Erde ist nur einer von vielen Effekten, die die Genialität der Pyramiden-Erbauer – fast schon wie Nebeneffekte – nach sich gezogen hat.

Und soviel kann ich schon vorwegnehmen: Es lassen sich in praktisch allen Aspekten dieser Pyramide erstaunliche Maßverhältnisse und Codierungen finden. Nicht nur die schweren Bausteine sind allesamt perfekt verarbeitet, auch die Maße des Bauwerks sind allesamt nicht zufällig gewählt. (Dies gilt auch für die anderen archaischen Pyramiden, wie «Chephren», «Mykerinos» usw. Wie in Kapitel 8 nachgewiesen wird, gehört auch die Rote Pyramide von Dahschur in diese Kategorie.)

Spätestens hier sollte man sich langsam ernsthaft zu fragen beginnen, ob diese Bauwerke tatsächlich das Werk von Pharaonen aus dem 3. Jahrtausend v. Chr. sind, denen nichts anderes als Kupfermeißel und andere primitive Werkzeuge zur Verfügung standen.

Gehen wir also von der Annahme aus, die bisherigen Überlegungen hätten einen tiefen Hintergrund. Dann muß man sich fragen, warum in der Basis nur in der Kombination «Anzahl Steine / Anzahl Fugen» diese Erkenntnisse zu gewinnen sind. Haben die Fugen, die wir in der Regel nur als eine technische Notwendigkeit betrachten, möglicherweise auch eine Bedeutung? In älteren ägyptologischen Fachbüchern (aus England) finden wir Angaben zur Fugenbreite, logischerweise auf Basis des Zolls, während wir in Deutschland das gleiche Maß in Zentimetern angeben. An sich ist die Breite der Fuge allein einen Beitrag wert, weil wir in der heutigen Zeit mit unseren Fugen viel großzügiger umgehen. In unserer Zeit, wo Normalziegel von 24 cm Länge üblich sind, plant man 1 cm als Fuge für den Mörtel ein. Die Steine an der Basis der Cheops-Pyramide sind dagegen deutlich größer, im Durchschnitt rund 1,80 m breit und 1,46 m hoch, während die Tiefe variiert. Bei dieser Größe müßte man annehmen, daß der Fugenabstand größer ist. Aber genau das Gegenteil ist der Fall. Die Fugen sind $\frac{1}{50}$ Zoll oder circa 0,05 cm breit, das ist rund ein halber Millimeter! Auf beiden Seiten eines Steines wäre demzufolge maximal ¼ mm Toleranz zulässig – und das bei rund 1,46 m Höhe und einer Tiefe bis zu 3,35 m (abgeleitet aus den Zeichnungen von Petrie*). Diese Messungen sind bereits seit über 120 Jahren bekannt, und dennoch glauben die meisten Ägyptologen (die mit Steinbearbeitung leider nicht die geringste persönliche Erfahrung haben), es sei möglich, diese Genauigkeit mit Kupferwerkzeugen zu erreichen! Das Schwierige an dieser Arbeit ist nicht nur, eine glatte Fläche zu erreichen, sondern darüber hinaus auch, **an jedem Punkt** der bis zu 4,6 m² großen Seitenflächen **den gleichen Abstand** zu der gegenüberliegenden Fläche einzuhalten, wobei auf jeder Seite des Steines eine maximale Toleranz von ¼ mm eingehalten werden mußte! Wer sich nur annähernd im Bauwesen auskennt, weiß, daß dies selbst in der heutigen Zeit nur im idealsten Fall machbar ist, und zwar mit Lasertechnik! Die Annahme, dies sei mit den Methoden der Cheops-Zeit möglich gewesen, gehört in den Bereich der Phantasie.

---

* W. M. Flinders Petrie: *The Pyramids and Temples of Gizeh,* London 1883; Anlage XI. Der Engländer Sir William Matthew Flinders Petrie (1853–1942) ist der Pionier der systematischen Ägyptologie. Er war jedoch weder gelehrter Ägyptologe noch Archäologe, sondern war von seinem Vater, der Bauingenieur war, ausgebildet worden. Ihm verdanken wir u. a. die genaue Vermessung der Pyramiden von Giseh, die er von 1881 bis 1883 durchführte. Dank seines praktisch geschulten Auges erkannte er die Genialität der Pyramiden-Erbauer. Über die Fugen schrieb er: «Es erfordert bereits eine außerordentliche Präzision, solche Steine bündig zu verlegen, aber die Fugen außerdem auch noch zu zementieren grenzt ans Unmögliche; es ist, als hätte ein Feinmechaniker in riesigem Maßstab gearbeitet.»

Bleiben wir vorerst bei der Untersuchung der Fugen. Geht man davon aus, in der Basis sei der Urzoll als Maßeinheit verborgen, dann entsprechen 1/50 Zoll einem Wert von:

0,0508001016002032004064... cm

Auch dieser Wert enthält wieder eine Verdopplungsfolge, dieses Mal auf Basis der 508. Nehmen wir an, dieser Wert sei tatsächlich das «Planungsmaß», so stoßen wir auf weitere überraschende Erkenntnisse. Die Summe aller 127 Fugen führt zu einem Maß von 6,451612903225... cm. Teilt man diesen Wert durch den neuberechneten Urzoll, erhält man den heute verwendeten Wert von 2,54. Daraus kann man wiederum schlußfolgern, daß die Summe aller Fugen gleich dem Produkt aus Urzoll und heutigem Zoll ist.

2,54 × 1 Urzoll = 6,451612...

Das heißt, daß an der Basis sowohl der heute gebräuchliche Zoll als auch der theoretisch richtige Zoll enthalten sind!

Dies wiederum bedeutet, daß die Planer der Pyramide gewußt haben müssen, daß die Menschheit über einen langen Zeitraum mit dem Zoll-Wert von 2,54 cm rechnen wird, ehe sie den tatsächlich richtigen Wert, den «Urzoll», auf Basis einer Zahlenproportion erkennt.

Aber selbst das ist noch nicht die letzte enthaltene Erkenntnis. Die Quadratwurzel aus der Summe aller Fugen ergibt einen mathematisch äußerst ungewöhnlichen Wert:

$$\sqrt{6,451612...} = 2,54000254000381000635001111125200025$$

Nicht ohne Grund habe ich die Zahl in dieser Länge dargestellt, weil der tiefe Sinn erst über ausreichend viele Ziffern zu erkennen ist. Teilt man diesen Wert durch 10^2 und betrachtet die Zahlenfolge in Sechsergruppen, offenbart sich ein weiteres Geheimnis.

(0) / 025400 / 025400 / 038100 / 063500 / 111125 / 200025 / ...

Dividiert man jede nachfolgende Gruppe nach einem vorgegebenen Prinzip durch die vorhergehende Zahlengruppe, entsteht die in Tabelle 4 gezeigte Quotientenfolge.

Das Ergebnis ist mehr als überraschend. In einer einzigen Zahl ist ein Zusammenhang ausgedrückt, der – als Quotientenfolge dargestellt – im Zähler die Folge aller ungeraden und im Nenner die Folge aller natürlichen Zahlen enthält! In der Zahlenfolge, die sich im Zähler befindet, ist das Dezimalsystem encodiert, da die Summe der ersten 10 ungeraden Zahlen den Wert 100 ergibt (1+3+5+...+17+19 = 100). In Fortführung dieser Formel ergibt die Summe der ersten 100 geraden Zahlen den Wert 10 000, usw.*

6-er Gruppe	025400	025400	038100	063500	111125	200025	...
Division		$\dfrac{025400}{025400}$	$\dfrac{038100}{025400}$	$\dfrac{063500}{038100}$	$\dfrac{111125}{063500}$	$\dfrac{200025}{111125}$	...
=		1,000	1,500	$1,\overline{666}$	1,750	1,800	...
Ergebnis		$=\dfrac{1}{1}$	$=\dfrac{3}{2}$	$=\dfrac{5}{3}$	$=\dfrac{7}{4}$	$=\dfrac{9}{5}$	...

Tabelle 4: Die verborgene Quotientenfolge in der Basis der Cheops-Pyramide

Über diese Zahlenfolge habe ich mich mit einem Doktor der Mathematik unterhalten, der ebenfalls sehr verblüfft war. Das Kuriose ist, daß es mittlerweile eine Unmenge mathematischer Folgen gibt, die bereits analysiert sind und deren Bedeutung bekannt ist. Jedoch ausgerechnet diese interessante Folge ist der Mathematik bisher unbekannt. Auch mir fehlt eine Erklärung. Wenn ein Leser hierzu eine Lösung oder eine Idee hat, bin ich natürlich sehr gespannt.

Mit diesen Erkenntnissen wird ein weiterer Beweis dafür geliefert, daß denjenigen, die mit dem Urzoll rechneten, das metrische System und auch die Größe des Meters bekannt waren, weil diese Verdopplungsfolge nur durch die Relation des Meters zum Zoll zustande kommt. Bei jeder anderen Größe des Meters würde über die metrische Zahlenproportion der Zoll kleiner bzw. größer als 2,54... cm, und weder die verborgene Schlüsselzahl 127 noch der Zusammenhang über die Fugendicke wäre erkennbar.

Aus den bisherigen Untersuchungen kann demzufolge die Aussage abgeleitet werden, daß beide Maßsysteme – sowohl unser heutiges metrisches System als auch das System des Urzolls – ihre Gültigkeit haben, und das nicht nur im irdischen Bereich! An der gesetzlichen Grundlage, die das metrische System zum Primat erhebt, werden diese Erkenntnisse sicherlich nichts ändern, sie liefern jedoch für diejenigen einen Beweis, die in unseren Urmaßen mehr als nur willkürliche Festlegungen eines Königs des 17. Jahrhunderts sehen.

3.2. Wie groß sind Fuß, Yard und Meile wirklich?

Es versteht sich von selbst, daß der Urzoll auch eine Auswirkung auf die Länge der von ihm abgeleiteten Sekundärmaße Fuß, Yard und Meile hat. Bei dem geringfügigen Längenunterschied zwischen Urzoll und dem heute gesetzlich festgelegten Zoll besitzt die theoretische Herleitung auch nur einen theoretischen Wert. Der Vollständigkeit halber soll trotzdem darauf hingewiesen werden, daß die genannten Maße ebenfalls auf einer Verdopplungsfolge basieren. Bei dem Maß «Fuß», welches 12 Zoll Länge besitzt, führt die partielle Multiplikation von 10 und 2 Zoll zu folgendem Ergebnis:

---

* siehe auch Peter Plichta: *Gottes geheime Formel*, Seite 215 ff.

25,4000508001016002032000...   (10 Zoll)
+5,0800101600203200404...   (2 Zoll)
30,48006096012192024384... [cm]   (1 Fuß)

In diesem Maß ist eine Verdopplung auf Basis der 3048 zu erkennen, die der Ziffernfolge des heute gebräuchlichen Fußes von 30,48 cm entspricht.

Es wird nicht verwundern, wenn der Yard mit 36 Urzoll die gleichen Prinzipien aufweist, nur daß hier die Verdopplung auf Basis der 9144 beginnt:

91,44018288036576073152... [cm]   (1 Yard)

Die Meile fällt prinzipiell aus dem Rahmen. Mit 63 360 Zoll Länge besitzt sie ein Maß, das schwer herzuleiten ist. Gemäß dem Berechnungsprinzip auf der Grundlage des Urzolls beträgt eine Meile

- 160 934,721869... cm, während offiziell
- 160 934,400000 cm ausgewiesen werden.

Wie schon weiter oben erwähnt, ist der Unterschied für die Praxis mit rund 3,2 mm minimal. Bei der Berechnung des Erdumfangs beträgt der Unterschied allerdings bereits rund 500 m. Das Sprichwort «Kleinvieh macht auch Mist» besagt auch hier in den größeren Dimensionen durchaus etwas Wahres.

Bei der «Spielerei» mit der Meile, deren Länge 63 360 Zoll beträgt, probierte ich alle möglichen Varianten. Dabei gefiel mir eine Zerlegung in die Faktoren 1440 und 44 (1440 × 44 = 63 360) besonders gut. Auf diese Zahlen war ich bei meinen Untersuchungen schon öfters gestoßen. Die Zahl 1440 ergibt sich einerseits aus der Multiplikation von 24 × 60 (= Anzahl Minuten eines Tages), andererseits auch aus der Multiplikation von 12^2 × 10. Auch unser «Urvater» Adam hat etwas mit dieser Zahl zu tun. Im Hebräischen wird dieser Name wie folgt geschrieben (von rechts nach links!): *m'd'a.* Das zweite a wird in der hebräischen Sprache nicht geschrieben, deswegen sind es nur drei Buchstaben. Nun muß man wissen, daß die Hebräer ihren Buchstaben bestimmte Zahlenwerte zugeordnet haben, die sich einerseits aus der Stellung im Alphabet ergeben und andererseits aus einem verborgenen Geometrie-Code. Der erste wird Stellenwert-Code genannt, der zweite Buchstaben-Code. Hier nur soviel: Im Buchstaben-Code entsprechen die Buchstaben A-D-M den Werten 1-4-40, was die Zahl 1440 erkennen läßt. Allerdings ist das noch kein hinreichender Grund, Adam mit der Meile in Verbindung zu bringen. Das zweite, was mir aus der Erinnerung einfiel, war, daß die Tempelritter in Rosslyn, 15 km südlich von Edinburgh, eine Kapelle gebaut haben, die nach Aussagen englischer Fachleute dem Grundriß des Tempels des Salomo entsprechen soll. Über diese Kapelle ist schon viel geschrieben worden, weil sie auffällig viele freimaurerische Symbole enthält. Das tollste ist aber, daß sie Steinmetzarbeiten von Maiskolben und der Pflanze Aloe enthält, die damals, als die Kapelle erbaut wurde, in Europa eigentlich unbekannt waren, da sie ursprünglich nur auf dem amerikanischen Kontinent wuchsen. Nun kommt das Überraschende: Die Kapelle wurde im Jahre 1440 begonnen und 44 Jahre später fertiggestellt. Sie steht auf dem Grundstück der Familie Saint Clair, die sowohl mit dem Templer- wie auch später mit dem Freimaurerorden eng verknüpft war. Wir müssen also annehmen, daß die gewählte Bauzeit bewußt ausgewählt wurde.

Damit sind wir mit der Erforschung der Meile prinzipiell noch kein Stück weiter ge-kommen. Es ist jedoch erkennbar, daß die Zahlen 1440 und 44, die Teilfaktoren der Zahl 63 360, in alten Orden und in der Mystik eine besondere Rolle spielen. Das trifft übrigens auch auf das alte Ägypten zu.

3.3. Die Cheops-Pyramide: jeder Stein ein perfekt passendes Unikat

Mit den folgenden Ausführungen bleiben wir noch beim Zoll, ohne dabei zu ignorieren, daß die innere Struktur der Gänge und Kammern der Cheops-Pyramide in hohem Maße durch die Königselle bestimmt ist. Allerdings wäre es seltsam, wenn der Zoll nur in der Basis verankert sein sollte. Wäre dies der Fall, so müßte man meinen, die Erbauer hätten anfänglich etwas beweisen wollen und hätten dann dieses Anliegen aufgegeben, weil sie nicht mehr weiter wußten. Die Planer der Cheops-Pyramide bauten ganz sicher nicht mit einer solchen Willkür bzw. Inkompetenz, und zwar einfach schon deswegen nicht, weil für sie die versteckte Anwendung des Zolls in der Basis noch lange nicht das Ende ihrer Weisheit war.

Es ist mehr als nur bedauerlich, daß an den Pyramiden besonders in den letzten ein-tausend Jahren vieles zerstört worden ist. Das beraubt uns der Möglichkeit, mit modernen Geräten nachzumessen, um zu erkennen, was damals geplant und realisiert worden war. Für uns in der heutigen Zeit steht deshalb nur der Weg über theoretische Annahmen zur Verfügung, um auf diese Weise Rückschlüsse auf den ursprünglichen Zustand zu ziehen. Nur, wo fängt man an?

Ein Bild der Cheops-Pyramide aus der heutigen Zeit zeigt lediglich einen riesigen Stein-berg, der aus unregelmäßig dicken Steinschichten besteht (siehe Abbildung 8 im Farbteil). Die Verkleidungssteine, die ursprünglich diesen Pyramidenkörper bedeckten (die Seiten-flächen der Pyramide waren vollkommen glatt!), sind bis auf wenige übriggebliebene abge-tragen worden und «fanden» im Bau von Palästen und Moscheen Verwendung.

Die Unregelmäßigkeit der verschiedenen Steinschichten erfordert einen viel höheren logistischen Aufwand als ein Bau mit durchweg gleich großen Steinblöcken. Diese Un-regelmäßigkeit, auf die ich nochmals zu sprechen komme, stellt praktisch einen Nachteil dar, besitzt jedoch auch bedeutende Vorzüge. Das Hervorragende sind ihre physikalischen Auswirkungen. Wer schon einmal Wohnhäuser aus der Zeit um 1900 genauer betrachtet hat, weiß, daß sie mit einem kunstfertigen Mauerverband gebaut worden sind, der auf Ästhetik und Proportionalität beruht.

Kam es bei derartig errichteten Gebäuden zu Setzungen im Erdreich oder fanden tektonische Bewegungen statt, führte dies zu Rissen, die man mitunter deutlich in den Fassaden erkennen kann. Das auffällige bei diesen Rissen ist, daß sie sich über die Ecken der Mauerziegel ausbreiteten, mitunter direkt in linearer Form. Offensichtlich finden Setzungserscheinungen in einem Bauwerk genau über diese Ecken die Möglichkeiten einer Ausbreitung. Will man also eine solch offenkundige Rißbildung vermeiden, die obendrein den Verfall eines Gebäudes deutlich beschleunigt, muß man anders vorgehen. Das wußten auch unsere früheren Kirchenbaumeister, weshalb sie bereits im Fundamentbereich der Bauwerke mit unterschiedlichen Schichtdicken, ja sogar mit unterschiedlichen Baumaterialien arbeiteten, um dadurch etwaige Spannungen zu puffern. Dies kann man deutlich in den freigelegten Fundamenten des Kölner Doms beobachten. Eine solche Bauweise hat auch weitere Vorteile, insbesondere bei Erdbeben, denn sie erlaubt es, daß Spannungen, die durch Erdbebenwellen erzeugt werden, fächerförmig zerstreut werden. Die Gefahr einer linearen Ausbreitung der Spannung, die zu einer Zerstörung kritischer Punkte innerhalb des Gebäudes führen könnte (was im Extremfall den Einsturz bewirkt), wird dadurch deutlich vermindert.

Aus diesen Gründen ist eine Bauweise, die konstante Schichtdicken vermeidet, Setzungserscheinungen und Erdbebeneinflüssen gegenüber weitaus resistenter. Daß sehr starke Erdbeben auch an der Cheops-Pyramide nicht ganz spurlos vorbeigegangen sind, ist nur allzu verständlich. Aber trotz der Erdbeben, die Ägypten in der Vergangenheit heimgesucht haben, stehen die Pyramiden immer noch unverrückt und trotzten auch der Zerstörungswut fanatischer Gegner.

Abbildung 9: Teil einer Mauerfassade (Baustil um 1900)

Die Unregelmäßigkeiten in den Steinschichten sind also als vorteilhaft zu bezeichnen. Nun aber zu glauben, daß in diesem scheinbar willkürlich angehäuften Chaos von unterschiedlich großen Steinen keine Ordnung herrsche, wäre ein vorschneller Schluß.

Betrachten wir noch einmal die Errichtung eines mehrstöckigen Hauses aus Mauerziegeln. Bei einem solchen Bau wird eine Unmenge von Ziegeln verarbeitet, denen es egal ist, wo sie eingebaut werden, da sie ja alle gleich groß sind. Auch der Maurer muß bei den Zwischenschichten kein exaktes Höhenmaß einhalten; wichtig sind nur die Fixpunkte, die für den Bau erforderlich sind, zum Beispiel

Unter- und Oberkante für die später einzubauenden Fenster, geplante Raumhöhen bis hin zum letzten Ringanker, auf dem die Dachkonstruktion zu stehen kommt. Diese Verfahrensweise ist eigentlich selbstverständlich, sichert sie doch, daß das Bauwerk später so aussieht, wie es geplant wurde und wie es den Wünschen des Bauherrn entspricht. Eine analoge Denkweise muß man auch den Planern der Cheops-Pyramide zutrauen, allerdings bauten sie mit zusätzlichen Schwierigkeitsgraden. Eine Schwierigkeit bestand darin, daß sie Steinschichten mit unterschiedlicher Dicke verwendeten. (Auf eine andere Schwierigkeit werde ich weiter unten eingehen.)

Allein die aus der unterschiedlichen Schichtdicke resultierenden Konsequenzen hinsichtlich der Fertigung der Steine und ihrer Einordnung genau am richtigen Ort stellen eine extreme Herausforderung dar! Zu glauben, diese Unterschiede seien nur aus Vorgaben und möglichen Problemen im Steinbruch entstanden, wie manche Archäologen behaupten, ist eine irrige Annahme. Es ist leicht einzusehen, daß jede Lage eine ganz genau definierte Anzahl von Steinen erforderte, die auch genau die für diese Lage erforderliche Höhe besitzen mußten. So ermittelte Petrie zum Beispiel für die 34. Lage eine Höhe von 26,2 bzw. 26,3 Zoll (für die Nord-Ost- bzw. Süd-West-Ecke) und für die darüber liegende 35. Lage eine Höhe von 49,2 bzw. 49,8 Zoll (siehe Abbildung 10 im Farbteil). Das heißt, die 35. Lage ist um rund 58,3 cm höher als die 34. Lage, also mehr als ein halber Meter Differenz!

Für die 35. Schicht und für die nachfolgenden Schichten wurden also plötzlich aus völlig unverständlichen Gründen Steine produziert, die mit einem Schlag an die 90% größer sind als jene der 34. Lage. Warum in aller Welt sollen sich Steinmetzen im Steinbruch mit einem Mal die Arbeit schwerer machen und wieder größere Steine produzieren? Die Erklärungen «Zufall» oder «Umstände im Steinbruch» sind zu einfach und gehen am wirklichen Grund weit vorbei. In Kapitel 9 komme ich auf diese Steinschichten und das, was damit sonst noch verbunden ist, zurück, da ich den wirklichen Grund für diesen gravierenden Unterschied gefunden habe.

Bei genauer Betrachtung vor Ort konnte ich sehen, daß die einzelnen Steine einer Schicht auch unterschiedliche Abmessungen in der Tiefe besitzen. Der vordere Abschluß der einzelnen Steinschichten ist deshalb unregelmäßig. Dies führt dazu, daß in jeder Steinschicht gewisse Steine etwas hervorstehen bzw. zurückversetzt sind. (Dies ist auch auf Abbildung 10 erkennbar.) Da die Steine, obwohl sie alle (der jeweiligen Schicht entsprechend) gleich hoch, unterschiedlich weit hervorstehen, mußten die Verkleidungssteine für ihre jeweilige Position individuell angefertigt werden, damit sie in die unterschiedlich breiten Lücken paßten. In Abbildung 11 (siehe Farbteil) wird ersichtlich, wie dies in der Praxis aussieht. Dieses Foto stammt aus dem Bereich in der unmittelbaren Nähe des Eingangs zur Cheops-Pyramide. Dies ist eine der wenigen Stellen an der Cheops-Pyramide, wo die Verkleidungssteine noch vorhanden sind. Wir stehen hier auf der ersten Lage und sehen im Detail, wie die Verkleidungssteine präzise bearbeitet sind und mit engster Fuge an die dahinterliegenden Blöcke des inneren Aufbaues angepaßt wurden, sogar mit zusätzlichen Ecken.

Wenn ein Architekt der heutigen Zeit eine derartige Steinkonstruktion planen müßte, würde ihm das den Verstand rauben. Diese komplizierte Struktur bedingt präzise Vorgaben in der Länge, der Breite und der Höhe für jeden einzelnen Stein. Allein die Cheops-Pyramide besteht aus rund 2,3 Millionen Steinen! Welch Planung und Logistik waren hier erforderlich, damit die Arbeiter im Steinbruch jeden Stein genau in der vorgegebenen Form herstellten, damit er dann in die geplante Position paßte! Einige der Verkleidungssteine sind sogar schräg eingepaßt, wodurch der Aufwand für das «Montieren» noch viel größer wurde.

Zusätzlich mußten bestimmte Kontrollmaße in der Höhe eingehalten werden, auf die ich später zurückkommen werde. Die Schlußfolgerung aus diesen Beispielen ungewöhnlicher Fertigung und Planung lautet deshalb: Hier wurde keine Massenproduktion – weder von Steinen des Pyramidenkörpers noch von Verkleidungssteinen – durchgeführt, sondern es wurden Unikate eingebaut! Das bedeutet, jeder Stein unterscheidet sich vom anderen. Alle veröffentlichten Theorien über die massenhafte Herstellung von Steinen für den Pyramidenkörper sowie für die Verkleidung geraten damit in Erklärungsnot.

Im Abschnitt 3.1. wurde ausgeführt, daß der Fugenabstand der Verkleidungssteine mit 1/50 Zoll geplant und ausgeführt wurde. Die Fugendicke von rund 0,5 mm bedeutet aber auch, daß die Steine so gefertigt werden mußten, daß die jeweils gegenüberliegenden Seiten parallel zueinander stehen und an keinem Punkt der Fläche eine Erhöhung besitzen, damit die Gesamttoleranz (0,5 mm) nicht überschritten wird! Zusätzlich muß auch der parallele Abstand zum gegenüberliegenden Stein auf der ganzen Fläche exakt eingehalten werden! An dieser Stelle müßte man richtigerweise drei Ausrufezeichen setzen. Es ist bekannt, daß es leichter ist, eine einzige Fläche relativ eben herzustellen. Soll aber die gegenüberliegende Seite nicht nur glatt, sondern auch noch parallel zur ersten Seite hergestellt werden, grenzt das bei der Größe dieser Steine an das Unmögliche. Jeder Steinmetz der heutigen Zeit, dem eine x-fach bessere Technik zur Verfügung steht, wird vor so einer Aufgabenstellung kapitulieren. Dennoch ist diese Unmöglichkeit bei den Bauwerken von Giseh zu sehen, und zwar an jedem Stein, das heißt millionenfach! Hier muß man sich ganz klar vor Augen halten, daß dort Dinge geschehen sind, die mit den herkömmlichen Theorien nicht zu erklären sind.

3.4. Die Berechnung des Pyramidions

Ich erwähnte bereits, daß es Kontrollschichten und vor allem ein letztes Kontrollmaß zur Positionierung des «Pyramidions», des pyramidenförmigen Abschlußsteins, gegeben haben muß, denn sonst wäre es nicht möglich gewesen, bis zum Abschluß des Bauwerkes die geplanten Parameter zu erreichen. Mit anderen Worten, ohne diese Präzision wäre die Pyramide krumm, schief, etwas uneben oder verdreht herausgekommen, und vor allem, das Pyramidion würde sich nicht über der Mitte der Pyramide befinden.

Die Größe des letzten Kontrollmaßes ist auch von entscheidender Bedeutung, wenn man das innere Prinzip der Cheops-Pyramide erfassen will. Folglich bemühte ich mich, gerade dieses Maß zuerst herauszufinden.

Als Primärdaten standen mir hierzu die Vermessungsergebnisse von Petrie* zur Verfügung. Petrie vermaß alle damals verbliebenen 203 Steinschichten, während es heute nur noch 201 sind (siehe Abbildung 12 im Farbteil). Im Durchschnitt nahm deren Dicke zur Spitze hin unregelmäßig, aber insgesamt kontinuierlich ab. In Abbildung 12 sind die obersten Lagen der Cheops-Pyramide zu sehen, während Abbildung 13 die Meßergebnisse zeigt, wie sie Petrie für die obersten 26 Steinschichten ermittelte. Dabei bedeuten die vertikalen Linien mit der Beschriftung 10, 20, und 30 die Dicke der Schichten in Zoll. Mit dem Balkendiagramm wurden die ermittelten Werte der Dicken grafisch dargestellt, so daß sofort erkennbar ist, welche Schichten dicker oder dünner sind. Im Tabellenteil mit den Zahlen sind die Meßpunkte an der Nord-Ost-Ecke (N.E.) und der Süd-West-Ecke (S.W.) aufgeführt. Zu beachten ist, daß die vertikale Linie, die eine Schichtdicke von 10 Zoll repräsentieren soll, mitten durch die Zahlenreihe verläuft. Petrie machte dies, weil keine Schicht in dieser kleinen Größenordnung liegt.

Geht man von der Annahme aus, daß für die Auflagefläche des Pyramidions eine besondere Höhe als Kontrollpunkt vorgegeben war, muß sich

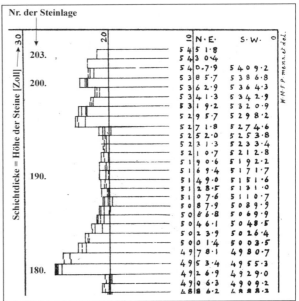

Abbildung 13: Die Analyse der Dicke der obersten Steinschichten der Cheops-Pyramide (vermessen von Petrie)

diese theoretisch nachvollziehen lassen. Es ist jedoch unklar, aus wie vielen Schichten der innere Aufbau ursprünglich bestand. Sicher ist, daß die 203. Schicht nicht die letzte war. Das Rätsel läßt sich meiner Auffassung nach nur lösen, wenn man einerseits die heilige Geometrie beachtet und andererseits bestimmte Zahlen mit berücksichtigt, denen die ägyptischen Priester zentrale Qualitäten zuschrieben.

Um eine mögliche Lösung einzukreisen, soll zuerst die von der Ägyptologie ausgewiesene Gesamthöhe der Cheops-Pyramide von circa 146,65 m in Beziehung zur Höhe der 203. Steinschicht (5451,8 Zoll = 138,46 m) gesetzt werden. Die Differenz bis zur theoretischen Spitze beträgt rund 8,19 m. In dieser Größenordnung gab es in ganz Ägypten zu keiner Zeit

---

* W. M. Flinders Petrie: *The Pyramids and Temples of Gizeh,* Anlage VIII

ein Pyramidion, zumal es – bei einer Höhe von gut 8 m und aus Stein bestehend – schätzungsweise 1200 t schwer gewesen wäre.

Von den Schichten, die Petrie vermaß, besitzen die letzten sieben lediglich noch eine durchschnittliche Höhe von 22,3 Zoll (rund 56,6 cm), wie aus Abbildung 13 hervorgeht. Das weist eindeutig darauf hin, daß zur Spitze hin mit geringeren Höhen zu rechnen ist. Bei den fehlenden 8,19 m wären demzufolge noch etwa 14 Schichten möglich gewesen, die selbstverständlich nicht alle gebaut worden sind, weil sonst das Pyramidion keinen Platz mehr gehabt hätte. Interessant ist aber, daß mit dieser hypothetischen Zahl von 14 Schichten insgesamt eine Größenordnung von 217 Schichten erreicht wird, in deren Nähe eine sehr mystische Zahl liegt: die 216. Diese drückt nicht nur das Ergebnis von $6 \times 6 \times 6$ aus, sondern ist auch mit der Dauer des Durchlaufes unseres Sonnensystems durch ein Sternbild (2160 Jahre) verknüpft. Ebenso markant tritt dieser Wert bei den Pyramiden in Teotihuacán (Mexiko) auf, worauf ich später noch eingehen werde. Es sollte auch erwähnt werden, daß das menschliche Skelett aus 216 Knochen besteht!

Damit haben wir zwar eine plausible Anzahl von Schichten, aber noch lange nicht deren Höhe. Um hier einen Schritt voranzukommen, habe ich als nächstes versucht, das Pyramidion zu rekonstruieren. In der verfügbaren Literatur findet man keinerlei Hinweise auf das Pyramidion, weshalb zum Teil aus Unkenntnis extrem große Maße angenommen wurden. Über eine mir zugängliche Quelle erfuhr ich, daß das Pyramidion ein Volumen von 2000 Kubikzoll gehabt haben soll und eine sehr geringfügige Abweichung von der Neigung zur Seitenwand besaß. Trotz dieses Wissens erwies sich die Rekonstruktion als eine harte Nuß, die nicht leicht zu knacken war. Das hauptsächliche Problem hierbei war die eigene Erwartungshaltung, ein besonderes und rundes Maß für die Kantenlänge zu finden. Nach etlichen Mühen hatte ich dieses Rätsel gelöst, und ich kam auf ungewöhnlich faszinierende Werte, mit denen ich in keiner Weise gerechnet hatte. Wenn ich von faszinierend rede, so ist das in Wirklichkeit noch eine Untertreibung, denn wer eine solche Konstellation zu «komponieren» vermochte, muß schon ein sehr weiser Geist gewesen sein, der auch unter den heutigen Mathematikern eine hervorragende Stellung einnehmen würde.

In Abbildung 14 sind diese Maße dargestellt.

Wie aus den Maßangaben zu erkennen ist, liegt die Wahrheit in den Wurzelzahlen. Würde man dagegen für die Wurzelzahlen deren Ergebnisse einsetzen, wären es «nichtssagende» Zahlen, denn $\sqrt{444,44\overline{4}...}$ klingt deutlich besser als das Ergebnis 21,0818... Zoll oder 53,548008... cm.

Auch die Höhe hat es in sich. 13,5 Zoll (= 34,29... cm) sind nichts anderes als die Hälfte von 27 oder 3^3. Diese Zahl wird uns auch beim Sarkophag wieder begegnen und dort ihre Bedeutung enthüllen. Mit dieser Konstruktion besaß das Pyramidion eine Neigung von 52°1'1,02", die rund 0,16° größer war als die Neigung der Seitenflächen der Pyramide.

Wenn man das Pyramidion mit diesen Maßen als eine ernstzunehmende Annahme betrachtet, bleiben bei der aktuell ausgewiesenen Höhe der Pyramide von rund 146,65 m

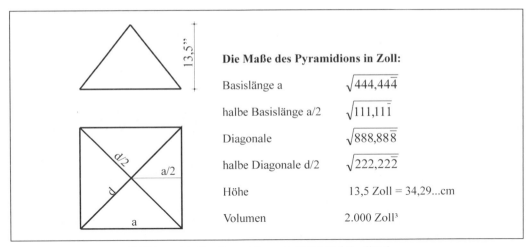

Die Maße des Pyramidions in Zoll:

Basislänge a	$\sqrt{444,44\overline{4}}$
halbe Basislänge a/2	$\sqrt{111,11\overline{1}}$
Diagonale	$\sqrt{888,88\overline{8}}$
halbe Diagonale d/2	$\sqrt{222,22\overline{2}}$
Höhe	13,5 Zoll = 34,29...cm
Volumen	2.000 Zoll³

Abbildung 14: Das Pyramidion mit 2000 Kubikzoll Volumen

(= 5773,6105 Zoll) abzüglich der Höhe des Pyramidions noch 5760,1105 Zoll übrig. Da man auch eine Fuge einplanen muß, läßt sich für die Höhe der 216 Steinschichten ein theoretischer Rechenwert von 5760 Zoll ableiten. Das sind im Durchschnitt exakt $\frac{8}{3}$ × 10 Zoll pro Schicht. In diesem Wert sind die heiligen Zahlen 3 und 8 enthalten, die dem Ganzen einen ersten glaubhaften Ansatz verleihen. Zerlegt man die Zahl 5760, ist unter anderem folgende Kombination möglich: 3² × 8² × 10. Die gleichen Ziffern erscheinen in genau dieser Kombination auch in der oben erwähnten durchschnittlichen Schichtdichte (in Zoll), was meine theoretische Berechnung der Gesamthöhe der Pyramide (ohne Pyramidion) in ihrer Glaubhaftigkeit stützt.

3.5. Die geniale Ordnung im «Steinhaufen» und ihre metaphysische Bedeutung

Bei den weiteren Untersuchungen zu möglichen Kontrollschichten stieß ich auf eine Fülle interessanter Werte, die sich mit geringen Toleranzen aus Petries Meßwerten ableiten lassen. Als ich in einer ersten Version der Tabelle 5 die enthaltenen Werte näher betrachtete, fiel mir auf, daß ich den Wert für die erste Schicht ausgelassen hatte. Anfänglich maß ich dieser Schicht keine besondere Bedeutung bei, weil mich besonders die folgenden Schichten interessierten. Als ich mich dann doch näher mit dieser Schicht beschäftigte, fiel mir der an der Südwest-Ecke gemessene Wert besonders auf. Dort ermittelte Petrie eine Höhe von 57,6 Zoll (das entspricht 144 × 0,4). Das ist aber exakt $\frac{1}{100}$ der angenommenen Höhe aller 216 Steinschichten: 5760 Zoll. Damit war klar, daß der original beabsichtigte Planungswert sowohl für die erste wie auch die 216. Steinschicht über die Ziffernfolge 5-7-6 codiert worden war. Die Planer hatten den Hauptcode bereits als Kontrollmaß in der ersten Schicht verewigt!

Die Anwendung des Zolls kommt nicht nur in den Höhenmaßen zum Ausdruck, sondern auch, wie bereits beschrieben, über die Summe aller Fugendicken. Wieder kommt
man zu der Schlußfolgerung, daß das Wissen über die Größe und die kosmische Bedeutung
verschiedener Maßsysteme eindeutig bekannt war und in diesem Denkmal des verborgenen
Wissens bewußt eingearbeitet wurde.

Die weitere Analyse des riesigen verbliebenen «Steinhaufens» wurde damit zu einer
wichtigen Angelegenheit, denn wer in der Basisschicht bereits sein Wissen spielen läßt,
hört dann nicht einfach damit auf. Der Gedanke, daß alle anderen Zwischenschichten bis
zur Plattform in 5760 Zoll Höhe rein zufällig gewählt wurden, erschien mir aufgrund der
bisherigen Erkenntnisse als absolut irrige Annahme. Ich stellte mich auf Überraschungen
ein, da ich die Zusammenhänge von Zentimeter und Zoll bzw. Königselle im höheren
Sinne bereits erkannt hatte. Es hätte mich also nicht gewundert, in dieser scheinbar wilden
Konstruktion des Pyramidenkörpers verschiedene Maßsysteme zu finden.

Unter diesem Aspekt analysierte ich den «Steinhaufen» nochmals und fand deutliche Hinweise dafür, daß bestimmte Höhenlagen runden Planungswerten sehr nahe kommen. In der
nachfolgenden Tabelle werden ausgewählte Steinschichten aufgeführt, die wahrscheinlich
eine derartige Kontrollfunktion besaßen. Die Maße gelten für die Oberkante der jeweiligen
Schicht.

So fand ich meine Vermutung bestätigt: eine Verbindung verschiedener Maßsysteme
vereint in einem einzigen Bau! Dieses Ergebnis mag den Leser oder Wissenschaftler mög-

Lage	Höhe über Plateau (Oberkante)	
	Istwert	Planwert
1.	**57,6''**	**57,6''** = 40 × 1,44 = 1/100 aller 216 Schichten des inneren Aufbaus
6.	278,2''	13,5 KE (= 6 × 2,25 KE) = 278,290782''
12.	495,9''	24 KE (= 494,739...'')
18.	666,9''	666,0'' (= 18 × 37'') Unterkante der originalen Eingangshöhe
26.	916,3''	44,44 KE (= 916,092...'')
31.	1031,0''	50 KE (= 1030,706...'')
35.	1187,6''	**57,6 KE** (= 1187,3740032'')
54.	1801,7''	1800''
71.	2266,3''	**5760 cm** (=2267,712'')
127.	3768,5''	182,88 KE (= 127 × 1,44 KE) = 3769,9...''
130.	3840,4''	3840'' (=$\frac{2}{3}$ von 5760'')
137.	4000,5''	4000'' (= $\left(\frac{5}{6}\right)^2$ von 5760'')
144.	4168,3''	202,176 KE (= 144 × 1,404 KE) = 4167,682...''
154.	4401,3''	4400'' (= 40 × 110'')
165.	4620,6''	4620'' (= 165 × 28'')
...	...	
216.	...	**5760,0'' = 144 × 40''**

Tabelle 5: Kontrollmaße im inneren Schichtenaufbau der Cheops-Pyramide

licherweise irritieren, denn die Konsequenzen sind von immenser Bedeutung. Was hier zum Ausdruck kommt, deutet auf eine «Sternenmathematik» hin, und die weiteren Ausführungen zeigen, daß diese selbst unserer heutigen Mathematik weit überlegen ist. Daß die Königselle (1 KE = 52,36 cm) in diesem Schichtenaufbau ebenfalls verborgen ist, braucht uns deshalb nicht mehr zu verwundern. Später, bei der Mondpyramide in Teotihuacán (Mexiko), werden wir eine ähnliche Überraschung erleben.

Die Vermischung von verschiedenen Maßen macht es schwer, die teilweise komplizierte Mathematik der Cheops-Pyramide zu verstehen. Offensichtlich wollten die Planer ihr Geheimnis so lange bewahren, bis die Menschen dafür reif sind, mit diesen Erkenntnissen zu arbeiten und zu leben. Aus den aufgeführten Kontrollmaßen ist bis jetzt noch kein durchgängiges System ableitbar, jedoch werden wir in Kapitel 9 sehen, daß dieses System in bestimmten Bereichen bereits erkennbar ist. Damit bleiben weiterhin viele Fragen offen, insbesondere: Warum verwendeten die Erbauer überhaupt ein derart kompliziertes System?

Auf einige dieser Kontrollmaße möchte ich im folgenden eingehen. Dies betrifft als erstes die Höhe von 666 Zoll an der Oberkante der 18. Schicht (18 = 6+6+6; auf dieser Schicht nahm der ursprüngliche Eingang in die Pyramide seinen Anfang. Die Ziffernfolge der drei Sechsen (6-6-6) ist von besonderer Bedeutung. Sie taucht auch innerhalb der Pyramide mehrmals auf und bestimmt in verborgener, aber dann sehr auffälliger Weise die Geometrie der Königskammer und des Sarkophags. Die Zahl 666 wird oftmals mit dem «Satan», dem «Tier» der Geheimen Offenbarung (Offb 13,18), in Verbindung gebracht. Dabei darf jedoch nicht übersehen werden, daß man dieser Zahl einen negativen (−666) und auch einen positiven Aspekt (+666) zuordnen kann. Schließlich haben wir auch zwei Augen für unterschiedliche Sichtweisen (nicht nur für das räumliche Sehen!). Wir leben in einer Welt, die polar geordnet ist. Auch deswegen haben wir zwei Augen, zwei Hände, zwei Ohren, usw. Wenn wir unsere Arme ausstrecken und uns im Kreis bewegen, können wir uns wunderbar im Gleichgewicht drehen, selbst wenn wir uns schneller drehen. Nehmen wir einen Arm an den Körper, geraten wir aus dem Gleichgewicht. Es ist also die Akzeptanz, bei der Drehbewegung beide Arme einzusetzen, die uns das Gleichgewicht halten läßt. Nicht anders verhält es sich im täglichen Leben. Wie könnten wir etwas als «gut» beurteilen, wenn wir nicht wüßten, daß etwas anderes in der Wirkung auf uns diametral verschieden ist – das, was wir als «schlecht» oder «böse» bezeichnen? Die Ziffernfolge 666 unterliegt dem gleichen Prinzip.

Der verborgene Hintergrund dieser Aussage liegt darin, daß zu einer extremen Erscheinung in die eine Richtung stets auch eine Erscheinung in die entgegengesetzte Richtung erforderlich ist, damit das Gleichgewicht wiederhergestellt werden kann. Ist also −666 mit einem extrem negativen Merkmal versehen, so muß +666 als Gegengewicht mit einem höchst positiven Merkmal versehen sein!

Wendet man das alte Geheimwissen der Ägypter an, müßte man die Zahl 666 wie folgt interpretieren:

+666: Dies bezieht sich auf einen Menschen, der in seiner Grundauffassung tolerant gegenüber seinen Mitmenschen ist. Seine Entscheidungen wägt er klug ab, damit sie nicht zu seinem oder zu eines anderen Menschen Schaden führen. Er ist wißbegierig und bestrebt, sich geistig und körperlich zu vervollkommnen. Deshalb wägt er auch auf diesem Gebiet ab, womit er sich beschäftigt: Dient es dem bloßen Vergnügen und egoistischem Streben, oder dient es dem Gemeinwohl und der eigenen Vervollkommnung? In diesem Prozeß erkennt er höhere Prinzipien der Genesis an, er kommt zu dem Punkt, wo er das Göttliche in der Natur und in sich erkennt und begreift, daß er ein Teil des Göttlichen ist.

–666: Die geistige Bedeutung der negativen 666 leitet sich aus dem Gegenteil des soeben Formulierten ab. Es handelt sich um einen Menschen, der die Befriedigung seiner persönlichen Interessen im Mittelepunkt sieht, ohne sich über die Folgen für seinen Mitmenschen Gedanken zu machen. Hier kommen systematisch der Egoismus, die Herrschsucht und Habgier zum Vorschein. Dies ist nur möglich, weil er höhere Prinzipien ablehnt und das Streben nach Macht und Geld als oberstes Prinzip annimmt. Für ihn gibt es keinen Gott, und die Natur ist für ihn nur da, um ausgebeutet zu werden, egal welche Konsequenzen damit verbunden sind. Ohne sich dessen bewußt zu sein, ist er im christlichen Sinn ein Vertreter Luzifers auf Erden!

Es ist einleuchtend, daß das Streben der frühen ägyptischen Priester, Könige und Pharaonen dem Ziel der +666 galt. Allerdings darf auch nicht verschwiegen werden, daß diese Einstellung, die aus dem hohen Geheimwissen resultierte, allmählich in Vergessenheit geriet und die Herrsch- und Prunksucht auch vor den ägyptischen Priestern und Pharaonen nicht halt machten.

Im Werk *Die Haushaltung Gottes* (erstmals veröffentlicht 1852) diktiert eine göttliche Quelle Jakob Lorber, der sich selbst als «Schreibknecht Gottes» bezeichnete, folgendes:

«Nun merket und seht, was fürs erste die Größe der großen Kinder Meiner Liebe aus Adam betrifft, so ist eure Vorstellung irrig, wenn ihr euch darunter eine körperliche Größe vorstellet, sondern da sind sechshundertsechsundsechzig Zoll eine Vollzahl Meiner Liebe im Menschen. Zoll [d. h. diese +666 Zoll] aber zeigen an das Maß des Guten aus der Liebe zu Mir; davon sind gerichtet sechshundert zu Mir, dann sechzig zum Nächsten und endlich sechs zu sich. [...] Die Ähnlichkeit der Zahl des Menschen mit der Zahl Meines Gegners [-666; Satan] aber rührt daher, daß bei diesem gerade der umgekehrte Fall ist, um das allerverabscheuungswürdigste Wesen vor Meinen Augen zu sein.»[*]

Aus diesen Worten ist erkennbar, daß der Mensch einer Zahl nicht voreilig nur einen negativen Aspekt zuordnen sollte, denn ein und dasselbe Ding hat stets zwei Seiten! Soviel zum Thema der Zahl 666.

---

[*] Jakob Lorber: *Die Haushaltung Gottes,* Erster Teil, Kapitel 37, S. 135

Der nächste Meßwert, den ich betrachten möchte, ist der beim Übergang von der 35. zur 36. Schicht. Diese Trennlinie liegt auf einer Höhe von 57,6 KE. Exakt der gleiche Zahlenwert bestimmt die Höhe der ersten Verkleidungsschicht mit 57,6 Zoll. Diese Parallele erstaunt auf den ersten Blick. Untersucht man sie tiefer, wird die Überraschung noch größer. Wenn wir beide Werte in Zentimeter umwandeln, um das Verhältnis zwischen beiden Zahlen zu ermittelt, ergibt sich folgendes:

- A: 57,6 Zoll = 146,304292... cm
- B: 57,6 KE = 3015,936 cm
- $\frac{B}{A}$ = 20,614132

Auffällig sind hier zwei Dinge: Die irrationale Zahl «A» in Zentimetern ist die gleiche wie die der Höhe der Cheops-Pyramide bis zur Pyramidion-Plattform (hier bei A in Zentimetern, bei der Pyramidenhöhe in Metern), und der Quotient von A und B ergibt eine endliche Zahl. Dieses Ergebnis ist gleichzeitig durch 127 teilbar (= 0,162316) und besitzt lediglich sechs Nachkommastellen. Nun könnte man dies vielleicht als Zahlenspielerei abtun, wenn nicht noch größere Überraschungen im Hintergrund verborgen wären. Kommen wir nun zum ersten Teil der Enthüllung:

Multipliziert man den Quotienten 20,614132 mit 1 Zoll, dann ergibt dies exakt 52,36. Das bedeutet, daß über die Höhen von 57,6 Zoll und 57,6 KE beide Maßsysteme miteinander verknüpft sind, und zwar über unser heutiges metrisches Maßsystem! Das gleiche Ergebnis erhält man, wenn man die Höhe der 216. Schicht (C) durch die Höhe der 71. Schicht (D) teilt:

- C: 5760 Zoll = 146,304292... cm
- D: 5760 cm = 2267,712 Zoll
- $\frac{C}{D}$ = 20,614132

Dieses Ergebnis bestärkt die Annahme, daß wir nicht nur die Umrechnungsfaktoren für Zoll und Königselle richtig ermittelt haben, sondern auch, daß diese Maßsysteme eine höhere Bedeutung besitzen.

Die vier Schichten, die wir bisher näher betrachtet haben, besitzen mit veränderter Höhenbezugsbasis eine innere Logik, die in der nächsten Tabelle erkennbar wird. In dieser Tabelle wird unterschieden, ob es sich um die Oberkante oder die Unterkante der betreffenden Schicht handelt. In der letzten Spalte wird der verborgene Zusammenhang zwischen der jeweiligen Schichtnummer aufgezeigt.

Offensichtlich waren die Planer der Cheops-Pyramide auch Rätselfreunde, denn auf diese Art der Höhenplanung muß man erst einmal kommen. Auch für die heutige Wissenschaft ist es nicht leicht, die verborgenen Weisheiten der Pyramide auf Anhieb zu erkennen.

Schicht	Oberkante	Unterkante	Zusammenhang
1.	57,6''		1×36^{0} *
36.		57,6 KE	1×36
72.		5760 cm	2×36
216.	5760''		6×36

Tabelle 6: Der verborgene Zusammenhang
der Steinschichten
* Hier ist die Potenz von 36 hoch null gemeint,
die den Wert 1 ergibt.

Andeuten will ich hier noch, daß die Königselle verborgen den Wert 88 enthält. Addiert man die beiden Werte vor und nach dem Komma (52+36), ergibt sich diese Zahl. Was das zu bedeuten hat, werden wir im Kapitel über die Königselle erfahren.

Tabelle 5 enthält aber noch weitere interessante Details. Die hier aufgeführten Schichten enthalten oftmals Zahlenwerte, die in der Mythologie eine besondere Bedeutung besitzen. Eine Reihe dieser Zahlen taucht im Verlaufe des Buches nochmals auf, so daß eine Erläuterung erst an den betreffenden Textstellen erforderlich wird. Auf einen weiteren wichtigen, verborgenen Zahlenwert möchte ich aber bereits jetzt eingehen, weil er mit der Verkleidungsschicht und dem Zweck der ganzen Pyramide eng verknüpft ist.

3.6. Das Geheimnis der Verkleidungssteine

Die Außenschicht der Pyramide, die aus besonders gefertigten Steinen mit angewinkelter Außenseite, den sogenannten Verkleidungssteinen, bestand, ist leider bis auf minimale Reste im Sockelbereich total zerstört, so sehr, daß von den meisten Verkleidungssteinen nicht einmal mehr Trümmer vorhanden sind. Um dieser äußeren Verkleidung etwas entlocken zu können, bleibt mir nichts anderes übrig, als erneut von hypothetischen Annahmen auszugehen. Wir wollen nun auf die Erkenntnis zurückgreifen, daß mit dem Urzoll bereits ein übergreifendes, kosmisches Wissen präsentiert wurde, hinter dem eine hohe Weisheit verborgen ist. Der Bezug zu Zahlenqualitäten, so wie sie die einstigen Ägypter verstanden, bildet dabei den wesentlichen Schlüssel für ein Gesamtverständnis.

Die Wissenschaftler der Welt sind sich darin einig, daß die Cheops-Pyramide ein wahres Meisterwerk ist. Würde man das Wort «Meisterwerk» in Zahlen übersetzen, entspräche dies der Zahl $12^{2} = 144$. Diese Ziffernfolge, die wir auch von den 144 000 Erlösten der Johannes-Offenbarung (siehe Offb 7,4 und 14,1–3) her kennen, ist von großer Bedeutung. Im Abschnitt 3.2. bin ich bereits auf die Meisterzahl 144 eingegangen, ohne jedoch ihre Qualität zu erwähnen. Im altägyptischen Sinn ist darunter zu verstehen, daß ein Mensch eine besondere Meisterschaft erlangt hat. Er ist in erster Linie Meister über sich selbst, um «Meister» über andere sein zu können. Meister über sich selbst zu sein ist eines der schwierigsten Ziele, geht es dabei doch darum, allseitig entwickelte Fähigkeiten zu erwerben. Wir glauben heute, das wichtigste sei, Verstand und Wissen zu besitzen. Ein ägyptischer Priester würde sich über eine solche Auffassung nur wundern, weil dies der kleinste Teil der Meisterschaft ist. Die Beherrschung der Materie durch den Geist ist eine zweite Komponente. Magie spielt dabei ebenfalls eine Rolle, wenn auch nur als Teilaspekt. Der Mensch besitzt bekanntlich zwei Gehirnhälften, die, um es einfach zu formulieren, für unterschiedliche Funktionen zuständig sind. So ordnet man der linken Gehirnhälfte das rationale Denken, den «Verstand», zu, während der rechten Gehirnhälfte der emotionale Anteil des menschlichen Denkens, Fühlens und Handelns in Verbindung mit dem Herzen zugeordnet ist. Beide Gehirnhälften werden im täglichen Leben eines Menschen unterschiedlich beansprucht, wodurch in der linken ein anderes Frequenzprofil erzeugt wird als in der rechten.

Schließlich gibt es noch eine dritte Komponente: die weise Voraussicht, die mit der Öffnung des dritten Auges zu tun hat. Wer schon einmal die Gelegenheit hatte, eine Buddha-Figur in Natur oder auf Bild zu sehen, wird sich an den Punkt auf der Stirn zwischen beiden Augenbrauen erinnern. Dieser symbolisiert das dritte Auge und wird im asiatischen Raum noch heute von den Frauen als Schönheitssymbol auf der Stirn getragen. Mit dieser dritten Komponente fand die Meisterschaft ihren krönenden Abschluß. Mit dieser inneren Meisterschaft sind auch konkrete Fähigkeiten verbunden, die für materialistisch eingestellte Menschen sehr verlockend aussehen. Da diese jedoch die dazu erforderliche innere Meisterschaft nicht haben, betreiben sie einen fragwürdigen Aufwand, um diese sogenannten «PSI-Kräfte» über andere Wege zu erreichen. Beispiele hierfür sind die Experimente der amerikanischen und der russischen Geheimdienste.

Auch im Alltag können wir, zumindest im Ansatz, Erfahrungen dieser uns allen innewohnenden Fähigkeiten machen. Um dies zu illustrieren, möchte ich auf ein bekanntes Phänomen eingehen, mit dem besonders Ehepaare schon Bekanntschaft gemacht haben, meine Frau und ich eingeschlossen. Ein typischer sogenannter «Zufall» ist z. B. der, wenn die eine Person das ausspricht, woran die andere gerade denkt. Einmal, als ich nach dem Frühstück in der Zeitung las, war das Radio ziemlich laut eingestellt. Als mich ein Musikstück besonders störte, dachte ich: «Das Radio müßte jetzt leiser gestellt werden.» Ehe ich mich versah, stand meine Frau auf und stellte das Radio leiser. Solche Beispiele haben wir abwechselnd schon öfters erlebt, wobei wir uns dann zum Spaß fragen, wer jetzt wen «fremdgesteuert» hat. Auch das Phänomen, daß manche Menschen bereits im vorhinein wissen, was passiert, gehört in diese Kategorie. Der amerikanische Journalist Robert A. Monroe*, der auf diesem Gebiet forschte und dann von der CIA in das PSI-Programm eingebunden wurde, schuf mit wissenschaftlichen Mitteln Grundlagen, um diese Fähigkeit künstlich zu fördern und für geheimdienstliche Zwecke anzuwenden.

Die antrainierten Fähigkeiten der Telepathie und Präkognition (und andere) wurden von den frühen ägyptischen Priestern als drittes Meisterschaftsmerkmal bis zur Perfektion geschult, was bedeutet, daß sie sich in die holographischen Felder** einklinken konnten. Dadurch waren sie auch in der Lage, die Konsequenzen ihres Handelns in weiser Voraussicht zu erkennen und volle Verantwortung für die persönliche Vervollkommnung zu über-

---

* Robert A. Monroe: *Der zweite Körper – Expeditionen jenseits der Schwelle*
** holographische Felder: Schwingungsfelder, die dimensionsabhängig sind und Informationen übertragen

nehmen. Dieses Wissen geriet jedoch auch in Ägypten allmählich in Vergessenheit, denn die Handlungen späterer ägyptischer Pharaonen lassen weise Voraussicht schon nicht mehr erkennen.

Ein «Meister» charakterisierte sich also dadurch, daß er über hervorragende Eigenschaften verfügte, die uns heute blaß erscheinen lassen und aus unserer Sicht wie Science-Fiction anmuten.

Daß die Zahl 144 in der Cheops-Pyramide vorkommt, ist deshalb keinesfalls verwunderlich, sondern schon fast zu erwarten. Außerdem haben wir sie bereits an folgenden Stellen verborgen entdeckt:

- in der der Höhe des Pyramidenkörpers (ohne Pyramidion): 5760 Zoll (= 144 × 40)
- in der Höhe der 1. Lage der Außenschicht mit 57,6 Zoll (= 144 × 0,40)
- in der Höhe der 127. Schicht mit 144 × 1,27 Zoll
- in der Höhe der 144. Schicht mit eingeschobener Null: 144 × 1,404 KE

Das Meisterliche wurde so nochmals auf verborgenem Wege zum Ausdruck gebracht. Die Bedeutung dieser Zahl ist für mich auch der Grund, sie nicht nur im «Verborgenen» zu suchen. In Abweichung von den offiziellen Auffassungen vertrete ich die Auffassung, daß die Anzahl der inneren Schichten verschieden ist von der Anzahl Lagen der Verkleidungsschicht. Um einen Meisterbau zu symbolisieren, müßte die Außenschicht der Cheops-Pyramide aus 144 Steinschichten bestehen. Auch dort dürften die Steinlagen (mit polierter Außenseite) grundsätzlich unterschiedliche Höhen besessen haben, die lediglich an bestimmten Kontrollpunkten mit dem oberen Abschluß der inneren Lagen übereinstimmten.

Diese hier zum ersten Mal vorgestellte Theorie einer unterschiedlichen Anzahl von Verkleidungsschichten und Schichten des Pyramidenkerns wird die Frage provozieren, ob

Abbildung 15: Die Unas-Pyramide
mit ihren Verkleidungsblöcken und der abweichenden
inneren Struktur des Pyramidenkerns

eine derartige Behauptung überhaupt eine Grundlage besitzt. Da die Cheops-Pyramide bis auf eine geringe Anzahl von Steinblöcken an der Basisschicht ihrer Verkleidung beraubt ist, muß hilfsweise die Unas-Pyramide in Sakkara mit ihrer teilweise rekonstruierten Südseite zur indirekten Beweisführung herangezogen werden. Auf Abbildung 15 sind links die hohen Verkleidungsblöcke zu erkennen, denen sich die im Rahmen von Rekonstruktionsmaßnahmen aufgefüllten Steinlagen anschließen. Demgegenüber kann man deutlich sehen, daß die Steinschichten des Pyramidenkerns eine wesentlich geringere Höhe besitzen. Diese Tatsache beweist klar, daß diese Pyramide in der inneren und äußeren Struktur eine unterschiedliche Anzahl von Steinschichten aufwies. Das gleiche Konstruktionsprinzip wurde auch bei der Cheops-Pyramide angewandt, weshalb die Anzahl von Schichten der Verkleidungsblöcke um ein Drittel geringer ist als die Anzahl der Steinschichten im Pyramidenkörper.

Führt man diese Theorie fort, würde die durchschnittliche Schichthöhe aller 144 Steinlagen 40 Zoll bzw. rund 1,016 m betragen, denn: 144 × 40 = 5760 Zoll. Dadurch erreicht die 144. Lage der Verkleidungsschicht eine bündige Übereinstimmung mit dem Niveau der 216. Steinlage des Pyramidenkörpers. Zusätzlich ergibt die Summe der Außen- und Innenschichten den Wert 360 (144 + 216), der wie die 360° eines Kreises auf die Einheit des Vollkommenen hinweist, andererseits aber auch auf die Begrenzung, der der Mensch in der 3. Schwingungsdimension unterliegt. Bemerkenswert ist auch, daß $\frac{144}{216} = 0,66\overline{6}$ ergibt. Wir werden sehen, daß die Königskammer und der Sarkophag ebenfalls durch die dreifache 6 bestimmt werden, was bedeutet, daß sich im Äußeren das Innere widerspiegelt, und umgekehrt.

Die Übereinstimmung der Schichten des Pyramidenkörpers und der Außenverkleidung dürfte kaum auf die erste und letzte Schicht begrenzt gewesen sein. Wenn dies heute auch nicht mehr überprüft werden kann, glaube ich dennoch, daß es in 4400 Zoll Höhe ein gemeinsames Kontrollmaß gegeben hat. Warum es gute Gründe für diese Annahme gibt, werde ich anschließend zeigen.

Insgesamt könnte die Frage aufkommen, ob diese Rechnerei nicht nur reine Zahlenspielerei sei. Zuerst mag dies tatsächlich so erscheinen, aber wenn dem so wäre, würde ich nicht darüber schreiben. Eine verborgene Geometrie läßt erkennen, daß die Annahme, die Außenschicht habe aus 144 Lagen bestanden, sowie die Berechnung des Urzolls korrekt sind! Dies geht aus der nachfolgenden Grafik hervor.

Diese auf den ersten Blick ungewöhnliche Konstruktion verbindet zwei Maßsysteme miteinander, den Zentimeter und den Zoll. Schlüsselelemente dieser Grafik sind die senkrechte Pyramidenmittelachse sowie eine Konstruktionslinie, die in einer Höhe von 4400 Zoll eingezeichnet ist, was einer bestimmten Kontrollebene entspricht, denn in dieser Höhe befindet sich im Inneren die 154. Steinschicht und im Äußeren die 110. Verkleidungsschicht. Beide Werte zusammen ergeben 264 oder, anders ausgedrückt, 3 × 88,* ihre Differenz (154–110) wiederum 44. Bei der Wahl dieser Kontrollebene geht es nicht um eine Zahlenspielerei, sondern um eine heilige Geometrie, die mit der Zahl 264 auf ein verborgenes Geheimnis hinweist. Daß sie genau in dieser Höhe konstruiert wurde, hat erstaunliche geometrische Konsequenzen. Diese werden deutlich, wenn man eine theoreti-

---

* Die Zahl 88 bestimmt u. a. auch die Länge der Großen Galerie (vom Beginn bis zur Vorderkante der oberen Stufe), gemessen in Königsellen; siehe Abb. 18 und 62.

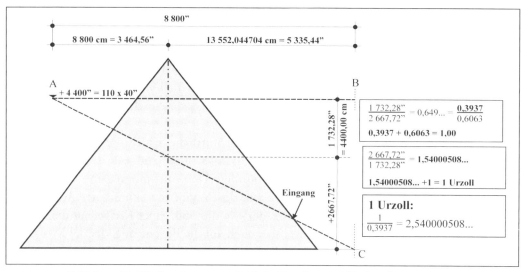

Abbildung 16: Die Berechnungsvorschrift des Urzolls mit Hilfe der Cheops-Pyramide

sche Linie von 8800 cm in Richtung Süden einzeichnet. Ihr Endpunkt (A) bestimmt den Anfangspunkt einer 8800 Zoll langen Linie, die in Richtung Norden führt und den Punkt B markiert. Dessen Projektion auf die Bodenebene markiert den Punkt C. Verbindet man nun die Punkte A und C, so entsteht eine Linie, die den Eingangsbereich tangiert und die Pyramidenmittelachse in einem besonderen Verhältnis schneidet. Der Schnittpunkt bestimmt die Lage der mittleren, quer gestrichelten Linie, die den Code für **den Urzoll** enthüllt.

Diese Linie erzeugt zwei Abschnitte von 1732,28 Zoll (= 4400 cm!) und 2667,72 Zoll. Bemerkenswert ist hierbei, daß bei der ersten Zahl die 4 Ziffern vor dem Komma mit den ersten 4 Ziffern von $\sqrt{3}$ = 1,732... übereinstimmen. Entscheidender ist jedoch die Zahlenproportion, die im rechten Kasten von Abbildung 16 dargestellt ist. In dieser Proportion erscheint die Ziffernfolge 0,3937, durch die der Urzoll bestimmt wird! Auch das umgekehrte Verhältnis, welches zu 1,54000508... führt, ist gekonnt geplant, denn dieser Wert – um 1 erhöht – ergibt die exakte Größe des Urzolls.

Ein genialer «Planer-Geist» hat hier für die heutige Menschheit etwas versteckt, was wir kaum für möglich halten können: den Hinweis, daß der Urzoll einer göttlichen Quelle ($\sqrt{3}$) entstammt, denn die 3 ist ein Symbol für die Dreiheit und Einheit (= Gott), was geometrisch als Dreieck dargestellt wird, denn das Dreieck ist die erste 3dimensional erfaßbare Form einer Fläche. Alle anderen Flächenformen brauchen mehr als nur 3 Geraden für ihre Darstellung. Diese Darstellung und Symbolik finden wir in praktisch allen Mysterienorden. So sprechen die Freimauer beispielsweise von einem «Dreifach Großen Baumeister», der im allgemeinen einfach als Schöpfer oder Gott (bzw. Schöpfergott) bezeichnet wird.

Haben Cheops und seine Hohenpriester ein derart hohes geometrisches Wissen besessen? Definitiv nicht! Es ist ausgeschlossen, daß diese Mathematik in der 4. Dynastie praktiziert wurde oder auch nur annähernd bekannt war!

Die von mir bezeichnete Zollberechnungslinie hat noch eine weitere wichtige Bedeutung. Sie besitzt nämlich ein genau bestimmbares Steigungsverhältnis. Da sie sich über eine Höhe von 4400 Zoll und eine Basislänge von 8800 Zoll bewegt, beträgt dieses Verhältnis logischerweise 1:2. Dahinter verbirgt sich jedoch nichts anderes als die Winkelfunktion des Tangens mit $\frac{4400}{8800} = 0,5$, und dieser entspricht umgerechnet 26,565...° oder 26°33'54,18".

Zuerst erwies sich die Suche nach einem möglichen zusätzlichen Zusammenhang als sehr schwierig. Um überhaupt eine Lösung zu finden, war es notwendig, eine klare Aussage zum Winkel des absteigenden Ganges zu treffen. In der Literatur werden Winkel angegeben, die sich mit geringen Plus- oder Minusdifferenzen im Bereich von 26,5° befinden. Das seltsame dabei ist, daß man sich nicht traut, diesen Winkel auf eine Winkelfunktion zu beziehen, was in diesem Fall noch das einfachste wäre, weil es die logisch naheliegendste Lösung ist. Dieser Winkel, mathematisch ausgedrückt das Ergebnis von *arctan* 0,5 = 26,565051...°, basiert auf einem simplen 1:2-Verhältnis. Das bedeutet nichts anderes, als daß auf zwei Einheiten einer horizontalen Länge eine Einheit in der vertikalen Richtung zugeordnet wird. Unter dieser Voraussetzung verläuft der absteigende Gang im gleichen Winkel wie die Zollberechnungslinie, und diese wiederum verläuft parallel zum aufsteigenden Gang!

An dieser Stelle muß eine Erläuterung zum aufsteigenden Gang eingefügt werden. Dieser Gang und seine Steigung wurden von Petrie trotz aller Schwierigkeiten vermessen. Der Beginn dieses Ganges ist nämlich durch drei Blockierungssteine von insgesamt 4,5 m Länge versperrt! Weil der Zugang zum gesamten oberen Bereich der Pyramide durch diese Blockierungssteine unverrückbar verschlossen war, schlugen die Arbeiter von Kalif al-Ma'mun um das Jahr 820 einen Tunnel um diese Blockierung herum. Als Petrie die Steigung des Ganges ermitteln wollte, war er gezwungen, den Fortgang des Ganges über den Umweg des al-Ma'mun-Ganges zu bestimmen. Seine gemessenen Werte werden noch heute von der Wissenschaft benutzt. Trotz aller Akribie muß Petrie hierbei ein Fehler unterlaufen sein, denn der Winkel von 26°2'30" ist zu gering. Dies ergibt sich eindeutig aus der Planung der gesamten inneren Struktur, auf die ich in Kapitel 9 näher eingehen werde. Da der blockierte Bereich nicht zugänglich ist, kann auch nicht überprüft werden, ob dieser Gangabschnitt auf seinem letzten Stück eine veränderte Neigung besitzt. An dieser Stelle wollen wir uns mit der Feststellung begnügen, daß die Neigung dem idealen Planwert von 1:2 entspricht, welcher auch als Tangens mit der Größe $\tan\alpha = 0,5$ ausgedrückt werden kann.

Die folgende Abbildung zeigt den Zusammenhang der «Zollberechnungslinie» mit der inneren Struktur der Pyramide.

Akzeptiert man, daß bei der Cheops-Pyramide diese Proportion 1:2 das ursprüngliche Anliegen der Planung war, gelangen wir noch zu einer weiteren Erkenntnis. Der Winkel

Für diejenigen, die sich in Mathematik und in den Winkelfunktionen nicht so gut auskennen, soll hier die Bedeutung der Winkelfunktion namens Tangens kurz erläutert werden.

Der Tangens kann mit dem Steigungsverhältnis, das an Bergstraßen auf Straßenschildern angegeben wird, veranschaulicht werden. Wenn auf einem Straßenschild 22,5% Steigung zu lesen ist, bedeutet das: Auf 100 m horizontaler Wegstrecke sind 22,5 m Höhenunterschied zu überwinden. Aus dem Ergebnis kann man dann entweder über Zahlentafeln oder heute über den Taschenrechner den zugehörigen Winkel abrufen. Da im folgenden Kapitel in wenigen Fällen auch Sinus- und Kosinus-Funktionen erwähnt werden, sollen diese hier ebenfalls mit erklärt werden. Dies sind übrigens die einzigen mathematischen Hürden, die den Leser überraschen könnten.

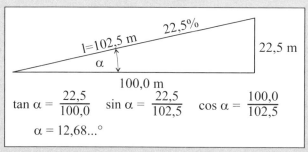

Abbildung 17: Die Winkelfunktionen

Der Sinus-Wert errechnet sich für das Beispiel der Straße wie folgt: zu überwindende Höhe (22,5 m) geteilt durch die tatsächliche Länge des Straßenabschnittes von 102,5 m. Das Ergebnis lautet 0,2195... Für den Kosinus-Wert wird statt der Höhe die horizontale Strecke von 100 m verwendet und durch die tatsächliche Länge geteilt, wodurch der Wert 0,9756... entsteht. Aus beiden Ergebnissen kann man ebenfalls auf den Winkel schließen. Im obigen Fall der Abbildung 17 führt jede berechnete Proportion zu dem gleichen Winkel von rund 12,68°. Der Vorsatz «arc» bei allen drei Winkelfunktionen bedeutet in der Mathematik, daß man den umgekehrten Weg geht. Das heißt, die Steigung ist als Zahlenwert bekannt, und zu diesem Zahlenwert wird der zugehörige Winkel gesucht.
Bei allen Steigungen, natürlich auch bei denen, die innerhalb einer Pyramide vorkommen, läßt sich mit Hilfe dieser Funktionen grundsätzlich der Steigungswinkel der entsprechenden Gänge und Schächte ermitteln.

führt bei der Quadrierung der weiteren Winkelfunktionen zu Werten, die im 1:4-Verhältnis stehen:

$$\sin^2 (26{,}565...°) = 0{,}2 \quad \cos^2 (26{,}565...°) = 0{,}8$$
$$0{,}2 : 0{,}8 = 1 : 4$$

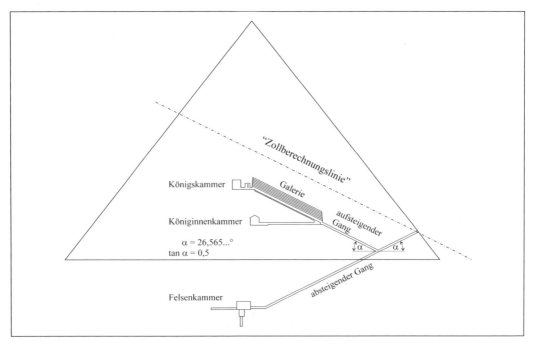

Abbildung 18: Die «Zollberechnungslinie» in Bezug zur inneren Struktur der Pyramide

Diesem besonderen Verhältnis werden wir noch an verschiedenen Stellen innerhalb der Cheops-Pyramide begegnen und dort auch auf dessen Bedeutung eingehen.

Nun stehen diese Aussagen im krassen Widerspruch zur Auffassung der Ägyptologie. Die vorherrschende Meinung lautet aktuell, daß die Berechnung des Steigungsverhältnisses über ein als «Seked» bezeichnetes Maß erfolgte. Natürlich ist dieses Maß in Ägypten verwendet worden, allerdings nicht bei den ältesten Pyramiden! Dieses Maß wurde mit Sicherheit bei den späteren, kleineren Pyramidenbauten angewandt, wie durch die wissenschaftliche Vermessung deutlich hervorgegangen ist. Aber auch bei der Roten Pyramide von Dahschur werden wir sehen, daß die Planer viel schlauer waren, als nur mit einem so begrenzten Maß wie dem Seked zu arbeiten.

«Seked» bedeutet im Ägyptischen soviel wie «Handbreite» und stellt ein Maß der Länge 7,48 cm dar. Es entspricht genau dem siebten Teil einer Königselle von 52,36 cm. Im Römischen Reich gab es übrigens eine vergleichbare Größe, die dort *palmus*, «Handbreite», genannt wurde und 7,4 cm lang war. Auf dieses alte Maß gehe ich später (in Kapitel 10) nochmals ein.

In Abbildung 19 ist auf der y-Achse ein Maß von exakt einer Königselle in 7 Teile aufgeteilt, ebenso auf der x-Achse. Ein Siebtel einer Königselle entspricht einer «Handbreite» (Seked). Um das Steigungsverhältnis einer zu bauenden Pyramide zu bestimmen, wurde auf der y-Achse die Königselle als Bezugshöhe gewählt und von dort aus eine Verbindungslinie auf die x-Achse gezogen, wobei der Bezugspunkt dieser Linie auf der x-Achse (über das Maß

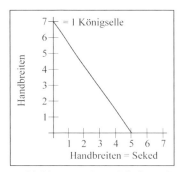

Abbildung 19: Das «Seked» und ein Beispiel für die Planung eines Steigungswinkels (hier «Steigung 5 Seked»)

«Seked» gemessen) den Steigungswinkel bestimmte. Im gezeigten Beispiel beträgt die gewählte Steigung 5 Seked. Auf dieser Grundlage sollen dann Baudreiecke angefertigt worden sein, die als Prüfmaßstab für die angestrebte Neigung bzw. für die geplante Höhe gedient haben sollen.

Nun, es fällt mir recht schwer zu glauben, die Cheops-Pyramide sei mit dieser so einfachen und ungenauen Methode gebaut worden. Sicherlich kann man mit 5,5 Seked (das entspricht einem Verhältnis von 14:11) eine Neigung von $51°50'33,98''$ = tan $1,\overline{27}$ erzeugen, dies würde allerdings anderen, höheren Prinzipien der Pyramidenkonstruktion widersprechen, die in den nachfolgenden Abschnitten noch erklärt werden. Auch an der Roten Pyramide kommt man bei dem absteigenden Gang mit dem Maß Seked in Verlegenheit. Dieser Gang wurde in einem Winkel von rund 27,75° angelegt; präziser formuliert, wurde dort ein Kosinuswert von 0,885 gewählt, der sich in Seked nicht mit einer runden Zahl ausdrücken läßt (13,30566... Seked). Daß aber gerade mit diesem Winkel bzw. mit dem dahinterliegenden Steigungsverhältnis besondere Effekte erzielt werden können, dürften wohl nicht einmal unsere heutigen Mathematiker wissen!

Mit diesen Aussagen möchte ich den Abschnitt, in dem die Cheops-Pyramide im Zusammenhang mit dem Zoll betrachtet wurde, vorläufig beenden. Der nächste Punkt unserer Untersuchung betrifft die Hauptabmessungen der Cheops-Pyramide. Bevor wir jedoch auf dieses Thema eingehen können, ist es erforderlich, eine ungewöhnliche Ziffernfolge kennenzulernen und näher zu ergründen.

3.7. Die Ziffernfolge (1)-2-7-3-2

Es gibt Dinge im Leben einer Frau, die so natürlich sind, daß man eine diesbezügliche Frage schon als lächerlich bezeichnen möchte. Nichtsdestoweniger habe ich mir erlaubt, eine Reihe von Frauen zu fragen, wie lange eine Schwangerschaft dauert. Die mitleidige Antwort war: «Neun Monate, das müßten Sie aber doch wissen!» Dann kam meine nächste Frage, die da lautete: «Und wie viele Tage sind das?» Nun war die Angelegenheit schon längst nicht mehr so klar – nicht eine einzige Frau konnte mir antworten. Ohne mitleidiges Lächeln antwortete ich jeweils: «Es sind rund 273 Tage.» Vermutlich sind es im Durchschnitt von 1000 Frauen sogar 273,2 Tage. Dafür gibt es allerdings keine mir bekannte Statistik.

Nun wird der Leser möglicherweise fragen, was das mit Pyramiden zu tun hat. Im Prinzip nichts, denn ein Kind kommt auch ohne Pyramide zur Welt. Andererseits gibt es aber doch einen Zusammenhang, der auf den ersten Blick allerdings nicht erkennbar ist. Um diesen zu verstehen, möchte ich zuerst eine Reihe von Daten aufführen, in denen diese

Ziffernfolge sonst noch vorkommt. Daß dies ganz interessant sein kann, zeigen die von Dr. Peter Plichta gefundenen Werte.* Zu den beschriebenen Beispielen gehören:

- Die Umlaufdauer des Mondes beträgt 27,32 Tage
- Der absolute Temperatur-Nullpunkt liegt bei −273,2°C
- Der reziproke Wert der Anzahl der Tage eines Schaltjahres beträgt 0,002732...
- Die Ausdehnung bzw. Schrumpfung von Gasen beträgt 1/273,2 pro Grad Celsius
- Die Fläche eines Quadrates, das einen Kreis umschließt, verhält sich zur Kreisfläche wie 1,2732... zu 1
- Ein Kreis, dessen Umfang identisch mit dem Umfang eines Quadrates mit der Kantenlänge 2 Einheiten ist, hat einen Radius von 1,2732...
- 4/pi = **1**,2732(3...)
- Halbiert man die Erde über beide Pole, so besitzt diese elliptische Schnittfläche einen Betrag von **1**,2732... $\times 10^8$ km^2(!). Voraussetzung hierfür sind die hier im Buch genannten Erdparameter.**

Soweit zu den Beispielen, die einen weiten Bogen vom Menschen bis zu Daten der Erde spannen.

An dieser Stelle möchte ich auch Bezug nehmen auf die Autoren Rolf und Kai Patrick Grajek, die in ihrem Buch *273 – Der Gott des Universums* ebenfalls auf diese Ziffernfolge eingehen und dabei bemerkenswerte Resultate gefunden haben. Dazu gehören, um nur einige zu nennen:

- Die Eigenrotation der Sonne beträgt im Mittel 27,3 Tage
- Die Schwerebeschleunigung der Sonne beträgt 273 m/s^2
- Die Bahnbeschleunigung des Mondes um die Erde beträgt 0,273 cm/s^2

Offensichtlich gibt es im Kosmos Prozesse, die bestimmten Gesetzen gehorchen, in denen diese Ziffernfolge eine wichtige Rolle spielt. Im Verlauf der Untersuchungen habe ich herausgefunden, daß die Ziffernfolge 1(,)-2-7-3-2 die wichtigste Rolle spielt und daß den daraus abgeleiteten Zahlen gleichfalls eine kosmische Bedeutung zukommt. Dazu gehören die 12, die 127, die 273(2) sowie die 3 und die 32. Wir werden sehen, daß diese abgeleiteten Zahlen auch in den Pyramiden ihre Bedeutung besitzen. Ungewöhnlich ist, daß selbst in der umgekehrten Reihenfolge, 2-3-7-2-1, wichtige Zahlen verborgen sind, die wir ebensooft in den Pyramiden vorfinden, zum Beispiel die 23, die 37 und die 72.

Hier stellt sich grundsätzlich die Frage, warum dem so ist. Gibt es einen triftigen Grund, warum gerade fünf Ziffern eine besondere Bedeutung zukommt? In der Konstellation

---

* Peter Plichta: *Das Primzahlkreuz,* Bd. 1
** Dieses Beispiel wurde vom Autor gefunden.

1,2732 – hergeleitet z. B. durch das Verhältnis $\frac{4}{\pi}$ haben wir praktisch ein 1:4-Verhältnis, welches durch das Komma erzeugt wird.

Exakt in dieser Proportion verbirgt sich ein weiteres kosmisches Grundgesetz. Der Autor Dr. Michael Stelzner* kommt in seinem Buch zu der Erkenntnis, daß unsere Welt nach einem verborgenen Gesetz erschaffen ist, das auf der Grundformel 1:4 aufgebaut ist. Damit wäre lediglich eine mögliche Erklärung dafür gefunden, warum ausgerechnet 5 Ziffern von «höherer» Bedeutung sind. Es bleibt aber offen, warum diese Folge durch das Verhältnis von $\frac{4}{\pi}$ eingeleitet wird. Lange blieb diese Frage auch für mich unbeantwortet, bis ich auf folgenden Zusammenhang stieß:

Wenn man eine Folge von Kreisen zeichnet, deren Flächeninhalt jeweils um eine Quadrat-Einheit zunimmt, die also eine Fläche von 1 E², 2 E², 3 E², 4 E² (usw.) besitzen, entwickelt sich der Durchmesser nach einem strengen Prinzip, welches in Abbildung 20 dargestellt ist.

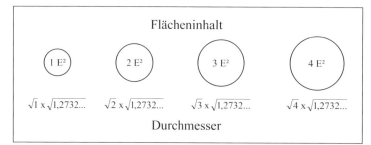

Abbildung 20:
Entdeckung der Ziffernfolge
1,2-7-3-2 in der Geometrie von
Kreisen mit einer Einheitsfläche
– Teil I

Wir sehen, daß die uns bekannte Ziffernfolge auf verborgene Weise einen ganzzahligen Flächeninhalt erzeugt! Die Multiplikation mit der Wurzel jener Zahl, welche die Größe des Flächeninhaltes bestimmt, ist dabei ein zusätzlicher und überraschender Effekt. Das heißt aber nichts anderes, als daß diese Ziffernfolge in jedem Kreis verborgen ist, und zwar im Durchmesser. Mathematisch betrachtet, ist das vollkommen logisch; trotz alledem ist mir nicht bekannt, daß je ein Mathematiker die parallele Entwicklung von Durchmesser und Flächeninhalt auf diese Weise aufgezeigt hat.

Diese Erkenntnis führte zu einer weiteren Frage: Gibt es einen Flächeninhalt und einen Durchmesser, der durch die gleiche Ziffernfolge bestimmt wird? Die Antwort lautet: Ja, es gibt einen einzigen derartigen Kreis. Er wird in Abbildung 21 als erster aufgeführt. Die nachfolgenden Kreise zeigen wiederum eine verborgene Logik, wenn sich der Durchmesser wie angegeben vergrößert.

Dieser erste Kreis weist deshalb die erwähnte Eigenschaft auf (gleiche Zahl in der Fläche und im Durchmesser), weil bekanntlich $\sqrt{1}$ das gleiche ist wie der Zahlenwert 1. Denn $1 \times 1 = 1$. Aber halt! Stimmt das wirklich? Betrachtet man die in der Wurzel stehende Zahl im mathematisch exakten Sinne, müßte dieser Ausdruck korrekt $\sqrt{1^2}$ lauten. Durch das

---

* Michael Stelzner: *Die Weltformel der Unsterblichkeit*

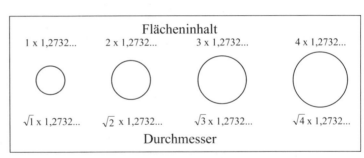

Abbildung 21:
Entdeckung der Ziffernfolge
1,2-7-3-2 in der Geometrie von
Kreisen mit einer Einheitsfläche
– Teil II

Zeichen der Quadratwurzel wird angedeutet, daß sich jede Zahl als das Produkt von zwei gleichen Zahlen ausdrücken läßt. Sind diese zwei gleichen Zahlen **ganze** Zahlen, bedeutet dies, daß die entsprechende Produktzahl eine **Quadratzahl** ist. Die Zahl 9 z. B. ist eine Quadratzahl, weil sie sich als Produkt von zwei ganzen Zahlen darstellen läßt: 3 × 3 = 9 bzw. Wurzel 9 = 3. Das stimmt natürlich. Aber hierbei gilt es, eine Spitzfindigkeit zu beachten, die jedoch ihre Bedeutung hat:

$$\sqrt{9} = \sqrt{(+3) \times (-3)} = \sqrt{(-3) \times (+3)} = +3 \ und -3$$

Das bedeutet: Eine Quadratwurzel führt stets zu zwei Lösungen! Wie hier in diesem Beispiel gezeigt, kann die Zahl 9 auf zwei verschiedene Weisen entstehen, nämlich durch die Multiplikation der zwei entsprechenden Pluszahlen und auch durch die Multiplikation der gleichen Zahlen mit einem negativen Vorzeichen, denn minus mal minus ergibt plus.

Diese Erkenntnis bedeutet in Bezug auf das Beispiel in den Abbildungen 20 und 21, daß es zu einem positiven Durchmesser und Flächeninhalt ein Gegenstück mit negativen Vorzeichen gibt! Damit sind wir einem großen Geheimnis auf die Spur gekommen: der Doppeldeutigkeit, die jeglicher Symbolik und jeglichen Zahlen innewohnt. Wenn dies auch im kosmischen Sinne nicht eine vollständige Erklärung für polare Erscheinungen ist, so zeigt die obige Ableitung doch, daß es sie geben muß. Wenn wir akzeptieren, daß der 24-Stunden-Tag in 12 Stunden des Tages und 12 Stunden der Nacht eingeteilt ist, müssen wir auch akzeptieren, daß die erste 12 nicht das gleiche symbolisiert wie die zweite 12. Der Grund ist ein ganz einfacher. Der helle Tag kann mit +12 und die Nacht mit −12 identifiziert werden! Wenn wir das als durchgängiges Prinzip akzeptieren, werden wir mit dem geheimen Wissen, welches in den Bauwerken Ägyptens und Mexikos verborgen ist, hinsichtlich seines geistigen Inhaltes kein Problem haben. Das sei vorweggesagt, denn wir werden auf Zahlen stoßen, die mancherorts als Zahlen der «Iluminaten» oder als Zahlen des «Bösen» betrachtet werden, was bei einer undifferenzierten Betrachtung immer nur eine einseitige Wahrheit sein kann. Daß die Wirklichkeit nie einseitig ist, werden wir Stück für Stück erkennen und dadurch zu einer ganzheitlichen Weltsicht gelangen, die gerade wegen ihrer Ganzheitlichkeit sehr differenziert ist und zwischen positiv und negativ zu unterscheiden weiß.

Über die Geometrie dieser besonderen Kreise sind wir darauf gestoßen, daß der Ziffernfolge 1(,)-2-7-3-2 eine außergewöhnliche Bedeutung zukommt, die auch im Sinn der altägyptischen Mythologie und Zahlensymbolik interpretiert werden kann. Aus dieser Sicht symbolisieren die vier Ziffern nach dem Komma alles, was im Kosmos entsteht und existiert, sowohl im grobstofflichen als auch im feinstofflichen Bereich. Die 1 vor dem Komma hat in diesem Sinn die Bedeutung, daß alles Entstehende aus dem «All-Einen» kommt.*

Betrachtet man die weiter vorne genannten Zahlenbeispiele zu dieser Ziffernfolge, so kann man diese Interpretation durchaus nachvollziehen, wenn auch unsere heutige Wissenschaft mit einer derartigen Formulierung noch ihre Probleme hat. Allerdings kommt auch ein Wissenschaftler nicht um die Tatsache herum, daß diese Beispiele eindrucksvoll genug sind und daß die Häufung dieser Werte kaum dem Zufall zu verdanken ist. Offensichtlich gibt es im Kosmos also Prozesse, die bestimmten Gesetzen gemäß dieser Ziffernfolge gehorchen.

Am Ende dieses Abschnittes bleibt die Frage offen: Was hat diese Ziffernfolge mit dem Urzoll und mit der Cheops-Pyramide zu tun? Im nächsten Abschnitt werden wir auf diesen ungewöhnlichen Zusammenhang eingehen.

3.8. Die Cheops-Pyramide und die Ziffernfolge (1)-2-7-3-2

Bisher wurde mit keinem Wort auf die äußeren Maße der Cheops-Pyramide Bezug genommen. Es wurde zwar erwähnt, wie viele Verkleidungssteine die erste Schicht besitzt und wie groß ihr Fugenabstand ist, aber wir sind noch nicht auf die Länge der vier Seiten eingegangen. Von der Wissenschaft wurde bisher ermittelt, daß die einzelnen Seiten einen geringfügigen Unterschied aufweisen. Im Detail wurden von Prof. Rainer Stadelmann** die folgenden Meßwerte ermittelt.

	Länge [m]
Ostseite	230,369
Nordseite	230,328
Westseite	230,372
Südseite	230,372
im Mittel	**230,360**

Tabelle 7: Die gemessenen Basislängen der Cheops-Pyramide

Der Mittelwert von 230,36 m ist völlig korrekt, wenn man ihn auf die Länge der beiden mittig durch die Pyramide verlaufenden Hauptachsen bezieht. Gegenwärtig besteht die Auffassung, daß die Pyramide ideal quadratisch geplant wurde und die geringfügigen Abweichungen durch Meßfehler entstanden sind. Bei einem idealen Quadrat mit 230,36 m langen Hauptachsen hätten die Außenseiten die gleiche Länge. Dies war jedoch nicht die Absicht des Architekten, denn jede Seitenlänge wurde mit einer geringfügigen Abweichung geplant.

---

* Armin Risi hat für diese Zahlenweisheit den Begriff «Mathemystik» geprägt, siehe *Machtwechsel auf der Erde*, S. 127 und *Licht wirft keinen Schatten*, S. 174.

** zitiert nach Michael Haase: *Das Rätsel des Cheops*, S. 57

Die von Stadelmann ermittelten Werte liegen nicht entfernt von den beabsichtigten Planwerten. Gründe dafür, daß Stadelmann diese nicht exakt herausfinden konnte, sind einerseits Fehler durch Meßtoleranzen und andererseits geringfügige tektonische Verschiebungen auf dem Giseh-Plateau infolge von Erdbeben.

Da in der Pyramide das Maß des Zolls eine bedeutende Rolle spielt, ist es naheliegend, den Mittelwert von 230,360 m dementsprechend umzurechnen, was zu folgendem Ergebnis führt:

- mit dem heute bekannten Wert von 2,54 cm: $\frac{23036}{2,54}$ = 9069,29133858... Zoll
- mit dem Urzoll: $\frac{23036}{1\,\text{Urzoll}}$ = 9069,**2732** Zoll!

Überraschenderweise führt die Umrechnung mit dem Urzoll zu einem endlichen Wert mit **vier** Stellen vor und **vier** Stellen nach dem Komma. Zusätzlich erhalten wir die inzwischen bekannte Ziffernfolge 2-7-3-2, die eine verborgene kosmische Konstante darstellt (sie wurde im vorhergehenden Unterkapitel erläutert). Daß gerade diese Ziffernfolge auftaucht, ist nicht zufällig, sondern darf als sensationell bezeichnet werden! Wir haben hier ein besonderes Merkmal der Seitenlänge der Cheops-Pyramide entdeckt, das wir mit dem heute üblichen Zoll (2,54 cm) nie entdeckt hätten. Allein über dieses Resultat wird deutlich, daß die Planer der Pyramide die richtige Größe des Urzolls gekannt haben müssen und zielgerichtet genau diese Achsenlänge gewählt haben. Mit anderen Worten: Bereits die Seitenlänge der Pyramide offenbart, daß wir es hier nicht mit pharaonischer Anfänger-Mathematik (4. Dynastie, 2500 v. Chr.) zu tun haben.

Eng im Zusammenhang mit dieser Achsenlänge steht die nächste wichtige Größe der Pyramide, die beabsichtigte Planhöhe. Diese steht in unmittelbarer Beziehung zu der Frage nach der Kenntnis oder Nichtkenntnis der Kreiszahl π. Bei der Beantwortung dieser Frage werden gerade bei der Cheops-Pyramide sehr viele kontroverse Diskussionen geführt. Die offizielle Lehrmeinung besagt, daß das Auftauchen der Zahl π in der Pyramide von den Erbauern nicht beabsichtigt war, sondern zufällig zustande gekommen sei, weil sie gewisse Abstände mit runden Rollen, also mit einem kreisförmigen Werkzeug, festlegten; sie hätten mit Kreismaßen und daher unbewußt mit der Zahl π gearbeitet.

Lange Zeit vertrat auch ich die Meinung, daß das ideale Verhältnis über π die wahre Lösung sein muß, weil die ganze Pyramiden-Mathematik von einem extrem hohen geistigen Niveau zeugt. Als ich später die Geometrie der Roten Pyramide gelöst hatte und erkannte, daß sich die Höhe als Bruch darstellen läßt, bewegte mich immer wieder die Frage: Warum läßt sich die Höhe der Cheops-Pyramide nicht ebenfalls als ganzzahliger Bruch ausdrücken? Erst relativ spät hatte ich dann eine Eingebung, die mich zur Lösung führte. Mir war mittlerweile bekannt, daß das Pyramidion eine Höhe von 13,5 Zoll und der Pyramidenkörper eine Höhe von 5760 Zoll hatte. Setzt man beide Zahlen in Relation, ergibt sich folgender Bruch: $\frac{13,5}{5760} = \frac{3}{1280}$. Allerdings ist bei dieser Rechnung die Fuge zwischen Mauerwerk und Pyramidion nicht enthalten. Würde man die Gesamthöhe der Pyramide über π ermitteln, wäre die Fuge relativ dick (4,537… mm) und ließe sich nicht als Bruch ausdrücken. Für die in diesem Bruch enthaltene Zahl 128(0) spricht die Tatsache, daß eine Basisseite ursprünglich aus 128 Verkleidungssteinen bestand. Diese Steine sind durch 127 Fugen miteinander verbunden.

Bei der Behandlung des Urzolls sind wir auf die Erkenntnis gestoßen, daß der Zahl 127 eine «kosmische» Bedeutung zukommt – und nicht der 128(0). In Fortführung dieses Gedankens war es nur logisch, daß die Gesamthöhe der Pyramide zusätzlich in irgendeiner Weise auch mit der Zahl 127(0) in Verbindung steht. Eine neue Rechnung ergab dann:

$$\frac{5760}{1270} \times 3 = 13{,}606299\ldots = 13\frac{77}{127} = 13\frac{154}{254} \text{ Zoll}$$

Dieser Wert entspricht der Höhe des Pyramidions einschließlich der Dicke der Fuge. Letztere läßt sich sehr einfach berechnen:

$$13\frac{154}{254} \text{ Zoll} - 13{,}5 \text{ Zoll} = \frac{27}{254} \text{ Zoll} = \frac{13{,}5}{127} \text{ Zoll}$$

Hierbei erinnern wir uns, daß die Zahl 13,5 bisher zweimal aufgetaucht ist: das erste Mal in der Höhe der ersten sechs Schichten der Pyramide mit 13,5 KE, das zweite Mal in der Höhe des Pyramidions mit 13,5 Zoll und nun zum dritten Mal im Zähler des Bruches für die Dicke der Fuge. Mit besonderer Betonung muß auch darauf hingewiesen werden, daß wir in der Basis die 127 und 128 vorgefunden haben, während die Gesamthöhe der Pyramide und die Höhe des Pyramidions über Proportionen bestimmt wurden, welche die Zahlen **127**0 und **128**0 enthalten.

Was hier entdeckt wurde, zeigt eine mit höchster Auszeichnung zu titulierende Planung. Der Lehrsatz des altägyptischen Weisen Hermes Trismegistos kommt hier in voller Entfaltung zum Tragen: «Wie oben, so unten. Wie im Großen, so im Kleinen.» Die Götter haben wirklich etwas in Stein gesetzt, das allerhöchsten Ansprüchen genügt!

Zu erwähnen ist noch die Gesamthöhe der Pyramide, für die – abgeleitet aus diesen Maßen – ein Wert von $5773\frac{154}{254}$ Zoll = 146,649893… m ermittelt werden konnte. Auch hier treffen wir wieder auf eine Außergewöhnlichkeit, denn im Nenner der Pyramidenhöhe in Zoll entdecken wir jene Zahl, die wir bereits von der Berechnung des Urzolls und vom Poldurchmesser der Erde kennen. Wir wissen auch, daß diese Zahl etwas mit einer «Bewußtseinsstufe» bzw. einem «Bewußtseinssprung» zu tun hat. Und genau das ist einer der wichtigsten Hintergründe der Cheops-Pyramide. Bei den Abschnitten zur Einweihung innerhalb der Pyramide werden wir in sehr detaillierter Form erkennen, daß diese Aussage kein Hirngespinst, sondern eine nachprüfbare Realität ist. Die Größe der Fuge, die zusätzlich die Zahl 27 enthält, verweist auf eines der Hauptziele: die Einweihung zur Öffnung des dritten Auges im 33. Grad. Dies wird in dem angesprochenen Abschnitt näher erläutert werden.

Abschließend zu der Fuge zwischen Plattform und Pyramidion soll noch erwähnt werden, wie groß diese umgerechnet in Zentimetern ist. Es sind:

$$0,2700005\underline{40}0010\underline{80}0021\underline{60}... \text{ cm}$$

Das erstaunliche ist, daß wir erneut eine Verdopplungsfolge vorfinden, dieses Mal auf Basis von 270 000, deren Grundwert 27 uns noch sehr oft begegnen wird. Wenn über die Verdoppelung die sechsstellige Zahl siebenstellig wird, schiebt sich die erste Ziffer über die davorliegende Null: 0,270 000 540 001 080 002 160...

Zu guter Letzt gehört in diesen Abschnitt über die Cheops-Pyramide und die Ziffernfolge (1)-2-7-3-2 auch die Berechnung des Steigungsverhältnisses, das durch die Proportion zwischen Gesamthöhe und halber Basislänge berechnet wird.

- Gesamthöhe: $5773\frac{154}{254}$ Zoll = 14 664,98933... cm
- Halbe Achsenlänge: 11518 cm
- Steigungsverhältnis = tan α = $\frac{14664,98933...}{11518}$ = **1,2732**(235...)

Somit ist die Ziffernfolge (1)-2-7-3-2 nicht nur in der Basis, sondern auch direkt im Steigungsverhältnis der Seitenflächen enthalten. Diesem Steigungsverhältnis kann ein Winkel zugeordnet werden, der 51,853625...° groß ist. In sexagesimaler Darstellung entspricht dies 51°51'13,05". Auf verborgene Weise enthält dieser Winkel die Ziffernfolge der 13,5 mit einer zusätzlich eingeschobenen Null!

Die in diesem Abschnitt angeführten Ergebnisse beweisen somit, daß das sogenannte Britische Maßsystem einen Code enthält, der nicht nur kosmische Grundfragen berührt, sondern auch auf genialste Weise die äußere Struktur der Cheops-Pyramide bestimmt. Allerdings muß erwähnt werden, daß dieser Code nur offenbart werden kann, wenn das gültige metrische System angewendet wird! Ohne eine Umrechnung in Zentimeter wäre nicht ersichtlich, daß die Zahl 127 den Haupt-Code der Pyramide bildet, und es wären nur geringe qualitative Aussagen möglich. Selbst das soeben angeführte Steigungsverhältnis enthüllt seine Weisheit nur im Zusammenhang **beider** Maßsysteme.

Aus den bisherigen Untersuchungen geht hervor, daß beide Maßsysteme ihre Gültigkeit und Bedeutung haben. Meine anfängliche Tendenz, einem der beiden Maßsysteme den Vorrang zuzuordnen, habe ich revidiert. Mittlerweile betrachte ich beide Systeme als vollkommen gleichberechtigt. Jedoch kann ich nachvollziehen, daß in Großbritannien das alte Maßsystem auf der Basis des Zolls (*inch*) nach wie vor hoch geschätzt wird.

Die bisherigen Erkenntnisse zu diesem Thema lassen den Schluß zu, daß in den Parametern der Erde wie auch der Cheops-Pyramide ein Code verankert ist, der untrennbar mit der Ziffernfolge 1-2-7-3-2 verknüpft ist. Diese Zahlenfolge verdankt ihre primäre Entstehung nicht nur der Formel $\frac{4}{\pi}$, sondern läßt sich auch aus einer weiteren Formel ableiten:

$$\frac{\sqrt{3}+1}{10}+1 = 1,2732...$$

In dieser Formel besticht vor allem, daß der Wurzelausdruck $\sqrt{3}$ auftaucht, ein Hinweis, daß alles einer göttlichen Ordnung entstammt. Bemerkenswert ist auch, daß dieser Wurzelausdruck die Seitenlänge eines gleichseitigen Dreiecks in einem Einheitskreis bestimmt, denn dort ist jede der drei Seiten $\sqrt{3}$ lang!

In dieser Geometrie, die den Einheitskreis voraussetzt, werden die geometrischen Parameter geschaffen, die über die $\sqrt{3}$ die Symbolik Herkunft = Ursprung = die Wurzel aus dem Göttlichen verdeutlichen. Und genau aus diesem Grund müssen Symbole, die einen Bezug zum Göttlichen repräsentieren sollen, mit der Einheit Gottes oder dem Einheitskreis dargestellt werden!

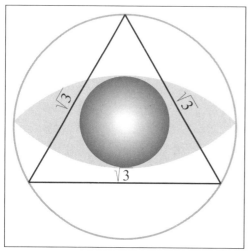

Abbildung 22: Das gleichschenklige Dreieck im Einheitskreis

Mit diesen Ausführungen kommen wir an das Ende von Kapitel 3, in dem es vorerst nur darum ging, nachzuweisen, daß in der Cheops-Pyramide der Zoll, insbesondere der Urzoll, bewußt verwendet wurde. Dabei entdeckten wir auch bahnbrechende Zusammenhänge, die zeigen, daß die hier verwendete Mathematik und Geometrie weit über den Wissensstand der 4. Dynastie hinausgehen.

Bevor wir in Kapitel 9 wieder zur Cheops-Pyramide zurückkehren, wollen wir uns einem weiteren Maß zuwenden, welches sich ebenfalls als ein kosmisches Maß entpuppen wird.

4. Die sakrale, «kosmische» Elle

Während der Beschäftigung mit dem Urzoll stieß ich auf eine noch stärkere Untermauerung der bisher vorgestellten Erkenntnisse, und zwar im Zusammenhang mit der Frage nach der Ur-Elle. Weltweit sind bzw. waren viele verschiedene Ellen in Gebrauch, so viele, daß es schwer ist, in ihnen ein System der Entstehung zu entdecken. Daß die Elle von menschlichen Körpermaßen abgeleitet wurde, soll nicht ignoriert werden, aber dennoch stellt sich die Frage: Gibt es eine Ur-Elle oder eine Elle, die nur für sakrale Zwecke verwendet wurde, von der dann die anderen, «profanen» Ellenmaße abgeleitet wurden?

In der Literatur wird eine Elle immer wieder erwähnt: jene mit einer Länge von 63,5 cm, die schon von Smyth* als Pyramiden-Yard bezeichnet wurde, von anderen auch als «sakrale Elle». Diese 63,5 cm entsprechen dem 25fachen des britischen Zolls von 2,54 cm und sollen auch einen Bezug zum Poldurchmesser haben. In verschiedenen Ländern lassen sich alte Maße finden, die mit dieser Elle vergleichbar sind, z. B.:

- 1 *gös* (Arabien)   63,5 cm
- 1 *braccio de seta* (Italien)   63,8 cm
- 1 *thuok* (Vietnam)   63,9 cm
- 1 *pik endaseh* (Ägypten)   64,0 cm

Aufgrund dieser Verbreitung bis nach Asien ist anzunehmen, daß die Elle einen gemeinsamen Ursprung hat und auf eine Ur-Elle zurückgeht, deren Größe zwischen 63 und 64 cm liegt.

Im 17. Jahrhundert wurde nicht nur über den Zoll heftig diskutiert, sondern auch über die Herkunft der Elle. Zahlreiche Herrscher legten eigene Maßstäbe für «ihre» Elle fest, so daß die Spannbreite für die Länge einer Elle von rund 30 cm bis knapp über einen Meter reicht. Nun gibt es aber eine Überlieferung, wonach der bereits erwähnte Enoch auch behauptet haben soll, daß die Erde einen Poldurchmesser von 20 000 000 Ellen haben soll. Wenn man die Elle mit 25 Zoll (63,5 cm) gleichsetzt, entspräche der Poldurchmesser der Erde einem Wert von 12 700 km.

Demgegenüber ergab der über den Zoll von 2,54 cm ermittelte Poldurchmesser von 500 500 000 Zoll einen Wert von 12 712,7 km. Offensichtlich sind diese Angaben nicht exakt identisch, weshalb man die von Enoch übermittelten Zahlen in den Bereich der Fabeln verwies. Alle Bemühungen, den richtigen Wert der sakralen Elle in der Cheops-Pyramide zu finden, schlugen bisher fehl.

---

* Charles Piazzi Smyth (1819–1900): Astronom und Mathematiker, Mitglied der Royal Society und passionierter Hobby-Ägyptologe; er versuchte, in der Cheops-Pyramide mystische Zahlenverhältnisse zu entdecken, wobei er sich leider vielfach in Spekulationen verrannte.

Gesetzt den Fall, die von Enoch übermittelten Werte stimmen tatsächlich, dann bleibt nur eine Erklärung: Die Elle muß eine Winzigkeit größer als 25 Zoll sein.

Erst nachdem ich begriffen hatte, daß wegen der Verdopplungsfolge des Poldurchmessers (im metrischen System) die Elle mit dem Zoll zwangsläufig in Verbindung stehen muß, erkannte ich den mathematischen Zusammenhang, der wie folgt lautet:

$$\frac{500\ 000\ 000\ \text{Zoll}}{20\ 000\ 000\ \text{Ellen}} = 025{,}025 = 05^2{,}05^2$$

Nachdem ich das herausbekommen hatte, las ich einige Monate später bei Peter Tompkins, daß bereits Smyth die sakrale Elle mit der gleichen Berechnungsbasis definiert hatte.* Hier ist jedoch unklar, ob er dieses Wissen aus alten Überlieferungen erfahren hatte.

Aus der genannten Proportion ergibt sich die Länge einer Elle, indem man diesen Faktor mit der Länge eines Zolls multipliziert:

$$\textbf{025{,}025} \times \textbf{1 Zoll} = \textbf{63{,}563 627 127 254 254 ... cm}$$

Diese Elle kann man getrost als «Ur-Elle» bezeichnen, weil sie sich direkt aus dem Maß des Urzolls ableitet!

Daß sich bei der Länge der Ur-Elle (in Zentimetern angegeben) eine doppelte Verdopplungsfolge ergibt – beginnend mit der Hälfte von 127, der Ziffernfolge 63,5 –, ist kein Zufall und zeigt, daß diese Angabe dem ursprünglichen Wert der Elle entspricht. In dieser Zahlenfolge überlagert und addiert sich die letzte Ziffer der 63,5 mit der ersten Ziffer der 127 genau 4 Stellen nach dem Komma, wodurch sich die erste Zifferngruppe 127 in 627 verändert. Mit dieser Elle gelingt es endlich, beide alten Längenangaben für den Poldurchmesser in Einklang zu bringen, denn 20 000 000 Ellen ergeben den inzwischen bekannten Wert von 12 712,7254254... km. Die auf Abbildung 23 dargestellten Größen ergeben nun einen Sinn, und voller Ehrfurcht können wir erkennen, daß in dem vom Propheten Enoch überlieferten Wissen tatsächlich eine Weisheit liegt, die jenseits unserer Vorstellungskraft liegt.

Die Elle war im Mittelalter ein weit

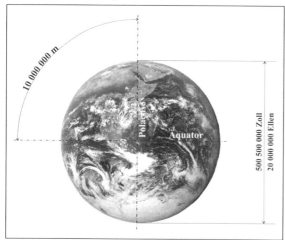

Abbildung 23: Der Poldurchmesser der Erde in Zoll und sakralen Ellen (gemäß der alten Enoch-Überlieferung)

* Peter Tompkins: *Cheops,* S. 91

angewendetes Maß, das besonders bei kirchlichen Bauwerken überliefert ist. Von Lübke und Kallenbach* werden die Kirchen und Kathedralen des Mittelalters stets mit dem Maß «Elle» angegeben. Leider fehlt jegliche Angabe, wie groß diese Elle in Bezug zum Meter ist. Dadurch ist es mir aktuell nicht möglich, kirchliche Bauwerke als Beispiel für dieses Maß anzugeben.

Es gibt in Europa ein anderes Längenmaß, das von dieser Elle abgeleitet ist: die Rute; sie entspricht 6 Ellen. Mit der hier berechneten Ur-Elle bekommt die Rute eine theoretische Länge von 381,381... cm, wiederum mit einer bemerkenswerten Verdopplungsfolge. Vergleicht man diese theoretische Länge mit einigen historischen Längen der Rute, findet man eine erstaunliche Ähnlichkeit. Es soll jedoch nicht verschwiegen werden, daß es auch andere Ruten gibt, die sich von diesem theoretischen Maß erheblich unterscheiden. Besonders auffällig sind jedoch drei Ruten, die wie folgt definiert wurden:

- 1 Roede (Niederlande, bis 1815 gültig) = 12 voet (Fuß) = 3,80 m
- 1 Rute (als Rheinische Rute bis 1871 gültig) = 12 Fuß = 3,80 m
- 1 Rute (Österreich) = 3,80 m

Hier zeigt sich, daß die Rute mit den 6 sakralen Ellen in Zusammenhang steht. Der Elle mit der Größenordnung von ca. 63,5 cm maß man in England eine besondere Bedeutung bei. Piazzi Smyth untersuchte die ihm vorliegenden Meßergebnisse der Cheops-Pyramide auf das Vorhandensein dieser Maße hin. Seine Ergebnisse faßte er in einer Abhandlung zusammen, in der er die Meinung vertrat, daß in den gewählten Maßen der Cheops-Pyramide auch die sakrale Elle verborgen sei.** Da die Elle vom englischen Zoll abgeleitet ist, vertrat er die Auffassung, daß die Engländer den heiligen Zoll in ihrer Frühzeit übernommen und durch die Jahrhunderte bewahrt hatten. Die Mitglieder der Royal Society lehnten jedoch seine Theorie ab, obwohl seine diesbezüglichen Erkenntnisse, wie wir in den vorherigen Kapiteln nachgewiesen haben, dem tatsächlichen Sachverhalt entsprachen.

Als Smyth die Cheops-Pyramide vermaß, ging er bei der Bestimmung der Basislänge von den Parametern aus, die er über die Eckfundamente ermitteln konnte. Auf diese Weise bestimmte er eine Länge von 232,15 m. Nimmt man diese Länge und teilt sie durch die Länge der sakralen Elle, erhält man $\frac{23215}{63,563}$ = 365,224... Dies entspricht ungefähr der Länge eines Jahres in Tagen. Dieses Ergebnis war für Smyth der Beweis dafür, daß die Erbauer der Pyramide die Länge eines Jahres sehr präzis ermittelt hatten.

Einige Jahre später reiste Petrie nach Ägypten, um erneut Messungen durchzuführen. Dabei stellte er fest, daß Smyth eine wichtige Tatsache übersehen hatte: Die Eckfundamente liegen ca. 60 cm tiefer als die Basis der Pyramide. Man kann hier Smyth allerdings keinen Vorwurf machen, denn zu seiner Zeit waren die Reste der Basissteine noch nicht freigelegt,

---

* Lübke / Kallenbach: *Mittelalterliche Kirchen,* I und II
** Peter Tompkins: *Cheops,* S. 91

das heißt, der größte Teil der Basis lag noch unter Schutt. Da die Eckfundamente 90 cm weiter herausragten als die Vorderkante der Basissteine, korrigierte Petrie die Gesamtlänge auf 230,35 m.

Bei meinen eigenen Untersuchungen habe ich immer wieder erkannt, daß innerhalb und außerhalb der Pyramide nichts ohne triftigen Grund festgelegt und realisiert wurde. Die Erkenntnis, daß an der Cheops-Pyramide mehrere Maßsysteme miteinander verknüpft und angewendet wurden, lag damals, vor über einhundert Jahren, noch in weiter Ferne.

Folglich durchsuchte ich nochmals alle mir zur Verfügung stehende Literatur. Dann stieß ich wieder bei Tompkins* auf eine Textstelle, der ich anfangs keine Bedeutung beigemessen hatte. In dieser Textstelle bezieht er sich auf den Franzosen Jomard, der zu den 175 Wissenschaftlern gehörte, die Napoleon 1798 bei seinem Ägyptenfeldzug begleiteten. Jomard ließ vor Ort von 150 ottomanischen Türken die Nordost- und die Nordwestecke der Cheops-Pyramide von Bauschutt freilegen. An diesen Ecken fand er dann jeweils eine Vertiefung für den Fundament-Eckstein. Das Besondere aber waren die Maße dieser Vertiefung. Tompkins spricht von 3,05 × 3,66 m. Da zur damaligen Zeit noch in Zoll gemessen wurde, rechnete ich diese Werte mit dem damals üblichen Umrechnungsfaktor von 2,54 cm pro Zoll um. Das Ergebnis war sehr überraschend, denn es führt zu 120,078… Zoll × 144,094… Zoll! Präziser als Jomard hätte man mit einem Maßstab eine jahrtausendealte Vertiefung kaum vermessen können, denn seine Ergebnisse weisen eindeutig auf das geplante Maß von 120 × 144 Zoll hin: (12 × 10) × 12². Die Vermutung, daß an der Pyramide nichts ohne Grund geplant wurde, fand damit erneut Bestätigung. Für die Eckfundamente wurden also Maße gewählt, die offensichtlich mit dem Konzept der Pyramide übereinstimmen und – im Maß des Urzolls – der Zahl 12 eine dominierende Rolle zuschreiben. Wenn man diesen Fundamentecksteinen ein besonderes Maß zukommen ließ, muß man sich fragen: Warum?

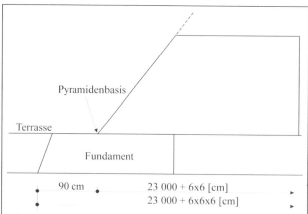

Abbildung 24: Basis und Plattform der Pyramide auf der mittigen Hauptachse

Um hier eine Begriffsverwirrung zu vermeiden, möchte ich kurz erklären, wie die Pyramide vom Boden her aufgebaut ist. Die Pyramide ist auf einen Felskern gebaut, um den zuerst auf einer planierten Fläche ein umlaufendes Fundament gebaut wurde. Darauf wurde dann die erste Schicht («Basis») der Pyramide gebaut. Die Fundamentsteine ragen über die Basisschicht der Pyramide hinaus, und an sie schließen mit gleicher Höhe weitere Steine an, die die Terrasse bilden (siehe Abb. 24).

---

* ebd., S. 54

Wenn wir von der Hypothese ausgehen, daß die Terrasse mit besonderen Maßen geplant wurde, so müßte auch im Bereich der Hauptachsen ein besonderes Maß vorliegen. Als einzigen Anhaltspunkt für diese Vermutung haben wir die von Smyth ermittelten 90 cm, mit denen die Ecksteine die Basislinie überragen.

Die Terrasse selbst nahm einen großen Teil des Vorplatzes vor der Pyramide ein, jedoch muß es auf der Terrasse im Bereich der Hauptachsen einen Stein gegeben haben, der ebenfalls 90 cm über die Basislinie hinausragte. Mit ihm verbindet sich folgende ungewöhnliche Konstellation:

- Basislänge der Hauptachsen: $23\,036$ cm = $23\,000 + 6 \times 6$ cm
- Basislänge plus 2×90 cm: $23\,216$ cm = $23\,000 + 6 \times 6 \times 6$ cm

Über diese transformierte Schreibweise wird erst sichtbar, daß in den verwendeten Maßen eine klare Logik liegt. Als Grundwert besteht in der Basislänge das Maß von $23\,000$, das die bereits bekannte Ziffernfolge 2-3 enthält, welche die Ganghöhen fast aller Pyramiden (2,3 KE) bestimmt. Ergänzt werden diese Längen mit den beiden Faktoren

- $36 = 6 \times 6 = 6^2$ und
- $216 = 6 \times 6 \times 6 = 6^3$.

Das kann keinesfalls Zufall sein, weil diese Zahlen zu deutlich die ägyptische Zahlenwelt bestimmten und in Verbindung mit den Eckfundamenten auf die Anzahl der Steinschichten im inneren Aufbau (216) und äußeren Aufbau (144) hinweisen. Es muß aber darauf aufmerksam gemacht werden, daß diese Situation lediglich im Bereich der Hauptachsen eintrat. Die auf der Ebene des Plateaus befindlichen Fundamentsteine sind ebenfalls versetzt angeordnet, so daß bereits neben den Hauptachsen andere Maße vorhanden sind!

Akzeptiert man nun, daß dem Maß an der Basis einschließlich den 2×90 cm im Fundamentbereich eine besondere Bedeutung zukommt, so lohnt es sich, dieses Maß umzurechnen. In sakrale Ellen (sE) umgerechnet, ergeben die $23\,216$ cm einen Wert, der überraschend eng mit der Anzahl der Tage eines Jahres in Übereinstimmung steht. Er lautet:

$$\frac{23216}{1\,sE} = 365{,}240327\ldots \text{ (Tage)}$$

Demgegenüber wird von der Wissenschaft heute eine Größe von 365,2422 Tage angeben. Es ist müßig, darüber zu streiten, ob die Umlaufzeit der Erde in vergangenen Zeiten, als sie noch einen geringeren Durchmesser besaß, mit dieser Größe übereinstimmte oder nicht. Die Möglichkeit kann jedenfalls nicht ausgeschlossen werden. Letztendlich zeigt dieses Ergebnis erneut, daß in der Pyramide ein Wissen verankert wurde, welches zur Zeit des Cheops, auch nach Auffassung der Wissenschaft, noch nicht (oder nicht mehr) vorhanden war. Mehr durch Zufall bin ich auf ein weiteres Beispiel gestoßen, wo dieses Maß in Ägypten verwendet wurde – in diesem Fall nicht an einem Bau, sondern an einem besonders heiligen Stein, dem Stein von Schabaka. Man geht davon aus, daß während der 25. Dynastie (um 716–702 v. Chr.) König Schabaka den Auftrag erteilte, diesen Stein für den Tempel von Ptah in Memphis anzufertigen.* Durch totale Unkenntnis wurde dieser Stein in späteren

Zeiten, als man offensichtlich keine Hieroglyphen mehr lesen konnte, als Mühlstein mißbraucht. Auf diesem Stein ist der Schöpfungsmythos von Memphis niedergeschrieben.

Von der Wissenschaft wird dieser Stein, der heute im Britischen Museum ausgestellt ist, mit einer Länge von rund 137 cm und einer Breite von rund 91 cm angegeben. Natürlich wurde dieser Stein auf keinen Fall in dieser Maßeinheit angefertigt. Für ein «Dokument» mit heiligem Charakter mußten

Abbildung 25: Der Stein von Schabaka

unbedingt auch heilige Maße verwendet werden. Rechnet man diese Werte in Zoll bzw. sakrale Ellen um, kommt man zu folgendem Ergebnis:

in Zoll: 35,8267 × 53,9369

Das sind gerundet 36 × 54 Zoll, was einen deutlichen Sinn ergibt, weil beide Zahlen von mythologischer Bedeutung sind. Wandelt man diese Werte in sakrale Ellen um, wird das Ergebnis noch viel Auffälliger:

1,4473... × 2,1553... sE

Das sind rund 1,44 × 2,16 sE! Beide Werte addiert ergeben 3,60 sE. Viel stärker fällt aber ins Gewicht, daß die 144 als Meisterzahl in der Cheops-Pyramide ebenso verankert ist wie die 216. Beide Zahlen spielten demzufolge im Schöpfungsmythos von Memphis eine bedeutende Rolle, sonst wären diese Werte als 100-ster Teil davon wohl kaum angewendet worden. Das Wissen über die Bedeutung dieser Zahlen dürfte zum Geheimwissen der Priester gezählt haben.

Die sakrale Elle ist also kein x-beliebiges Maß gewesen, sondern war bis ins späte Mittelalter hinein bekannt und hat durch all diese Jahrhunderte hindurch massiv die

---

* Lucia Gahlin: *Ägypten – Götter, Mythen, Religionen*, S. 51

Bautätigkeit geprägt. Viele Herrscher haben den Namen dieses Maßes übernommen, dann jedoch aus Eitelkeit eine eigene Längenzuordnung getroffen, wobei sie ihren eigenen Unterarm als Bezugspunkt wählten. Leider wird heute meistens nur noch dieser Fakt gesehen, und so glaubt man, daß die alten Maße lediglich subjektiv festgelegte Größen seien. Die Erkenntnis, daß der Ursprung vieler Maße einer höheren Ordnung entstammt, ist aus diesem Grunde eine Ansicht, die von der Wissenschaft (vorläufig noch) abgelehnt wird. Mit den bisherigen Aussagen haben wir bereits nachhaltig am vorherrschenden Weltbild der materialistischen Wissenschaft gesägt; durch die Untersuchung des Maßsystems der Mayas soll es nun endgültig gestürzt werden. Wenn wir dieselben Maßelemente weltweit vorfinden, können sie offensichtlich nicht willkürlich festgelegt worden sein, sondern entspringen einer gemeinsamen Einsicht in die höhere kosmische Ordnung. Woher diese Einsicht stammt, werden wir im weiteren Verlauf des Buches ebenfalls untersuchen.

5. Das verborgene Maß
in den Pyramiden Mittelamerikas

Bekanntlich liegt westlich von Afrika und Europa viel Wasser. Diese Hürde ist es auch, die Archäologen glauben läßt, daß in der Vergangenheit zwischen diesen Kontinenten und Amerika keinerlei Verbindung bestanden haben könne, weshalb es auch in den Bauwerken beiderseits des Ozeans keinerlei Verwandtschaft gebe. Vor der Wiederentdeckung Amerikas durch Kolumbus war dieser Kontinent nur in wenigen Quellen erwähnt worden und galt als ein mythologisch entfernt liegendes Reich unter dem hellsten Stern des Westhimmels.

Und doch gibt es in den Überlieferungen Hinweise auf dieses entfernt liegende Land. Josephus Flavius, der jüdische Chronist des 1. Jahrhunderts n. Chr., schreibt, daß «gute Seelen jenseits des Meeres in einer Region wohnen, in der es weder Regen noch Schneestürme gibt, keine große Hitze, sondern nur die sanfte Brise des Westwindes vom Meer». Dieses idyllische Land wurde auch von den Mandäern, einer religiösen Gruppierung im Süden des heutigen Iraks, erwähnt, die glaubten, die Bewohner dieses fernen Landes seien so frei von Sünde, daß kein Sterblicher sie je erblicken könne; den leuchtenden Planeten (Venus), der dieses Land im Westen markierte, nannten sie «Merica»!* Obendrein sollen diese Mandäer seit mindestens 2000 Jahren Rituale praktizieren, die – vermutlich aufgrund der gemeinsamen ägyptischen Quelle – auch denen der heutigen Freimaurer ähneln.

Diese Formulierungen lassen das hinter den Meeren liegende Land als eine Erinnerung erscheinen, die uralt ist und für eine lange Zeit nur noch über Mythen ihren Fortbestand bewahrte.

Was die Mandäer betrifft, so vermischt sich ihr Wissen sowohl mit diesen Mythen wie auch mit Ritualen, die eine Zeitspanne vom alten Ägypten bis zur Neuzeit überlebt haben. Wenn alte Rituale in diesem Volk so lange fest im Gedankengut eines Kreises von Eingeweihten verankert blieben, muß man annehmen, daß sie mit altem Wissen sehr akkurat umgegangen sind und es vor allem bewahrt und gepflegt haben. Bewahrt heißt aber auch, es im internen Kreis weitergegeben zu haben; es war nicht für jedermann zugänglich.

Dasselbe gilt für die Freimaurer. Auch sie bewahren Wissen, das nicht jedermann zugänglich ist. Allerdings muß man hinzufügen, daß im Laufe der Jahre, vor allem durch die Zerschlagung des Templerordens, viel Wissen verlorengegangen ist. Zu Kolumbus' Zeiten müssen bestimmte Erkenntnisse jedoch noch vorhanden gewesen sein.

Was nicht unbedingt zum Schulwissen gehört, ist folgender historischer Fakt: Nach der Zerschlagung des Templerordens am 13. Oktober 1307 hielten sich nicht alle Länder in gleichem Maße an die Bulle des Papstes, die allen befahl, die Tempelritter zu verfolgen. So wurde in Portugal der Orden durch einen Untersuchungsausschuß von jedem Verdacht der

---

* Christopher Knight, Robert Lomas: *Unter den Tempeln von Jerusalem,* S. 96, 329ff.

Ketzerei freigesprochen und konnte daher (ab 1318) ungehindert als Christusorden weiter-
wirken.* Dieser Orden, der sich vornehmlich der Seefahrt widmete, segelte unter dem
Templerkreuz über die Meere. Mit diesem Kreuz auf den Segeln reiste auch Christopher
Kolumbus nach Amerika. Kolumbus war mit der Tochter eines ehemaligen Ritters des
Christusordens verheiratet. Bekam er von diesem Eingeweihten vielleicht Hinweise oder so-
gar alte Karten, die ihn dazu brachten, das Meer nach Westen hin überqueren zu wollen?

Warum führe ich hier diesen geschichtlichen Exkurs an? Ich glaube, daß die Kenntnis
über ein Land im Westen unter dem Stern Merica sehr alt ist und daß es einen frühen
Kommunikationsaustausch gegeben haben muß. Heute kennen wir dieses Land als Erdteil
unter dem Namen (A)MERICA.

5.1. Das Längenmaß «Hunab»

Für die Behauptung, daß es zwischen Afrika/Europa und Amerika bereits vor Kolumbus
Kontakte gegeben hat, liefert das Maßsystem wieder einmal den treffendsten Beweis. Dazu
ist es erforderlich, in Richtung Mexiko zu schauen, und zwar nach Teotihuacán, wo frühe
Kulturen unser Sonnensystem «en miniature» als Tempelanlage nachgebaut haben. Entlang der Prozessionsstraße befinden sich Tempel, die im mittleren Abstand der Planeten
unseres Sonnensystems angeordnet sind; sogar für den Planeten Pluto wurde ein eigener
Tempel errichtet. Dieser erst im Jahr 1934 von der Wissenschaft entdeckte Planet war
sowohl den Mayas als auch den Sumerern bereits bekannt. Der amerikanische Ingenieur
Hugh Harleston fand heraus, daß dieser Anlage ein bestimmtes Einheitsmaß zugrunde
liegt, welches er nach dem Gott der Mayas (namens Hunab Ku) «Hunab» nannte.** Es hat
eine Länge von 105,946... cm. Dieser Wert soll dem 12-Millionsten Teil der Erdachse entsprechen. Seiner Meinung nach ist das betreffende Maß, in Metern ausgedrückt, identisch
mit $\sqrt[12]{2}$, d.h. mit der zwölften Wurzel aus 2.

Gegen diesen Meßwert würde ich nichts einwenden – er wird immerhin in zahlreichen
Büchern angeführt, obwohl unklar bleibt, wie die Mayas eine zwölfte Wurzel berechnen
konnten –, wenn er in Übereinstimmung mit dem mathematischen Poldurchmesser der
Erde stehen würde. Überraschenderweise zweifeln selbst die Archäologen nicht an der
Theorie, daß der Hunab in direkter Relation zum metrischen System und dem Meter stehen könnte. Allein die 12. Wurzel aus 2 zu berechnen sagt aber noch nichts über die Länge
des Hunab aus. Wäre der Meter z. B. 10 cm kürzer, könnte man mit dieser Formel nichts
anfangen, denn die Multiplikation mit dem Faktor 1,05946... ergäbe dann ein ganz anderes

---

* ebd.
** «[So] erkannten die Maya mit mathematischer Gewißheit die Existenz eines kosmischen Bewußtseins, deren göttlicher Verkörperung sie den Namen Hunab Ku oder ‚einziger Verteiler von Maß und Bewegung' gaben. Dieser Gottheit
schrieben sie den mathematischen Aufbau des Universums zu und stellten sie durch einen Kreis dar, der ein Quadrat
enthielt.» Peter Tompkins: *Die Wiege der Sonne,* S. 261

Maß. Diese Umrechnung hat also nur dann einen Sinn, wenn man die Länge des Meters kennt, und zwar präzis! Erst dann ist ein Hunab in Relation zum Meter ungefähr so lang, wie er als zwölfte Wurzel ermittelt wurde.

Legt man die $\sqrt[12]{2}$ zugrunde und multipliziert sie mit 12 000 000 dieser Einheiten, führt dies zu einem Poldurchmesser von 12 713,557... km, der um 831,7068... m zu groß ist. Damit meine ich den Vergleich mit dem über den Zoll ermittelten Poldurchmesser von 12 712,7254... km. Diese Berechnungsgrundlage erweist sich somit als nicht korrekt.

Für mich stellte sich deshalb die Aufgabe, nach dem kosmischen Parameter des Hunab zu suchen, denn wir dürfen annehmen, daß eine Anlage, die das Sonnensystem im Kleinen widerspiegelt, auf der Grundlage eines kosmischen Parameters geplant worden ist. Und das ist auch tatsächlich der Fall! Hat man die Lösung, sieht alles ganz einfach aus, aber es hat schon einige Mühe gekostet, auf folgenden simplen Sachverhalt zu kommen:

$$1 \text{ Hunab} = \frac{025,025 \text{ Zoll}}{0,6} \text{ oder } \frac{1 \text{ sElle}}{0,6} = 105,939.378.545.423... \text{ cm}$$

Die Abweichung zu dem von Harleston ermittelten Wert ist wieder extrem gering, er beträgt 0,00693... cm. Mit diesem neu berechneten Hunab erzielen wir auch wieder eine völlige Übereinstimmung mit dem Poldurchmesser der Erde, denn

$$12\ 000\ 000 \times \frac{025,025 \text{ Zoll}}{0,6} = 12\ 712,7254254508508... \text{ km!}$$

Mit diesem dritten, neu gefundenen Urmaß Hunab ergeben sich zusätzliche qualitative Aussagen für den Poldurchmesser der Erde, der in den einzelnen Maßeinheiten die folgenden Größen besitzt:

	Berechnungswert
in cm	1 271272 542,54...
in Zoll	500 500 000,00
in Ellen	20 000 000,00
in Hunab	12 000 000,00

Tabelle 8:
Die «Planparameter» der Erde

Betrachtet man Tabelle 8, scheint eine bis dato verborgene Aussage regelrecht ins Auge zu springen, nämlich die, daß das metrische System (durch das Dezimalsystem bestimmt) wie ein Informationsmittler für alle anderen Maßsysteme wirkt. Aus den bisherigen Rechenoperationen war aber auch zu erkennen, daß der Zoll eine sehr hohe Bedeutung besitzt, da seine Proportion zum Zentimeter gleichzeitig alle anderen Maßsysteme bestimmt.

Bei den weiteren Untersuchungen zu den bisherigen Erkenntnissen fand ich einen sehr interessanten Zusammenhang, der die Maßsysteme verbindet. Dieser Zusammenhang, der die Entstehung von Urmaßen demonstriert, entsteht durch Dreiergruppen vor und nach dem Komma auf Basis der Zahl 5:

- 005,005 = $005^1,005^1$ × 1 Zoll = 12,7127254254508... cm
- 025,025 = $05^2,05^2$ × 1 Zoll = 63,563627127254508... cm = **1 sakrale Elle**
- 125,125 = $5^3,5^3$ × 1 Zoll = 317,818135563627127254254 cm = **3 Hunab**

Die Werte habe ich absichtlich mit so vielen Stellen nach dem Komma angegeben, damit die doppelte Verdopplungsfolge besser zu erkennen ist. Der erste Wert ist mit der Ziffernfolge des Poldurchmessers identisch. Ob es ein solches kleines antikes Maß gibt, entzieht sich gegenwärtig meiner Kenntnis. Der letzte Wert auf Basis der 125,125 scheint nur auf den ersten Blick unbekannt zu sein. Teilt man diesen Wert jedoch durch 3, erhält man exakt die Länge des Hunab!

$$\frac{125,125}{3} \times \frac{1,0}{0,3937} = \mathbf{105{,}939\ldots\ cm = 1\ Hunab}$$

Wenn man sich die vier Größen des Poldurchmessers in Tabelle 8 näher anschaut, kommt man nicht umhin festzustellen, daß «jemand» für uns auf der Erde Maße bestimmt hat, damit wir mit kosmischen Maßstäben rechnen und arbeiten können! Ein derartiger Zusammenhang war der Wissenschaft bislang nicht bekannt und wird sie wohl auch sehr überraschen. Denn diese Erkenntnis besagt nichts geringeres, als daß die Planer ein Wissen besaßen, welches unser Wissen bei weitem übersteigt. Daß in der Alten und der Neuen Welt Zusammenhänge zwischen den Maßsystemen existieren, müßte normalerweise dem Reich der Fabeln zugeordnet werden, nur sind die mexikanischen Pyramiden keine Fabeln, sondern Realität.

5.2. Das Mexiko der Azteken

Bevor wir uns der riesigen Tempelanlage von Teotihuacán zuwenden, möchte ich in der Geschichte etwas zurückblicken. Heute, wo wir bereits sehr viel über unsere Nachbarplaneten wissen, verwundert es, daß wir auf unserem eigenen Planeten im Wissen über die Vergangenheit noch so viele Lücken haben. Ein kluger Mensch formulierte einmal den Satz: «Wer die Gegenwart beherrscht, beherrscht die Zukunft; wer aber die Zukunft beherrscht, herrscht auch über die Vergangenheit.»

Als die Spanier unter der Führung von Hernando Cortez im Jahr 1519 begannen, Mexiko zu erobern, stießen sie auf eine Kultur, die sie nicht verstanden und die in ihren Augen «wild» und «unwürdig» war. Damit bestimmten sie, die selbst nichts anderes als eine

Abbildung 26:
Der Einzug von Cortez in Tenochtitlán

wilde Horde waren, die Geschichtsschreibung der nachfolgenden Jahrhunderte. Auf diese Weise verfestigte sich das Geschichtsbild, daß es im alten Mittelamerika keine hochentwickelten Völker gegeben habe. Die Arroganz Europas hatte gesiegt. Wie sah es aber in Wirklichkeit aus? Traf Cortez wirklich auf ein unterentwickeltes Volk?

Bei seinem Einmarsch in Tenochtitlán, der damaligen Hauptstadt des Aztekenreiches, an dessen Stelle sich heute Mexiko-Stadt befindet, wurde er von dem Azteken-Herrscher Montezuma empfangen. Ein historisches Bild zeigt eine Stadt mit mehrgeschossigen Palästen am Rand eines Platzes.

Was sich den Spaniern bei dem Einzug in diese Stadt bot, war für sie unfaßbar. Nicht nur, daß Tenochtitlán zur damaligen Zeit bereits rund 300 000 Einwohner zählte, es war auch eine Stadt voller Ordnung und Schönheit. Chronisten, von denen einige sogar zum Gefolge von Cortez gehörten, beschreiben die Stadt in schwärmerischen Tönen.* Sie lag in einer wunderschönen Landschaft, war von Kanälen umgeben, die auch die Stadt durchzogen, und war in vier große Teile gegliedert, die wiederum durch je fünf Stadtbezirke gekennzeichnet waren. Jeder dieser Stadtbezirke besaß getrennte Teile für die Ober- und die Unterschicht der Bevölkerung. Alle Stadtteile wurden mit Hilfe von Aquädukten mit Frischwasser versorgt. Der zentrale Platz wurde von einer großen Tempelanlage überragt, die von einer Mauer abgegrenzt wurde. Innerhalb dieser Umfassungsmauer sah Cortez vierzig große Begräbnisstätten, die nach Auskunft der Azteken Gräber der Götter gewesen sein sollen, die hier in Mexiko geblieben waren. Sie selbst behaupteten von sich, Nachfahren eines Volkes zu sein, das aus «Aztlan» (Atlantis) stammt. Die Stadt selbst sei so angelegt, wie ihre Hauptstadt in Aztlan einst ausgesehen haben soll.

Von dem Reichtum der Stadt zeugten fünfhundert große Paläste, die aus behauenen Steinen bestanden und zum Teil höher waren als die Kathedrale von Sevilla. Plätze waren mit schattenspendenden Arkaden umgeben, und der große Marktplatz ermöglichte es täglich 70 000 Menschen, dort zu handeln und einzukaufen. Als die Spanier diesen Reichtum sahen, glaubten sie zu träumen.

All diese Beschreibungen sprechen von einem Volk, das eine hohe Kultur besaß und dessen Architekten über hervorragende Fähigkeiten verfügten, wie Abbildung 26 zeigt. Der Untergang dieses Volkes wurde allein durch die Goldgier einer mörderischen Bande von Spaniern in die Wege geleitet. 1521 plünderten sie Tenochtitlán und zerstörten große Teile der Stadt bis auf die Grundmauern. Bei diesem Massaker wurden rund 240 000 Einwohner umgebracht! Tenochtitlán war am Boden zerstört, und an seiner Stelle wurde eine neue Stadt mit spanischem Gepräge aufgebaut, die heutige Millionenmetropole Mexico-Stadt. Mit diesem Vernichtungsfeldzug wurde nicht nur eine Kultur unwiderruflich vernichtet, sondern es wurden auch praktisch alle Wissensträger, die das Schreiben und Lesen der Hieroglyphen beherrschten, umgebracht. Aufgrund dieser Ausrottung hatte die Wissenschaft später große Schwierigkeiten, die erhaltenen Überreste, die zum Teil vom Dschungel überwuchert waren,

---

* Peter Tompkins: *Die Wiege der Sonne*, S. 14 f.

wieder zu entziffern. Erst im Verlaufe des 20. Jahrhunderts, und dort insbesondere im letzten Viertel, gelang es, vermehrt Licht in das Dunkel der Vergangenheit zu bringen.

Als der Italiener Careri 1697 Mexiko bereiste, gelangte er in vornehme Kreise, da er von
seinen abenteuerlichen Reisen nach China, Persien, Indien und Ägypten viel Interessantes
zu berichten wußte. Einer seiner beliebtesten Gesprächspartner war der Priester Don Carlos
de Sigüenza y Góngora, der sich sehr intensiv mit der alten Kultur Mexikos beschäftigte und
dadurch das Vertrauen der Einheimischen gewann. So gelang es ihm, an alte Manuskripte
zu kommen, die aus der Herrschaftszeit der Azteken stammten, und er erlangte dadurch
allmählich einen ersten Überblick über das alte Wissen der Azteken. Er bemühte sich
sogar, die Sprache der Einheimischen zu erlernen, und wurde durch einen Freund in das
Entziffern der Hieroglyphen eingeweiht. Auf diese Weise war es ihm möglich, Einblick in
den Kalender der Azteken und der Mayas zu bekommen, der auf einem 52jährigen Zyklus
mit vier 13jahresperioden beruht. Das Jahr wurde in 18 Monate zu je 20 Tagen (= 360
Tage) eingeteilt, während am Jahresende zusätzlich 5 bzw. 6 Tage im Schaltjahr hinzugefügt
wurden. In den Jahreschronologien fand er Aufzeichnungen von Königslisten, aus denen
ersichtlich wurde, daß Tenochtitlán im Jahre 1325 gegründet worden war, was gleichzusetzen war mit dem Anfang des Aztekenreiches. Des weiteren fand er auch Aufzeichnungen
über die Zeitpunkte der Solstitien (Zeitpunkt der Sommer- und Wintersonnenwende), der
Äquinoktialpunkte (Zeitpunkt der Tagundnachtgleiche im Frühling und Herbst) sowie
Daten über den Durchgang der Venus und anderer Himmelskörper.

Diese Erkenntnisse zeigen, daß es rund um den Erdball bei den frühen Völkern ein
Bemühen gab, den Sternenhimmel zu analysieren. Dies lediglich auf «heidnische» Motive
zurückzuführen, halte ich für vollkommen abwegig. So wie in der Politik nichts ohne
Grund geschieht – und darüber sollte man nachdenken –, beobachtet kein Volk ohne
triftigen Grund den Himmel. Wie aus den bisherigen Ausführungen hervorgegangen ist,
konnten die Menschen nicht unabhängig voneinander verschiedene Maßsysteme erfin-
den, die obendrein noch in ein einheitliches Konzept passen. Diese Maßsysteme haben
die Menschen von «irgendwo» übernommen bzw. bekommen. Erst mit dem Besitz einer Maßordnung war der Mensch in der Lage, Zivilisationen zu schaffen und Kulturen
aufzubauen. Die Verwendung einer Maßordnung war einer der äußeren Anstöße für die
Menschheit, eine Zivilisation zu entwickeln.

Mit diesem Gedankengang ist auch eine weitere, weitreichende Konsequenz verbunden.
Wir benutzen heute unsere Maßordnungen in einem rein materialistischen Sinne. Gebäude
werden errichtet unter materiellen Aspekten wie:

- Wieviel Grundfläche steht mir zur Verfügung bzw. wieviel kann ich mir finanziell lei-
  sten?
- Was habe ich zu beachten, damit die Größe des Bauwerkes nicht mit nachbarrechtlichen
  oder satzungsrechtlichen Vorschriften im Widerspruch steht?
- Welche subjektiven Vorstellungen habe ich von der Größe einzelner Räume?

Kein Mensch käme heute auf den Gedanken, die Länge seines geplanten Gebäudes mit einer heiligen Zahl zu verknüpfen oder Proportionen des Goldenen Schnittes im Bauplan zu integrieren.

Wir sind durch unsere Schulweisheit derart konditioniert, daß es uns schwerfällt, eine andere Denkweise in Betracht zu ziehen. Und doch sind wir umgeben von Schlössern und Kirchen, in denen dieses Wissen angewandt wurde. Haben unsere früher errichteten Kirchen nicht überwiegend 8eckige Türme? Gibt es nicht in jeder Kirche Symbole, die auf die 3, die 7, die 8 und die 12 als wesentlichste heilige Zahlen hinweisen? In einer Kirche in Bad Blankenburg / Thüringen fand ich zum Beispiel auch eine Fenstergliederung, die auf der Grundlage der 144 (4 × 36) aufgebaut ist. Offensichtlich besaßen die frühen Baumeister der Kirchen noch esoterisches Wissen, das bei den Kirchenvertretern selbst als sehr suspekt galt und das auch heute noch weitgehend abgelehnt, wenn nicht sogar verteufelt wird.

Peter Tompkins schreibt in seinem Buch *Die Wiege der Sonne* (S. 9): *«Für die alten Zivilisationen waren Zahlen eine exakte Sprache, mit der man physische und geistige Ideen ausdrücken und bewahren konnte. Deshalb bauten sie ihre Zahlen in ihre Bauwerke ein.»*

An gleicher Stelle zitiert er den bekannten englischen Megalithforscher John Michell, der erklärt, daß *«diese Monumente in ihren Maßen und in ihrer geographischen Position das gesamte Vokabular einer heiligen Sprache der Vergangenheit enthalten»*. Diese heilige Sprache der Zahlen und der Geometrie ist aber rund um den Erdball gleich, was es ausschließt, daß sich dieses (gemeinsame) Wissen um die Zahlen und ihre mystischen Inhalte getrennt entwickelt haben. Haben uns demzufolge die «Götter» nicht nur die Maßsysteme, sondern auch die Beurteilung der Zahlen nach Qualitäten geliefert? Wenn dies der Fall ist, rückt die Zahlenmystik in ein neues Licht. Dann können wir nicht einfach sagen: Die astronomischen und kosmischen Erkenntnisse der «Götter», die in Bauwerken verewigt sind, akzeptieren wir; der andere Teil gefällt uns aber nicht, demzufolge ignorieren wir diesen Teil des alten Wissens!

Angesichts dieser Zusammenhänge gibt es nur ein «entweder alles» oder «gar nichts». Man kann nicht nur einen Teil betrachten und den anderen einfach weglassen. Im vorliegenden Buch werden all diese Aspekte mit einbezogen. Diese Betrachtungsweise soll – wie bei den bisherigen Ausführungen über die ägyptischen Bauwerke – auch bei den Pyramiden Mittelamerikas beibehalten werden, weil nur dadurch die verborgenen Codes enthüllt werden können.

5.3. Die Mondpyramide in Teotihuacán

Den Spaniern gelang es bei ihrem Eroberungsfeldzug auch, das nördlich gelegene Teotihuacán zu erreichen, wenn auch zuerst auf der Flucht vor der Armee des Aztekenkönigs Montezuma. Bei diesem «Besuch» erkannten die Spanier die Bedeutung dieser Bauwerke nicht. Zu viel von der Anlage war überwuchert und zerstört, so daß die Landschaft vorrangig von (künstlichen) Hügeln geprägt war. Trotz alledem stachen die beiden Pyramiden, die Mond- und die Sonnenpyramide, mit ihren damals auf der Spitze befindlichen Tempeln und Götterfiguren aus diesem überwucherten Gebiet hervor. Für die Einheimischen war dies ein besonderer, von den Göttern geschaffener Ort. Die Archäologen fanden heraus, daß dieser bereits um 850 n. Chr. von den Erbauern aufgegeben worden war. Danach siedelte sich in diesem Gebiet für eine Dauer von rund dreihundert Jahren der Stamm der Tolteken an, ehe 1325 die Azteken dort seßhaft wurden. Beide letztgenannten Völker fanden das prächtige Teotihuacán vor, ohne den geringsten Hinweis über seine Erbauer zu kennen. Aus welchem Grund auch immer, bei diesen Völkern wurde überliefert, daß Teotihuacán von den Göttern errichtet worden sei. (Wie bereits erwähnt, soll es in der zentralen Tempelanlage von Tenochtitlán sogar Grabstätten der Götter gegeben haben.)

Der bereits erwähnte Italiener Careri gelangte mit Hilfe des Paters Don Carlos auch in das Tal von Teotihuacán, wo er zuerst die Mondpyramide (siehe Abbildung 27 im Farbteil) in Augenschein nahm.

Das erste, was ihn interessierte, waren die Maße dieser Pyramide, weshalb er Vermessungen durchführte, die wegen der Geröllablagerungen jedoch nicht an der Basis erfolgten. Folglich waren seine Ergebnisse weit vom realen Maß entfernt. Dennoch ist es erstaunlich, daß der Forschergeist des Menschen immer wieder darauf abzielt, gerade die Maße in Erfahrung zu bringen. Im Unterbewußten wirkt hier vermutlich das Gefühl, daß man hinter die Geheimnisse kommt, wenn man die Maße kennt.

Bei seinem Aufenthalt in Teotihuacán erfuhr Careri, daß auf der Mondpyramide eine Götterstatue gestanden hatte, die ursprünglich mit Gold überzogen war; sie war auf Anweisung des Bischofs Zumarra zerstört worden. Diese aus hartem Gestein gehauene Statue soll schätzungsweise 18 Fuß hoch gewesen sein und eine Grundfläche von 6 × 6 Fuß besessen haben. Ich glaube jedoch, daß die Höhe dieser Statue – in der Maßeinheit der Azteken – 6 Hunab betrug und die Grundfläche vermutlich 2 × 2 Hunab. Ein Steinklotz dieser Größe wog rund 77 Tonnen, in der zugehauenen Endform sicherlich noch 50 Tonnen. Bei diesen Größenordnungen stellte sich Careri zwei wichtige Fragen, die sich auch in Ägypten des öfteren aufdrängen, nämlich: Wie konnten diese großen Gewichte ohne Maschinen transportiert werden, und wie konnte man diese harten Steine ohne Metallmeißel bearbeiten? Diese Fragen konnten bis heute noch nicht befriedigend beantwortet werden, auch in bezug auf die ägyptischen Pyramiden nicht, da dort während der (angeblichen) Pyramidenbauzeit um 2500 v. Chr. lediglich Kupferwerkzeuge zur Verfügung standen. Diese Fragen sollen hier aber nicht weiter erörtert werden, da unser Thema ein anderes ist: die heilige Geometrie in den Bauwerken Mittelamerikas.

Teotihuacán war lange Zeit geheimnisumwittert und ist es zu einem gewissen Grade auch heute noch. Anfang der 50er Jahre des 20. Jahrhunderts hatte man keinerlei Vorstellungen, wie groß dieser Ort einst gewesen war. Über viele Jahrhunderte hinweg hatte die Natur vieles zerstört und überwuchert, so daß lediglich die beiden großen Pyramiden und viele kleinere Pyramidenhügel die Landschaft kennzeichneten.

Dem Ehrgeiz des amerikanischen Archäologen Prof. René Millon ist es zu verdanken, daß in Teotihuacán ab 1962 umfassende Ausgrabungen und Untersuchungen auch mit Hilfe von Luftbildaufnahmen gemacht wurden. Dabei kam man auf das erstaunliche Ergebnis, daß diese Stadt noch um das Jahr 800 n. Chr. etwa 200 000 Einwohner auf einer Fläche von ca. 32 km² gehabt haben muß. Mit dieser Ausdehnung war die Stadt größer als jede andere ihrer Zeit. Aber nicht nur das, sie war planmäßig nach einem «Meisterplan» angelegt. Ausgrabungen belegen, daß – ähnlich wie in Tenochtitlán – Kanäle die Stadt durchzogen, Alleen angelegt waren und die dortige Kultur sehr hoch entwickelt gewesen sein muß (siehe Abbildung 28 im Farbteil). Die Archäologen kamen zu dem Schluß, daß diese Stadt ein religiöses, politisches, wirtschaftliches und kulturelles Ballungszentrum war, das größte von ganz Mittelamerika. Millon erkannte, daß Teotihuacán mit seinen Tausenden von Tempeln eine heilige Stadt war und den zentralen Sitz einer Religion mit einem Obersten Priester darstellte, ähnlich wie heutzutage Rom und Mekka.

Bauweise und Architektur sind für uns in gewisser Weise fremd, obwohl wir auch aus Ägypten und aus Sumer stufenförmige Bauten kennen. In Europa jedoch ist nie etwas gebaut worden, das diesem Stil entspräche. Die beim Urzoll beschriebene Bedeutung einer Stufe steht anscheinend auch hier im Zusammenhang mit einer Ausbildung zu höherem Wissen, denn in jeder Kultur, wo es ein religiöses Zentrum gab, war die Ausbildung der Priester ein grundlegendes Wesensmerkmal.

Über die Gründung der Stadt gibt es unterschiedliche Meinungen. Millon vertrat die Ansicht, daß dies etwa um 150 n. Chr. geschehen sein mußte, weil man im Sonnentempel Keramikscherben aus dieser Zeit fand. Aber das Auffinden eines Reliktes muß nicht unbedingt der letzte Beweis für eine zeitliche Einordnung sein. Wir schließen heute auch nicht wegen ein paar gefundener Flaschen in einem abbruchreifen Haus darauf, daß es erst vor wenigen Jahren errichtet wurde. Demzufolge gehen auch in Teotihuacán die Meinungen weit auseinander. Eine Theorie spricht sogar von einem Alter von rund 6000 Jahren. Es soll hier aber nicht über das Alter dieses Komplexes diskutiert werden, da die noch vorzustellenden Ergebnisse genügend neue Fragen aufwerfen.

Im folgenden soll ein besonderes Augenmerk auf die Forschungsergebnisse des amerikanischen Ingenieurs Hugh Harleston gelegt werden, der während fünfundzwanzig Jahren in Mexiko lebte und sich sehr um eine Lösung der Rätsel von Teotihuacán bemühte. Die von ihm in den Jahren 1972 bis 1974 vorgenommenen Untersuchungen und Messungen umfassen ein Gebiet von ca. 2,1 km², auf dem sich nicht nur die beiden Pyramiden, sondern auch eine Zitadelle und eine Vielzahl kleinerer Tempel und Bauwerke entlang einer ursprünglich prachtvollen Allee erstreckten. In seine Untersuchungen bezog er auch die Überreste von Tempeln ein, die in der Verlängerung der Hauptallee, der «Straße der Toten», gefunden worden waren. Um hier bereits einen Teil seiner Forschungsergebnisse vorwegzunehmen, sei gesagt, daß er – ausgehend von der sogenannten Zitadelle – einen Zusammenhang zu unserem Sonnensystem fand. Seiner Auffassung nach stehen diese Tempel einschließlich der Pyramiden in den durchschnittlichen Entfernungen der Planeten unseres Sonnensystems bis hin zum Pluto! Nun ist bekannt, daß der Pluto erst 1915 mathematisch nachgewiesen wurde (aufgrund von Unregelmäßigkeiten in der Bahn des Uranus, die nach Berücksichtigung der Störungen, die der Planet Neptun verursacht, noch übriggeblieben waren). Am Himmel gefunden wurde Pluto aber erst am 18. Februar 1930 durch C. W. Tombaugh. Die Planeten Uranus und Neptun kennen wir seit 1781 bzw. 1846. Gemäß dem Wissen der offiziellen Wissenschaft ist es also unmöglich, daß in Teotihuacán Tempel in Verbindung mit diesen drei Planeten errichtet wurden. Dennoch ist es nicht so unmöglich, wenn man das Wissen der Sumerer über diese Planeten berücksichtigt. Sie kannten nicht nur diese Planeten, sondern auch deren Oberflächenbeschaffenheit und deren Stellung im Sonnensystem.* Sie wußten auch, daß der Pluto eine stark elliptische Bahn hat, die ihn zeitweise vor der Neptunbahn kreisen läßt!

Auch die Dogon in Afrika verfügen über ein altüberliefertes Wissen, das sie gar nicht haben dürften. Ihnen ist nämlich bekannt, daß der Sirius ein Doppelstern ist und daß der kleinere der beiden ein Zwergstern ist, der gemeinsam mit dem größeren einen Schwerkraft-Mittelpunkt umkreist.** Offensichtlich gibt es auf unserer Erde viele Hinweise für ein kosmisches Wissen, das nur durch Informationsübertragung von «außen» in Erfahrung zu bringen war.

Die Erkenntnisse von Hugh Harleston sind folglich nicht in den Bereich der Utopie zu verweisen, vielmehr sollte man sich fragen, was in dieser Stadt- und Tempelanlage sonst noch verborgen ist! Bei der Betrachtung der Meßergebnisse, die Harleston in der links abgebildeten Karte zusammenfaßte, fällt auf Anhieb auf, daß «heilige Zahlen» auftauchen, die auch in Ägypten dominant waren. Auf Abbildung 29 und 30 sind Teile seiner Ergebnisse vorgestellt.

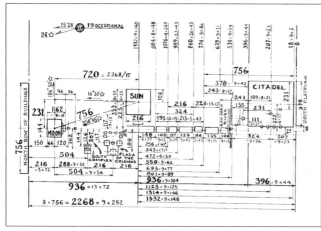

Abbildung 29: von Hugh Harleston gezeichneter Teilgrundriß von Teotihuacán (mit Meßwerten in Hunab)

Auf diesen beiden Darstellungen, die wegen der Fülle ihrer Daten verwirrend aussehen können, fiel mir eine Reihe von Zahlen auf, die mir schon in den Bauten Ägyptens begegnet waren. Dazu gehören die Zahlenwerte 12, 60, 63, 72, 90, 108, 120, 121, 144, 216, 288, 432, 720 und 936.

Nachdem Harleston die Länge des Hunab bestimmt hatte (nach seiner Theorie die zwölfte Wurzel aus 2 in Metern) und die vorhandenen Metermaße in Hunab umgerechnet waren, fiel

* Zecharia Sitchin: *Stufen zum Kosmos,* S. 106
** Robert Temple: *Das Siriusrätsel*

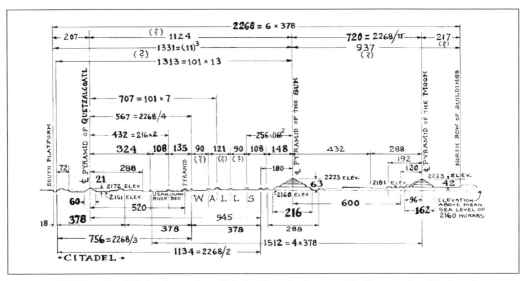

Abbildung 30: Schnitt durch einen Teil der Tempelanlage von Teotihuacán (von Harleston)

ihm ein Wert besonders auf: die 378. Das 105fache dieser Zahl, multipliziert mit dem frisch ermittelten Hunab, ergab den ungefähren Umfang der Erde mit 40 045,085 km.

$$378 \times 105,939\dots [\text{cm}] \times 10^5 = 4\,004\,508\,509 \text{ cm} = 40\,045,085\dots \text{ km}$$

Dieser Umfang entspricht einem Äquatordurchmesser von 12 746,746… km, was dem aktuell ausgewiesenen Durchmesser von 12 756,274 km sehr nahe kommt. Aber wie bereits erwähnt, nimmt der Durchmesser der Erde zu, weshalb frühere Planparameter heutzutage nicht mehr genau stimmen. Bei den Ausführungen zur Königselle werden wir sehen, daß der Äquatorumfang sehr wohl bekannt war, jedoch nicht über die oben angeführte Berechnung.

Auf Abbildung 29 ist links oben zu erkennen, daß die gesamte Anlage um 15°28' aus der Nord-Süd-Achse versetzt errichtet wurde. Anfänglich übersah ich diese sexagesimale Darstellungsweise und betrachtete einen Winkel von 15,28°. Ermittelt man zu dem in dezimaler Schreibweise geschriebenen Winkel von 15,28(0596…)° den Tangens, so lautet dieser 0,2732…! Sollte auch dies ein Wink mit dem Zaunpfahl sein, daß hier die Götter am Werke waren und der Standort ein besonderer ist? Möglicherweise haben in früheren Zeiten geringfügige Pendelbewegungen der Erdachse zu dem heute bestehenden Wert geführt, der ursprünglich jedoch mit 15,28° (15°16'48") bewußt geplant war und auch diesen Zusammenhang zu dem Tangens ausdrücken sollte. Ein Beweis ist hierfür gegenwärtig nicht mehr möglich, so daß dieser Zusammenhang eine Theorie bleiben muß.

In den folgenden Untersuchungen werden wir jedoch sehen, daß diese Theorie keinesfalls abwegig ist, denn in dieser heiligen Tempelanlage stecken noch weitere Geheimnisse,

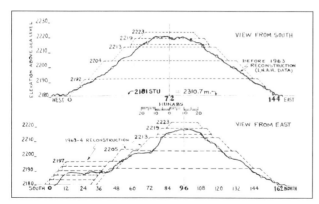

*Abbildung 31: Schnitte durch die Mondpyramide vor
ihrer Rekonstruktion (oben Ansicht vom Süden, unten Ansicht
vom Osten; von Harleston)*

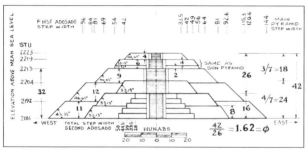

*Abbildung 32: Planmaße der Mondpyramide
(von Harleston)*

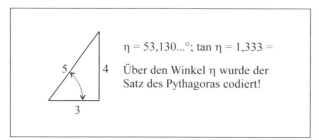

*Abbildung 33: Der Winkel h in den drei Stufen
des hinteren Adosado*

die aus einem anderen Blickwinkel die Theorie einer bewußt ausgerichteten Anlage stützen.

Bei den weiteren Betrachtungen möchte ich mich auf die Mondpyramide konzentrieren, die in einem erbärmlichen Zustand vorgefunden wurde; heute jedoch ist sie renoviert bzw. rekonstruiert.

Diese beiden Schnitte durch die verfallene Pyramide zeigen, wie schwierig es für die Archäologen war, die originale Form wieder herzustellen. Glücklicherweise gab es in Verbindung mit dem Nord-Süd-Schnitt und mit vorgefundenen Sockelsteinen und anderen Überresten Hinweise sowohl auf die Neigung der Pyramide als auch auf die Höhen der einzelnen Stufen. Dadurch war es möglich, folgendes Planbild der Ursprungsmaße zu entwickeln (siehe Abbildung 32).

Zur Erläuterung sei gesagt, daß am linken Bildrand die Höhe über dem Meeresspiegel in Hunab angegeben ist. Als «Adosado» werden die beiden stufenförmigen Vorbauten bezeichnet, die bis in eine Höhe von 16 bzw. 24 Hunab reichen.

Bei der Fülle der Daten ist es auf Anhieb schwer, aus dieser Rekonstruktion etwas Besonderes herauszulesen. Um einen Anfang zu machen, möchte ich bei den aufgeführten Winkeln beginnen. Am leichtesten ist der Winkel am hinteren Adosado mit 53,13° (vom Autor in Abbildung 33 mit η bezeichnet) zu erklären, der dort in allen drei Stufen gleich ist. In einem pythagoreischen Dreieck der Abmessungen 3-4-5 wird gemäß Abbildung 33 ein Winkel von 53,130102...° gebildet. Dies war mit Sicherheit auch Harleston bewußt, obwohl er es nicht explizit erwähnte.

Diese Konstruktion führt zu einem Steigungswinkel, der leicht zu realisieren ist, denn 3 Einheiten in der Horizontalen werden 4 Einheiten in der Höhe zugeordnet, wodurch sich ein Steigungsverhältnis von 4:3 ergibt. Allein der Steigungswinkel von 53,13° verrät, daß die Erbauer ein hohes Wissen über Geometrie hatten. Haben wir hier eine «europäische» (pythagoreische) Geometrie in Mittelamerika gefunden, oder ist diese Geometrie eben nicht nur europäisch oder ägyptisch, sondern global bzw. kosmisch?

Für die Untersuchung der weiteren Winkel ist eine eindeutige Benennung erforderlich, damit in den Erklärungen keine Verwirrung entsteht. Aus diesem Grunde werden im nachfolgend gezeigten Modell alle relevanten Winkel mit griechischen Buchstaben angegeben.

In dieser Abbildung sind bereits einige Winkel präzisiert angegeben. Harleston hatte vermutet, daß der Winkel α der zweiten Stufe zu einem ideellen Punkt oberhalb der Pyramide führt. Soweit hat er auch Recht, jedoch ist der Basiswinkel β mit rund 43,35° noch viel bedeutungsvoller. Als ich versuchte, den ideellen Punkt über der Pyramide zu bestimmen, ergab sich bei dieser Winkelangabe eine Höhe von 67,968... Hunab (72,004975... m). Sollte hier etwas ganz Außergewöhnliches verborgen sein, so wie in der Cheops-

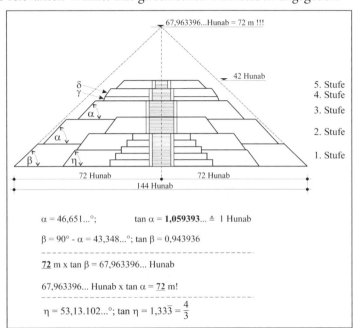

Abbildung 34: Die Winkel der Mondpyramide

Pyramide die Berechnungsvorschrift des Zolls? Also nahm ich mir die Winkel α und β vor, die zusammen 90° ergeben (allein dieser Fakt ist schon außergewöhnlich und genial). Der nächste Schritt war, den Tangens des Winkels α zu bestimmen. Das Ergebnis lautet tan 46,65° = 1,0593205...! Dieser Wert war eine Überraschung, denn er liegt hauchdünn an der Größe des Hunab, den ich mit 1,059393... m bestimmt hatte. Der Unterschied zwischen beiden exakten Werten beträgt lediglich 0,0000732... oder, als Metermaß genommen und bezogen auf die Höhe, rund 0,073 mm. Harleston hatte die Steigungswinkel zwar ziemlich präzis berechnet – und dafür gebührt ihm auch großer Dank –, aber lediglich auf zwei Stellen nach dem Komma. Deswegen war ihm ein Gedanke, der eigentlich sehr naheliegend ist, nicht gekommen, nämlich daß die Erbauer der Mondpyramide genau die Absicht verfolgten, über diese Winkel die Größe des Hunab der Nachwelt zu überliefern.

Da dies nicht die einzige Überraschung in Teotihuacán war und ich bereits wußte, daß die Planer dieser Stadt ein Wissen über Mathematik und Geometrie besaßen, das auf kosmischem Wissen basiert, war diese Annahme keinesfalls an den Haaren herbeigezogen.

Wenn man davon ausgeht, daß im Tangens des Winkels α die Größe des Hunab verborgen ist, war dieser Winkel logischerweise neu zu bestimmen. In der Rückrechnung über die Größe des Hunab in Metern ergab sich dann folgender Winkel: α = 46,651976...°. Das bedeutet, daß der von Harleston auf zwei Stellen nach dem Komma gerundete Wert exakt mit dem theoretisch richtigen Wert übereinstimmt. Logischerweise beträgt dann der Ergänzungswinkel β = 43,348023...°. Damit tritt auch der mathematisch gewollte Effekt ein, daß die fiktive Höhe über der Pyramide, die sich aus der Verlängerung der Basis der ersten Stufe ergibt, genau bei 72 m endet. Damit taucht in dieser Konstruktion gemäß Abbildung 34 dreimal die 72 auf, nämlich zweimal als Maßangabe in Hunab (als Länge der Pyramidenbasis) und einmal als Maßangabe in Metern (als ideelle Höhe der Pyramide)!

$$3 \times 72 = 216 = 6 \times 6 \times 6!$$

Die Zahl 216 kennen wir bereits von der Cheops-Pyramide her. Was sagt uns das? Auf zwei verschiedenen Kontinenten werden mathematisch-geometrische Prinzipien angewendet, die einer Sternenmathematik entspringen. Die Planer beider Pyramidenkomplexe besaßen die gleichen geistigen Grundlagen und haben in ihren Bauwerken Wissen verborgen, das der heutigen Wissenschaft bisher vollkommen entgangen ist. Dieses Wissen ist extrem hoch, und im weiteren Verlauf der Ausführungen werden wir sehen, daß noch einige gewaltige Überraschungen der Enthüllung harren.

Eine dieser Überraschungen befindet sich in der vierten Stufe, die durch einen Knick gekennzeichnet ist und demzufolge aus zwei Teilen besteht. Harleston stellte fest, daß dieser Knick der **gleiche** ist wie an der Sonnenpyramide. In seinen Zeichnungen ist Harleston gerade bei diesen Winkeln ein kleiner Fehler unterlaufen. Bei beiden Pyramiden gibt er geringfügig unterschiedliche Winkel an. Nichtsdestoweniger ist es möglich, das Geniale in diesen Winkeln zu erkennen. Harleston stellte fest, daß in dieser gewählten Konstruktion der **Breitengrad von Teotihuacán** codiert ist! Dies möchte ich eindeutig bestätigen, jedoch über diese Feststellung hinaus behaupten, daß der Standort von Teotihuacán bewußt nach mathematisch-geometrischen Prinzipien ausgewählt wurde und nicht umgekehrt! Aber alles der Reihe nach. Zuerst möchte ich auf der folgenden Grafik die Situation im Detail erklären.

Auf dieser Zeichnung gibt Harleston den von mir mit γ bezeichneten Winkel in einer Größe von 55° an, während er auf Abbildung 32 (bei der Mondpyramide) mit einer Größe von 53,13° angegeben wird. Entscheidend ist jedoch der Winkel ε = 19,69°, der zur Sommersonnenwende mit dem Verlauf der Sonnenstrahlen identisch sein und folglich mit dem Breitengrad des Standortes übereinstimmen müßte. Um die letzte Behauptung zu untermauern, begab sich Harleston zum Zeitpunkt der Sommersonnenwende nach Teotihuacán, um diesen möglichen Effekt an der Sonnenpyramide zu beobachten. Diesen Effekt hätte er jedoch auch an der Mondpyramide beobachten können, da die 4. Stufe in den Neigungen der Außenseiten die gleichen ursprünglichen Konstruktionsparameter aufwies.

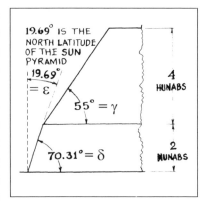

Abbildung 35:
Die Winkel der vierten Stufe der
Sonnenpyramide (von Harleston)

Auf Seite 229 erwähnt Tompkins, was Harleston entdeckte, nämlich daß der Effekt tatsächlich eintrat, jedoch zwei Tage später. Das bedeutet, daß der Winkel nicht 19,69° groß ist, sondern rund 19,5°. Offensichtlich war er von seiner Messung mit dem Winkel von 19,69° sehr überzeugt, denn er schreibt weiter, daß dies auf einen möglichen Fehler in der Konstruktion zurückzuführen sein könnte oder mit einer ganz anderen Bedeutung verbunden sei. Auf diesen Fakt komme ich gleich noch mal zurück. Bei seinen Beobachtungen gelang es ihm, ein weiteres Phänomen festzustellen. Er wurde Augenzeuge, wie zur Zeit des höchsten Sonnenstandes – genau 35½ Minuten nach 12 Uhr – der westliche, untere Teil der vierten Stufe im Sonnenlicht erstrahlte und wie die Sonne diese Westseite während 66,6 Sekunden (!) komplett erfaßte. Diesen Effekt, der sowohl an der Mond- als auch an der Sonnenpyramide zu beobachten ist, verglich er mit einer immerwährenden Uhr, wie es auch in Ägypten an der Cheops-Pyramide festgestellt wurde.

Dafür, daß der beschriebene Sonneneffekt zwei Tage nach der Sommersonnenwende eintrat, gibt es natürlich Gründe. Wenn man das Profil der sehr stark zerstörten Pyramide auf Abbildung 31 anschaut und berücksichtigt, daß Harleston seine Messungen nach der Rekonstruktion durchgeführt hat, muß man sich fragen, ob diese Rekonstruktion millimetergenau durchgeführt worden ist. Auch Veränderungen durch Erdbeben, die in Mexiko in der Vergangenheit häufig aufgetreten sind, können zu geringfügigen Verschiebungen des gesamten Plateaus geführt haben. Aber die Tatsache, daß der geschilderte Effekt 66,6 Sekunden lang gedauert hat, ist ein starker Hinweis darauf, daß diese Erscheinung genau zur Sommersonnenwende geplant war. Der Winkel von 19,69° ist damit anscheinend tatsächlich nicht korrekt, sondern sollte eher rund 19,5° groß sein. Was ist nun das besondere an diesem Winkel und den anderen Winkeln in dieser vierten Stufe? Die Tatsache, daß Teotihuacán auf dem nördlichen Breitengrad von rund 19,5° liegt, wurde bereits erwähnt. Ist das aber alles, was mit diesem Winkel zum Ausdruck kommen soll?

Die bisherigen Ausführungen zur Mondpyramide haben gezeigt, daß die Planer der Pyramide mit den Winkelfunktionen exzellent umgegangen sind und diese spielend beherrschten. Das ließ ahnen, daß in den Winkeln der 4. Stufe noch etwas verborgen sein könnte, worauf man bisher noch nicht gekommen ist. Weil man den Pyramiden-Erbauern einer vergangenen Zivilisation keine ausgefallenen mathematischen Meisterleistungen zutraute, suchte man auch nicht nach ihnen.

$$\varepsilon: \quad \frac{\sqrt{2}}{4} = 0,353553...; \quad \arctan\left(\frac{\sqrt{2}}{4}\right) = \underline{\mathbf{19,471}}...° = 90°- \delta$$

$$\gamma: \quad \sqrt{2} = 1,414213...; \quad \arctan\left(\sqrt{2}\right) = 54,735...°$$

$$\delta: \quad 2\sqrt{2} = 2,828427...; \quad \arctan\left(2\sqrt{2}\right) = 70,528...°$$

$$\gamma + \delta = 125,264389...; \quad \tan(\gamma+\delta) = \left(-\sqrt{2}\right)$$

$$\mathbf{\tan \gamma \ x \ \tan \delta = 4,00}$$

Abbildung 36: Die Winkel ε, γ und δ

$$\tan \varepsilon = \sqrt{0,125}$$

$$\cos \varepsilon = \sqrt{\frac{1}{1,125}}$$

$$\sin \varepsilon = \sqrt{\frac{0,125}{1,125}} = \frac{1}{3}$$

$$\sin \varepsilon \ x \ \cos \varepsilon = \sqrt{\frac{1}{10,125}}$$

$$\sin \varepsilon \ x \ \cos \varepsilon \ x \ \tan \varepsilon = \frac{0,125}{1,125} = 0,\overline{111}$$

$$(125 = 5 \ x \ 5 \ x \ 5 = 5^3)$$

Abbildung 37: Der Winkel ε

Bei der Konstellation der drei Winkel ε, γ und δ fragte ich mich daher, ob hier noch ein weiteres Geheimnis verborgen ist, das man nur mit Hilfe der Mathematik lösen kann. So versuchte ich, alle drei Winkel im Komplex zu untersuchen. Endlich fand ich eine Lösung, die mich mehr als nur in Erstaunen versetzte. Ich möchte das Ergebnis zuerst zeigen (Abbildung 36) und dann näher erläutern.

Das Ungewöhnliche dieser drei Winkel ist, daß sie sich alle in Abhängigkeit von $\sqrt{2}$ darstellen lassen. Der «theoretische» Breitengrad von Teotihuacán läßt sich offenbar in formelmäßiger Abhängigkeit ausdrücken. Der in der ersten Zeile aufgeführte Winkel ε ist insofern bemerkenswert, als er sich auch noch auf ganz andere Art und Weise ausdrücken läßt (Abbildung 37):

Diese Ausdrucksform des in Winkelfunktionen umgewandelten Breitengrades von Teotihuacán stellt in der Tat etwas ganz Außergewöhnliches dar, so wie es die ganze Anlage in Teotihuacán ist. Natürlich fragte ich mich, was sich mathematisch hinter diesem Winkel von rund 19,47° verbirgt, denn immerhin entspricht er auch dem Breitengrad von Teotihuacán. Zu ergänzen ist, daß sich im Verlauf der Zeit durch eine geringfügige Polachsenverschiebung auch der Breitengrad analog verschoben hat. Wenn also Teotihuacán heute um einen geringfügigen Betrag nördlicher liegt (~19,7°), mag das an dem erwähnten Grund liegen. Das Vorhandensein einer solchen Abweichung besagt aber auch, daß dieser Ort viel früher entstanden sein muß, nämlich zu einem Zeitpunkt, als dieser Breitengrad noch exakt mit den Plandaten der Pyramide übereinstimmte. Im Zusammenhang mit dem Winkel und seinen möglichen Darstellungsvarianten möchte ich daran erinnern, daß die Länge des Hunab auf zwei verschiedene Weisen ermittelt worden ist. Die hier relevante Berechnungsweise basiert auf der Formel $\frac{125,125}{3} \times 1$ Zoll, welche die Ziffernfolge 1-2-5 enthält, die auch verborgen im Winkel ε zu finden ist (siehe Abbildung 37). Damit erhärtet sich die Vermutung, daß die Neigung in der 4. Stufe der Mond- und auch der Sonnenpyramide nicht dem Standort angepaßt wurde, sondern umgekehrt:

Der Standort wurde zielgerichtet berechnet, damit er dieser Mathematik entsprach!

Erst später, durch den Hinweis eines Bekannten, wurde ich daran erinnert, daß dieser Winkel, den ich hier mit ε bezeichne, eine weitere Bedeutung besitzt. In der nächsten Abbildung habe ich in eine Kugel ein Sterntetraeder eingezeichnet. Diese geometrische Figur, die aus zwei diametral angeordneten platonischen Körpern besteht, wird Mer-ka-ba genannt, was soviel wie «drehendes Energiefeld» bedeutet. Diese entgegengesetzt laufenden Energiefelder sind eine kosmische Grunderscheinung und erzeugen ein diskusartiges Energiefeld. Unter anderem liegt hier die Begründung dafür, daß Spiralgalaxien eben diese diskusartige Form annehmen.

Diese Grafik muß dreidimensional betrachtet werden: In der Kugel befinden sich zwei dreiseitige Pyramiden (mit der vierten Seite als Grundfläche; alle Flächen sind gleich groß), deren Spitzen genau im Kugeldurchmesser den «Nordpol» bzw. «Südpol» der Kugel berühren. Da diese Pyramiden aus gleichseitigen (= gleichflächigen) Dreiecken bestehen, berühren sie den Rand der Kugeloberfläche an einem ganz bestimmten Punkt, nämlich auf 19,471...° nördlich und südlich des «Kugel-Äquators», was exakt dem Winkel ε entspricht, wie er in Abbildung 36 berechnet worden ist. Bemerkenswert ist hier außerdem die Tatsache, daß auf vielen Planeten des Sonnensystems im Bereich von 19,5° nördlicher bzw. südlicher Breite besondere planetare Eigenarten festzustellen sind, wie zum Beispiel die folgenden:

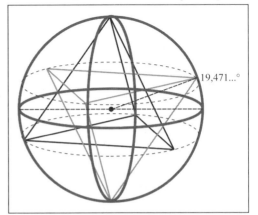

Abbildung 38: Das Sterntetraeder und der Winkel ε

- Jupiter: der große rote Fleck
- Neptun: der große dunkle Fleck
- Mars: der größte Vulkan des Sonnensystems (Olympus)

Die Schlußfolgerung aus dieser Entdeckung an der Mond- und der Sonnenpyramide ist enorm, bedeutet sie doch, daß Teotihuacán bewußt an einem wichtigen Energiepunkt der Erdkugel erbaut wurde und daß die Erbauer diese Kugel- bzw. Planetengeometrie kannten! Damit kommt der «Götterstadt» Teotihuacán eine ebenso hohe Bedeutung zu wie Giseh, das sich auf einem Schlüsselpunkt des energetischen Hauptgitternetzes der Erde befindet.

Um noch ein wenig mehr auf die Besonderheit dieses Tetraeders einzugehen, möchte ich für alle diejenigen, die Freude an besonderen Formeln haben, noch folgendes hinzufügen: Die Länge einer Tetraederseite innerhalb einer Einheitskugel mit dem Radius 1 beträgt:

$$\frac{1\times2}{3}\sqrt{1}\times\sqrt{2}\times\sqrt{3}$$

Wenn die «Götter» der Nachwelt einen Beweis ihrer früheren Anwesenheit hinterlassen wollten, konnten sie es kaum besser tun, als den Standort dieser Stadt nach mathematischen Prinzipien auszuwählen. Sicherlich wird der Skeptiker einen Grund finden, diese Theorie anzuzweifeln, aber wer, wenn nicht die «Götter», gab uns Menschen Maßsysteme, die einen kosmischen Code enthalten? Wer auf der Erde war vor vielen Jahrhunderten oder gar Jahrtausenden in der Lage, für Bauwerke eine derartige Sternenmathematik und Sternengeometrie zu planen? Und wer konnte Steine bewegen und exakt plazieren, die nicht nur 70 Tonnen wiegen, sondern sogar bis zu 1100 Tonnen wie in Baalbek (Libanon)?

Sehr geschickt haben die Götter ihr Wissen in den Bauten der Erde verborgen und es somit versiegelt, bis die Menschheit reif wurde, dieses Wissen zu erkennen. Die weiteren Ausführungen werden zeigen, daß diese Theorie nicht nur ihren tiefen Grund hat, sondern auch auf sattelfeste Argumente gegründet ist.

$$\tan\gamma = \sqrt{2}$$

$$\sin\gamma = \sqrt{\frac{2}{3}} = \sqrt{0,\overline{666}}$$

$$\cos\gamma = \sqrt{0,\overline{333}}$$

$$\sin\gamma \times \cos\gamma = \sqrt{0,\overline{222}}$$

$$\tan\gamma \times \sin\gamma \times \cos\gamma = 0,\overline{666}$$

Abbildung 39: Der Winkel γ und die Winkelfunktionen

Der mathematische Hintergrund hat also gezeigt, daß die Winkel dieser Bauten keine Zufallswinkel sind. Der Winkel δ, der den Ergänzungswinkel zu ε bildet, sichert den Effekt, daß zur Sommersonnenwende in Teotihuacán die Westseite zur Mittagszeit im Sonnenlicht erstrahlt, und das genau für die Dauer von 66,6 Sekunden. Der Winkel ε selbst repräsentiert den Breitengrad dieser Stadt auf der nördlichen Halbkugel. Nun bleibt nur noch die Frage offen, welche Bedeutung dem Winkel γ zukommt, der den Knick des oberen Teils der vierten Stufe einleitet. Für mich war es der Winkel, der es erst ermöglichte, diese geniale Mathematik überhaupt erst zu erkennen. Auch die Möglichkeit, diesen Winkel in vielfältiger Form darzustellen, zeigt, daß es sich hier um keinen x-beliebigen Winkel handelt.

Dieser bereits in Abbildung 35 gekennzeichnete Winkel von rund 55° formt den eigentlichen Neigungswinkel des oberen, abgeknickten Stufenteiles. Auch bei ihm führen die Ergebnisse über die Winkelfunktionen zu faszinierenden Zahlenwerten, wenn er leicht modifiziert wird (54,74...°). Es ist erstaunlich, daß vier dieser Ergebnisse periodische Werte ergeben, wodurch der Winkel γ ebenso wie der Winkel ε eine herausragende Bedeutung bekommt.

Allerdings ist das nicht der einzige Aspekt, der in diesem Winkel der vierten Stufe enthalten ist. Harleston hatte bereits versucht, ideelle Punkte über der Pyramide zu bestimmen, die durch die Verlängerung der schrägen Seitenflächen entstehen. Beim Winkel γ glaubte er zum Beispiel, daß dieser Punkt in einer Höhe von 111 Hunab über der Grundfläche zu finden sei. Bei der Theorie, die ich hier vorstelle, läßt sich das nicht bestätigen. Dagegen ergibt sich für den Winkel γ eine Konstellation, die noch viel überraschender ist (siehe Abbildung 40).

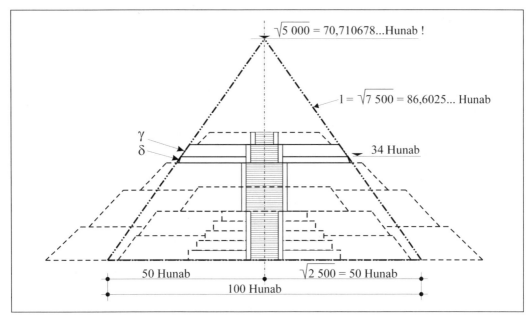

Abbildung 40: Der Winkel δ und seine Ausrichtung

Die Seitenneigung des oberen Teils der vierten Stufe wird durch den Winkel γ bestimmt. Verlängert man nun diese Seite entsprechend dem Winkel γ, so bilden diese beiden Linien ein gleichseitiges Dreieck, dessen Spitze in einer Höhe von genau $\sqrt{5000}$ = 70,710… Hunab zu liegen kommt. Die Basis dieses Dreiecks hat bei dieser Konstruktion ebenfalls eine auffällige Länge, nämlich genau 100 Hunab! Die Mittellinie, die von der Spitze des Dreiecks ausgeht, teilt die Basis somit in zwei Hälften von je 50 Hunab. Das heißt, daß die Zahl im Wurzelausdruck genau 100 mal größer ist als der Wert an der Basis. Würde man diesen einzigartigen Effekt im mythologischen Sinne interpretieren, käme man zu der Schlußfolgerung, daß hier das Ziel der geistigen Vervollkommnung in geometrischer Form ausgedrückt ist. Aber das dürfte kaum jemanden verwundern, denn Pyramiden waren immer mit Tempeln verbunden, und diese hatten in der Vergangenheit stets die geistige Erhöhung der Priester zum Ziel.

Mit diesem Winkel wird also eine außergewöhnliche geistige Konstruktion erzeugt – heute könnte man auch virtuelle Konstruktion sagen –, in der weitere Geheimnisse verborgen sind.

Als ich diese Grafik später wieder betrachtete, hatte ich plötzlich die Idee, die Länge der in Abbildung 40 gezeigten Verbindungslinie zur theoretischen Spitze zu bestimmen. Nach dem Satz des Pythagoras beträgt diese $\sqrt{70{,}710\ldots^2 + 50^2} = \sqrt{7500}$ = 86,6025…Hunab. Dieser Wert kam mir sofort sehr bekannt vor, denn er entspricht nichts anderem als dem Hundertfachen von sin 60°. Damit wird die ganze Sache noch interessanter. Bildet man von der Summe beider Seitenlängen das Quadrat, führt dies zu der Größe von:

86,602... + 86,602... = 173,205... und (173,205...)² = 30 000

Aber auch damit sind wir noch nicht am Ende. Das Dreieck, welches durch die beiden Verbindungslinien mit der Grundlinie von 100 Hunab Länge erzeugt wird, besitzt einen Umfang, dessen Zahlenwert an dieser Stelle für mich wie «Science-fiction» wirkte. Dieses Dreieck besitzt den Umfang von:

2 × 86,6025... + 100 = 273,2... Hunab!!!

Damit entdeckte ich zum zweiten Mal diese wichtige Ziffernfolge 2-7-3-2, die ich bereits in Abschnitt 3.4 im Zusammenhang mit der Cheops-Pyramide erläutert habe. Daß diese Ziffernfolge nun auch hier in Mittelamerika erscheint, kann kein Zufall sein und wurde auch nicht einfach von mir hineininterpretiert, zumal es in dieser Konstruktion noch einen letzten Höhepunkt gibt. Um diesen aufzuzeigen, habe ich in Abbildung 40 bei der Maßangabe der Basisseite zusätzlich zu den 50 Hunab den gleich großen Wurzelausdruck hinzugefügt. Wer ein mathematisches Auge hat, wird dort sogleich erkannt haben, daß die Mittelsenkrechte zwei kleinere Dreiecke bildet, deren Basisseite, Höhe und seitliche Verbindungslinie in einem besonderen Verhältnis zueinander stehen. Dieses Verhältnis lautet:

$$\sqrt{7500} : \sqrt{5000} : \sqrt{2500} = \sqrt{3} : \sqrt{2} : \sqrt{1}$$

Eine derartige Konstellation lediglich durch einen einzigen Winkel – in der richtigen Höhe plaziert – zu erreichen ist schon ein gewaltiger Geniestreich.

Die Schlußfolgerung aus diesen Ergebnissen kann deshalb nur lauten, daß die Götterplaner der Mondpyramide die bewußte Absicht hatten, dem Menschen der Jetzt-Zeit zu zeigen, daß sie auf der Erde gewirkt haben und daß wir das «Sternenwissen» von ihnen haben! Die Symbolik der Kukulkan-Pyramide (siehe Abbildung 5 im Farbteil), die nicht nur den Auf- und Abstieg der Menschheit bedeutet, sondern auch das Kommen und Gehen der Götter, ist in dieser Mathematik beweiskräftig verborgen!

Die bisher herausgefundenen Ziffernfolgen provozieren natürlich auch die Frage, welche Detailmaße für die vierte Stufe und die anderen Stufen geplant wurden und ob weitere besondere Effekte an der Mondpyramide verborgen sind.

Bei der Untersuchung der vierten Stufe ist zu beachten, daß durch ihre abgeknickte Form drei Kanten mit verschiedenen Breitenmaßen entstehen: eine untere, eine mittlere und eine obere (siehe Abbildung 40 und 41). Der soeben beschriebene Winkel, der zu 273,2... Hunab führt, hat allerdings zur Konsequenz, daß die drei Breitenmaße der vierten Stufe zu keinen runden Zahlen führen. Deswegen haben sie auch keinen direkten Bezug zu den Maßen der ersten drei Stufen. Von unten nach oben ergeben sich in der zweigeteilten vierten Stufe folgende Breitenmaße:

- 53,3309... Hunab
- 51,9167... Hunab
- 46,2598... Hunab

Harleston vermaß lediglich die untere Breite der vierten Stufe und kam auf einen Wert von rund 54 Hunab. Wie bereits erwähnt, ließ der wüste Steinhaufen keine präzisere Ermittlung der ursprünglichen Daten zu.

Betrachtet man die vorgefundenen Pyramidenreste gemäß Abbildung 31, wundert man sich sowieso, wie die Archäologen und der Ingenieur Harleston Größen für die einzelnen Stufen ableiten konnten. Bei dem Versuch, Maße in einem Grundriß darzustellen, blieb Harleston nicht ohne Grund extrem vorsichtig. Bei einer Reihe von Längen und Breiten unterließ er es vorsorglich, Maße anzugeben, weil es aufgrund des hohen Zerstörungsgrades nicht möglich war, diese nachträglich zu bestimmen.

Die besagten Forscher wählten bei ihren Messungen oftmals runde Werte – die, wie wir heute wissen, von den eigentlichen Werten abweichen –, weil sie solche Zahlen in der Gesamtanlage von Teotihuacán schon anderweitig gefunden hatten und weil auch der Archäologie einige heilige Zahlen bekannt sind. Ich bin zwischenzeitlich jedoch vorsichtig geworden, stets nur runde Werte zu erwarten. Gerade die Lösung des Codes des Sarkophags in der Königskammer und des sogenannten Grabräuberganges in der Königinnenkammer der Cheops-Pyramide (siehe Kapitel 9) hat gezeigt, daß die Erbauer exzellent mit Dezimalzahlen mit mehreren Stellen nach dem Komma zu arbeiten wußten. Zu glauben, daß in Mittelamerika ein «bescheideneres» Wissen vorzufinden sei, wäre sehr trügerisch. Daß die Götter mit Sicherheit mehr als nur an den Fingern zählen konnten, haben die Ausführungen über die Winkel an der Sonnen- und der Mondpyramide überdeutlich gezeigt.

Bei der Zeichnung in Abbildung 41 fällt ein Maß sogleich auf: die Breite von 144 Hunab! Das ist doch diejenige Zahl, die auch der Cheops-Pyramide ihr Gepräge gab und auf hohe Meisterschaft hinweist. Allein diese Zahl deutet auf den Fakt hin, daß hier mit heiliger Geometrie gearbeitet wurde. Wenn das aber der Fall ist, muß grundle-

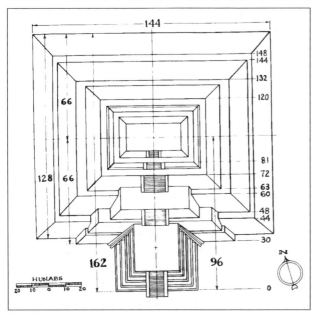

Abbildung 41: Der von Harleston rekonstruierte Grundriß der Mondpyramide

gend ein durchgängiges Prinzip verborgen sein. Mit den heute von den Wissenschaftlern angenommenen Werten ist das nur teilweise möglich, woraus zu schlußfolgern ist, daß es notwendig sein wird, Werte zu suchen, die einerseits der Konstruktion entsprechen, andererseits aber höheren Prinzipien gehorchen. Nach langem Suchen fand ich ein erstes Prinzip, das auf einem 7:8-Verhältnis beruht, dem gleichen, das auch innerhalb der Cheops-Pyramide deutlich in Erscheinung tritt. Um die Bedeutung dieses Verhältnisses verständlicher zu machen, möchte ich es zuerst in seinem mathematisch-geometrischen und in seinem mystischen Zusammenhang erläutern.

Den Ausgangspunkt für diese Erklärung bildet eine «Spiral-Geometrie» auf der Grundlage der 6geteilten Spirale, wie sie in Abbildung 42 (siehe Farbteil) gezeigt wird.

Diese scheinbar einfache Geometrie enthält mehr Weisheit, als auf den ersten Blick zu erahnen ist. Die Analyse der verborgenen Inhalte wird ausführlich in meinem ersten Buch* beschrieben. Hier ist es erforderlich, auf jenen Zusammenhang einzugehen, der zum Verständnis der Zahlen 7 und 8 führt:

a) Auf der Achse E-0-A befinden sich Primzahlen und Produkte von Primzahlen.

b) Auf der Achse D-0-B befinden sich alle Zahlen, die durch 2 teilbar sind, mit Ausnahme der Zahlen, die durch 3 teilbar sind.

c) Auf der Achse F-0-C befinden sich alle durch 3 teilbaren Zahlen.

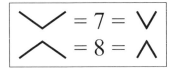

Abbildung 43: Die Zahlen 7 und 8 in der Schreibweise der arabischen Länder

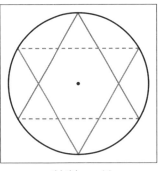

*Abbildung 44:
Die Symbolik der 7 und 8 im Hexagramm*

In diesem verborgenen System befindet sich die 7 in den blau gekennzeichneten Feldern, die a) zuzuordnen sind, und die 8 in den grün markierten Feldern, die b) zuzuordnen sind. Es ist erstaunlich, daß beide Felderanordnungen in ihrer geometrischen Form der in arabischen Ländern üblichen Schreibweise der Ziffern 7 und 8 entsprechen.

Auch hier muß man sich fragen: Wer hat den Ägyptern verraten, daß man diese beide Ziffern in einer solchen Form darstellen soll, um sie mit kosmischen Prinzipien zu verknüpfen?

Vervollständigt man diese geometrischen Formen durch horizontale Verbindungslinien, wird der geistige Inhalt beider Zahlen, die auch in der christlichen Religion eine große Bedeutung besitzen, erkenntlich.

In dieser Geometrie innerhalb eines Einheitskreises werden zwei entgegengesetzte Prinzipien verdeutlicht, die das Wesen der 7 und 8 bestimmen. Mit der 7, die unter anderem dem Prinzip des Empfangens von «oben» entspricht, empfängt der König bzw. Pharao die Entscheidung des Gottes bzw. der Götter, die er selbst nicht beeinflussen kann und deshalb

---

* Axel Klitzke: *Die kosmische 6 – von der Zahl zur Holographie des Universums*

hinnehmen muß. Mit der 8 wird das Gegensätzliche eingeleitet, der Wunsch, Kontakt zu Gott bzw. den Göttern zu bekommen, um für den eigenen Aufstieg Hilfe zu bekommen. Dieses Mal ist der Mensch der aktive Teil, weil das Bedürfnis und die Initiative von ihm ausgehen.

In europäischen Kirchen findet man im Eingangsportal oft 7 Bögen, während über der Krypta ein achteckiger Turm oder eine achteckige Turmspitze errichtet ist. Dadurch wird – in symbolhafter Form – ebenfalls der oben beschriebene Inhalt zum Ausdruck gebracht. Zehrt die Kirche hier noch von altägyptischem Wissen, das sie über Moses vermittelt bekommen hat?

Wo ist nun dieses 7:8-Verhältnis in der Mondpyramide zu finden? Aktuell gar nicht, nach einer kleinen Korrektur jedoch gleich dreimal! Für die Tiefe (seitliche Länge) der Pyramide wählte Harleston ein Maß von 128 Hunab. 128:144 ergeben 0,888..., was sehr wohl eine mystische Bedeutung hat. Mit dem Wert $0{,}875 = \frac{7}{8}$ konnte er offenbar nichts anfangen. Daß man die Tiefe auf 126 Hunab ändern sollte, erschien mir am Anfang verwegen, jedoch ist der sich daraus ergebende theoretische Umfang von 540 Hunab sehr überzeugend. Warum, werden wir später erfahren.

Als ich die ersten drei Pyramidenmaße im Rahmen der heiligen Geometrie betrachtete, ergab sich plötzlich ein faszinierendes Bild, dessen Daten in der nachfolgenden Tabelle aufgeführt sind.

	Breite	Tiefe	Verhältnis	halber Umfang	Umfang	Flächeninhalt
Stufe 1	144,0	126,0	8:7	270	540	**18 144,00**
Stufe 2	115,2	100,8	8:7	$2 \times 9^2 = 162$	432	11 612,16
Stufe 3	86,4	75,6	8:7	$6 \times 6 \times 6 = 216$	$18^2 = 324$	6 531,84
Summe der Stufen 1 bis 3	345,6	302,4	8:7	648	1296	26 288,00 = **2 × 18 144** = 28 × 1 296

Tabelle 9: Die Maße der drei ersten Stufen der Mondpyramide (in Hunab)

In dieser Tabelle tauchen Werte auf, die als Ziffernfolge bereits in den Abhandlungen über die ägyptischen Bauwerke erwähnt wurden. Sie erinnern auch stark an die vedischen Zeitalter (Yugas), die folgende Länge haben*:

- Satya-Yuga (Zeitalter der Meditation)   4 × 432 000 = 1 728 000 Jahre
- Treta-Yuga (Zeitalter des Opfers)   3 × 432 000 = 1 296 000 Jahre
- Dvapara-Yuga (Zeitalter der Tempelrituale) 2 × 432 000 =   864 000 Jahre
- Kali-Yuga (Zeitalter der Zwietracht)   1 × 432 000 =   432 000 Jahre

---

* Armin Risi: *Gott und die Götter*, S. 163 ff. und S. 242

Einige dieser Zahlen erscheinen in der 3. Stufe der Mondpyramide als Ziffernfolge (864 und 432) und als Summe (1296). Letztere Zahl mal 10 000 ergibt die kosmische Größe von 12 960 000 Jahren, was der Dauer von zehn Treta-yugas und auch der Dauer von 50 platonischen Jahren entspricht. (1 platonisches Jahr, auch siderisches Jahr genannt, entspricht dem Durchlauf der Erde durch alle 12 Sternbilder: 12 × 2160 Jahre = 25 920 Jahre.)

Der Umfang der ersten Stufe mit 540 Hunab weist auf eine Eigenschaft hin, die mit dem Durchbrechen bisheriger Grenzen zu tun hat, denn dies erlaubt, neue geistige Aufgaben in Angriff zu nehmen; der irdisch begrenzte Rahmen, den sich der Mensch geschaffen hat, soll überwunden werden, weil geistige Ziele zur ersten Priorität erhoben werden sollen. Dies kann man aber nur erreichen, wenn man ein Meister (144) ist, weil einem dann auch kosmisches Wissen zur Verfügung steht. Die Winkel in dieser Stufe haben diese Qualität bereits bewiesen. Daß der theoretische Flächeninhalt der ersten Stufe dann auch noch genau 18 **144** Quadrathunab beträgt, ist ein weiteres verblüffendes Element dieses Meisterbaus.

Die zweite Stufe mit $324 = 18^2 = \frac{1296}{4}$ Hunab Umfang verbirgt ebenfalls eine bedeutungsvolle Maßgröße. Es geht um die Ziffernfolge 576, der wir bereits bei der Cheops-Pyramide begegnet sind (Pyramidenhöhe ohne Pyramidion = 5760 Zoll). Diese Ziffernfolge ist in der Breite der zweiten Stufe verborgen. Diese beträgt 115,2 Hunab. Halbiert man diese Zahl, erhält man beidseitig der Mittelachse je 57,6 Hunab.

Die Summenwerte in der Tabelle enthalten noch zwei weitere auffällige Zahlen: in der ersten Spalte die Angabe 345,6 Hunab (eine Folge der natürlichen Zahlen von 3 bis 6 mit der Quersumme 18, und – was noch viel überraschender ist – dieser Wert entspricht 576 sakralen Ellen!) und die Gesamtsumme der Flächen der ersten drei Stufen: 36 288 Quadrathunab. Dies ist genau das Doppelte der Fläche der ersten Stufe und gleichzeitig auch das 28fache des Zahlenwertes 1296! Nicht unerwähnt soll bleiben, daß die ersten beiden Stufen zusammen 23 Hunab hoch sind, alle drei zusammen 32 (Spiegelzahl von 23).

An dieser Stelle soll noch eine wichtige Erkenntnis ausgesprochen werden: Alle Maße lassen sich problemlos in Zoll und sakrale Ellen umwandeln, wobei stets neue heilige Zahlen abgeleitet werden können!

Abschließend läßt sich feststellen, daß die Stufen 1 bis 3 mit einer außergewöhnlichen Symbolik geplant wurden, denn sie enthalten Maßwerte, in denen sich Zahlen in bestimmten Teilformen wiederholen – Zahlen, die in direkter Beziehung mit der ägyptischen Symbolik stehen.

Mag dem Leser nun auch vor lauter Zahlen der Kopf schwirren – sie waren nötig, um zu zeigen, daß in der Geometrie solcher Bauwerke ein Wissensschatz verborgen ist, den die heutige Wissenschaft überhaupt noch nicht erkannt und akzeptiert hat. Erfreulicherweise wird sich dennoch eine zunehmende Anzahl Menschen dieser Zusammenhänge bewußt.

Die vierte Stufe spielt eine Sonderrolle, wie wir bereits bei den Winkeln gesehen haben. Folglich waren ihre Längenausdehnungen den Winkeln untergeordnet, um die beschriebenen Effekte zu erzielen.

In den bisherigen Betrachtungen fehlen noch Aussagen zur letzten Stufe, der wir uns nun widmen. Die von Harleston angebotenen Maße für die Breite mußten zwangsläufig ungenau ausfallen, weil von dieser Stufe fast nichts mehr erhalten war. Zu den Tiefenmaßen hat er sich gar nicht erst geäußert, was sehr verständlich ist. Natürlich mußte in diesem letzten Teil noch ein Glanzlicht verborgen sein, so wie es sich für eine Planung durch die Götter gehört.

In Tabelle 10 sind die von mir durch heilige Geometrie bestimmten Werte der letzten Stufe aufgeführt. Diese wurden in der letzten Zeile mit den Werten der ersten drei Stufen

		Breite	Tiefe	Verhältnis	halber Umfang	Umfang	Flächen-inhalt
1	Stufe 5, oben	36,00	20,00	9:5	56,00	112,00	**720,00**
2	Stufe 5, unten	44,40	27,60	37:23	**72,00**	**144,00**	1 225,44
3	Stufe 1 bis 3	345,60	302,40	8:7	648,00	1 296,00	36 288,00
2+3	**Summe**	390,00	330,00	13:11	**720,00**	**1 440,00**	-

Tabelle 10: Die Maße der 5. Stufe und die Summen

kombiniert. Mir war während der Untersuchungen klar geworden, daß die vierte Stufe mit ihrem Knick eine Sonderrolle einnahm und deswegen nicht mit den formgleichen Stufen verglichen werden konnte.

Diese Rekonstruktion der letzten (= obersten) Stufe der Mondpyramide zeigt erstmalig, daß sowohl in ihrer Basis als auch im oberen Abschluß besondere heilige Zahlen enthalten sind. Für mich war nachvollziehbar, daß alle vier artgleichen Stufen (Stufe 1, 2, 3 und 5) an der Basis besondere Maße enthalten müssen. Daß damit wiederum erstaunliche Werte erreicht werden, hatte ich gehofft, das Ergebnis hat mich aber trotzdem sehr überrascht. Der Umfang von 144 Hunab stellt dabei das auffälligste Ergebnis dar. 144 Hunab beträgt die Breite der Basis der gesamten Pyramide, und nun findet dieser Wert seinen krönenden Abschluß als Basismaß in der obersten Stufe. Damit finden wir in der Mondpyramide ähnliche Prinzipien vor, wie wir sie bei der Cheops-Pyramide entdeckt haben. Dort war mit der Höhe der ersten Verkleidungsschicht von 57,6 Zoll die Gesamthöhe bis zur obersten Steinschicht (5760 Zoll) vorweggenommen worden. Auch in der Mondpyramide ist das Prinzip der Vorwegnahme angewandt worden, indem die Breite der Pyramide mit 144 Hunab in den Umfang der obersten Stufe (ebenfalls 144 Hunab) projiziert wurde. Hier ist die Frage berechtigt, ob in Ägypten und in Mexiko die Baumeister gleiche geistige Grundlagen zur Anwendung gebracht haben.

In der abschließenden Betrachtung der Mondpyramide stellen wir fest, daß gemäß Tabelle 10 weitere heilige Zahlen zu entdecken sind. Daß 1296 + 144 den Wert 1440 ergibt, ist das nächste Glanzlicht, obwohl es elementar und logisch ist. Die Zahl 1440 wurde in diesem Buch bereits erklärt (unter anderem auch mit den 1440 Minuten eines Tages), aber die Hälfte der 144, die Zahl 72, ist hinsichtlich ihrer qualitativen Aussage bisher noch nicht erklärt worden. Wie diese Tabelle zeigt, stellt die 72 offensichtlich auch in der

Mondpyramide einen Hauptcode dar. Was verbirgt sich hinter der Zahl 72? Es ist die innere
Ruhe, die auf der Kraft der Stabilität und Sicherheit beruht und als Ziel die Vollendung
irdischer Macht durch geistige Kraft anvisiert. Unbeirrbar strebt der Einzuweihende diesem
Zwischenziel entgegen, welches Voraussetzung für die umfassende Meisterschaft (144) ist.
Diese qualitative Aussage kann aber noch mit einer kosmischen Bedeutung verbunden
werden. Da in der Mondpyramide auch die kosmischen Zeitalter verschlüsselt dargestellt
sind, ist es möglich, daß die Zahl 72 hier einen weiteren, kosmischen Bezug enthält, denn
die Erdachse wandert in ihrem Lauf durch die 12 Sternbilder (= Präzession) in 72 Jahren
genau um einen Grad (360° × 72 = 25 920 Jahre, ein siderisches Jahr). Sollte mit dem
mehrfachen Auftreten der 72 auch auf die mehrfache Interpretationsmöglichkeit dieser
Zahl hingewiesen werden?

Das gleiche könnte auch über die Sonnenpyramide gesagt werden, deren vier Basisseiten
je 216 = 3 × 72 = 6 × 6 × 6 Hunab lang sind. Das ist jene Zahl, die bei der Cheops-
Pyramide unter anderem die Anzahl der Steinschichten bestimmt. (Auch sonst taucht diese
Zahl noch öfters auf.) Betrachtet man die Vorderseite der Mond- und der Sonnenpyramide
mit 144 bzw. 216 Hunab Länge (zusammen 360 Hunab), wird man ebenfalls wieder an die
Cheops-Pyramide mit den bereits erfolgten Interpretationen erinnert. Zusätzlich befindet
sich die Sonnenpyramide mit ihrer Basis auf 2160 (6 × 6 × 6 × 10) Hunab Höhe über dem
Meeresspiegel, was einmal mehr auf die geniale Wahl des Standortes schließen läßt!

Das Signifikante an den Pyramiden von Teotihuacán ist der gemeinsame mythologische Hintergrund, der auf die gleichen geistigen Quellen zurückgeht wie die Kultur
des alten Ägypten. Die Rolle, die bei den Mayas der Gott Kukulkan einnahm, spielte
bei den Ägyptern der Gott Thot. Beiden wird nachgesagt, daß sie als Gelehrte ihren
Völkern Wissen vermittelten und das Schreiben mit Hieroglyphen beibrachten. Daß die
Hieroglyphen Ägyptens und Mittelamerikas verschieden sind, tut dem keinen Abbruch.
Ich betrachte es als eine bewußte Handlung, die durchgeführt wurde, um auf der Erde die
unabhängige Entwicklung der einzelnen Völker zu ermöglichen. Vermutlich waren sich die
Götter im klaren darüber, daß auf der Erde wieder ein Zeitalter der Dunkelheit anbrach,
mit der Folge, daß das alte Wissen verlorenginge. Daß sie auf der Erde anwesend waren,
sollte erst wieder in das Bewußtsein der Menschen rücken, wenn diese eine deutlich höhere
Bewußtseinsstufe erlangt haben. Die heutige Zeit scheint dafür nun der richtige Zeitpunkt
zu sein.

Im folgenden Kapitel wird ein weiteres Geheimnis beleuchtet: die Bedeutung der erläuterten Werte als kosmische Maße und ihre Anwendung im Sonnensystem.

6. Unser Sonnensystem – eine planmäßige Konstruktion?

Es ist nicht leicht, präzise Daten der Planeten unseres Sonnensystems einschließlich seines Zentralgestirns zu erhalten. Bei der aufwendigen Suche nach den Planetendurchmessern habe ich viele Internetseiten aufgesucht, von Schulen, Universitäten und Instituten. Wer da aber glaubt, daß man sich in der Veröffentlichung auf einen Wert pro Planet geeinigt hat, der irrt sich gewaltig. Selbst das Astrophysikalische Institut in Potsdam konnte mir bei einer Anfrage keine verbindliche Antwort geben und empfahl mir eine Internetseite, auf der sehr grob gerundete Werte der Poldurchmesser angegeben waren. Die Werte, für die ich mich schließlich entschied, verdanken ihre Auswahl lediglich der Tatsache, daß sie häufiger genannt wurden als andere.

In den Abschnitten über den Urzoll, die sakrale Elle und den Hunab habe ich stets die Werte genannt, die der Poldurchmesser der Erde gemäß der mythologischen Überlieferung einst besessen haben soll. Es waren dies 500 500 000 Zoll, 20 000 000 sakrale Ellen und 12 000 000 Hunab, alles exakt runde Zahlen. Allein diese Angaben sind schon sehr erstaunlich, bedeuten sie doch, daß die entsprechenden Quellen den Poldurchmesser auf eine halbe Daumenlänge genau angeben konnten. Die Frage, die sich für mich hier stellte, lautete schlicht und einfach: «Wurde unsere Erde auf dem geistigen Reißbrett des Schöpfers entworfen?» Dem schloß sich gleich die nächste Frage an: «Was ist mit der Sonne und den anderen Planeten, gibt es für sie ebenfalls Planparameter?» Für diese Aufgabe war es notwendig, die Poldurchmesser der Himmelskörper unseres Sonnensystems so genau wie möglich zu kennen, deswegen auch meine akribische Suche nach möglichst exakten Werten. Dabei war mir klar, daß sich die Durchmesser – wie bei der Erde – durch Expansion verändert haben würden. Sollten jedoch innerhalb geringer Toleranzen besondere Werte zu ermitteln sein, würde das die Theorie, daß unser Sonnensystem von einem Schöpfer geplant worden ist, massiv unterstützen.

6.1. Die Sonne und die Symbolik des freien Willens

Als erstes wandte ich mich der Sonne zu, denn schließlich ist sie für uns der wichtigste Himmelskörper, da er unser Leben auf der Erde ermöglicht. Die Ägypter maßen daher dem Sonnenkult eine herausragende Rolle bei. In Liedern und Gedichten erreichte die Sonnenreligion besonders unter Pharao Echnaton ihren Höhepunkt. Um 1348 v. Chr. versuchte er den ausufernden Götterkult durch die Anbetung eines einzelnen Gottes, verkörpert durch die Sonne, zu ersetzen.

Die Sonne stellt für uns auch heute noch ein Phänomen dar. Bei einer Entfernung von rund 150 Millionen Kilometern sind ihre Strahlen noch immer fähig, uns einen

Sonnenbrand zu verschaffen. Aber viel gravierender ist die Tatsache, daß die Kombination Erde-Mond-Sonne ein Phänomen erzeugt, das wir Mondfinsternis nennen. Das Außergewöhnliche an diesem Effekt ist die Tatsache, daß der Beobachter von der Erde aus den Eindruck gewinnen könnte, die Maße von Sonne und Mond seien nur deshalb so exakt «geplant», um die Sonnenscheibe hinter dem geometrisch scheinbar gleich großen Mond verstecken zu können. Tatsächlich scheinen beide Himmelskörper den gleichen Durchmesser zu haben, was aber nur durch die unterschiedlich großen Entfernungen zur Erde optisch erzeugt wird. Was ist aber, wenn das kein purer Zufall ist, wenn Mond- und Sonnendurchmesser Werte besitzen, die genau diesen Effekt erzeugen sollen? Es würde schlichtweg bedeuten, daß beide Himmelskörper ebenfalls Planparameter besitzen, die wir nur noch nicht kennen. Immerhin hat gerade die Sonne durch ihr langes Leben schon etliches an Substanz verloren, und somit muß ihr Durchmesser unter diesem Aspekt heute deutlich kleiner sein als ihre ursprüngliche Plangröße.

Der Durchmesser der Sonne wird im allgemeinen mit grob 1,4 Mio km angegeben. Wissenschaftliche Institute geben jedoch einen wesentlich geringeren Durchmesser an, der bei rund 1 398 000 km liegt. Um zu einem Planwert zu kommen, gab es für mich nur eine einzige Hilfe. Für die Erde wurde der Plandurchmesser mit **127**12,7**254**254**508**508... km bei 500 500 000 Zoll ermittelt. Diese Darstellungsform soll nochmals verdeutlichen, daß in der Angabe des Durchmessers eine Verdopplungsfolge als grundlegendes Element enthalten ist. Das ließ die Ahnung keimen, daß bei der Sonne ein ähnlicher Effekt vorzufinden sei. Es war klar, daß die vorhandenen Angaben für den Durchmesser der Sonne auf keinen Fall diesen Effekt wiedergeben. Der Wert muß anscheinend in Richtung 1 400 000 km erhöht werden, und dann ergeben sich tatsächlich folgende Werte:

- 55 055 000 000 Zoll oder
- 2 200 000 000 = 22×10^8 sakrale Ellen oder
- 1 320 000 000 = 132×10^7 Hunab.

Umgerechnet ergeben diese Werte exakt 1 398 399,797... km. Diese Angabe in Kilometern enthält eine verborgene und sich überlappende Verdopplungsfolge auf der Basis der Zahl 1397 (= 11 × 127)!

Bei diesen Werten fällt sofort die Zahl 22×10^8 auf, in der auf originelle Weise mehrere heilige Zahlen verborgen sind. Die 22 nahm im alten Ägypten eine zentrale Stellung ein, nur schon, daß Oberägypten in 22 Gaue unterteilt war. Die 22 besitzt in der ägyptischen Einweihung zu höherem Wissen eine außerordentliche Bedeutung. Die Ausbildung an den Priesterschulen dauerte insgesamt 22 Jahre, und es gab dafür 22 Tempel. Auch in der Numerologie spielt die 22 als die sogenannte Große Arkana eine besondere Rolle. In der ägyptischen Mythologie von Hermopolis Magna repräsentiert diese Zahl den Neubeginn nach dem Durchlaufen eines abgeschlossenen Zyklus, an den sich der nächste Zyklus der Entwicklung anschließt.

Die Zahl 10^8 ist ebenfalls bedeutungsvoll, denn durch sie kommt das Dezimalsystem mit der 8. Potenz zum Ausdruck. Und gerade die 8 ist es, die im Götterkult von Theben mit den acht Urgöttern die entscheidende Rolle spielte. Sie wurden als 4 Götterpaare beschrieben, die den männlichen und den weiblichen Aspekt verkörperten und durch einen statischen, trägen Zustand gekennzeichnet waren. Trotzdem schrieb man ihnen ein (ruhendes) Potential der Schöpfung zu. Diese 8 Urgötter verband man mit Eigenschaften, die die grundsätzliche Schöpfung des Hauptgottes erst ermöglichten. Bemerkenswert sind die Eigenschaften, die man diesen Urgöttern zuschrieb:

männlich	weiblich	Eigenschaft
Nun	Naunet	Urgewässer
Huh	Hauhet	Endlosigkeit
Kuk	Kauket	Finsternis
Amun	Amaunet	Unsichtbarkeit

Betrachtet man die heutigen Auffassungen über die Physik des Kosmos, besitzt jede Erscheinungsform, jedes kleinste Teilchen – wie klein es auch ist –, eine innere Ordnung und ist durch Bewegung gekennzeichnet. Ein Elektron bewegt sich nicht nur in geordneten Bahnen um den Atomkern, sondern es dreht sich auch um die eigene Achse. Geht man von einem Ur-Ur-...-Äther aus, der noch nicht zur Ordnung erhoben wurde, könnten diese 4 Urgötter durchaus die Vorphase vor der Schöpfung, also auch vor dem «Urknall», repräsentieren. Diese bildhafte Beschreibung für Zustände, die in Wirklichkeit mit keiner Lebensform und auch mit keinem der Götter vergleichbar sind, wurden offensichtlich als Metapher benutzt, etwas zu beschreiben, was selbst der heutigen Wissenschaft schwerfällt, in den richtigen Kontext zu bringen.

In dem Mythos von Heliopolis spielt abweichend von dieser Achtheit eine Neunheit die entscheidende Rolle. Allerdings ist auch hierin die Achtheit enthalten. Denn während in dem vorhergehenden Mythos alle acht Götter als Urgötter bezeichnet wurden (ohne Schöpfergott), besteht die Neunheit aus dem Schöpfergott und acht seiner geschaffenen Götter. Mit anderen Worten, vor dem Schöpfergott stehen acht Urgötter und nach ihm auch; er wird praktisch von einer Achtheit eingerahmt.

Die Zahl 10^8 enthält in der angegebenen Folge die Ziffern 1-0-8. Auch dies ist bemerkenswert, weil die 108 in der vedischen und in der buddhistischen Literatur eine heilige Zahl darstellt. Es gibt 108 Schriften namens Upanishaden, die Gottheit Krishna wird von 108 weiblichen Energien (Gopis oder Shaktis genannt) umgeben, Gebetsketten haben oftmals 108 Perlen, ja die Zahl 108 erscheint sogar im Namen von Gurus und Heiligen, um auf «Erleuchtung» hinzuweisen. Die Werke Buddhas bestehen aus 108 Büchern, und eine heilige Anlage des Buddhismus besteht aus insgesamt 108 Tempeln. Dies soll nur der Vollständigkeit halber angeführt werden, um auch Assoziationen zu dieser Zahl zu interpretieren.

Der Wert für den Durchmesser der Sonne in Zoll beträgt 55 055 000 000 (55,055 Milliarden). Hinter der 55, die hier ebenfalls doppelt auftaucht, steht «die Wurzel des Bewußtseins mit dem Ziel der geistigen Veränderung». Das heißt, daß die von der Sonne ausgestrahlte Energie gleichzeitig eine informationscodierte Energie ist, die für die geistige Entwicklung des gesamten Systems erforderlich ist. Diese Entwicklung unterliegt zyklischen Phasen, das besagen die 22×10^8 Ellen.

Schließlich wäre noch etwas zur 132 zu sagen, die in einer interessanten Zahlenfolge steht.

- $1 \times 44 = 44$
- $2 \times 44 = 88$
- $3 \times 44 = 132$

Die Ägyptologin Lucia Gahlin[*] schreibt, daß für die Ägypter die Zahl 4 eine heilige Zahl war. Wenn die 4 zweimal hintereinander steht, stellt dies eine Art Ganzheit dar (siehe die weiter oben erwähnte Achtheit). Die doppelte 4 als 44 hat etwas mit der Stabilität der Gefühle zu tun, die man im irdischen Leben anstreben bzw. bewahren soll. Den Begriff Ganzheit zu verwenden ist sicherlich etwas übertrieben, aber ein Mensch, der sich in seinem Leben ausgewogen um materielle Dinge gekümmert hat, nicht nur im egoistischen Sinne, sondern auch um das Gemeinwohl bemüht, erfüllte damit eine Vorbildfunktion. Im übertragenen Sinne war er auf seine Art vollkommen, es fehlte ihm jedoch noch die **geistige** Komponente. Dasjenige, was fehlt – die Polarität zur 44 –, findet man in der 88. Hier sind die Komponenten des Gleichgewichts vereint, der geistige Durchbruch ist erzielt. Der Mensch handelt nun nicht nur unter dem Aspekt des materiellen Gleichgewichts, der Wohlfahrt und der Großzügigkeit gegenüber dem bedürftigen Menschen. Er selbst wird zum geistigen Impuls für diejenigen, die nach höheren Zielen streben. Die allumfassende Gerechtigkeit auf der Grundlage eines inneren Gleichgewichts, das aus hohen Erkenntnisstufen resultiert, ist nun ein Hauptprinzip dieser Persönlichkeit.

In der Cheops-Pyramide ist der erste Teil des aufsteigenden Ganges bis zum Beginn der Großen Galerie 72 KE lang (innerhalb eines Rastersystems, das auf Seite 151, Abbildung 62 gezeigt ist), der anschließende Teil bis zur hohen Stufe am Ende der Galerie ist 88 KE lang. Zusammen ergibt dies 160 KE bei einem Verhältnis von 9:11! Hier ist mehr Weisheit verborgen, als jeder Ägyptologe gegenwärtig zu erfassen vermag. Nicht nur, daß die an der Mondpyramide so bestimmend in Erscheinung getretene 72 auch in Ägypten auftaucht, durch die Verwendung dieser Zahl in der Cheops-Pyramide wird der Übergang von einer Qualität in die andere ausgedrückt. Bis zum Beginn der Galerie, wo auch der Gang zur Königinnenkammer beginnt, wird der Mensch mit den Energien der Pyramide konfrontiert, die ihn auf die höchste Einweihung vorbereiten, indem sie im Körper stabilisierend

---

[*] Lucia Gahlin: *Ägypten – Götter, Mythen, Religionen*

integriert werden. Begibt er sich auf den Weg in Richtung Königskammer, muß er weitere 88 KE überwinden, um das oben beschriebene geistige Ziel zu erreichen.

Die 132 kann als ein höheres Prinzip (±) verstanden werden. In einem Dreieck dargestellt, befindet sich die 132 an der Spitze, und die Grundseiten des Dreiecks entsprechen mit 44 (+) und 88 (–) polaren Prinzipien, die an der Spitze (±) verknüpft werden. Das heißt, die 132 vereint in sich die Eigenschaften von 44 und 88. Hier geht es nicht mehr um die Frage, materielle oder geistige Dinge ausgewogen zu beurteilen oder auszuleben. Hier geht es um die Entwicklung einer schöpferischen Kraft, die jeglichen Spielraum offenläßt, sowohl in die negative wie auch in die positive Richtung. Unter dem positiven Aspekt steht auch der Glaube an die Entwicklung jeglicher belebter und unbelebter Materie hin zu höherdimensionalen Erscheinungsformen, denn die spiralförmige Entwicklung, der alles unterliegt, macht auch vor dem kleinsten Atom nicht halt.

Diese Ausführungen sollen zeigen, daß die «Planungsaufgabe» der Sonne darin besteht, im Auftrag des Schöpfers ein Bewußtseinstransformator und -beschleuniger besonders für den Menschen zu sein.

Mit anderen Worten: Diese Zahlenkombination verdeutlicht, daß nicht nur unsere Erde ein Ort des freien Willens ist, sondern unser ganzes Sonnensystem!

6.2. Die göttliche Planung des Sonnensystems

Die Aussage, daß das gesamte Sonnensystem ein Ort des freien Willens ist, macht es erforderlich, auch nach den Daten der anderen Planeten zu fragen. In der folgenden Tabelle habe ich die Durchmesser aller Planeten in Zoll, in sakralen Ellen und in Hunab berechnet und den astronomischen Angaben gegenübergestellt.

	Maßeinheit				Poldurchmesser [km]		
	Zoll	Faktor	sakrale Elle	Hunab	mathematisch	wissenschaftl. Daten	Differenz
Sonne	55 055 000 000	55	2 200 000 000	1 320 000 000	1 398 399,796...	1 397 002,8	1397,0
Merkur	192 192 000	192	7 680 000	4 608 000	4881,686...	4880,0	1,7
Venus	475 475 000	475	19 000 000	11 400 000	12 077,089...	12 103,6	-26,5
Erde	500 500 000	500	20 000 000	12 000 000	12 712,725...	12 713,5	-0,8
Mond	137 637 500	137,5	5 500 000	3 300 000	3495,999...	3476,0	20,0
Mars	267 267 000	267	10 680 000	6 408 000	6788,595...	6794,0	-5,4
Jupiter	5 635 630 000	563	225 200 000	135 120 000	143 145,288...	142 984,0	161,3
Saturn	4 304 300 000	430	172 000 000	103 200 000	109 329,438...	109 100,0	229,4
Neptun	1 901 900 000	190	76 000 000	45 600 000	48 308,356...	48 300,0	8,3
Uranus	2 002 000 000	200	80 000 000	48 000 000	50 850,901...	51 118,0	-267,1
Pluto	90 090 000	900	3600 000	2 160 000	2288,290...	2274,0	14,3
Summe	70 561 991 500	-	2 819 660 000	1691 796 000	1 792 278,168...	1 790 745,9	-1532,2
fehlende Planeten ?	4 513 008 500		180 340 000	108 204 000	114 630,645...		
(theoret. ?)	75 075 000 000	750	3000 000 000	1 800 000 000	1 906 908,813...		

Tabelle 11: Die Planparameter der Planeten des Sonnensystems
(in bezug auf ihren Poldurchmesser)

In der ersten Spalte sind die Poldurchmesser in Zoll angegeben. Im Vergleich mit den aktuell ausgewiesenen Daten der Forschung war es nicht schwer, Werte zu finden, die den Verdopplungseffekt aufweisen. Die folgende Spalte enthält die Grundwerte des jeweiligen Verdopplungsfaktors. In den nächsten zwei Spalten finden sich die Größen der Poldurchmesser im Maß der sakralen Elle und des Hunab.

Im zweiten Teil der Tabelle sind die für die Wissenschaft interessanten Daten angegeben. Die Spalte «mathematisch» enthält die Umrechnungen aus den runden Werten der drei anderen Maßsysteme, die aufgrund des dynamischen Charakters unseres Sonnensystems selbstverständlich von den aktuellen Meßdaten abweichen müssen.

Sollten diese Werte den ursprünglichen Planungswerten für unser Sonnensystem entsprechen, wäre dies mit unglaublichen Konsequenzen verbunden. Ich kann nicht beweisen, daß dies die ursprüngliche Absicht eines Schöpfergottes gewesen ist. Allerdings zeigt die bisherige Mathematik der Cheops-Pyramide und der anderen aufgeführten Bauwerke, daß es jemanden gab, der mehr wußte, als die heutige Wissenschaft für möglich hält. Die mit der Erde verbundene Schlüsselzahl 127 und ihre verborgene Dokumentation in irdischen Bauwerken stellt bereits in sich einen indirekten Beweis für ein Planungskonzept unseres Sonnensystems dar. Akzeptiert man diesen indirekten mathematischen Beweis, kommt man nicht umhin, auch die Konsequenzen für das ganze Sonnensystem anzuerkennen.

In der obigen Tabelle wurden in der Zeile «Summe» die Parameter für alle Himmelskörper addiert. Man muß davon ausgehen, daß unser Sonnensystem nicht mehr vollständig ist. Zwischen Mars und Jupiter klafft eine gewaltig Lücke, die durch den Asteroidengürtel gefüllt ist. Nach der Titus-Bode-Regel müßte sich dort aber ein Planet befinden, den es auch einmal gab. Der Asteroidengürtel ist als dessen Überreste anzusehen. Nach der sumerischen Geschichte soll es auch noch einen weiteren Planeten in unserem Sonnensystem geben, der eine extrem elliptische Bahn mit einer Umlaufzeit von rund 3600 Jahren haben soll. Amerikanische Wissenschaftler schließen zur Zeit nicht mehr aus, daß es diesen Planeten tatsächlich gibt, da Bahnstörungen des Planeten Pluto nur durch einen weiteren Himmelskörper in unserem System erklärt werden können. Die Bahnen dieser beiden Planeten – des zerstörten zwischen Mars und Jupiter und des vermuteten zehnten Planeten – sind nicht bekannt, so daß es unmöglich ist, über deren Parameter auch nur annähernd eine Aussage zu treffen. Um dieses Dilemma zu überwinden, habe ich eine nächsthöhere Zahl gesucht, die in allen drei Maßsystemen einen sinnvollen «Planwert» aufweist. Damit ergibt sich eine Differenz für die fehlenden Planeten, die in Form von hypothetischen Werten in der vorletzten Zeile eingetragen ist. Für die Summe des Durchmessers der Sonne und aller Planeten des Sonnensystems lassen sich folgende hypothetische Werte angeben:

- in Zoll   75 075 000 000,00
- in sakralen Ellen   3 000 000 000,00 = 3×10^9
- in Hunab   1 800 000 000,00 = 18×10^8
- in cm   190 690 881 381,762 763 535 527...

Der Wert in cm enthält eine verborgene Verdopplungsfolge auf der Grundlage der Zahl 1905 (= 15 × 127), die durch die Überlappung der Ziffern infolge der Multiplikation nicht mehr direkt zu erkennen ist. Insgesamt sind das sehr auffällige Zahlen, die Skeptiker aber bestimmt anzweifeln werden. Wenn durch die Ausführungen dieses Buches jedoch nachgewiesen werden kann, daß in den Bauwerken Ägyptens und Mittelamerikas kosmisches Wissen verborgen ist, so gehört dieser Teil als Hypothese mit dazu. Mit Hilfe des alten mythologischen Wissens lassen sich diesen Zahlen noch mehr Weisheiten entlocken. Die 750 (Quersumme 12) steht für einen bewußten Weg, den man geht. Der Schöpfer wußte, was er hier tat und was das Endziel seiner «Konstruktion» sein soll. Jede Etappe ist auf dem zu durchlaufenden Zyklus vorgeschrieben, obwohl diese Zyklen für die Menschen scheinbar endlos lang sind. Nach altägyptischer Auffassung stellt der Aufenthalt in der Materie lediglich einen Zwischenschritt dar!

Alles unterliegt hierbei einer göttlichen Ordnung (3 × 10⁹), von der Lichtgeschwindigkeit in unserer 3. Dimension bis hin zu dem Verhalten jedes kleinsten Elementarteilchens. Der Mensch ist in diese Ordnung eingeschlossen und darf sich keinesfalls einbilden, daß er sich auf Dauer einer höheren Ordnung entziehen kann!

Bernd Merz beschreibt in seinem Buch* die Zahl 18 im Sinn der altägyptischen Mystik und stellt sie unter das Motto: «Das Ziel ist das Helle und das Dunkle.»

«Der erste Blick erfaßt einen Weg, der in den Himmel führt, zu Sonne und Mond, zur aufgehenden und untergehenden Mondsichel und zu den Sternen ... Sonne, Mond und Sterne behalten ihren Glanz, behalten ihre Wegweiser-Funktion, so daß der Mensch sich nach ihnen ausrichtet und zu ihnen strebt. Auf dieser Station der Einweihung wechselt die Wegrichtung. Lag die Zukunft, das Ziel, bis jetzt nur rechts, führt jetzt der Weg nach oben an zwei Pyramiden und zwei Anubis-Hunden vorbei.

[...] Auf den Weg hat sich das Symboltier gemacht, das die Sonne durch die Nacht trägt, durch das Dunkelreich, damit der Tag wieder anbricht: der Skarabäus.

Der Skarabäus ist das Lebenssymbol schlechthin. Er begleitet die Toten, ähnlich wie er die Sonne vor sich her durch die Nacht schiebt. Der Käfer – ein zoologisch niedrig eingestuftes Tier – wird zum Himmelssymbol, zum Symbol der Wiederverkörperung ...

So wird der Suchende von diesem Käfer auf die Höhe, in das innere Heiligtum begleitet, um die letzte

DER MOND

Abbildung 45:
Das Sinnbild der 18

* Bernd A. Merz: *Der Ägyptische Tarot*

Einweihung zu empfangen. Dieser Weg in die Höhe, ins Heiligtum, kann über den Tag führen oder über die Nacht. Dies zu entscheiden steht allein den Göttern, nicht dem Suchenden zu. Dem Weg des Skarabäus kann jeder folgen; auch dies ist uraltes Wissen. Es ist ein neuer Weg, ein neuer Aufbruch und ein sehr weiter Weg, der sogar mehrere Leben in Anspruch nehmen könnte ...

Die Wege sind lang, aber das Ziel wird erreicht, wenn sie nur konsequent gegangen werden. Das allerdings erfordert Disziplin, die hier von den zwei Anubis-Hunden verdeutlicht wird; nicht nur das helle Äußere der Hunde ist diszipliniert, sondern auch ihre dunkle Innenseite hat so zu sein. Nur das Ganze führt zur Einweihung, das Ganze muß zum Himmel streben, wenn dieser auch auf Erden liegt.

[...] In den Pyramiden lebt der Geist, der über das irdische Denken weit hinausgekommen ist, wenn es auch noch nicht der Geist der Götter ist. Aber den sollen ja Menschen auch nicht völlig aufnehmen. Ein Mensch kann nie zu einem Gott werden, er kann ihm nur nahe sein, um seine Weihen zu empfangen. Dies geschah überwiegend in Heiligtümern, später in den Pyramiden.»

Somit verbindet Merz den Inhalt der 18 mit einem Aufbruch der Seele aus der Tiefe, um sich auf den Weg zu machen hin zum weit entfernt liegenden Ziel. Für unser Sonnensystem gilt jedoch nicht 18, sondern 18×10^8. Diese Nullen bedeuten in der Mythologie soviel wie «mit göttlichem Wissen verknüpft sein»; je mehr Nullen, desto höher die Einweihung in dieses Wissen! Daß es hier gerade der Faktor 10^8 ist (heilige Zahlenfolge 1-0-8), weist auf die göttliche Vollkommenheit der Schöpfung hin.

In diesem Licht betrachtet, ergänzen sich die bisher getroffenen Erklärungen. Der Vollständigkeit halber soll noch auf einen anderen Gesichtspunkt hingewiesen werden. Der Plan-Poldurchmesser aller Himmelskörper unseres Sonnensystems verhält sich zum Durchmesser der Sonne wie 1,36 : 1 und der Plan-Durchmesser der Sonne zum Poldurchmesser der Erde wie 110 : 1. In diesem Verhältnis fällt die 11 als zehnter Teil von 110 auf, wenn man weiß, daß eine vollständige Einweihung in drei Zyklen von je 11 Graden erfolgte. Auch auf diese Thematik kommen wir an gegebener Stelle zurück.

Im Verlaufe der kosmischen Geschichte hat sich diese Proportion allerdings verändert. Während die Sonne an Durchmesser abnahm, legte die Erde zu, so daß man gegenwärtig von einem Verhältnis von rund 109 : 1 ausgeht.

Die weiter oben formulierte Aussage, «...daß nicht nur unsere Erde ein Ort des freien Willens ist, sondern unser ganzes Sonnensystem», mag den Einwand provozieren, daß die anderen Planeten nicht bewohnt seien und folglich eine derartige Aussage überspitzt sei. Die Unbewohnbarkeit anderer Planeten in unserer 3. Schwingungsdimension ist unbestreitbar, die anderen Schwingungsdimensionen entziehen sich jedoch unseren Sinnesorganen und auch der Technik, die durch unsere Dimension bestimmt ist. Lebensformen existieren aber nicht nur in der uns bekannten Schwingungsdimension. Man sollte also mit einer voreiligen Ablehnung eines solchen Gedankens äußerst vorsichtig sein, wie mir mancher Leser sicherlich zustimmen wird.

Für die anderen Planeten qualitative Aussagen zu machen ist gegenwärtig nicht möglich, da es um Zahlen geht, deren geistige Inhalte noch nicht bekannt sind. Insgesamt weisen die Maßsysteme von Zoll, sakraler Elle, Hunab und nicht zuletzt Zentimeter darauf hin, daß der Schöpfer auch als Architekt unseres Sonnensystems nicht willkürliche Festlegungen getroffen, sondern tiefe geistige Inhalte in den Maßen verewigt hat. Dabei spielt es keine Rolle, daß aktuelle Werte – aufgrund der Ausdehnung der Planeten und des Heliumverbrauchs der Sonne – vom Planwert geringfügig abweichen. Entscheidend ist, daß es ein geistiges Konzept gab und noch immer gibt!

7. Die Königselle

Dieses Maß mit königlichem Namen hat es verdient, seinen nicht unbescheidenen Platz in der Geschichte der Menschheit einzunehmen. Es ist ein Maß, das in den Tempeln und Pyramiden des alten Ägypten vielfach verwendet wurde.

Bei den bisherigen Betrachtungen über alte Maßsysteme und ihre Verknüpfung mit kosmischen Parametern ist die Königselle noch nicht erwähnt worden, da sie keinerlei Beziehung zum Urzoll besitzt. Deshalb stellt sich die Frage: Ist die Königselle, die im arabischen Raum einst so vorherrschend war, ein subjektiv festgelegtes Maß, oder steht sie möglicherweise doch in einem «höheren» Bezug?

Allein die Tatsache, daß die Königselle (KE) innerhalb der Cheops-Pyramide als Planungsgrundlage gedient hat, weist auf eine höhere Herkunft hin. Die bereits beschriebene präzise Handhabung des Zolls mit seiner kosmischen Herkunft verbietet regelrecht ein zufällig gewähltes Maß, zumal die Königselle, wie nun gezeigt werden soll, in genialen Proportionen angewendet wurde.

Was sind die Grundlagen der Königselle? Die Wissenschaft vermutet eine Größe zwischen 52 und 53 cm, wie man auch den Ausführungen von Rainer Stadelmann* entnehmen kann, der dieses Maß mit einer relativ großen Spannbreite verwendet. Bei der Exaktheit der Ausführung, die Stadelmann bei den Erbauern der Cheops-Pyramide bewundert, ist die Verwendung einer «gummibandartigen» Königselle definitiv auszuschließen. Es muß ein exaktes Maß geben, das sich auch im Verhältnis zum Zentimeter eindeutig bestimmen läßt. Es gibt Autoren, die der Königselle die Länge von Pi/6 Metern zuweisen, womit sie der Wahrheit schon sehr nahekommen. Dieser Gedankengang setzt aber die Kenntnis des dezimal-metrischen Systems voraus. Der sechste Teil von π entspricht einem Zahlenwert von 0,523598... Wäre unser Meter zum Beispiel in Beziehung zum Poldurchmesser der Erde über den Wert der sakralen Elle festgelegt worden, besäße der Meter nur rund 63,56% seiner jetzigen Länge, folglich auch der Zentimeter. Damit wäre jeder Zusammenhang zum transzendenten Wert π zerstört. Nun wurde aber bereits festgestellt, daß das metrische System und der Meter, wie wir ihn heute gebrauchen, eine feste Relation zum Zoll haben, und bestimmt wurde dieses Maßsystem aus gutem Grund so lange überliefert und bewahrt.

In meinem Buch *Die kosmische 6* habe ich bereits versucht zu beweisen, daß das Dezimalsystem ein kosmisches Informationssystem darstellt, was mit den Abhandlungen zum Zoll durchaus seine Bestätigung gefunden hat. Diese Abhandlungen haben zur Erkenntnis geführt: Wer den Zoll kannte, kannte auch den Zentimeter – und umgekehrt. Analog verhält es sich mit der sakralen Elle und dem Hunab. Daraus muß geschlußfolgert werden, daß derjenige, der die Königselle einführte, auch den Zentimeter kannte. Dies legt nahe, daß entscheidende Hauptmaße dem Menschen **gegeben** wurden!

---

* Rainer Stadelmannn: *Die ägyptischen Pyramiden*

Forscher betonen immer wieder, daß die Königselle in der Cheops-Pyramide deutlich zum Ausdruck komme. Zwar wird in der Literatur als mögliches Maß für die Königselle oft 0,5236 m (= 52,36 cm) angegeben, aber die Archäologen sind sich über die tatsächliche Länge nicht einig, denn mitunter werden auch Maße mit beträchtlichen Abweichungen von besagten 52,36 cm als Königselle bezeichnet.

Prinzipiell ist es verständlich, daß es hinsichtlich der Größe der Königselle Diskussionen gibt, denn die im Hintergrund schwebende Frage lautet: Was bildete die Grundlage für die Festlegung ihrer Länge? Bei einem guten halben Meter scheiden Körpermaße irgendeines Königs oder Pharaos aus, denn ein Maß in dieser Größenordnung ist am Körper als signifikantes Maß nicht zu finden. Ich möchte hier die These aufstellen, daß die Grundlage der Königselle – analog zum Zoll – aus einer geistigen Proportion über den Bruch $\frac{1309}{25} = 52,36$ abgeleitet wurde auf diese Weise auch mit dem metrischen System verbunden ist. Daß diese These nicht abwegig ist, werden die nachfolgenden Ergebnisse zeigen.

Wie kommt es, daß die Königselle in Beziehung zum metrischen System mit exakt 52,36 cm, also sogar mit Zehntelmillimetern, festgelegt wird? Wie im vorliegenden Buch gezeigt wird, hat dies sehr wohl einen tiefen Sinn. Wo aber liegt nun der Reiz, ein Maß mit dieser Länge festzulegen?

Abgesehen davon, daß jedes Volk für die Errichtung seiner Gebäude ein Maßsystem benötigt – besonders dann, wenn diese Gebäude eine fortgeschrittene Architektur aufweisen –, muß ein Maßsystem auch praktischen Erwägungen genügen. Das heißt, der gewählte Maßstab (als materielle Form analog zu unserem Metermaßstab) muß praktisch handhabbar sein. In der Regel gab es hierzu auch einen konkreten Bezugspunkt, wie eine Handbreit oder eine Fußspanne, um nur zwei zu nennen.

Im alten Ägypten wurde mit der ursprünglichen Königselle jedoch ein Maßstab gewählt, der zusätzlich mit geistigen Prämissen verbunden ist. Man kann mit großer Sicherheit davon ausgehen, daß diejenigen, die den Poldurchmesser der Erde kannten, Maße nach Kriterien festlegten, die uns materiell und irdisch denkenden Menschen völlig fremd sind!

Ich sprach bereits von mathematischen Codes, die im frühen Ägypten noch «Mode» waren und auch bei den Hebräern in der jüdischen Kabbala angewendet wurden; einige fanden sogar noch bis in das Mittelalter hinein Anwendung (siehe Kapitel 11). Wendet man für die in Zentimetern ausgedrückte Königselle den Q2-Code an, das heißt eine Quersummenbildung in Zweiergruppen, so erhält man

$$52 + 36 = 88$$

Was ist das besondere an der Zahl 88? Die 88 war die Anzahl der Hauptgötter in Ober- und Unterägypten, auf die ich sogleich zu sprechen komme. Aber auch das Maß der Großen Galerie in der Cheops-Pyramide wird – wie bereits erwähnt – durch diese Zahl bestimmt. Petrie gab sich vor über 120 Jahren viel Mühe, die Länge vom Beginn der Galerie bis zur oberen Stufe so genau wie möglich zu vermessen. Mit einem Stahlband stellte er eine Länge von 1815,5 Zoll fest, was rund 88,07 KE entspricht.* Das sind ca. 3,7 cm mehr als das beabsichtigte Planmaß des Architekten von 88 KE. Die Abweichung geht im geringeren Maße auf Meßfehler zurück, zum größeren Teil aber auf Setzungen und Verschiebungen innerhalb der Pyramide infolge von Erdbeben.

Diese mit 52 + 36 praktizierte und für den Außenstehenden unverständliche Mathematik der Addition in Zweiergruppen sowie deren Interpretation sollen aus einem weiteren Blickwinkel beleuchtet werden. Nimmt man den sechsfachen Wert einer Königselle, also 6 × 1 KE = 6 × 0,5236 m, erhält man den Betrag 3,1416 m. Dieser Wert sticht schon viel eher ins Auge, denn hier verbirgt sich eine Annäherung an Pi (3,141592...), die bereits sehr präzis ist. Der Wert von 6 KE ist lediglich 1,000002338... mal so groß wie die tatsächliche Zahl Pi. Mit anderen Worten, die Abweichung beträgt lediglich 0,000233...%, was zweifelsohne einer sehr hohen Präzision entspricht! Das stellt aber noch nicht das Ende des Außergewöhnlichen dar. Wendet man den Q2-Code an, ergibt sich vor dem Komma der Wert 3 und nach dem Komma der Wert 14 + 16 = 30. Vor dem Komma bliebe die 3, nach dem Komma die 30 oder das Zehnfache oder, qualitativ ausgedrückt, die höhere Ordnung zur 3. Die Addition beider Werte ergibt 33. Auf diese entscheidende Zahl in der Cheops-Pyramide komme ich im Zusammenhang mit dem Sarkophag und der Einweihung in den 33. Grad nochmals zurück, bei dessen Analyse die Hauptbedeutung dieser Zahl begriffen wird, die in der Tat mehr Bedeutung besitzt, als man sich zu träumen wagt!

Mit den bisherigen Ausführungen sind wir dem Urgrund der Königselle aber noch keinen Schritt nähergekommen. Weiter oben erwähnte ich, daß es im alten Ägypten 88 Hauptgötter gab. Auf diese schlichte Feststellung möchte ich nun etwas weiter eingehen.

Gegenwärtig besteht die Auffassung, die Anzahl der Götter sei eine zufällige Größe. Liest man dazu die verfügbare Literatur, findet man Zahlen von 87 bis weit über 100. Die beiden namhaften Ägyptologinnen Lorna Oaks und Lucia Gahlin führen in ihrem Buch 94 Gottheiten auf.** In der Übersetzung ins Deutsche erfährt die gekürzte Ausgabe eine Revision der Götterliste, die nunmehr nur noch 87 Götter und Göttinnen enthält.*** Beim Vergleich beider Götterlisten fiel mir auf, daß die deutsche Ausgabe 52 männliche Gottheiten und 35 weibliche Gottheiten enthielt, wodurch urplötzlich eine Anzahl erschien, die der 88 nahekommt und auch mit der 52, dem Zahlenwert, der bei der Königselle vor dem Komma steht, verbunden ist. Sollte etwa einer der verborgenen Codes der Königselle direkt mit der Anzahl der Hauptgötter verknüpft sein? Wenn diese Annahme eine Berechtigung haben sollte, müßte es demzufolge 36 weibliche Gottheiten geben. Bei der weiteren Analyse der Hauptgottheiten schälten sich dann diejenigen als «Kandidaten» heraus, die in Tabelle 12 aufgeführt sind. Ich möchte jedoch darauf hinweisen, daß dies keine definitive Auflistung darstellt; es ist durchaus möglich, daß einzelne Götter bzw. Göttinnen noch ausgetauscht werden müssen. Die Proportion von 52 zu 36 halte ich allerdings für bewußt gewählt.

* Sir F. W. Petrie: *The Pyramids and Temples of Gizeh,* S. 71
** Lorna Oaks, Lucia Gahlin: *Ancient Egypt,* S. 274 ff.
*** Lucia Gahlin: *Ägypten – Götter, Mythen, Religionen*

Aker	Dwamutef	Khnum	Osiris
Amenhotep	Geb	Khons	Ptah
Amun	Hapi (1)	Kuk	Re/Ra
Anubi	Hapi (2)	Mandulis	Sah
Apis	Hersichef	Mehen	Schuh
Apophis	Horus	Mihos	Seth
Aton	Hu	Min	Shezmu
Atum	Huh	Mnevis	Sia
Baal	Ihi	Month	Sobek
Baba	Imhotep	Nefertem	Sokaris
Benu	Imsety	Neper	Tatenen
Bes	Khepri	Nun	Thot
Buchis	Kebeh-snewef	Onuris	Upwaut

Tabelle 12: Die 52 männlichen Hauptgottheiten

Amaunet	Hauhet	Meskhenet	Sachmet
Amnit	Heket	Mut	Satet
Anat	Ipy/Ipet	Naunet	Selket
Anukis	Ishtar	Neith	Seshat
Astarte	Isis	Nechbet	Spodet/sothis
Bastet	Kadesch	Nephtys	Tayet
Bat	Kauket	Nut	Tefenet
Hathor	Maat	Pakhet	Thoeris
Hatmehyt	Meret-seger	Renenutet	Wadjit/Uto

Tabelle 13: Die 36 weiblichen Hauptgötter

Nun wäre es verfehlt, allein von dieser Tatsache abzuleiten, daß die Königselle ihre Herkunft den Gottheiten verdankt. Deswegen habe ich mich weiter bemüht, einen mathematischen Zusammenhang zu finden, der die Bedeutung bzw. die Richtigkeit einer Länge von 52,36 cm untermauern könnte. Mehr durch Zufall bin ich dann auf eine Besonderheit gestoßen, die sehr überraschend ist. Bei der Multiplikation der Königselle mit bestimmten Zahlenwerten ergab sich dann eine Lösung über einen weiteren Code, der darin besteht, daß Zahlen zu Vierergruppen addiert werden. Das ungewöhnliche bei diesem Code war, daß unter bestimmten Voraussetzungen ein Wert entstand, der im wesentlichen aus den gleichen Ziffern wie die 88 bestand oder durch Addition der ersten und der letzten Ziffer eines Teilergebnisses zu diesem Ergebnis führt. Die Prämisse lautete, eine Zahl zu wählen, die zwei Ziffern vor und nach dem

$01{,}01 \times 52{,}36 =$	$52{,}8836$	$0052 + 8836 =$	**8888**
$02{,}02 \times 52{,}36 =$	$105{,}7672$	$0105 + 7672 =$	**7777**
$03{,}03 \times 52{,}36 =$	$158{,}6508$	$0158 + 6508 =$	**6666**
...		...	
$09{,}09 \times 52{,}36 =$	$475{,}9524$	$0475 + 9524 =$	**9999**
...		...	
$35{,}35 \times 52{,}36 =$	$1850{,}9260$	$1850 + 9260 =$	**11110**
$43{,}43 \times 52{,}36 =$	$2273{,}9948$	$2273 + 9948 =$	**12221**
$86{,}86 \times 52{,}36 =$	$4547{,}9896$	$4547 + 9896 =$	**14443**
$87{,}87 \times 52{,}36 =$	$4600{,}8732$	$4600 + 8732 =$	**13332**
...		...	
$99{,}99 \times 52{,}36 =$	$5235{,}4764$	$5235 + 4764 =$	**9999**

Tabelle 14:
Die Königselle als
zahlenmystischer Code

Komma die gleiche Ziffernfolge besitzt. Um dies zu verdeutlichen, möchte ich in Tabelle 14 einige Werte aufführen.

Dieser seltsame Effekt gelang mir bisher bei keiner anderen Zahl, so daß die Länge der Königselle, in Zentimetern ausgedrückt, durchaus als eine ungewöhnliche Zahl bezeichnet werden kann.

Im Zusammenhang mit bestimmten Maßen innerhalb der Cheops-Pyramide fiel mir auf, daß bei einer Reihe von Planwerten ein ähnlicher Effekt auftritt. Einige spezielle Werte will ich hier deshalb aufführen:

- 1,3 KE = 068,068 cm
- 2,6 KE = 136,136 cm
- 3,9 KE = 204,204 cm
- 5,2 KE = 272,272 cm

Der letzte Wert sieht dabei besonders interessant aus, weil er eine Spiegelzahl ist. Was es mit diesen 5,2 KE auf sich hat, wird im Abschnitt über die Königskammer erklärt werden.

Die gezeigten Effekte und die Codierung über die Anzahl der Hauptgötter verstärkten meine Auffassung, daß ich mit dem aufgeführten Wert die richtige Länge der Königselle gefunden hatte, die obendrein sehr nahe an dem Wert $\frac{\pi}{6} = 0{,}523598775\ldots$ (m) liegt.

Zusätzlich interessant ist, daß der Bruch $\frac{52}{36}$ den Wert $1{,}\overline{44}$ ergibt! Das erweckt den Eindruck, als ob über diesen Wert die verborgene Meisterschaft zum Ausdruck gebracht werden sollte, symbolisiert bzw. materialisiert durch das Maß der Königselle.

Aufgrund des bisher Gesagten vertrete ich die Ansicht, daß die Königselle ein bewußt gewähltes Maß ist, das den Meter als Bezugsgröße voraussetzt. Natürlich könnte die Frage aufkommen, warum die KE nicht direkt als $\frac{\pi}{6}$ festgelegt wurde. Ich denke, daß diese Proportion bewußt nicht gewählt wurde. Eine Umrechnung in Zentimeter bzw. Meter würde stets unendlich lange Zahlen nach sich ziehen, was fortwährend zu Rundungen und damit zu Ungenauigkeiten geführt hätte. Bei der Höhe der Königskammer fällt dieser Fakt besonders schwer ins Gewicht (siehe Abschnitt 9.4).

Allerdings scheint der viel wichtigere Grund darin zu liegen, daß beide Systeme durch diesen Umrechnungsfaktor ein «verwandtschaftliches» Verhältnis hinsichtlich der Qualitäten eingehen. Diese Behauptung wird bei der Behandlung von Detailmaßen der Roten Pyramide und der Cheops-Pyramide besonders offensichtlich werden.

Mit der Festlegung der Königselle auf ein definiertes Maß kommen wir zu einer weiteren Schlußfolgerung. Dieses Maß ist nicht irgendein Maß, das man wie ein Gummiband der jeweiligen Situation anpassen kann, sondern es ist ein feststehendes Maß. Wenn Ägyptologen Probleme haben, in Zentimetern und Metern gemessene Werte in das alte Maß umzurechnen, dann liegt es in der Regel nicht an dem Maß der Königselle, sondern an der Denkweise der Ägyptologen! Bei Stadelmann findet man zum Beispiel fast nur runde Werte, in seltenen Fällen auch mal einen Wert, der eine halbe Elle einschließt. Aber beispielsweise ein Wert von 4,35 KE kommt nie vor. Kämen solche komplizierteren Werte vor, würde das ja bedeuten, daß die Ägypter in der Planung sehr präzis gewesen wären – und das obendrein noch mit einer hochstehenden Mathematik. Das widerspruchsvolle an dieser Thematik ist, daß die Ägyptologen den Erbauern der Cheops-Pyramide einerseits eine überragende Präzision zugestehen, andererseits aber höhere Kenntnisse auf dem Gebiet der Mathematik, die für einen präzisen Bau ja erforderlich sind, absprechen. Wir werden noch sehen, daß sich die Ägyptologen in diesem Punkt gewaltig irren!

Interessant in diesem Zusammenhang ist eine Textstelle, die ich im Buch *Cheops* von Peter Tompkins (S. 194) gefunden habe:

«Die alten Texte und Hieroglyphen … zeigen, daß die alten Ägypter bereits zur Zeit der Vereinigung Ägyptens (gegen 2800 v. Chr.) sehr genau die Länge des Erdumfangs, dazu die Längenausdehnung ihres Landes fast bis auf eine Elle genau kannten. Außerdem waren ihnen die geographischen Koordinaten aller wesentlichen Punkte ihres Reiches vom Äquator bis zum Mittelmeer bekannt. Das setzt voraus, daß sie astronomische Beobachtungen mit einer Genauigkeit durchführen konnten, die den mit modernen Fernrohren und Präzisionsuhren erzielten Ergebnissen sehr nahe kommen.»

Wie war so etwas möglich zu einem Zeitpunkt, wo nach offizieller Lehrmeinung erst kurz zuvor die «Zivilisation» begonnen hatte? Ist die Wissenschaft hier so blind wie die Kirche des Mittelalters, als sie vehement gegen die Theorie kämpfte, daß die Erde nicht im Mittelpunkt unseres Sonnensystems steht? Selbst in der heutigen Zeit interessiert es die wenigsten Menschen, auf welchem Längen- oder Breitengrad sie wohnen, Hauptsache, sie haben ihr Dach über dem Kopf und ihre wesentlichsten Lebensbedürfnisse sind gedeckt. Der Drang nach wissenschaftlichen Erkenntnissen ist lediglich auf eine sehr kleine Gruppe von Menschen begrenzt, die sich jedoch nur deshalb der wissenschaftlichen Arbeit widmen kann, weil die fortgeschrittene Zivilisation es ihnen dank der Arbeitsteilung ermöglicht, nicht täglich auf die Suche nach Lebensmitteln gehen oder sie gar selbst produzieren zu müssen. Behauptungen, die früheren Menschen hätten nur deshalb astronomische Berechnungen angestellt, um den richtigen Termin für Aussaat und Ernte bestimmen zu können, sind völlig absurd! Der Mensch hätte schnell durch Erfahrung gelernt, wann die richtige Jahreszeit für die Aussaat ist und wann das Getreide geerntet werden kann, nämlich dann, wenn es reif ist! Astronomisch detailliertes Wissen wäre für die tägliche Praxis vor fast 5000 Jahren viel leichter durch einfache «Bauernregeln» zu ersetzen gewesen. Obendrein ist eine derartige Präzision für die Landwirtschaft in keinerlei Weise erforderlich.

In diesem Zusammenhang erwähnt Tompkins auch Quellen, die ein weiteres altägyptisches Maß ins Spiel bringen, das *Atur*. Dieses soll 15 000 Königsellen entsprechen oder 17 000 Ellen, wie der Franzose Jomard berechnete, der zur Expedition Napoleons gehörte. Seiner Auffassung nach betrug die Länge dieser Elle 46,18 cm und soll ein altägyptisches Maß gewesen sein. Gemäß diesen alten Quellen soll Ägypten vom Mittelmeer bis Syene über 7,5° Breitengrade eine Ausdehnung von 106 Atur besessen haben. Das entspricht $\frac{1}{48}$ des Umfangs der Erde über die Pole. Folglich würde der Umfang 5088 Atur entsprechen.

Stellt man nun mit Hilfe der verschiedenen Ellen einen Vergleich des Polumfangs an, tritt folgendes Ergebnis ein:

Dieser Vergleich zeigt, daß die Jomardsche Elle bereits im Vergleich mit der KE einen rund 17,3 km kürzeren Umfang ergeben würde. Somit muß die von Jomard berechnete Elle abgelehnt

	Längenmaß [cm]	Faktor	Polumfang [km]	1° [km]
Jomardsche Elle	46,18	17 000 × 5.088	39 943,852	110,955..
KE	52,36	15 000 × 5.088	39 961,152	111,0032
Meter	100,00	-	40 000,000	111,111..

Tabelle 15: Der Vergleich der Längenmaße in bezug auf den Polumfang
* Genauere Messungen haben ergeben, daß mit der damaligen Längenfestlegung des Meters der Polumfang größer ist.

werden. Auch die Nachfolgerechnungen für die Längenausdehnung Ägyptens, umgerechnet in Metern, entbehren zumindest auf der Berechnungsgrundlage der Jomardschen Elle jeglicher Grundlage.

Den Planern der altägyptischen Bauwerke war – wie bereits erwähnt – der Zusammenhang von Zentimeter und Zoll bekannt. Während diese Maßeinheiten sowie die sakrale Elle und der Hunab den Poldurchmesser der Erde bestimmten, wird die Königselle über andere Parameter definiert. Übrig bleiben lediglich der Erdumfang am Äquator und der Äquatordurchmesser. Diese Größen müssen zwangsläufig von den Werten abweichen, die über den Poldurchmesser festgelegt wurden, da die Erde aufgrund ihrer Geoid-Form einer Ellipse sehr nahe kommt, aber keinesfalls einer idealen Ellipse entspricht.

Geht man erneut von der Tatsache aus, daß die Erde im Verlauf ihrer Geschichte an Größe zugenommen hat, muß der Äquatorumfang ursprünglich kleiner gewesen sein. Heute wird dieser mit rund 40 076 km angegeben. Bei den weiteren Untersuchungen zu diesem Thema bin ich auf folgenden ursprünglichen Erdumfang am Äquator gestoßen:

76 500 000 KE = 5088 Atur = 4 005 540 000 cm = 40 055,400 km

Umgerechnet entspricht dies einem Durchmesser von 12 750,0298... km – rund 6 km weniger als der aktuelle Durchmesser. Wenn dieser Durchmesser stimmen sollte, würde er aus einer sehr frühen Zeit stammen und könnte niemals von den Ägyptern bestimmt worden sein, weil der Durchmesser zu ihrer Zeit nur um einen geringen Anteil kleiner war als heute. Bevor dieser errechnete Wert allzuschnell verworfen wird, will ich noch ein paar andere Daten anführen, die ihn unter einem neuen Aspekt beleuchten.

Als erstes wären die Werte für einen Längengrad sowie weitere Unterteilungen zu betrachten.

- 1°   =   212 500 KE   =   11 126 500   cm*   =   111,26500 km
- 6'   =   21 250 KE   =   1 112 650   cm   =   11,12650 km
- 36"   =   2125 KE   =   111 265   cm   =   1,11265 km

* Der Q2-Code dieses in cm ausgewiesenen Wertes beträgt 11+12+65+00 = 88!

Rechnet man diese 1°6'36" in dezimale Grade um, kommt man auf 1,11°. Beim Betrachten dieses Winkels fiel mir auf, daß man ihn in einer sexagesimalen Darstellung noch ungewöhnlicher ausdrücken kann, denn 1°6'36" sind nichts anderes als

$$6^{0\circ}\ 6^{1\prime}\ 6^{2\prime\prime} = 1{,}11°$$

Der erste Teilausdruck mit 6 hoch Null entspricht mathematisch dem Zahlenwert 1. Damit steht den drei Sechsen dreimal die Eins gegenüber. Dieser Konstellation werden wir in der Königskammer, auf die ich später eingehen werde, noch einmal begegnen,

Daß in den Zahlen eine solch ungewöhnliche Konstellation entsteht, ist bereits ein äußerst bemerkenswerter Fakt und deutet auf gewollte Planung hin.

Als zweites habe ich versucht, die Querschnittsfläche einer idealen Ellipse zu berechnen, die durch die bereits ermittelten Maße des Poldurchmessers und des Äquatordurchmessers, berechnet in Königsellen, entsteht.

Gemäß der Formel $A = \pi ab$ ergibt sich ein Flächeninhalt von $1{,}273(033{...}) \times 10^9$ km². Eine weitere Berechnung zeigt, daß bei dem gewählten Äquatordurchmesser und unter Annahme einer idealen Ellipse der Polumfang, der rein theoretisch 40 000 km sein sollte, rund 3,2 km zu klein ist. Das resultiert aus der vereinfachten Form der Erddarstellung als ideale Ellipse, denn die Erde besitzt eine geringfügig größere Ausbauchung. Würde man das korrigieren, kommt man auf geschätzte $1{,}2732{...} \times 10^9$ km²! Die ist genau die Ziffernfolge, die wir in Abschnitt 3.7 kennengelernt haben.

Wenn auch der Äquatorumfang heute deutlich größer ist und diese Theorie niemals durch Messungen bewiesen werden kann, bin ich davon überzeugt, daß die Königselle über diesen Umfang codiert ist. Diese Erklärung würde die vorgestellte Theorie noch stärker unterstützen, wonach die Erde nach göttlichen Planparametern konstruiert wurde. Wohl nicht ohne Grund heißt es in der Schöpfungsgeschichte der Bibel gleich im ersten Satz: *«Am Anfang schuf Gott Himmel und Erde.»* – Und das bestimmt nicht nach chaotischen Prinzipien!

Nach diesen Betrachtungen zur Königselle, die mit dem überraschenden Ergebnis endeten, daß die Königselle über den Äquatorumfang codiert wurde, können wir nun im nächsten Kapitel die Anwendung dieses königlichen Maßes in der Roten Pyramide betrachten.

8. Die Rote Pyramide von Dahschur

Im September 2003 schlug mir mein ägyptischer Helfer Atia Abu Basha vor, die Rote Pyramide von Dahschur anzusehen (siehe Abbildung 46 im Farbteil). Nachdem ich einige Tage zuvor in Giseh und in Sakkara bei fast 40° C eine beträchtliche Menge Schweiß verloren hatte und mir die Hitze kaum noch Probleme bereitete, sah ich diesen Ausflug als eine interessante Abwechslung in meinem bisherigen Programm an. Den meisten Touristen ist die Rote Pyramide unbekannt, da die Besichtigungstouren der Reiseveranstalter selten an dieser Pyramide vorbeiführen. Dabei ist sie hinsichtlich ihrer Grundfläche die zweitgrößte Pyramide in Ägypten und wird nur wegen ihres geringeren Neigungswinkels von der Chephren-Pyramide im Gesamtvolumen vom zweiten Platz verdrängt.

Die Ägyptologen schreiben die Rote Pyramide Snofru zu, dem ersten König der 4. Dynastie und Vater von Cheops. Man nimmt an, daß der Bau um 2595 v. Chr. begonnen wurde, da man an der Südwestecke ein Steinfragment mit der Datierung «15. Jahr der Zählung» gefunden hat. Mit diesem «Jahr der Zählung» soll das 15. Regierungsjahr des Snofru gemeint sein. Allerdings wird von den Ägyptologen nie in Betracht gezogen, daß Steinmetzgesellen in langer Tradition bereits vor Tausenden von Jahren auf Wanderschaft gegangen sind und die heutige Gewohnheit, sich an Orten mit den Namensinitialen oder sonstigen Hinweisen zu verewigen, auch damals schon in Mode war. Bald werden wir verstehen, warum diese offizielle Datierung anzuzweifeln ist.

Das besonders Auffällige dieser Pyramide ist die Anordnung von drei galerieartigen Kammern, von denen die ersten beiden über 12 m hoch sind. Das entspricht ungefähr der Höhe eines viergeschossigen Wohngebäudes! Die drei Kammern der Roten Pyramide erinnern mit ihrer Form an die Große Galerie der Cheops-Pyramide, denn auch ihre Seitenwände bestehen aus Steinlagen, die nach innen auskragen, d.h. zur Decke hin stufenweise nach innen versetzt sind. Die hier abgebildete dritte Kammer ist sogar noch höher und auch in der Grundfläche etwas größer.

Gut zu erkennen ist die relativ glatte Oberfläche der Steine. Beim genauen Betrachten vor Ort konnte ich sehen, daß die Kanten an den nicht beschädigten Stellen sehr sauber

Abbildung 47: Die dritte Kammer der Roten Pyramide

ausgearbeitet sind. Trotz vieler Kantenbeschädigungen (aus späterer Zeit) sehen alle drei Kammern praktisch perfekt aus, sowohl was die architektonische Bauleistung als auch was die präzise Verlegung der Steine betrifft. Die Steine besitzen immerhin eine beträchtliche Größe, so daß sich ihr Gewicht in der Größenordnung von Tonnen bewegt. Im Gang zwischen der ersten und zweiten Kammer sind an beiden Enden zwei gewaltige Steine quer eingebaut worden, die zur Auflage bis in die Wand hineinreichen. Allein der sichtbare Teil des Steines in der zweiten Kammer ist 5,40 KE lang, 4,1 KE hoch und 2,3 KE tief (rund 2,83 × 2,15 × 1,20 m). Berücksichtigt man, daß der Stein möglicherweise weitere 1,6 KE in die Wand hineinreicht – damit wäre er genau 7,0 KE lang –, würde das Volumen eine Größe von 66,01 KE³ (~ 9,48 m³) betragen. Das entspricht einem Gewicht von rund 25 t! Wie so oft, fragt man sich auch hier, welche Technologie die Erbauer besaßen, um derartige Lasten bewegen und hochpräzise setzen zu können, wobei die Fuge zwischen zwei Steinen lediglich runde 0,5 mm breit ist. Auf dieses Thema gehe ich zum Schluß des Buches nochmals ein.

In Fortführung dieser Thematik möchte ich die Aufmerksamkeit auf ein weiteres Detail lenken. Von der ursprünglichen Außenverkleidung ist nur noch ein kleiner Teil an der Ostseite erhalten. Diese Verkleidung ähnelt auffallend derjenigen der Cheops-Pyramide, denn nicht nur sind die Steine sehr glatt geschliffen, sondern auch die Fugen sind so dicht, daß man nicht einmal mit einer Messerspitze zwischen die Steine gehen könnte.

Abbildung 48 zeigt im Ausschnitt zwei Basissteine der Roten Pyramide. Man erkennt, wie eng und linealgerade beide Steine aneinanderliegen. Im oberen Teil des Bildes sind die Berührungsflächen aufgrund von Erosion viel deutlicher zu sehen, während weiter unten die Steine scheinbar ohne Luftspalt aneinanderliegen.

Abbildung 48:
Fugenabstand zwischen zwei Steinen
(Detailansicht aus der Roten Pyramide)

Diese Tatsache ist von besonderem Interesse, denn wer eine so ausgefeilte Technik besitzt, um Steine in extremer Präzision parallel zu fertigen und die Pyramide von außen glatt zu schleifen, muß auch ein gutes theoretisches und technisches Hintergrundwissen besitzen. Da die verwendeten Steine in den Kammern von ebenso vorzüglicher Oberflächenqualität sind, vermutete ich, daß in dieser Pyramide noch weitere Geheimnisse verborgen sind, ohne anfangs zu wissen, worin diese bestehen könnten.

Zum Glück hatte ich ein kleines Meßgerät mitgenommen, so daß ich fürs erste einige wichtige Daten ermitteln konnte. Beim Überprüfen der Maße, insbesondere bei der Umrechnung

in Königsellen, stellte ich fest, daß es ein geometrisches und mathematisches System gibt,
das erst durch das «königliche» Maß offenbart
werden kann. Leider blieb eine Reihe von
Fragen zunächst noch ungeklärt, da ich allein
nicht alle Maße ermitteln konnte. Folglich
nutzte ich meinen nächsten Besuch (März 2004)
dazu, das Fehlende nachzuholen. Auf dieser
Reise begleitete mich Andreas von Rétyi, ein
Bestseller-Autor (unter anderem *Die Stargate-
Verschwörung – Geheime Spurensuche in
Ägypten*), der in Ägypten ebenfalls Recher-
chen für ein weiteres Buch durchführte.

Gemeinsam bemühten wir uns, soviel wie
möglich an Details zu erfassen, um dann die
verborgene Mathematik und Geometrie in
Deutschland lösen zu können. Bei dieser Arbeit füllte sich mein Arbeitsheft nicht nur mit
Zahlen, sondern auch mit Schweißtropfen,
denn innerhalb der Pyramide gibt es keine
Luftzirkulation. Zum Glück hatten wir an

*Abbildung 49: Andreas von Rétyi in
der Roten Pyramide*

diesem Tag die Pyramide so gut wie allein für uns. So konnten wir ungestört das fehlende
Datenmaterial ermitteln.

Nach der Rückkehr nach Deutschland war die Analyse der Meßergebnisse eine der ersten
Aufgaben. Die Überraschung ließ dann auch nicht lange auf sich warten.

8.1. Die Kammern der Roten Pyramide

Betrachtet man eine dreidimensionale Innenansicht der Roten Pyramide (siehe Abbildung
50 im Farbteil), erkennt man die faszinierende innere Struktur. Es ist verständlich, daß in
der Ägyptologie Unsicherheiten darüber bestehen, warum die Planer solch gewaltig hohe
Kammern gewählt haben, die in ihrer kragenartig gestuften Form der Großen Galerie der
Cheops-Pyramide sehr ähnlich sind. Diese Struktur läßt sich weder aus praktischen noch
aus religiösen Gründen heraus erklären, zumindest nicht mit dem heutigen Schulwissen.
Ebenso verhält es sich mit der Anordnung und Größe der Gänge. Der erste Schritt eines
jeden Architekten besteht immer darin, das zu errichtende Bauwerk gründlich zu durch-
denken. Bevor der erste Spatenstich getätigt wird, müssen klare Vorstellungen bezüglich der Größe, der Struktur und des Zwecks dieses Bauwerks entwickelt werden. Jeder
Handwerker benötigt genaue Vorgaben für das, was er zu tun hat. Dasselbe gilt auch für

den Pyramidenbau. Deshalb muß man sich die Frage stellen: Welche Absichten und welche Gedanken haben den Architekten der Roten Pyramide bewogen, Gänge und Kammern so anzuordnen, wie wir sie heute vorfinden? Diese Frage läßt sich so weit abstrahieren, daß man nach dem ursprünglichen geistigen Konzept suchen muß, das seinen verkörperten Ausdruck dann – nach der physikalischen Umsetzung – in der Geometrie, der Mathematik und in der Anordnung der Steine gefunden hat. Daß hierzu eine konkrete Maßordnung erforderlich war, dürfte mittlerweile kaum noch bezweifelt werden.

In Abweichung von der Fachterminologie, welche die innerste Kammer als erste Kammer bezeichnet, möchte ich entsprechend dem Gangverlauf die Kammern, die beim Hereinkommen zuerst betreten werden, mit 1 und 2 bezeichnen.

Die Tatsache, daß die erste und die zweite Kammer je 12 Ebenen aufweisen, von denen 11 stufenförmig zur Mitte hinein auskragen, während die dritte Kammer 13 Ebenen mit 12 Auskragungen aufweist (zusammen demzufolge 37 Ebenen), war ein deutlicher Hinweis darauf, daß hier ein verborgenes System vorliegt. Die Zahlen 12 und 13, denen ich schon so oft begegnet war und die auch die Königinnenkammer der Cheops-Pyramide bestimmen, fanden hier ebenfalls eine symbolische Anwendung.

Auch die Tatsache, daß diese Auskragung beidseitig je 0,30 KE beträgt, läßt auf ein durchdachtes Planungskonzept schließen. Bei den Messungen stellten wir fest, daß die Auskragungen leicht von diesem idealen Wert abweichen, was mit geringfügigen Setzungen der Pyramide sowie mit Erdbeben und den damit verbundenen Verschiebungen zu begründen ist. Es besteht jedoch kein Zweifel, daß der Planungswert richtig ermittelt wurde.

Auffallend ist, daß alle drei Kammern die gleiche Länge von 16 KE besitzen. Dieses Maß kommt auch in der Cheops-Pyramide vor. Unter anderem bestimmt es den Weg, der von der Vorderkante der Stufe am oberen Ende der Galerie zum Eingang der Königskammer führt. Diese +16 hat im altägyptischen Sinne die Bedeutung eines erzielten geistigen Durchbruchs, der auf dem Teilabschnitt eines Weges erreicht wurde. Wenn diese Aussage auch für die Rote Pyramide gilt, ist deren Bedeutung in einem völlig neuen Licht zu sehen. Die weiteren Ausführungen werden zeigen, ob diese Annahme gerechtfertigt ist oder nicht.

Im Gegensatz zu ihrer gleichen Länge variieren die drei Kammern in der Breite. Während die 1. und die 2. Kammer je 7 KE breit sind, weist die dritte Kammer eine Breite von 8 KE auf. Dadurch tritt erneut das bereits mehrfach festgestellte Prinzip von 7:8 in Erscheinung, das hier nicht weiter erläutert werden muß (siehe Abbildung 42 im Farbteil und den Text auf S. 96).

Die Einzelmaße von Breite und Länge ergeben zusammen somit $(2 \times 7 + 8) + (3 \times 16) = 70$ KE. Die 7, die in dieser Pyramide ein verborgener Grundwert ist, wird sich im folgenden auch in ihrer höchsten Form als 700 zeigen. In ihrer qualitativen Bedeutung bezieht sich die 70 auf das Beschreiten eines neuen Weges auf der Grundlage höheren Wissens. Dieser Weg führt zu einer Veränderung des eigenen «Ichs», in dem Einstellungen und Auffassungen eine deutlich neue Qualität annehmen; es werden bestehende Grenzen übersprungen, die dem

Menschen durch Veränderung vollkommen neue Möglichkeiten eröffnen. Die zusätzliche Null bei der 700 erweitert diese Qualität um ein höheres Potential sowohl in Wissen als auch in der Führung durch göttliche Kräfte.

Eine weitere wichtige Beobachtung zeigt, daß im Gang zur oberen, dritten Kammer der untere Teil des Ganges (in Abbildung 50 im Farbteil schwarz eingezeichnet) nachträglich – erst viel später – herausgebrochen wurde.

Von den vorläufigen Annahmen ausgehend, bemühte ich mich als erstes, die Geometrie der ersten und der zweiten Kammer zu erforschen, die in ihrer Struktur und ihren Abmessungen gleich sind. Es mußte schließlich einen Sinn geben, warum diese galerieartige Form genau so und nicht anders gewählt wurde. Hierbei soll noch bemerkt werden, daß ich bei den Messungen überrascht feststellte, daß die einzelnen Auskragungen nicht die gleiche Höhe besitzen. Das kann aber nur bedeuten, daß die Querschnittsfläche oder das Volumen einen ganz bestimmten Wert annehmen sollen, nach dem bisher aber noch nie geforscht wurde. Auch hier muß man davon ausgehen, daß die Ägyptologen den Planern keine besonderen wissenschaftlichen Kenntnisse zutrauen, sonst hätten sie schon längst den Versuch unternommen, nach der verborgenen Geometrie zu suchen.

Um hinter diese Geometrie zu kommen, war es erforderlich, die Höhe der Kammern richtig zu bestimmen. Die in der Vergangenheit herausgerissenen Bodenplatten und andere Veränderungen durch frühere Dynastien (vermutlich durch König Snofru, den angeblichen Erbauer) erschwerten die Bestimmung der originalen Bodenhöhe enorm. Daß Veränderungen stattgefunden haben, war vor allem im Gang von der zweiten zur dritten Kammer zu erkennen. Auf Abbildung 51 (im Farbteil) ist zu erkennen, wie die Höhe des Ganges durch Herausmeißeln des unteren Bodenbereiches bis zur nächsten Steinlage vergrößert wurde. Diese Absenkung besitzt eine Größe von rund 82 cm. Der obere Teil des Ganges von 2 KE Höhe ist fein bearbeitet, während der untere Teil sehr grob und ohne Nachbearbeitung aus den Steinen herausgebrochen wurde. Der glatte Boden ist nichts anderes als die Oberseite der unteren Steinlage, gibt also auch einen Einblick, daß die ursprünglichen Erbauer selbst die inneren Steinblöcke sauber und glatt bearbeitet hatten.

Anscheinend haben spätere Baumeister diesen vergrößerten Platz benötigt, um etwas hineinzubringen. Die nachfolgenden Erkenntnisse werden zeigen, daß nicht «etwas» herausgeholt, sondern tatsächlich nachträglich hineingebracht wurde. Eine Absenkung des Fußbodens wurde ebenfalls in den beiden ersten Kammern und in den Verbindungsgängen durchgeführt, dort allerdings mit unterschiedlichem Gefälle. Aus horizontalen Restspuren, die sich in der ursprünglichen Höhe befinden, kann man noch auf die frühere Oberkante des Fußbodens schließen.

Der «Gegenstand», der durch die Gänge befördert wurde, muß eine besondere Länge besessen haben, denn an dem Übergang vom absteigenden Gang zum horizontalen Verbindungsgang (siehe Abbildung 59, S. 139) wurden sowohl im Deckenbereich als auch im Fußboden Anpassungen vorgenommen, um diesen «Gegenstand» von der schiefen Ebene in den horizontalen Gang befördern zu können.

Hieraus ist leicht zu erkennen, wie schwer es war, das ursprüngliche Planungskonzept herauszufinden. Hilfreich für die Bestimmung war, daß in den Pyramiden Ägyptens vorzugsweise eine Höhe der Gänge von 2,3 KE gewählt wurde. Dadurch war es möglich – ausgehend von der Oberkante der Gänge –, das Planungskonzept zu ermitteln.

Gegenwärtig weist der erste horizontale Gang an seinem Anfang eine Höhe von rund 2,70 KE auf. Dieser Wert klingt auf den ersten Blick sehr glaubhaft. Ich konnte jedoch feststellen, daß die nachträglich vorgenommenen Veränderungen von einem Baumeister vorgenommen wurden, der versuchte, das bestehende heilige Konzept durch ein neues zu ersetzen, allerdings nur mangelhaft! Korrigiert man die Tieferlegung des Fußbodens und reduziert die Höhe des Ganges wieder auf 2,3 KE, wird das Geniale des ursprünglichen Konzeptes sichtbar.

Selbstverständlich müssen zusätzlich vorhandene Toleranzen berücksichtigt werden, da Risse in dem Verbindungsgang zeigen, daß im Verlauf der Jahrtausende innerhalb der Pyramide Senkungen eingetreten sind. Mit dieser Korrektur ändert sich logischerweise der Höhenbezug in der ersten und zweiten Kammer. Wird heute noch eine Höhe von rund 3,50 m bis zur ersten Auskragung angenommen, muß diese um rund 15 cm auf 6,4 KE = 335,104 cm reduziert werden, da ja der Fußboden nachträglich in seiner Höhe verändert wurde.

In der folgenden Tabelle sind die wichtigsten Maße der ersten beiden Kammern eingetragen. Die mit «Nr.» bezeichnete Spalte gibt die Lage der einzelnen Ebenen (auskragende

Nr.	Höhe H [KE]	kumulative Höhe	Höhe [cm]	Breite B [KE]	Fläche H×B [KE²]	Volumen [KE³]
12	**1,4000**	**23,0400**	1206,3744	**0,40**	**0,5600**	**8,960**
11	1,4200	21,6400	1133,0704	1,00	1,4200	22,720
10	1,4275	20,2200	1058,7192	1,60	2,2840	36,544
9	1,4525	18,7925	983,9753	2,20	3,1955	51,128
8	**1,4400**	**17,3400**	907,9224	**2,80**	**4,0320**	**64,512**
7	1,5625	15,9000	832,5240	3,40	5,3125	85,000
6	1,5275	14,3375	750,7115	4,00	6,1100	97,760
5	1,5500	12,8100	670,7316	4,60	7,1300	114,080
4	1,5670	11,2600	589,5736	5,20	8,1640	130,624
3	1,5650	9,6900	507,3684	5,80	9,0770	145,232
2	1,7250	8,1250	425,4250	6,40	11,0400	176,640
1	**6,4000**	**6,4000**	335,1040	**7,00**	**44,8000**	**716,800**
Durch-schnitt	**1,92**	-		**3,70**	-	**137,500**
Summe	**23,04**	-		**44,40**	**103,125**	**1650,000**

Tabelle 16: Die Maße von Kammer 1 (identisch mit Kammer 2)

Stufen) an (beginnend mit Nr. 1 vom Fußboden aus). Die von den Ist-Maßen abgeleiteten Planwerte sind in Königsellen angegeben.

Auf den ersten Blick fällt es schwer, die ausgefeilte Wahl der Maße und deren Konsequenzen zu erkennen. In den Zeilen 1, 8 und 12 wurden neben den Endergebnissen auch die beiden letzten Zeilen besonders hervorgehoben. Was ist nun das besondere an diesen Werten?

Die Höhe der ersten Ebene mit einer Grundfläche von 8 × 16 KE weist mit ihrer Höhe von 6,4 KE bereits verborgen auf die 8 hin, die eine der weiteren wichtigen Zahlen dieser Anlage ist, denn $\frac{8^2}{10}$ = 6,4. Die Multiplikation von 6,4 mit 3,6 ergibt die Gesamthöhe von 23,04 KE. Lassen wir die Kommas weg, kommen wir auf 36 (= 6²) und 64 (= 8²), zwei Zahlen, die sowohl in der Mythologie als auch in Maßen der Bauwerke Ägyptens eine herausragende Rolle spielen. Addiert man diese beiden Zahlen, ergeben sie 100, multipliziert man sie miteinander, ergeben sie den Wert 2306. Daß diese Zahl mit 23 beginnt, hat seinen speziellen Reiz, da diese Zahl bzw. Ziffernfolge auch in der Cheops-Pyramide im Zusammenhang mit dem Sarkophag erscheint. Folglich muß sie früher eine besondere Bedeutung besessen haben, die sich unserem heutigen Verständnis entzieht.

Betrachten wir als nächstes die Teilvolumen in der ersten Ebene mit 716,80 KE³ und der obersten Ebene mit 8,96 KE³. 716,80 KE³ stellt genau das 80fache des Volumens von 8,96 KE³ dar. Dies zeigt erneut die hervorragende Mathematik, die in diesem Bau – mit bewußter Planung – verkörpert worden ist.

An dieser Stelle sei bereits vorweggenommen, daß das Volumen der 1. Ebene in der dritten Kammer den 100fachen Wert von 8,96 ergibt! Mit der gleichen Ziffernfolge 8-9-6 (Quersumme 23), mit der die erste und die zweite Kammer an der Spitze enden, beginnt demzufolge die dritte Kammer! Das ist eine höchst ungewöhnliche Konstellation, die allein schon wegen der Wahl dieser Zahlenkombination Hochachtung verlangt.

Das Gesamtvolumen jeder der beiden Kammern beträgt 1650 KE³, zusammen 3300 KE³! Beiden Ziffernfolgen werden wir erneut in der Königskammer der Cheops-Pyramide begegnen.

Nicht ohne Grund wurde die 8. Ebene ebenfalls besonders hervorgehoben, schließlich wurde mit der Achtheit des ägyptischen Götterrates von Hermopolis Magna der 8 eine besondere Stellung zugewiesen. Es ist auch jene Ebene, in der am Ende der zweiten Kammer in 15,9 KE Höhe der ursprünglich 2 KE hohe Durchgang zur dritten Kammer beginnt.

Diese Situation zeigt die nebenstehende Grafik.

Der Durchgang zur dritten Kammer war ursprünglich exakt im Übergang von der siebten zur achten Ebene plaziert,

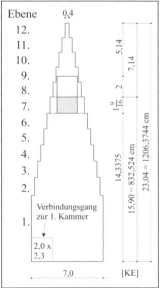

Abbildung 52: Die zweite Kammer im Schnitt

wodurch das bereits bekannte Prinzip 7:8 auf neue Weise verdeutlicht wird. Es verwundert kaum noch, daß die achte auskragende Ebene eine Höhe von 1,44 KE besitzt. Ebenso erstaunlich ist das Volumen dieser Ebene. Mit 64,512 KE³ taucht die 8 auf verborgene Weise gleich mehrfach auf, denn vor dem Komma steht 8² = 64 und nach dem Komma 8³ = 512! Hier ist bereits eine Mathematik verborgen, die nicht nur einen Sinn für ungewöhnliche Zusammenhänge aufweist, sondern auch für eine Zahlenästhetik, die uns heute fremd ist.

Die grau hinterlegte Fläche markiert den nachträglich herausgebrochenen Teil des Ganges. Die Unterkante dieses Teiles ist sowohl mit der Unterkante der siebten Ebene identisch als auch mit der Oberkante des ursprünglichen Fußbodens in der dritten Kammer.

Die Höhenangabe der siebten Ebene mag auf Anhieb etwas verwunderlich aussehen, da sie als Bruch dargestellt ist. In dezimaler Schreibweise entspricht dieser Wert 1,5625 = $(\frac{5}{4})^2$ KE. Daß mit diesem Planungswert etwas Besonderes erreicht werden sollte, werden wir bei der Analyse der dritten Kammer sehen.

Die Querschnittsfläche der Kammer weist mit 103,125 KE² einen Wert auf, der auf den ersten Blick auf nichts Besonderes hindeutet. Dieser Wert, multipliziert mit der Länge der Kammer von 16 KE, ergibt das bereits erwähnte Volumen von 1650 KE³. Daß diese Querschnittsfläche noch eine weitere, im Moment nicht zu erkennende Bedeutung besitzt, werden wir erst im Verlauf der weiteren Untersuchungen sehen.

Interessehalber ermittelte ich zusätzlich die Summe aller Breiten in allen 12 Ebenen und deren Durchschnittswert. Wie in der Tabelle bereits zu sehen war, beträgt die Summe 44,4 KE bei einer durchschnittlichen Breite von 3,7 KE! Daß im verborgenen die Zifferfolge 3-7 auftaucht, weist wieder auf eine Verbindung zu Gott bzw. den Göttern hin, die in diesen beiden Kammern zum Ausdruck kommen soll.

Insgesamt muß man sich bereits jetzt fragen, wer ein solches Wissen besaß, um solche ungewöhnlichen Zusammenhänge überhaupt ausdenken, geschweige denn realisieren zu können. Diese Kenntnisse einem König aus der Anfangszeit der 4. Dynastie zuzuordnen scheint mir äußerst fragwürdig!

Die beiden ersten Kammern mit einem Gesamtvolumen von 3300 KE³ stellen in ihrer Konstruktion und in der Wahl der geometrischen Parameter eine absolute Glanzleistung dar, die zwar von der Cheops-Pyramide übertroffen wird, sich aber keinesfalls eines Vergleichs zu scheuen braucht. Deshalb muß man schon nach diesen ersten Erkenntnissen annehmen, daß die Rote Pyramide im verborgenen noch weitere Überraschungen enthält.

In der weiteren Betrachtung soll nun die dritte Kammer näher beleuchtet werden. Auf Abbildung 51 wurde bereits der Gang gezeigt, der die Verbindung von der zweiten zur dritten Kammer herstellt. Seine Höhe beträgt heute rund 1,87 m oder rund 3,57 KE. Die gesamte Rekonstruktion des ursprünglichen Zustandes und der ursprünglichen Höhe dieser Kammer erwies sich als sehr schwierig. Es dauerte eine Weile, bis ich begriff, daß die Höhe in drei verschiedenen Ebenen zu betrachten ist. Mit dem Eliminieren des später herausgebrochenen Teils des Ganges blieb überraschend eine Höhe von 2,0 KE übrig, die mit 104,72 cm sehr gering ausfällt. Durch diese geringe Höhe nachträglich einen größeren

Gegenstand wie einen Sarkophag zu transportieren mußte wohl oder übel scheitern. Ein Sarkophag, der wie jener in der Cheops-Pyramide 2,0 KE hoch gewesen wäre, hätte innerhalb dieses Ganges in der Höhe keine Toleranz besessen. Hier stellt sich natürlich die Frage, warum dieser Gang mit einer solch geringen Höhe ausgestattet wurde, wenn König Snofru diese Pyramide als seine Begräbnisstätte geplant haben soll. Die Maße für einen Sarkophag konnten unmöglich erst nach Fertigstellung der Pyramide festgelegt worden sein. Nein, bei einer derart detaillierten Planung muß es einen Grund geben, warum dieser Gang genau 2 KE hoch war, und diesen Grund gilt es zu finden. Es ist absolut unvorstellbar, daß der Baumeister ein so wichtiges Detail wie die Höhe des Sarkophags schlichtweg übersehen hat, denn das hätte ihn sicherlich nicht nur seine Stellung gekostet. Auf diese Thematik komme ich nochmals im Zusammenhang mit dem gesamten Gangsystem zurück.

Bei der Ermittlung der Daten haben Andreas von Rétyi und ich von Anfang an darauf geachtet, den nachträglich herausgebrochenen Unterteil des Ganges und seine Konsequenzen auf die Fußbodenhöhe zu berücksichtigen. Was ich damals noch nicht ahnte, war die Tatsache, daß nach dem Ende des ursprünglichen Ganges der Fußboden abgesenkt war; der Gang führte also über eine Stufe in die dritte Kammer. Zwar hatte uns irritiert, daß die Wände der dritten Kammer mit ihrer sehr gut bearbeiteten Oberfläche rund 82 cm tiefer reichten als die ursprüngliche Höhe des Ganges, dies hätte aber auch durch die Konstruktion bedingt sein können. Im Endeffekt erwies sich die geometrische Konstruktion im Bereich des Eingangs zur dritten Kammer als genialer, als ich auch nur annähernd hätte vermuten können. Um eine Vorstellung von der örtlichen Situation zu vermitteln, wird in der folgenden Grafik die rekonstruierte, ursprüngliche Lage des Verbindungsganges mit dem nachträglich abgesenkten Teil dargestellt. Zur dritten Kammer sind bereits einige Angaben eingetragen. Die Detailmaße der zweiten Kammer wurden bereits in Tabelle 16 aufgeführt, die Maße der dritten Kammer folgen in Tabelle 17.

Beim Betrachten der hier eingetragenen Daten fällt auf, daß in der dritten Kammer im Sockelbereich drei verschiedene Ebenen eingetragen sind, die auf eine unterschiedliche Bedeutung schließen lassen. Die Voraussetzungen

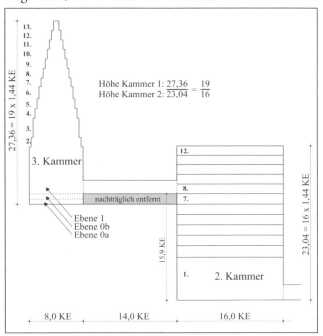

Höhe Kammer 1: $\dfrac{27,36}{23,04} = \dfrac{19}{16}$
Höhe Kammer 2:

Abbildung 53: Zweite und dritte Kammer im Schnitt mit Verbindungsgang

hierfür werden durch das geschickt gewählte Maß dieses abgesenkten Bereiches (Ebenen 0a und 0b) geschaffen. Dieses Maß, das den gleichen Wert wie die Höhe der siebten Ebene der ersten und zweiten Kammer besitzt, beträgt 1,5625 KE oder, als Bruch dargestellt, $1\frac{9}{16}$ KE. Das Außergewöhnliche dieses Maßes ist, daß es in Verbindung mit der Länge und Breite dieser Ebenen zu einem Volumen von exakt 200 KE³ führt, da 8 × 16 × 1,5625 zu diesem runden Wert führt. Die Hälfte dieser Höhe ergibt folglich 100 KE³.

Ehe ich auf weitere Besonderheiten eingehe, möchte ich zuerst die Detailmaße der dritten Kammer auflisten.

Nr.	Höhe H [KE]	kumulative Höhe [KE]	Höhe [cm]	Breite B [KE]	Fläche H×B	Volumen [KE³]
13	**1,40**	**27,3600**	73,3040	**0,8**	**1,120**	**17,920**
12	**1,44**	25,9600	75,3984	1,4	2,016	32,256
11	1,39	24,5200	72,7804	2,0	2,780	44,480
10	1,41	23,1300	73,8276	2,6	3,666	58,656
9	1,4175	21,7200	74,2203	3,2	4,536	72,576
8	**1,44**	20,3025	75,3984	3,8	5,472	87,552
7	1,27	18,8625	66,4972	4,4	5,588	89,408
6	1,85	17,5925	96,8660	5,0	9,250	148,000
5	1,45	15,7425	75,9220	5,6	8,120	129,920
4	**1,44**	14,2925	75,3984	6,2	8,928	142,848
3	2,87	12,8525	150,2732	6,8	19,516	312,256
2	1,47	9,9825	76,9692	7,4	10,508	168,128
1	**7,00**	8,5625	366,5200	8,0	**56,000**	**896,000**
Teilsumme	**25,7975**	-	**1350,7571**		**137,500**	**2200,000**
Ebene 0b	1,5625/2	1,5625	40,90625	8,0	6,2500	100,000
Summe Ebenen 1-13 + 0b	-	-	-	-	**143,7500**	**2300,000**
Ebene 0a	1,5625/2	1,5625/2	40,90625	8,0	6,2500	100,000
Gesamtsumme aller Ebenen	**27,36**	-	**1432,5696**	-	**150,000**	**2400,000**

Tabelle 17: Die Detailmaße der dritten Kammer

Wie in der vorhergehenden Tabelle ist es auch hier schwierig, in der Menge von Daten auf den ersten Blick das Wesentliche zu finden. Ich erwähnte bereits, daß die oberste Stufe der ersten und zweiten Kammer mit 8,96 KE³ endet. In der Ebene 1 der dritten Kammer finden wir den 100fachen Wert dieser Zahl im Volumen wieder. Dieses Teilvolumen von 896 KE³ läßt sich auch als Produkt der beiden Faktoren 16 × 56 darstellen. Der 16 sind wir ja bereits in der Länge der Kammern begegnet, daß aber die 56 noch eine überragende Bedeutung hat, ist zu diesem Zeitpunkt kaum zu ahnen.

Die auffälligsten Werte habe ich im Vergleich zu den beiden anderen Kammern in der nachfolgenden Tabelle zusammengestellt.

Detail	Kammer 1+2	Kammer 3	Propor-tion	Volumen aller Kammern [KE³]
Ebene 1	716,80	896,00	4:5	-
oberste Ebene	8,96	17,92	1:2	-
2. Kammer, Ebene 12./ 3. Kammer, Ebene 1	8,96	896,00	1:100	-
Gesamtvolumen ab Ebene 1	1650,00	2200,00	3:4	**5500**
Gesamtvolumen ab Ebene 1a	1650,00	2300,00	33:46	**5600**
Gesamtvolumen ab Ebene 1b	1650,00	2400,00	11:16	**5700**

Tabelle 18: Die besonderen Volumenwerte der drei Kammern

Bei all diesen Daten wird der Leser sicher fragen, was denn ihr Sinn ist. Die ganze Sache wäre sehr einfach, wenn man jeglichen Gedanken an einen Initiationsprozeß außer Acht ließe. Man könnte einfach sagen: Mit dem gesamten abgesenkten Bereich vergrößert sich das Volumen der dritten Kammer auf insgesamt 2400 KE³, und damit hat sich's.

In halber Höhe des Ganges in die dritte Kammer, der nachträglich vertieft worden ist, gibt es allerdings eine energetische Zwischengrenze (markiert durch die Grenze zwischen der ursprünglichen, glatten Wand und dem unteren, rauh bearbeiteten Teil), die zu entdecken Aufgabe des Einzuweihenden war. Was ist nun aber das besondere an dieser halben Höhe? Die 200 KE³ halbieren sich auf 100 KE³, und das Volumen über dieser unsichtbaren Linie verändert sich auf 2300 KE³! Alle drei Kammern ergeben dann 2 × 1650 + 2300 = **5600** KE³. Dieser Wert stellt innerhalb der Pyramide etwas ganz Besonderes dar, denn das ganze Gangsystem baut sich im verborgenen auf der Ziffernfolge 5-6 in Verbindung mit der 23 auf.

An dieser Stelle kann also festgehalten werden, daß sowohl den Teilvolumen wie auch dem Gesamtvolumen der Hohlräume eine besondere Bedeutung zukommt, die von den Ägyptologen bisher noch nie im Detail erkannt worden ist. Wenn wir das Gangsystem genau kennen, werden wir hinsichtlich des Gesamtvolumens nochmals eine Überraschung erleben.

Bis jetzt kann die Rote Pyramide bereits ohne Einschränkung als ein Meisterwerk betrachtet werden. Dies zeigt sich vor allem daran, daß die verborgene Ziffernfolge 1-4-4, der wir bereits mehrfach begegnet sind, in den drei Kammern insgesamt 5 mal enthalten ist. In der ersten und zweiten Kammer finden wir sie jeweils in der achten Ebene, in der dritten Kammer gleich dreimal in der vierten, achten und zwölften Ebene. Selbst hierin ist eine Logik erkennbar, die in der letzten Kammer in der Numerierung der Ebenen die Proportion 4 : 8 : 12 = 1 : 2 : 3 ergibt!

Aber auch die Höhen der Kammern enthalten diese 1,44.

- erste Kammer: 23,04 = **16** × 1,44 KE
- zweite Kammer: 23,04 = **16** × 1,44 KE
- dritte Kammer: 27,36 = **19** × 1,44 KE

Insgesamt ergibt dies 16 + 16 + 19 = 51 mal den Wert 1,44. Mit dieser Geometrie wird hier über die verborgene 51, deren Qualität unter anderem mit Klugheit, Scharfsinn und Erkenntnisdrang in Verbindung gebracht wird, auf geistige Ziele hingewiesen, die für die Erringung einer Meisterschaft (144) Vorraussetzung sind. Auch die Cheops-Pyramide enthält diese Ziffernfolge, insbesondere in ihrem Steigungswinkel von 51°51'13,05".

Ergänzt man die 51 mit den vorher aufgeführten 5 Teilhöhen der gleichen Größe (in allen drei Kammern), finden wir die 1,44 damit insgesamt 56 mal vor! So gern wie ich an dieser Stelle auf die 56 eingehen möchte, muß ich noch um Geduld bitten. Erst mit dem Gangsystem werden der Sinn und die Bedeutung dieser Zahl klar werden, weil sie in dieser Geometrie eine dominierende Stellung einnimmt. Dadurch wird auch ein weiterer Grund zu Tage treten, der endgültig zeigt, daß die Rote Pyramide (wie auch eine Vielzahl anderer Pyramiden) einem ganz anderen Zweck gedient hat und **keinesfalls** als Grabstätte geplant wurde.

Nun wird in der Ägyptologie nach wie vor hartnäckig behauptet, daß Snofru diese Pyramide errichtet hat. Da auf einigen Steinen Angaben zur «Jahreszählung» in bezug auf seine Regierungszeit gefunden wurden, glauben die Ägyptologen, für diese Annahme handfeste Beweise in der Hand zu haben. Die grundsätzliche Frage lautet aber: Wurde mit diesen eingemeißelten Angaben wirklich der Zeitpunkt der Errichtung vermerkt, oder wies die Pyramide zu diesem Zeitpunkt bereits erste Zerstörungen auf, wodurch gelöste Steine am Boden herumlagen? Was ist, wenn diese «Graffiti» von späteren Besuchern angefertigt wurden, die lediglich der Nachwelt hinterlassen wollten, daß sie auch vor der Roten Pyramide gestanden haben? Daß Snofru der Erbauer war, ist nicht nur fraglich, sondern entspricht definitiv nicht den Tatsachen! Er hat lediglich Erhaltungs- und Rekonstruktionsarbeiten an der Pyramide durchführen lassen. Allerdings ist nicht auszuschließen, daß er diese Pyramide, die zu seinen Lebzeiten bereits seit langer Zeit stand, für seine Zwecke nutzen wollte. Der zu einem viel späteren Zeitpunkt herausgebrochene Teil im Gang zur dritten Kammer ist definitiv nicht das Werk des ursprünglichen Erbauers; einen derartigen Frevel hätte er niemals zugelassen. Ich erwähnte bereits, daß der lediglich 2 KE hohe Gang sehr niedrig ausgefallen ist, weshalb es nicht möglich war, einen Sarkophag in die dritte Kammer zu transportieren. Hätte es sich um eine Grabkammer gehandelt, hätte ein kluger Baumeister den «Sarkophag» gleich während der Bauphase an Ort und Stelle eingebaut, um sich später Mühen und Ärger zu ersparen oder er hätte den Gang gleich größer geplant.

Wer also nachträglich einen Sarkophag in die dritte Kammer bringen wollte, hatte eine extrem schwere Aufgabe vor sich. Er mußte nicht nur diesen letzten Gangabschnitt deutlich vergrößern, er mußte auch am Ende des absteigenden Ganges einschließlich des ersten horizontalen Ganges deutliche Absenkungen vornehmen, um den abgewinkelten Bereich passieren zu können. In der zweiten Kammer befinden sich in der Höhe der 7. Auskragung Löcher, die vermutlich für die Aufnahme einer Holzkonstruktion in den Stein gehauen wurden. Die Ägyptologen vermuten hier ganz zurecht, daß diese zur Überwindung der beträchtlichen Höhe von rund 8,33 m notwendig war, denn in dieser Höhe beginnt der

Gang, der zur dritten Kammer führt. Der Denkfehler ist nur, daß sie meinen, die ursprünglichen Erbauer hätten diese Löcher erzeugt, um eine Konstruktionshilfe zu haben. Nein: Diese Veränderungen wurden alle viel später, als die Pyramide bereits sehr alt war, vorgenommen, möglicherweise tatsächlich von König Snofru, weil er die dritte Kammer für sich als Grabkammer nutzen wollte. Allerdings hat man in der Roten Pyramide niemals eine Mumie gefunden. Das soll aber nichts besagen, denn Grabräuber gibt es bereits seit mehr als 3000 Jahren.

Angesichts dieses Gangsystems stellt sich eine naheliegende und wichtige Frage: Was war der Sinn und Zweck dieser Anlage?

Die Rote Pyramide mit ihrer ebenfalls enormen Größe ist keine x-beliebige Pyramide unter den Pyramiden Ägyptens. Wie bei der Cheops-Pyramide verfolgten die Planer mit dieser Anlage, solange sie sie hier auf Erden benötigten, ursprünglich technische Zwecke. Gleichzeitig wurde die Geometrie der Pyramide so gewählt, daß sie zukünftigen Generationen von Priestern als Lehrmodell und Hilfsmittel für Einweihungsrituale dienen konnte. Die Rote Pyramide diente unter diesem Aspekt als Lehrmodell für den Einweihungsweg und zur Erreichung des 28. Grades.

Verschiedene geometrische Parameter enthalten Hinweise, die mit dieser Zielstellung verbunden waren, sowohl hinsichtlich der geistigen Fähigkeiten als auch der geistigen Einstellungen. Auf einige dieser Details gehe ich im Verlauf der nachfolgenden Ausführungen noch ein.

Das Gangsystem der drei Kammern steht eng im Zusammenhang mit dem absteigenden Gang, und dieser ist wiederum eng mit den Höhenkoordinaten und der Neigung der Seitenfläche der Pyramide verknüpft. Bevor wir weiter auf das Gangsystem eingehen können, ist es daher notwendig, zuerst die äußere Form der Pyramide zu betrachten.

8.2. Die Form der Roten Pyramide

Die Ägyptologen wissen, daß für die antiken Bauten sehr oft Maße mit runden Werten verwendet wurden. Insofern sind sie mitunter auch bemüht, in Metern gemessene Werte in Ellen umzurechnen. Im Jahre 1997 führte Josef Dorner auf Einladung von Rainer Stadelmann nochmals Messungen an der Roten Pyramide durch, die er erstmals 1980 ausgeführt hatte. Eines der Anliegen war es, die äußeren Maße der Pyramide sowie ihren Neigungswinkel zu bestimmen. In seinem Beitrag «Neue Messungen an der Roten Pyramide»* *schreibt er: «Nach wie vor ist eine direkte Ermittlung der Kantenlängen, die nicht von erst später zu beweisenden Hypothesen ausgeht, unmöglich, da der größte Teil der Basis noch mit Schutt überdeckt ist.»* Danach weist er auf die Schwierigkeiten der Bestimmung hin, die nur durch Annahmen einer Lösung zugeführt werden kann. Der hauptsächliche

---

* veröffentlicht in: Heike Guksch, Daniel Putz: *Stationen – Beiträge zur Kulturgeschichte Ägyptens*, S. 23 ff.

Hindernisgrund ist die Tatsache, daß lediglich ein Fundamentblock an der Süd-West-Ecke ausgegraben ist. Deshalb schreibt er mit vorsichtiger Formulierung: *«Die Kontrollen deuten darauf hin, daß die Kantenlänge von 219,08 m zumindest für die Südseite recht gut stimmt. Sie entspricht 418 KE bei einer Länge der Elleneinheit von 52,41 cm.»*

Abgesehen davon, daß die korrekte Länge der Königselle den Ägyptologen bis heute nicht bekannt ist – was hier in diesem Zitat erneut deutlich wird –, ist diese durch bloßes Messen schwer bestimmbare Länge nur annähernd richtig ermittelt. Wenn man die angegebene Länge mit dem exakten Wert umrechnet, ergibt dies 418,411... KE, woraus vermutet werden kann, daß die getroffene Annahme nicht korrekt ist. Im folgenden soll bewiesen werden, daß die ursprüngliche Planung eine Länge von 420 KE vorgesehen hatte. Für diesen Beweis ist es erforderlich, die Neigung der Seiten exakt zu kennen. Als Mittelwert errechnete Dorner einen Winkel von 44°44' = 44,733...°. Trotzdem nimmt er an, daß ursprünglich ein Seitenverhältnis von 1:1 geplant war, was jedoch zu einem Winkel von 45° führen würde.

Hier sehen wir wiederum sehr deutlich, wie man in der Ägyptologie auf das Maß Seked fixiert ist und sich absolut nicht vorstellen kann, daß ein ganz anderes, viel genialeres Verhältnis geplant war. Der tatsächliche Planungswinkel, der weiter unten begründet wird, betrug 44°44'3,6" = 44,734333...°. Was ist nun das besondere an diesem Winkel, der sich überhaupt nicht in Seked ausdrücken läßt? Das Außergewöhnliche dieses Winkels sind einerseits die darin vorkommenden Zahlen von zweimal 44 und der Zahl 3,6, zu denen kein Extrakommentar mehr gegeben werden muß, und andererseits das hinter dem Winkel verborgene Steigungsverhältnis von $\frac{322}{325}$. Hieran ist vielleicht noch nicht erkennbar, daß dies der entscheidende Winkel sein soll. Aber wir sind erst am Anfang der Beweisführung! Die bestehende Skepsis gegenüber dieser Angabe soll vorab einmal aufs Eis gelegt werden, um die nächsten Schritte zu verfolgen.

Bei diesem Winkel ergibt sich eine Höhe der Pyramide von 208,061538... KE. Kann das stimmen, ein derart unrunder Wert? Michael Haase beanstandet in seinem Buch *Das Rätsel des Cheops*, daß die Ägypter der Bruchrechnung soviel Wert beigemessen haben, und betrachtet die häufige Verwendung von Brüchen in überlieferten Texten als einen Mangel dieser Zeit. Hier hat Haase weit gefehlt! Konnten die ägyptischen Priester eine Zahl als Bruch darstellen, war dies in ihren Augen stets eine besondere Zahl, die sich obendrein auch noch qualitativ interpretieren ließ. Es muß deshalb geprüft werden, ob die ermittelte Höhe sich als Bruch darstellen läßt. Und tatsächlich: Der dezimale Anteil nach dem Komma (= 0,061538...) läßt sich als Bruch – $\frac{20}{325}$ – darstellen! Dieser Bruch läßt sich zwar kürzen, ist aber nicht ohne Grund in dieser Form belassen worden. Es ist auffallend, daß der Nenner sowohl im Steigungsverhältnis als auch in der Gesamthöhe gleich ist. Das ist aber erst der Anfang.

Für den nächsten Schritt betrachten wir das Pyramidion, dessen Bruchstücke von Stadelmann ausgegraben und wieder zusammengesetzt worden sind (siehe Abbildung 54 im Farbteil). Stadelmann stellt hierzu fest: *«Es ist das bisher einzige aufgefundene Pyramidion*

des alten Reiches, aus einem monolithischen Kalkstein feinster Qualität gearbeitet, mit einer
Basislänge von 3 E = 1,57 m und – sehr überraschend – einem Winkel von etwas mehr als dem
an der Pyramide gemessenen von 45°.»

Ich habe es nicht unterlassen, das Pyramidion nachzumessen. Die Basislänge von 3 KE
muß tatsächlich als das geplante Maß betrachtet werden. Über die Länge der Seitenkanten
konnte ich dann eine Planhöhe von 2 KE bestimmen. Damit besitzt die seitliche Drei-
ecksfläche gemäß Satz des Pythagoras eine Seitenhöhe von 2,5 KE. Das bedeutet aber, daß in
diesen Proportionen nichts anderes verewigt ist als der Hauptsatz des Pythagoras. Verdoppelt
man nämlich jeden der einzelnen Planwerte des Pyramidions, führt dies zu dem bekannten
Hauptsatz des Pythagoras mit der Aussage, daß $3^2 + 4^2 = 5^2$ ist.

Mit diesen Maßen sieht die Pyramide an ihrer Spitze aus wie auf Abbildung 55 (siehe
Farbteil) dargestellt. Daß die Spitze der Pyramide derart gestuft aussieht, ist eher unerwartet, glaubt man in der Fachwelt doch, daß Pyramidenkörper und Pyramidion nahtlos
ineinander übergehen. Hier sehen wir jedoch eine Konstruktion, die um das Pyramidion
herum einen regelrechten Laufsteg schafft. Was die Baumeister hier vollzogen, ist aber sehr

gut durchdacht, denn die Verlängerung
der Pyramidenseiten trifft sich an der
Spitze genau mit der Spitze des Pyramidions (siehe Abbildung 56). Dies kann
nur einen Grund haben, nämlich daß mit
der gewählten Geometrie eine besondere
Aussagekraft erreicht werden sollte. Um
diese zu begreifen, soll die erzeugte Lösung als Grafik mit den Maßen und den
sich ergebenden Höhen dargestellt werden.

Was ergibt sich nun aus dieser Geometrie? Im Verhältnis zur Pyramidion-
Basislänge von 3 KE ist die Basis der Pyramide genau 140 mal länger. Damit
taucht eine Ziffernfolge auf, die im Gangsystem dieser Pyramide in einer Verdopplungsfolge vorkommt:

$$3,5 - 7 - \underline{14} - 28 - 56$$

Daß die Pyramidenbasis 140 mal größer
ist als die Basislänge des Pyramidions, ist
demzufolge eine bewußte Planungsabsicht
und rechtfertigt die von mir postulierten

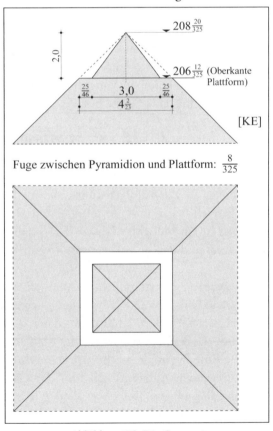

Abbildung 56: Die Geometrie
an der Spitze der Roten Pyramide

420 KE Seitenlänge der Pyramide. Im nächsten Abschnitt werde ich detailliert darauf eingehen.

Das faszinierendste ist jedoch, daß sich eine Reihe von außergewöhnlichen Brüchen ergeben.

Subtrahiert man von der Gesamthöhe der Pyramide die Höhe des Pyramidions, ergibt sich zur Plattformhöhe eine Differenz von $\frac{8}{325}$ = 0,0246... KE (= 1,288... cm), was der Dicke der Fuge entspricht.

Somit lassen sich alle genannten Höhenwerte als Bruch mit jener Zahl darstellen, welche die Neigung der Seitenflächen bestimmt: es ist die Zahl 325. Damit ergibt sich ein homogenes System von Brüchen, beginnend mit der Neigung der Seitenflächen bis hin zur Spitze.

Es bedarf schon einer gehörigen Portion Wissen, einen solchen Winkel zu finden, der in der weiteren Folge einen solchen Effekt aufweist. Auf ein ähnliches Phänomen stößt man bei der Größe der Plattform, die sich ebenfalls als Bruch darstellen läßt. Diesmal finden wir im Nenner die 23, deren Erscheinen bereits angekündigt wurde. Es grenzt schon an das Unbegreifliche, daß die Planer einen Winkel gefunden haben, der bei einer Neigung von 44°44'3,6" in einer Höhe von $206\frac{12}{325}$ KE eine Breite der Plattform von $4\frac{2}{23}$ KE ergibt. Dies ist schlicht und einfach «Computer-Mathematik», die unmöglich von Snofrus Baumeister stammen kann!

Und damit sind wir noch lange nicht am Ende. Erwähnt werden soll noch, daß das Pyramidion ein Volumen von genau 6 KE³ besitzt und die Diagonale der Pyramidion-Grundfläche folgende Größe besitzt:

$$\mathbf{d} = \sqrt{3^2 + 3^2} = \mathbf{4{,}252640...\ KE} = \underline{\mathbf{222{,}144}\ \mathbf{666}}...\ \mathbf{cm!}$$

Wiederum ist es sehr erstaunlich, wie die korrekte Umrechnung einer Königselle in Zentimeter zu Ziffernfolgen führt, die in der Zahlenmystik der Priester eine besondere Rolle gespielt haben und die dann auch in der Cheops-Pyramide auftauchen. Allein dieses Ergebnis ist ein indirekter Beweis dafür, daß die Königselle eine Länge von 52,36 cm besitzen muß und daß sie ein «verwandtschaftliches» Verhältnis zum Zentimeter eingegangen ist.

Nun wird auch verständlich, warum sich Stadelmann über den größeren Neigungswinkel des Pyramidions gewundert hat, der – berechnet anhand der gezeigten Maße – zu einem Winkel von 53°7'48,37" führt und damit deutlich größer ist als der Neigungswinkel der Pyramide. Es bestätigt sich, daß jedes Maß an den Pyramiden seinen verborgenen Sinn hat, und die Rote Pyramide macht hier keine Ausnahme.

Im folgenden Abschnitt soll nun das Gangsystem im Detail betrachtet werden. Wir werden dabei auf eine Reihe von Zahlen bzw. Ziffernfolgen stoßen, die wir bereits kennengelernt haben und die wir zum größten Teil auch in der Cheops-Pyramide vorfinden werden. Daß dabei wieder geniale Zusammenhänge entdeckt werden, dürfte niemanden mehr verwundern.

8.3. Das Gangsystem der Roten Pyramide

Um das gesamte Gangsystem zu begreifen, ist es entscheidend, folgende Ausgangsdaten zu kennen:

- die Neigung des absteigenden Ganges
- die Höhe des Eingangs

Die folgende Abbildung zeigt die innere Struktur der Roten Pyramide im Schnitt.

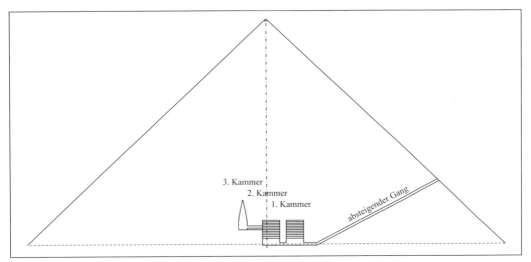

Abbildung 57: Die Rote Pyramide in Schnittdarstellung

Da diese Pyramide lange im Schatten der viel bekannteren Pyramiden von Giseh stand, wurde sie nur mit einem begrenzten wissenschaftlichen Aufwand erforscht. Zielgerichtete Untersuchungen begannen zwar bereits im Jahre 1839 durch J. S. Perring, aber erst in der Neuzeit rückte die Rote Pyramide wieder stärker in das Blickfeld der Forscher. Von dem deutschen Ägyptologen Rainer Stadelmann wurde die Neigung des absteigenden Ganges mit 27°56' bei einer Länge von 62,63 m ermittelt. Die Höhe des Eingangs gibt er mit rund 28 m an.*

Neuere Messungen von Dorner führen zu deutlichen Abweichungen, die leider nicht immer nachvollziehbar sind.** Bemerkenswert sind jedoch seine Beobachtungen, wonach es in den Innenräumen erhebliche Vertikalverschiebungen geben soll. Die Unterschiede des Fußbodenniveaus gibt er mit rund 11 cm an und erklärt sie mit unterschiedlichen Setzungsbedingungen. Zusätzlich bemerkt er: *«Merkwürdig ist der Umstand, daß an den*

---

* Rainer Stadelmann: *Die ägyptischen Pyramiden*, S. 101
** Bernd A. Merz: *Der Ägyptische Tarot*

Wänden und Decken keine größeren Schäden entstanden sind. Möglicherweise ist das auf die günstige Druckverteilung durch die hohen Kraggewölbe zurückzuführen.»

Derart gravierende Setzungen ohne Auswirkungen auf die Wände der Kammern sind in der Tat merkwürdig. Der Grund für diese Niveauunterschiede rührt auch nicht von natürlichen Setzungen des Untergrundes her, sondern von der weiter vorn erwähnten nachträglichen Bearbeitung des gesamten Fußbodens einschließlich des Deckenbereichs im absteigenden Gang. Bei dieser nachträglichen Änderung kam es offensichtlich nicht mehr darauf an, die vorhandene Präzision zu kopieren, denn das Wichtigste war, einen Weg zu schaffen, um den «Gegenstand», der nichts anderes war als der Sarkophag, hineinzubringen. Dabei hat man den Fußboden mit zum Teil deutlichen Veränderungen dort abgetragen, wo er im Weg war, wobei diese Anpassungen nur grob vorgenommen wurden. Nachdem man den Engpaß im Übergang vom absteigenden Gang zum Beginn des horizontalen Ganges überwunden hatte, war die Hauptarbeit geleistet. Nun konnte man den Fußboden allmählich bis zum Ende der zweiten Kammer wieder dem ursprünglichen Niveau annähern. Folglich sind diese Höhenunterschiede durch menschliche Bearbeitung entstanden und niemals durch natürliche Setzungen!

Einen weiteren Fakt hat Dorner bei seinen Messungen übersehen, da er lediglich Messungen des Fußbodenniveaus des absteigenden Ganges vornahm, aber nicht an der Decke. Bei unseren Vermessungen haben wir festgestellt, daß am Ende des absteigenden Ganges der Deckenbereich bearbeitet wurde, indem man dort ebenfalls Teile wegmeißelte. Das bestätigt die Auffassung des nachträglichen Transportes eines Sarkophags, der wegen seiner Größe nicht durch dieses Nadelöhr paßte.

Dieser entscheidende Fakt der nachträglichen Bearbeitung wurde bei den bisherigen Betrachtungen von wissenschaftlicher Seite stets außer Acht gelassen. Diese Kenntnis ist jedoch die Voraussetzung, um die ursprüngliche Planungsabsicht des Architekten erkennen und nachvollziehen zu können.

Bei den nachfolgenden Ausführungen ist es für den Leser bzw. Kritiker nicht gleich erkennbar, warum gerade diese Maße gewählt wurden. Bei der Zusammenfassung der Ergebnisse wird dann begreiflich werden, daß gerade diese Maße die gewollten Maße des Architekten waren.

Die Eingangsprämissen lauten:

- Die horizontale Projektion einer Rasterlinie, die sich genau mittig im Gang befindet und auf die Geländeebene mit einer Bezugshöhe von ±0,00 projiziert wird, befindet sich exakt 56 KE von der Außenkante der Pyramide entfernt (siehe Abbildung 58, S. 138).
- Die Neigung des absteigenden Gangs betrug ursprünglich 27,748478...° = 27°44'54,52". Der Kosinus dieses Winkels beträgt exakt 0,885!

Die letzte Behauptung ist keinesfalls gewagt, denn dieser Winkel war definitiv die beabsichtigte Planungsgröße. Sie hat keinerlei Bezug zu dem Maß «Seked», weil es an dieser Pyramide nicht verwendet wurde, weder im Innern noch bei der Neigung der Seitenflächen! Dieser Winkel besitzt im Zusammenhang mit der gewählten Länge des absteigenden Ganges eine schon extrem zu nennende Eigenschaft, die sich erst bei Kenntnis der richtigen Länge des Ganges enthüllt. Diese beträgt $121\frac{17}{23}$ KE = 63,74... m. Hier taucht die Ziffernfolge 2-3 erneut in einem Bruch im Nenner auf, und das nicht zum letzten Mal.

Der absteigende Gang mit 2,3 KE Höhe führt bei den angegebenen Maßen und dem angenommenen Winkel zu einem Gangvolumen von 560 KE^3! Nun haben wir diese Ziffernfolge 5-6 bereits dreimal in unterschiedlichster Ausführung angetroffen, als 56, 560 und 5600! Das ist keinesfalls ein Zufall oder nur guter Rechnerei zu verdanken, wie wir noch sehen werden. Auch der anschließende Gang besitzt wieder ein Volumen von 56 KE^3, das nächste Gangstück mit 28 KE^3 die Hälfte davon und das letzte Gangstück zur obersten Kammer wieder 56 KE^3, und das ohne den nachträglich herausgehauenen Teil.

Addiert man diese Teilstücke, ergibt sich folgende Rechnung:

$$560 + 56 + 56/2 + 56 = 700 \text{ KE}^3!$$

Dieses Ergebnis ist äußerst beeindruckend, denn nun wird mehr als deutlich, daß die verborgene Geometrie in signifikantem Zusammenhang mit dem Volumen steht. Auch ein zweiter Fakt wird begreiflich, die energetische Linie der 3. Kammer, die zu einem Volumen von 2300 KE^3 führt. Addiert man die Volumen der einzelnen Kammern, ergibt sich wieder ein faszinierender Wert:

$$1650 + 1650 + 2300 = 5600 \text{ KE}^3$$

Damit ist das Volumen der Kammern genau **achtmal** größer als das Volumen aller Gänge. Das Ziel, von der 7 zur 8 (unter qualitativem Aspekt) zu gelangen, kommt damit erneut zum Ausdruck. Nun können wir auch als letztes das gesamte freie Volumen als Summe der Kammern und der Gänge innerhalb der Pyramide ermitteln. Dazu ist es erforderlich, das Gesamtvolumen der dritten Kammer als Grundlage zu verwenden, welches zu einem Volumen von 2400 KE^3 führt:

$$1650 + 1650 + 2400 + 700 = 6400 = 80^2 \text{ KE}^3$$

Bevor dargelegt werden soll, wie das Gangsystem im Detail aufgebaut ist, möchte ich auf die Frage eingehen, warum die 56 (= 2 × 28) so dominant in Erscheinung tritt. Es ist bekannt, daß kein früherer Baumeister ein Bauwerk geplant hat, ohne mit diesem Bauwerk eine bestimmte Aussage machen zu wollen. Der Schlüssel liegt demzufolge in der Qualität der 56 bzw. in der Ergänzung dieser Zahl mit einer oder zwei Nullen.

Auf den ersten Blick scheint die 56 nichts mit einer Einweihung in den 28. Grad zu tun zu haben. Ihre Qualität wird mit dem Oberbegriff «Frieden» identifiziert. Nun muß man unterscheiden zwischen den Fähigkeiten, die in diesem Grad zu erreichen sind, und der geistigen Einstellung, die zu diesen Fähigkeiten gehört. Wenn man gelernt hat, mit dem Geist über die Materie zu herrschen, ist man mit ungewöhnlichen Kräften ausgestattet, die, wie bereits erwähnt, unser heutiges Vorstellungsvermögen arg strapazieren. Man ist in der Lage, diese Fähigkeiten sowohl im Guten wie im Bösen anzuwenden, das ist nun mal die grundsätzliche Möglichkeit innerhalb einer polaren Welt. Es ist vergleichbar mit einem heutigen Karatekämpfer, der seine Fähigkeiten zum Schutz unschuldiger Menschen oder in Verbrechersyndikaten zum Nachteil anderer Menschen einsetzen kann. Insofern wird auch heute noch gerade in den chinesischen Klöstern, in denen dieser Kampfsport gelehrt wird, viel Wert auf die geistige Erziehung gelegt. Eine alte chinesische Weisheit lautet daher: «In der Ruhe liegt die Kraft.» Was bedeutet das aber im Zusammenhang mit der 56? Hier geht es im ersten Aspekt um den eigenen, inneren Frieden, den es in jeder Situation zu bewahren gilt. Dies kann man aber nur, wenn man mit sich selbst im reinen ist und sich selbst liebt, so wie man ist. Der Mensch muß lernen, seinen irdischen Weg bewußt zu steuern, das Schicksal selbst in die Hand zu nehmen und sich nicht von außen her negativ beeinflussen zu lassen. Das eigene Selbstwertgefühl weiß um die eigene Stärke, warum sich also aus der Ruhe bringen lassen, nur weil man einer feindlichen Situation gegenübersteht? Innerer Friede in Verbindung mit geistiger Stärke läßt stets einen friedlichen Weg als Lösung zu. Fehlender innerer Friede und mangelndes Selbstwertgefühl lassen überschnell falsche, überhitzte Reaktionen zu, die ein Problem nicht lösen, sondern nur verstärken.

Deshalb muß der Eingeweihte mit seinen scheinbar übermenschlichen Fähigkeiten lernen, diese kontrolliert einzusetzen, nicht zum Schaden anderer Menschen, was ihm ein leichtes wäre. Dies stellt den zweiten Aspekt dar: Frieden nach außen zu tragen und jedem Menschen gegenüber zu praktizieren. Wie schwer das ist, kann sich jeder anhand der eigenen Erfahrungen selbst ausmalen.

Wir müssen auch beachten, daß der Eingeweihte durch seinen gesamten Ausbildungsprozeß weiß, daß seine eigenen Handlungen kosmisch reflektiert werden, entweder im aktuellen oder in einem späteren Leben. Der bewußte Einsatz seiner Fähigkeiten, in denen er nicht von Emotionen überrascht wird, die er später bereut, ist daher eine Grundnotwendigkeit höherer Einweihung. In diesem Zusammenhang gilt:

Ein Meister beherrscht die Situation und wird nicht von der Situation beherrscht!

Nach diesen wichtigen Erklärungen wird die Frage auftauchen, wie es die Planer angestellt haben, diese qualitativen Aussagen so geschickt in die Geometrie einzubinden. Und noch grundlegender: Wie sah überhaupt die ursprüngliche Geometrie aus?

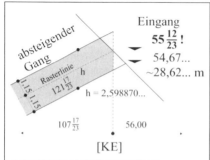

Abbildung 58: Das Gangsystem (absteigender Gang und Eingang)

Zu diesem Zweck wird in Abbildung 58 veranschaulicht, wie die Situation im Eingangsbereich zur Pyramide aussieht.

In einer Höhe von rund 28,62 m über dem Boden befindet sich die Unterkante des Eingangs, die zwischen den beiden Meßwerten von Stadelmann und Dorner liegt. Dies ist jedoch nicht die entscheidende Höhe, sondern die fett hervorgehobene Höhe mit $55\frac{12}{23}$ KE (= 29,07... m). Deshalb muß man fragen, auf welcher Basis die Berechnung dieser Höhe erfolgte, wenn deren Bestimmung nicht wie üblich durch die Kante des Bodens beim Eingang ermittelt wurde. Um ein bestimmtes Volumen für den absteigenden Gang auf geometrische Weise zu erzielen, war es notwendig, eine theoretische Rasterlinie genau mittig innerhalb des Ganges als Bezugslinie zu definieren. Dies ist übrigens auch heute eine übliche Verfahrensweise bei der Planung größerer Bauten.

Um diese Rasterlinie räumlich richtig einordnen zu können, muß der Neigungswinkel der Pyramidenaußenseite bekannt sein. Diesen kennen wir aus dem vorigen Kapitelabschnitt. Ich erwähnte bereits, daß die Ägyptologen mit fester Bestimmtheit davon ausgehen, daß für die Neigungsberechnung das mit Seked bezeichnete Maßverhältnis verwendet wurde – was aber definitiv nicht stimmt. An der Roten Pyramide wurde dieses Maß an keiner Stelle verwendet, denn über dieses Maß hätten die gesamten Planungsabsichten nicht realisiert werden können. Das mit dem Winkel von 44°44'3,6" verbundene Steigungsverhältnis ist es, was erst die ungewöhnlichen Eigenschaften im geometrischen Sinne gestattet.

Schon im Eingangsbereich führt die bemerkenswerte Konstruktion dazu, daß der Höhenbezugspunkt der Rasterlinie bei $55\frac{12}{23}$ KE liegt, während die vertikale Projektion dieses Punktes auf die Grundlinie einen Abstand von 56 KE bis zum Basisrand der Pyramide er-

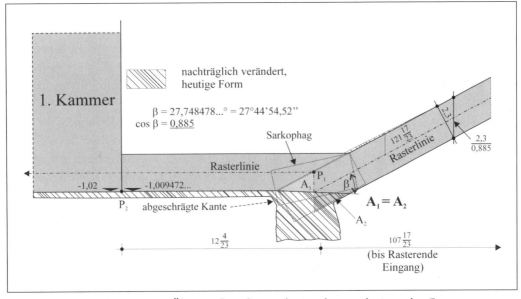

Abbildung 59: Der Übergangsbereich vom absteigenden zum horizontalen Gang

zeugt. Das bedeutet, daß das gewählte Neigungsverhältnis von $\frac{322}{325}$ ein neues proportionales Verhältnis in der Eingangshöhe erzeugt, und zwar wiederum eines, das durch einen Bruch ausgedrückt werden kann.

Die Rasterlinie selbst schafft in Verbindung mit einer vertikalen Linie zwei theoretisch bestimmbare Dreiecke von gleicher Größe. Die Konsequenz davon ist leicht zu erkennen. Will man die Querschnittsfläche in Längsrichtung oder das Volumen des Ganges bestimmen, braucht man nur die Länge der Rasterlinie zu bestimmen. Natürlich ist es erforderlich, daß am Ende des Ganges eine ebenso ideale Geometrie besteht wie im Eingangsbereich – was natürlich der Fall ist. Dies wird in Abbildung 59 verdeutlicht, die das untere Teilstück mit der Lösung laut Planung des Architekten und auch die nachträglichen Veränderungen zeigt.

In dieser Grafik sind gleich eine ganze Reihe von Daten und Details angeführt, die den Ägyptologen unbekannt sind. Das entscheidende ist, daß es in der ursprünglichen Form keinen abgesenkten Bereich gab, der hier schraffiert eingezeichnet wurde. Genau am Ende des absteigenden Ganges befindet sich heute ein relativ kleines Loch, das wie der Beginn eines Grabräuberschachtes aussieht, aber damit überhaupt nichts zu tun hat. Für die Touristen ist dieser Bereich heute mit einer Holzabdeckung gesichert, damit man diese Stelle gefahrlos überqueren kann. Wie bereits erwähnt, waren diese Veränderungen das Werk eines späteren Baumeisters, höchstwahrscheinlich in der Amtszeit von Snofru. Der schräge Ansatz im Übergang zum horizontalen Gang wurde deswegen geschaffen, um an dieser Stelle einen Prallbalken zu positionieren, der den langsam herabgelassenen Sarkophag vor Beschädigungen an der Stirnseite schützte.

Dieser Sarkophag mit einer hypothetischen Länge von 5 KE, einer Breite von 1,8 KE und 2,2 KE Höhe (Summe aller Kanten 36 KE) benötigte den herausgebrochenen Teil, um in die Waagerechte umgelenkt zu werden. In der Abbildung ist der hypothetische Sarkophag maßstabsgerecht in zwei verschiedenen Positionen eingezeichnet, um zu verdeutlichen, daß ein Passieren des Sarkophags im ursprünglichen Gangsystem nicht möglich gewesen wäre. Man kann erkennen, daß selbst ein kleinerer Sarkophag sofort den schraffierten Bereich kreuzen würde.

Die von mir im Fußboden- und Deckenbereich vorgenommenen Messungen der aktuellen Ganglängen sind ebenfalls maßstabsgerecht eingetragen, während der Schacht, bedingt durch seine Unregelmäßigkeit, auch in der Fachliteratur nur grob skizziert wird. Die aktuellen Längen im Decken- und Fußbodenbereich bis zum Eingang zur ersten Kammer betragen aktuell rund 5,25 m (~10,03 KE) und 7,37 m (~14,08 KE). Daß man aus diesen Daten nicht auf die exakte Planungsabsicht schließen kann, ist leicht einzusehen. Um dies zu begreifen, ist es nötig, sowohl die Ursachen für die Veränderungen zu verstehen als auch die Planungsabsicht hinsichtlich ihrer geistigen Zielstellung zu kennen.

In der ursprünglichen Situation begann der horizontale Gang mit einem leichten Anstieg von rund 0,04°, dessen Größe durch den Schnittpunkt mit der vom absteigenden Gang einfallenden Rasterlinie und der halben, vertikalen Höhe des Ganges bestimmt wurde.

Zeichnet man über den Kreuzungspunkt gespiegelt zwei gleich große Dreiecke (A_1 und A_2), erzeugt man wie «oben» am Eingang eine ähnliche Situation. Da in Übereinstimmung mit den Grundsätzen geometrischer Ähnlichkeit die Winkel in beiden vorliegenden Dreiecken die gleiche Größe besitzen, kann man den Endpunkt der Rasterlinie für die Berechnung der Daten des absteigenden Ganges benutzen.

Berechnet man nun unter diesen Bedingungen den Flächeninhalt des Längsquerschnittes des Ganges, gibt es zwei Möglichkeiten, dies zu tun. In der einen Variante kann man die tatsächliche Länge der Rasterlinie verwenden, während in der zweiten Variante die Länge der horizontalen Projektion der Rasterlinie genommen wird.

Diese horizontale Projektion (siehe Abbildung 59) führt erneut zu einer mathematischen Besonderheit. Sie resultiert aus der Tatsache, daß der ungewöhnliche Gefällewinkel des absteigenden Ganges sowohl in der Rasterlinie wie auch der Länge ihrer horizontalen Projektion den gleichen Bruch von $\frac{12}{23}$ erzeugt und obendrein beide Längen eine Differenz von 14 KE aufweisen. Diese Längendifferenz tritt bemerkenswerterweise als Länge des letzten Ganges von der zweiten zur dritten Kammer mit dem gleichen Wert von 14 KE erneut auf.

Jetzt sehen wir die Bedeutung des Winkels β von 27,748478...°, dessen Kosinus 0,885 beträgt. Dies läßt sich leicht überprüfen, indem man den Quotienten der beiden Zahlen bildet:

$$\frac{107\frac{17}{23}}{121\frac{17}{23}} = 0,885 = \cos\beta$$

Nur über diese ausgefeilte Proportion war es möglich, die Besonderheit eines Unterschiedes in der Schräge und der Horizontalen von 14 KE zu erzeugen, die für die Gesamtaussage und Gesamtmaßkette vom Fuß der Pyramide bis zur dritten Kammer von gravierender Bedeutung ist. Es ist bereits erwähnt worden, daß die Zahl 14 innerhalb einer Verdopplungsfolge vorkommt. Hier am Anfang des Gangsystems erzeugt die Geometrie auf verborgene Weise die Zahl 14, und am Ende des Gangsystems bestimmt die 14 die Länge des letzten Ganges. Deutlicher kann man kaum zeigen, daß hier nicht irdische, sondern kosmische Maßstäbe entscheidend waren (= Bedeutung der Zahl 14).

Aus den obigen Daten ergibt sich nun für den Flächeninhalt des absteigenden Ganges (Querschnittsfläche über die Höhe des Ganges) folgende Lösung:

$$121\frac{17}{23} \times 2,3 = 280\ \mathbf{KE}^2 \text{ oder } 107\frac{17}{23} \times \frac{2,3}{0,885} = 280\ \mathbf{KE}^2$$

Will man das Volumen bestimmen, braucht man diesen Wert nur mit der Breite des Ganges von 2 KE multiplizieren und erhält 560 KE³.

Es muß wahrscheinlich nicht mehr betont werden, daß eine Mathematik, die mit Winkelfunktionen in der außergewöhnlichsten Art operiert, einem überaus hohen Stand an Wissen entspringt und eigentlich – zumindest für uns Menschen von heute – technischer Hilfsmittel wie der eines Computers bedarf. Es ist absolut unmöglich, daß solche Lösungen intuitiv oder mit einfachen Mitteln gefunden werden!

Kommen wir nun zu dem horizontalen Gangstück. Ägyptologen haben es nicht leicht, die Länge eines Ganges zu bestimmen. Immerhin besteht die Möglichkeit, diese am Boden oder am Deckenbereich zu messen. Weiter oben wurden die dazu gehörigen Meßwerte angegeben. Die in Abbildung 59 gezeigte und von den Planern durchdachte Lösung ist in sich absolut logisch. Die mittige Rasterlinie, die einen Höhensprung am Übergang zum horizontalen Gang zum Punkt P_1 vollzieht, hat keine Auswirkung auf die Maßkette in der Ebene. In der Roten Pyramide ist die Bestimmung dieser Daten auf direktem Wege heute nicht mehr möglich, da die nachträglichen Veränderungen das ursprüngliche Prinzip zerstört haben. Erst die gezeigte Rekonstruktion und das Wissen, daß in der Länge nicht ein runder Wert gewollt war, sondern wieder ein Bruch in Abhängigkeit von der 23, enthüllen die Lösung, daß die Rasterlinie mit einer Länge von $12\frac{4}{23}$ KE (= 6,37...m) geplant war. Querschnittsfläche und Volumen berechnen sich dann wie folgt:

$$12\frac{4}{23} \times 2,3 = 28 \text{ KE}^2; \; 28 \times 2 = 56 \text{ KE}^2$$

Es ist erstaunlich, daß dieses Gangstück genau einem Zehntel des Volumens des absteigenden Ganges entspricht.

In Abbildung 59 wurden zusätzlich zwei Höhenangaben eingetragen. Bedingt durch die bisher erläuterte Konstruktion, befindet sich das erste horizontale Gangstück bereits mit einem Bezugsniveau von –1,009472 KE (~53 cm) unter der Geländeoberfläche. Dieses Maß kann durch keinerlei geschickte geometrische Tüfteleien in einen runden Wert umgewandelt werden. Auch die Planer mußten mit der Tatsache leben, daß sich Maßsysteme nicht manipulieren lassen. Dieses Bezugsniveau ist aber störend für die weitere Geometrie, wenn auch nur in geringfügigem Maße. Aus diesem Grunde wurde ab der ersten Kammer am Punkt P_2 der Fußboden um eine Winzigkeit von 0,010528... KE abgesenkt, was umgerechnet einer Größe von rund 5,5 mm entspricht. Mit dieser Korrektur befindet sich der Fußboden nunmehr 1,02 KE oder 53,4072 cm unter der Geländeoberfläche. Mit diesem Wert hat man gleich zwei Fliegen mit einer Klappe geschlagen. Der bereits erläuterte Q2-Code, der durch Addition der Ziffern in Zweiergruppen entsteht, ergibt für die 53,4072 cm einen Wert von 165 (= 53+40+72). Es sei hier nochmals erwähnt, daß das Volumen der Kammer 1650 KE³ beträgt und das Unterteil des Sarkophags der Cheops-Pyramide eine lichte Höhe von 1,65 KE aufweist. Auf diese Weise wird die Richtigkeit der Volumenberechnung der ersten und zweiten Kammer auf ungewöhnliche Weise untermauert. Mit diesem verborgenen Code läuft der Einzuweihende praktisch auf einem mit heiliger Geometrie gesegneten Boden, was dem Touristen und dem Wissenschaftler heutzutage jedoch völlig fremd ist. Der zweite Aspekt ist, daß die Höhe der Kammer über Oberkante Gelände einen besonderen Wert erreicht, nämlich 23,04 minus 1,02 = +22,02 KE. An diesem Wert ist nicht nur interessant, daß dreimal die Ziffer 2 auftaucht, sondern auch eine weitere geheime Geometrie, die ich bei der Erläuterung der Höhenpunkte der dritten Kammer erklären werde.

An dieser Stelle soll noch festgehalten werden, daß die Höhe von −1,02 KE ursprünglich bis zum Ende der zweiten Kammer als einheitlicher Wert geplant und auch realisiert wurde; die heutigen Höhenunterschiede sind im Fußboden größtenteils durch die nachträglichen Veränderungen entstanden. Auch Erdbeben und Setzungen werden – allerdings nur geringfügig – ihren Teil dazu beigetragen haben.

Das nächste Gangstück, das die erste und die zweite Kammer verbindet, setzt die Abhängigkeit der Länge von einem arithmetischen Bruch fort. Die Länge dieses Ganges beträgt $6\frac{2}{23}$ KE, wodurch sich eine Längsquerschnittsfläche von 14 KE² und ein Volumen von 28 KE³ ergibt!

Das fehlende letzte Gangstück durchbricht den bisherigen Stil, weil es einerseits nur 2 KE hoch ist und eine Länge von 14 KE aufweist. Daß bei einer Breite von 2 KE die Längsquerschnittsfläche 28 KE² und das Volumen 56 KE³ ergibt, kann man leicht im Kopf nachrechnen.

Die so errechneten Daten sollen nun noch einmal im Überblick zusammengestellt werden.

Das Gesamtergebnis ist durchaus beeindruckend, auch wenn es eingangs des Abschnittes bereits vorweggenommen wurde. Die Frage nach dem Sinn der Längsquerschnittsfläche, die hier eventuell auftaucht, soll ebenfalls beantwortet werden. Wir erinnern uns, daß diese Berechnung auch bei den Kammern relevant war. Dort wurde ermittelt, daß die erste und die zweite Kammer 103,125 KE² und

	Länge [KE]	Höhe [KE]	Breite [KE]	Längsquerschnitt [KE²]	Volumen [KE³]
absteigender Gang	$121\frac{17}{23}$	2,3	2,0	280	560
erstes Gangstück	$12\frac{4}{23}$	2,3	2,0	28	56
zweites Gangstück	$6\frac{2}{23}$	2,3	2,0	$\frac{28}{2}$	$\frac{56}{2}$
drittes Gangstück	14	2,0	2,0	28	56
Summe	**154**	-	-	**350**	**700**

Tabelle 19: Zusammenstellung der Gangmaße

die dritte Kammer oberhalb der Ebene 1a 143,750 KE² Querschnittsfläche besitzen. Addiert man diese drei Teilergebisse, ergibt dies:

$$103,125 + 103,125 + 143,750 = \textbf{350 KE}^2$$

Nun ist leicht zu sehen, daß die berechnete Querschnittsfläche der Gänge und der Kammern gleich groß sind und obendrein beide Werte zusammen 700 KE³ ergeben!

Mit diesem Ergebnis wird ein weiterer, indirekter Beweis dafür geliefert, daß die energetische Linie innerhalb der dritten Kammer eine verborgene Bedeutung besitzt, denn ohne diese Linie, wäre der Querschnitt um 6,25 KE² größer, und es käme nicht zu diesem runden Ergebnis. Wir verstehen aber auch, warum das letzte Gangstück nur 2 KE hoch geplant wurde. Nur diese Höhe konnte die Gesamtgeometrie sichern, die zusätzlich im Grundriß der gesamten Anlage zu einer weiteren Harmonie führt. Es ist aber auch begreiflich, daß

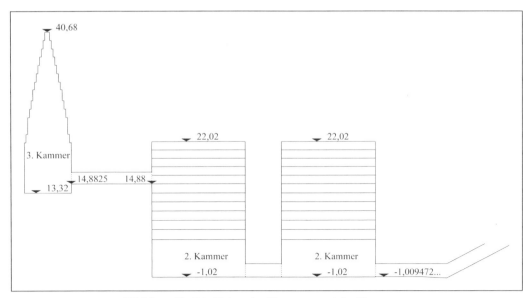

Abbildung 60: Die Höhen der Kammern und des Gangsystems

zum Beispiel ein 2,2 KE hoher Sarkophag nicht durch die ursprüngliche Ganghöhe transportiert werden konnte. Aus praktischen Erwägungen hat der spätere Baumeister diesen Gang bis zur Ebene der dritten Kammer wegmeißeln lassen, damit nicht noch zusätzliche Aufwendungen notwendig wurden, den Sarkophag über eine weitere Stufe bewegen zu müssen.

Nachdem in den bisherigen Ausführungen auch die Höhen eine besondere Rolle gespielt haben, sollen diese auch für den letzten Teil ermittelt werden. In Abbildung 60 sind alle Höhen der Kammern aufgeführt, um die letzte verborgene Geometrie zu enthüllen.

Wie bereits im Text angedeutet, ist mit diesen Höhen noch eine weitere Besonderheit verbunden. Um hinter diese geheime Aussage zu kommen, sollen in der folgenden Tabelle jeweils pro Kammer die Einzelhöhen addiert werden.

[KE]	1. Kammer	2. Kammer	3. Kammer	Summe
Oben	22,02	22,02	40,68	84,72
unten	+(-1,02)	+(-1,02)	+13,32	+11,28
Summe	**21,00**	**21,00**	**54,00**	**96,00**

Tabelle 20:
Die Höhenbezugspunkte der Kammern

Im Zusammenhang mit den Höhenbezugspunkten müssen wir auch die Längen der einzelnen Kammern betrachten. Da sie im Boden- und Dekkenbereich je 16 KE lang sind, taucht diese Länge in jeder Kammer theoretisch 2 mal auf. Für die insgesamt 3 Kammern ergibt dies 6 × 16 = **96,00** KE. Wir können also feststellen, daß über die Längen der Kammern die geschickt gewählten Höhen bestätigt worden sind.

Bei Abbildung 60 fällt auch auf, daß der letzte Gang ein ansteigendes Niveau von 14,88 auf 14,8825 KE aufweist. Dieser winzige Unterschied von 0,0025 KE = 1,309 mm entstand durch die besondere Höhe der 7. Ebene: 1,5675 KE. Zieht man diese Höhe von den

14,88 KE ab, würde die dritte Kammer auf einem Niveau von +13,3175 KE beginnen. Dies hätte aber die soeben erläuterte Geometrie zerstört, die anhand der Daten in Tabelle 20 ersichtlich wird. Um das zu umgehen, war es notwendig, den Gang mit dieser geringfügigen Differenz ansteigen zu lassen.

Wer zweifelt nun noch, daß in dieser Pyramide eine «Sternenmathematik» verewigt wurde, vor der wir nur staunend stehen? Und doch sind wir noch nicht am Ende aller Erkenntnisse, denn es fehlt noch der Grundriß mit der Zuordnung der Pyramidenachsen.

8.4. Der Grundriß der Roten Pyramide

Wir können davon ausgehen, daß auch der Grundriß gut durchdacht wurde und daß alle bisher aufgeführten Maße einschließlich der Drehung der letzten Kammer um 90° einen tiefen Sinn haben. Das geistige Konzept, das die Erbauer hier in eine materielle Manifestation bringen wollten, erforderte eine Pyramidenbasislänge von genau 420 KE mit absolut quadratisch angeordneter Grundfläche. Durch die Wissenschaft wurde bereits festgestellt, daß das Gangsystem im Verhältnis zu den Hauptachsen der Pyramide außermittig angeordnet wurde. Um die Fülle gewollter Zusammenhänge und damit verbundener qualitativer Aussagen zu erzielen, mußten die Erbauer offensichtlich darauf verzichten, die letzte Kammer im Mittelpunkt der Pyramide zu plazieren. Den Planern der Cheops-Pyramide erging es nicht anders: Auch dort befindet sich die Königskammer nicht im Kreuzungsmittelpunkt der beiden Hauptachsen. Daraus läßt sich schließen, daß es nicht das entscheidende war, der letzten Kammer einen geometrisch zentralen und dominanten Platz zuzuordnen, sondern daß die Gesamtgeometrie die absolute Priorität besaß. Allein diese Schlußfolgerung zeigt, daß die Planer exzellente Wissenschaftler waren.

Wie in dieser Grafik zu sehen ist, besitzt das gesamte innere System der Roten Pyramide eine perfekt durchdachte Geometrie. In den Maßen sind einige Auffälligkeiten zu erkennen, auf die in gewissem Grade auch Josef Dorner gestoßen ist. Bei seinen Messungen stellte er fest, daß der absteigende Gang in horizontaler

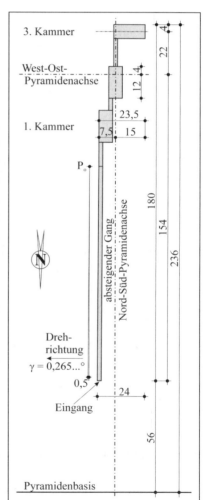

Abbildung 61: Detail aus dem Grundriß der Roten Pyramide: die Einordnung des inneren Kammer- und Gangsystems und ihre Achsenzuordnung

Richtung geringfügig schräg nach Westen verdreht ist und sich somit nicht in paralleler Lage zur West- bzw. Ostseite der Pyramide befindet. Das ist durchaus korrekt und war von den Erbauern auch völlig beabsichtigt.

Alle drei Kammern besitzen eine übergreifende Ost-West-Ausdehnung von 23,5 KE, die sich durch die gewählten Maße zwangsläufig ergab. Die Längsausdehnung in Nord-Süd-Richtung führt durch die Gesamtmaßkette zu 180 KE. Offensichtlich wollten die Planer für diesen Bereich eine besondere Aussage durch heilige Geometrie verbinden, die mit dem Maß von 23,5 KE nicht zu erreichen war. Eine theoretische Fläche dieser Ausdehnung führt zu 23,5 × 180 = 4230 KE² . Würde das erste Maß jedoch auf 24 KE erweitert werden, erhielte man eine Größe von 4320 KE² (= 3 × 1440), die mit der Ziffernfolge 4-3-2 unter anderem an die vedischen Zeitalter erinnert. Daß hinter dieser Ziffernfolge noch viel mehr verborgen ist, werden wir im Zusammenhang mit den Ausführungen zur Königs-kammer erfahren. Um die Ost-West-Ausdehnung des gesamten Systems auf 24 KE zu erweitern, blieb den Planern nichts anderes übrig, als den absteigenden Gang ab dem Punkt P_O (Ende des absteigenden Ganges) um 0,5 KE in Richtung West zu verdrehen. Dieses Maß zieht einen Winkel nach sich, der mit seiner Größe von rund 0,265° praktisch unbemerkt bleibt.

Es ließen sich noch weitere interessante Proportionen und Aussagen herauskristallisie-ren, die im Konstruktionsplan der Roten Pyramide verarbeitet wurden. Ich glaube jedoch, daß die hier dargelegten Ausführungen zu dieser Pyramide ausreichen, um den Leserinnen und Lesern ein Gefühl für die geniale heilige Geometrie dieses Bauwerks zu vermitteln.

Zusammenfassend können wir also festhalten, daß es zwischen der offiziellen Meinung der Ägyptologie und dem hier in aller Ausführlichkeit gezeigten Planungskonzept der Roten Pyramide einen deutlichen Widerspruch gibt. Die offizielle Lehrmeinung, die dieses Bauwerk König Snofru zuschreibt, der zu Beginn der 4. Dynastie lebte, steht im krassen Widerspruch zum komplexen Wissen, das die Grundlage der Planung bildete. Auch die perfekte Steinbearbeitung und der Transport von bis zu 25 t schweren Steinen mit millime-tergenauer Plazierung passen nicht in diese Zeit. Der Bau einer solchen Pyramide mit den gewaltigen Kammern wäre, übertragen auf die heutige Zeit, nur mit modernster Bau- und Vermessungstechnik möglich, falls überhaupt. Die Vorstellung, daß ein solches Bauwerk kurz nach der mittleren Steinzeit mit einem solchen Know-how gebaut werden konnte, gehört deshalb in den Bereich der Phantasie.

Für die Fachwelt der Ägyptologie wird es bei diesen Erkenntnissen sehr schwer werden, die hier vorgestellten Theorien als absurd zu bezeichnen und vom Tisch zu wischen. Die Rote Pyramide wurde hier – auf der Grundlage wissenschaftlicher Fakten – auf alle mögli-chen Aspekte hin untersucht und regelrecht dreidimensional durchleuchtet. Die Ergebnisse sind auf jeder Ebene homogen und schlüssig. Zu behaupten, ich hätte das hier vorgestellte Planungskonzept für die «Snofru-Pyramide» künstlich entwickelt, weil man ja mit Zahlen angeblich alles machen kann, ist in Anbetracht der Fakten, die ich vorgelegt habe, schlicht-weg absurd oder ignorant. Dies könnte man vielleicht im Einzelfall für bestimmte Details behaupten, aber niemals für die gesamte Fülle von Einzeldetails, wie sie hier zum Beispiel in den Abmessungen der Kammern und Gängen zu Tage gekommen ist.

Ein solches Konzept kann man nur vorfinden, wenn es ursprünglich bereits vorhanden war. Die Skeptiker möchten hierüber nachdenken und sich ihr eigenes Urteil bilden.

9. Die Geheimnisse der Cheops-Pyramide und die Königselle

Die Entdeckung, daß in der Cheops-Pyramide mehr als nur ein Maßsystem angewendet wurde, ist zugegebenermaßen erstaunlich und für den modernen Menschen schwer zu glauben – denn die Konsequenzen für das vorherrschende Weltbild sind enorm. Dennoch sprechen die Berechnungen für sich und lassen sich nicht wegdiskutieren. Im Aufbau der Schichten haben wir Zoll, Zentimeter und Königselle vereint vorgefunden. Der innere Aufbau, den wir nun im Detail betrachten wollen, wird demgegenüber massiv von der Königselle bestimmt.

Gleich zu Beginn möchte ich die Anwendung der Königselle an einigen Hauptmaßen belegen, über die in der Fachwelt nirgendwo Zweifel bestehen. Trotzdem sollen sie hier aufgeführt werden, da sie zum grundlegenden Konzept der Pyramide gehören. Für einen grafischen Schnitt durch die Cheops-Pyramide gehen Sie bitte zurück zu Abbildung 18 (S. 57), in der die Lage und Form der Kammern und der Großen Galerie zu sehen sind.

Königskammer

	Planmaß		Istmaß	Abweichung
Länge	20 KE	= 10,472 m	10,49 m	−1,8 cm
Breite	10 KE	= 5,236 m	5,24 m	−0,4 cm
Umfang	60 KE	= 31,416 m		

$\frac{\text{Umfang}}{10}$ = **3,1416 m**

Königinnenkammer

	Planmaß		Istmaß	Abweichung
Länge	11 KE	= 5,7596 m	5,76 m	−0,04 cm
Breite	10 KE	= 5,2360 m	5,23 m	0,60 cm
Umfang	42 KE	= 21,9912 m		

$\frac{\text{Umfang}}{7}$ = **3,1416 m**

Große Galerie

	Planmaß		Istmaß	Abweichung
Breite im Sockelbereich	4 KE	= 2,0944 m	2,09 m	−0,44 cm
Breite an der Decke	2 KE	= 1,0472 m	1,05 m	−0,28 cm
Summe	6 KE	= **3,1416 m**	3,14 m	

Wie an diesen drei Beispielen zu erkennen ist, tritt der Wert 3,1416 im verborgenen auf. Teilt man diesen Wert durch 6, erhält man exakt die Länge der Königselle mit 52,36 cm. Das bestärkt auf andere Weise den Eindruck, daß über die Königselle nicht der korrekte

Bruchteil eines Sechstels von π (Pi) beabsichtigt war, sondern daß damit ein ganz anderer Inhalt zum Ausdruck gebracht werden sollte.

Bei der weiteren Ausformulierung des Buches erwies es sich als schwierig, die richtige Reihenfolge der Themenbearbeitung zu finden. Ständig wurde ich damit konfrontiert, daß ein Thema mit anderen Inhalten verknüpft ist, die entweder als Voraussetzung oder zur Verständnishilfe zuerst angesprochen werden müßten. Aber selbst daraufhin vorgenommene Umstellungen führten auf andere Art zum gleichen Dilemma. Das in der Cheops-Pyramide verankerte Wissen ist in der Tat äußerst komplex und miteinander derart «verstrickt», daß unabhängig davon, welcher Anfang gewählt wird, stets Textbezüge zu nachfolgend einge-ordneten Abschnitten erforderlich sind.

Ein anderer Aspekt betrifft die Menge des verborgenen Wissens. Mittlerweile bin ich zu der Überzeugung gekommen, daß es unmöglich ist, sämtliche Planungsabsichten und Gründe zu erkennen, weil selbst die Größe der Steine – zum Beispiel in Königinnen-kammer und Königskammer – mit fester Absicht genau mit den vorhandenen Maßen ge-plant wurde. Herauszubekommen, warum diese Maße in jedem Einzelfall exakt so gewählt wurden, halte ich für unmöglich. Allerdings ist es mir trotz aller Schwierigkeit gelungen, Teile dieser Struktur zu erkennen.

Wer glaubt, daß mit den hier vorgelegten, sehr präzisen Analysen alles gesagt ist, was es zu sagen gibt, befindet sich im Irrtum. Im vorliegenden Buch sind im Verhältnis zu den gemachten Entdeckungen nicht alle, aber die wesentlichen (und zum Teil spektakulären) Erkenntnisse integriert worden. Inwieweit es erforderlich ist, zur Cheops-Pyramide ein se-parates Buch mit weiteren Geheimnissen zu veröffentlichen, wird die Zukunft zeigen.

Die gewonnenen Erkenntnisse zur Cheops-Pyramide sind insgesamt sehr umfang-reich. Im Verlaufe dieses Kapitels werden deshalb auch die verschiedensten inhaltlichen Aspekte angesprochen. Sie reichen von Details der inneren Struktur einschließlich ihres Zusammenhangs zum Schichtenaufbau bis hin zum genauen Verlauf der Einweihungswege innerhalb der Königinnen- und der Königskammer. Letztere Themenstellung ist dabei von besonderer Brisanz, wird hier doch erstmalig erläutert, was bei einem Einweihungsritual in der Königskammer tatsächlich passierte und welchen ungewöhnlichen Weg der Einzu-weihende zurückzulegen hatte.

Mit diesem Stoff von immenser Tragweite wird veranschaulicht werden, daß verschie-dene mystische Orden – Rosenkreuzer und Freimaurer seien hier nur exemplarisch genannt – ihren Anfang tatsächlich in Ägypten haben. Die in diesen Orden heute noch vorhandenen Relikte alten Wissens beziehen sich in höheren Graden eindeutig auf eine altägyptische Zeit, ohne daß die Mitglieder deren tiefen Hintergrund heute noch kennen. Das überlieferte Wissen aus dieser Zeit ist nur noch in kleinen Bruchstücken vorhanden und daher in seinem ursächlichsten Anliegen des geistigen Kerns beraubt. Es ist aus diesem Grund verständlich, warum in diesen Orden im Verlaufe der Zeit sekundäre Aufgaben und Ziele, mitunter sogar Irrwege, mehr und mehr die Oberhand gewonnen haben und das wahre Geheimwissen immer mehr in den Hintergrund getreten ist. Große Künstler, Denker, Wissenschaftler und

Persönlichkeiten wie Wolfgang A. Mozart, Josef Haydn, Johann W. Goethe, Gotthold E. Lessing, Johann G. Fichte, Alexander Puschkin, Alfred Brehm, Alexander von Humboldt, Simon Bolivar (Führer der lateinamerikanischen Unabhängigkeitsbewegung) und viele andere mehr waren zum Beispiel Mitglieder des Ordens der Freimaurer – dies allerdings zu einer Zeit, als er noch mehr Wissen besaß, als er heute vorweisen kann.

Die heute teilweise einseitige und negative Diskussion um diese Orden wird sich im Licht der folgenden Erkenntnisse zumindest in wichtigen Punkten als unsachlich erweisen; diese Erkenntnisse werden andererseits aber auch zeigen, wie weit moderne mystische und esoterische Orden vom einstigen hohen Wissen entfernt sind.

9.1. Die Hauptstruktur des Gangsystems

Im Gegensatz zur Roten Pyramide erscheint es hier sinnvoller, zuerst mit dem inneren Gangsystem zu beginnen. Dieses System, das eine verborgene Struktur enthält, ist in Abbildung 62 in einem Teilausschnitt der Pyramide dargestellt. Aus bestimmten Gründen wird hier die Weglänge zur Königinnenkammer nicht angegeben; diese wird anschließend separat behandelt werden.

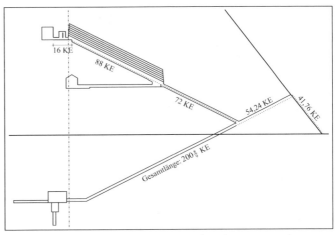

Abbildung 62: Das Gangsystem der Cheops-Pyramide

In dieser Grafik ist neben den Maßen auch eine gestrichelte Rasterlinie eingezeichnet. Wie in der Roten Pyramide bestimmt die Rasterlinie auch hier das gesamte innere System.

Sie beginnt am Fuß der Pyramide und verläuft von dort aus in einem gewissen Abstand parallel zur Außenverkleidung bis zum Eingang, wo sie durch einen vertikalen Höhenrücksprung auf die Unterkante des Eingangs in 666 Zoll Höhe zurückspringt.* Von dort aus verläuft sie den absteigenden Gang entlang bis zu dem Punkt, wo der aufsteigende Gang beginnt. Am Übergang zum aufsteigenden Gang erfolgt ein weiterer Höhensprung, dem sich ein 72 KE langer Rasterabschnitt bis zum Beginn der Großen Galerie anschließt. In der weiteren geradlinigen Verlängerung verläuft die Rasterlinie identisch mit der Oberkante der 1 KE hohen Rampe (auf die ich noch später eingehe) bis zur

---

* Es ist wichtig, darauf hinzuweisen, daß die Rasterlinie nicht auf der Oberfläche der Verkleidungsschicht verläuft, sondern in einem definierten Abstand. Diese Lage ist erforderlich, um einerseits die Gesamtstruktur der Pyramide wie auch geplante Weglängen einschließlich ihrer zueinander stehenden Proportionen zu erreichen.

Vorderkante der Plattform. Dieser zweite Abschnitt, der die Länge der Großen Galerie bis zu dieser Plattform bestimmt, ist 88 KE lang. Beide Abschnitte stehen durch die Wahl dieser Einzellängen in einem Verhältnis von 72:88 = 9:11 zueinander und bestimmen nach dem insgesamt 160 KE langen aufsteigenden Teil plus der 3 KE langen Plattform die Lage der Ost-West-Hauptachse der Pyramide.

Um den Rasterabschnitt außerhalb der Pyramide zu verstehen, muß man zuerst die Gesamtlänge des absteigenden Ganges von $200\frac{8}{9} = 200{,}888$ KE kennen. Dieses Maß entspricht im metrischen System 105,185... m und ist mit geringer Abweichung identisch mit den offiziell gemessenen Daten. Wird von dieser Länge der 0,27ste Anteil bestimmt, erhält man 54,24 KE. Dies ist genau die Länge des ersten Abschnitts des absteigenden Ganges vom Eingang bis hin zu dem Punkt, wo der aufsteigende Gang beginnt. Die Länge der äußeren Rasterlinie von 41,76 KE wurde so gewählt, daß sie sich mit dem inneren Rasterlinienabschnitt von 54,24 KE zu insgesamt genau 96 KE ergänzt. Warum dem so ist, werden wir in den Ausführungen zu den Einweihungen innerhalb der Pyramide erfahren.

Es soll hier nochmals erwähnt werden, daß der aufsteigende Gang gemäß Petries Messungen vom idealen Steigungsverhältnis 1:2 abweicht. Für diese Abweichung gibt es zwei Erklärungsmöglichkeiten. Die eine wurde bereits in Abschnitt 3.3 erwähnt, nämlich daß Petrie ein Meßfehler unterlaufen ist. Die zweite Möglichkeit leitet sich durch die Struktur der «Trial Passage» (Abbildung 63) ab, die wie ein Modell Teile der inneren Struktur ziemlich präzis wiedergibt. Dieses unterirdische, aus dem Feld herausgehauene «Modell» befindet sich östlich der Cheops-Pyramide, dessen Eingangsbereich mit einem Zaun und einer Eisentür gesichert ist. Diese weithin unbekannte Ganganlage wurde von den Engländern mangels besserer Erklärung «Trial Passage», wörtlich «Versuchsgang», genannt, weil sie meinten, die Pyramidenerbauer hätten hier im Fels einen Modellversuch gestartet. Das allerdings auch zu Recht.

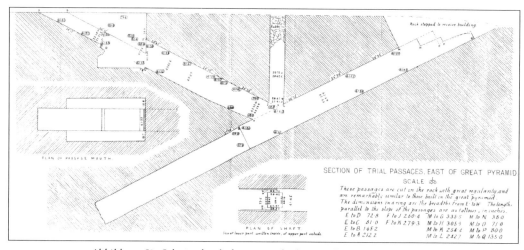

Abbildung 63: Schnitt durch die unterirdische «Trial Passage» (von Petrie)

Petrie hat dieses System zum Glück sehr genau vermessen und in seinem mehrfach erwähnten Buch dokumentiert. Auf Abbildung 63 ist rechts der Einstiegsbereich zu erkennen, der in verkürzter Form den absteigenden Gang symbolisiert. An der Schnittstelle zum aufsteigenden Gang befindet sich ein zusätzlicher senkrechter Schacht, der in dieser Lage in der Cheops-Pyramide nicht vorhanden ist. Beim aufsteigenden Gang ist zu erkennen, daß dieser nach oben abgeknickt ist. Dadurch, daß dieser Bereich in der Cheops-Pyramide aufgrund der Blockierungssteine nicht zugänglich ist, kann dort nicht überprüft werden, ob ebenfalls ein solcher Knick in der Steigung vorhanden ist. Wäre das der Fall, erklärte dies die geringfügig geringere Neigung des Ganges. Allerdings würde diese Neigung nichts an der Länge der Rasterlinie von 72 KE ändern, die sich deutlich über dem Fußbodenniveau befindet. Auf ihre genaue Lage kommen wir anschließend zu sprechen. Aus dem weiteren Verlauf der Untersuchungen wird jedoch deutlich hervorgehen, daß für die Planung der Rasterlinie das 1:2-Verhältnis ohne jegliche Abweichung die Grundlage bildete.

Abbildung 63 enthält noch ein weiteres Kuriosum. Dieses ungewöhnliche Detail befindet sich am «Modelleingang» zur angedeuteten Großen Galerie, anschließend an den aufsteigenden Gang. Im horizontalen Abschnitt, der den Weg zur Königinnenkammer andeutet, ist im Fußboden eine dreieckige Vertiefung eingearbeitet. Für dieses Detail, welches tatsächlich an der analogen Stelle in der Pyramide vorhanden ist, gibt es seitens der Ägyptologen keinerlei Erklärung. Heute ist dieses Detail zugemauert, um zu vermeiden, daß Touristen an dieser Stelle stolpern.

Wenn wir in den folgenden Ausführungen zu diesem Detail innerhalb der Cheops-Pyramide kommen, werden sich auch Sinn und Bedeutung dieser dreieckigen Vertiefung zweifelsfrei erklären lassen. Bis dahin muß ich noch um etwas Geduld bitten.

Nach diesen Erklärungen möchte ich wieder zu der Hauptrasterlinie zurückkehren, die von außerhalb der Pyramide bis zur Plattform insgesamt 96 + 160 = 256 = 16 × 16 KE lang ist. Diese beiden Abschnitte stehen in einem Verhältnis von 3:8. Hier erinnern wir uns daran, daß der Schichtenaufbau der Pyramide durch $3^2 \times 8^2 \times 10$ Zoll bestimmt wurde. Wir sehen zumindest an diesem winzigen Detail, daß die 3 und die 8 im Inneren wie im Äußeren bestimmende Zahlen sind.

Der theoretisch bestimmte Steigungswinkel der Galerie und des aufsteigendem Ganges sowie die soeben aufgeführten Rasterlängen führen zu einigen deutlichen Korrekturen an den bisherigen Auffassungen der Ägyptologen. Es ist einleuchtend, daß der Endpunkt der Rasterlinie an der Plattform und ihr Höhenbezugspunkt aufgrund des richtigen, etwas größeren Winkels von 26°33'54,18" nach oben rutscht. In den nachfolgenden Abschnitten werden wir erkennen, daß die Oberkante der Plattform bei 82,6 KE liegt, während der Fußboden der Königskammer im Eingangsbereich bei 82,5 ($= \frac{165}{2} = \frac{330}{4}$) KE liegt. Die in Klammern geschriebenen Werte wurden deshalb eingefügt, da sie zentrale Hauptdaten innerhalb der Königskammer bestimmen. Darauf kommen wir besonders bei der Behandlung des Codes des Sarkophags zurück.

Eine zweite Korrektur betrifft die Lage der Ost-West-Hauptachse der Pyramide, die eindeutig das Ende der Galerie markiert und nicht die Vorderkante der Plattform! Nur unter dieser Anordnung ergibt sich eine innere homogene Struktur, die auch das verborgene Gesamtsystem und die Abweichungen von einer idealen quadratischen Grundfläche erkennen läßt.

Zur Sicherung und Einhaltung der Gesamtstruktur mußten alle vier Pyramidenseiten zwangsläufig an den Enden der Hauptachsen um einen winzigen Hauch verdreht werden. Um die innere Struktur mit der äußeren in Einklang zu halten, waren zwei Maßnahmen erforderlich. **Die erste Maßnahme** betrifft die Veränderung der Längen von Nord- und Südseite jeweils um den gleichen Betrag. Die Nordseite der Pyramide wurde um 2,4 cm auf 23038,4 cm = 440 KE (!) verlängert. Im Gegenzug dazu wurde die Südseite um 2,4 cm auf 23033,6 = 439 $\frac{4756}{5236}$ KE verkürzt, damit der Mittelwert von 230,36 m bewahrt wurde.

In diesem Buch ist nicht vorgesehen, den kompletten Grundriß mit seinen begründbaren Abweichungen von einem idealen Quadrat zu erläutern. Die Beweisführung hierzu erfordert einen umfangreichen mathematischen Teil, der hier den Rahmen endgültig sprengen würde. Deshalb soll dieses Thema hier nur kurz erwähnt werden. Die weiteren Ausführungen werden jedoch zeigen, daß die Drehung der Basisseiten, bedingt durch den Einweihungsweg, ihre volle Berechtigung besitzt.

Mit dem neuen Wert für die Nordseite können wir nun auch genau ermitteln, wie lang eine weitere ägyptische Elle war, die der Überlieferung nach $\frac{1}{500}$ der Seitenlänge entsprach.

Diese altägyptische Elle besaß eine Länge von:

$$\frac{440}{500} = 0,88 \text{ KE} = 46,0768 \text{ cm}$$

Damit konnten wir ein Maß bestimmen, welches erneut mit der Zahl 88 in Verbindung steht und somit höchste geistige Prinzipien in sich vereinigt.

Die zweite Maßnahme betrifft die außermittige Teilung der nördlichen Basisseite. Bekanntlich wurde von den Ägyptologen die Lage des Eingangs sehr präzise im Verhältnis zur Nord-Süd-Achse vermessen. Der gemessene Wert beträgt 729 cm. Ich konnte im Rahmen meiner Untersuchung zum gesamten inneren System ermitteln, daß die Gangachse und die Hauptachse exakt 13,8 KE = 722,568 cm auseinander liegen. Somit unterscheiden sich beide Werte um den kleinen Betrag von 6,432 cm.

Der ungefähre Wert von 729 cm könnte durchaus seine Berechtigung besitzen, wenn sich die Nord-Süd-Achse mittig auf der 440 KE langen Grundseite befinden würde. Doch das tut sie nicht! Wegen des inneren Systems und der erforderlichen Drehung mußte die Nordseite außermittig geteilt werden. Diesen Wert der Außermittigkeit konnte ich mit 6,545 cm = ⅛ KE bestimmen, daß heißt, die eine Seitenhälfte ist um 6,545 cm länger, die andere um 6,545 cm kürzer. Damit ergaben sich folgende Seitenlängen:

- nordöstliche Basishälfte 11 525,745 cm = $220\frac{1}{8}$ KE
- nordwestliche Basishälfte 11 512,655 cm = $219\frac{7}{8}$ KE

Beide Seitenhälften unterscheiden sich in ihrer Länge also um den doppelten Betrag, der 13,09 cm bzw. ¼ KE entspricht. Diese Situation führt schließlich dazu, daß die Eingangsachse nicht 729 cm von der Seitenhalbierenden entfernt liegt, sondern 13,8 + ⅛ KE = 13,925 KE = 729,113 cm.

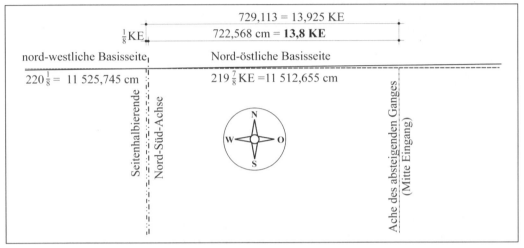

Abbildung 64: Die Lage der Achsen und die Außermittigkeit der nördlichen Basishälften

In dieser Grafik wurde der Drehwinkel deutlich überhöht eingezeichnet, da der Unterschied bei einer maßstabsgerechten Zeichnung kaum mehr zu bemerken wäre. Die längere, nordöstliche Basisseite mit 11 525,745 cm wurde nur gekürzt angedeutet.

Für die logische Fortführung der Gedanken, die auch den Weg zur Königinnenkammer begreiflich werden lassen, ist es nun notwendig, einen Sprung mitten in die Pyramide hinein vorzunehmen. Die Lage der Ost-West-Hauptachse im Bezug zur inneren Struktur war vermutlich auch für die Planer der Cheops-Pyramide der Ausgangspunkt, an dem sie begonnen haben, ihr geniales Konzept zu entwickeln. In Fortführung dieser ursprünglichen Planungsabfolge werden wir nun den Weg in gleicher Richtung gehen, um das innere System zu ergründen.

9.2. Die Plattform und die Große Galerie

Durch einen Grafiker des frühen 19. Jahrhunderts wurde der obere Teil der Galerie auf der nachfolgenden Abbildung festgehalten.

Die Beschädigungen der Plattform sind in etwas übertriebener Form dargestellt, da der Grafiker sie vermutlich aus dem Gedächtnis nachgezeichnet hat. Sie verdeutlichen jedoch, daß im Laufe der Zeit tatsächlich Veränderungen eingetreten sind, die das Ermitteln ursprünglich beabsichtigter Planmaße sehr erschweren. Nicht besonders gut gelungen sind

Abbildung 65:
Die Plattform und
der Einstieg zur Königskammer

dem Grafiker die beidseitig nach oben stufenförmig einge-
rückten Wände, die er dem Betrachter plastisch zu vermitteln versuchte. Dagegen sind die beidseitigen Rampen, die
1 KE hoch sind, sehr gut zu sehen. Mit diesen erhöhten
Randstreifen hat es eine besondere Bewandtnis. Bei der Roten
Pyramide wurde erkannt, daß es innerhalb der Pyramide eine
geschlossene Rasterlinie gibt, die auf die verborgene Konstruktion hinweist. Nicht anders ist es hier. Die Oberkante dieser
erhöhten Randstreifen («Rampen») bestimmt die Lage der
Rasterlinie, die in der nachfolgenden Abbildung als Strich-
Punkt-Strich-Linie eingezeichnet ist und durch ihre Lage den
gleichen Steigungswinkel wie der aufsteigende Gang besitzt.
Sie ist gleichzeitig eine **energetische** Linie, die für den gesamten Einweihungsprozeß von großer Bedeutung ist. Nicht nur
aus diesem Grund war es wichtig, die tatsächliche Höhe der Plattform zu bestimmen.

Petrie stellte fest, daß die Oberfläche der Plattform von der Vorderkante in Richtung
Königskammer geneigt ist und daß zusätzlich von Ost nach West (auf Abbildung 65 von
links nach rechts) die Plattform ansteigt. Unter diesen Bedingungen das richtige Maß zu
finden war auch für Petrie problematisch. Schließlich fand ich heraus, daß das entscheidende Höhenmaß genau in der
Mitte festgelegt war, die Neigung
jedoch einen weiteren verborgenen
Sinn aufweist, auf den ich hier
nicht eingehen werde.

In dieser Abbildung wurden zusätzlich Höhenbezugspunkte für die
Plattform eingetragen, auf die ich
zuerst eingehen möchte. Die Höhenmaße bzw. Maße im allgemeinen
wurden zur Zeit der Errichtung im
Gegensatz zur heutigen Zeit nicht
nur unter einem technischen und
konstruktiven Aspekt festgelegt,
sondern auch mit einem mythologischen Hintergrund versehen. Zusätzlich spielte eine Art «Zahlenästhetik» eine sehr wichtige Rolle:
das heißt, Maße so festzulegen, daß
sie weitere Zusammenhänge ausdrücken. So hat beispielsweise das

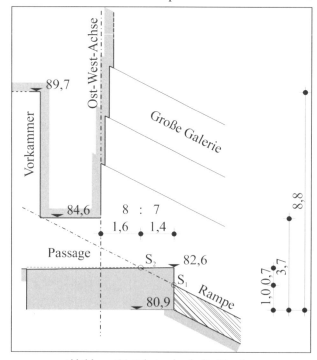

Abbildung 66: Schnitt durch die Plattform
und das Ende der Großen Galerie

untere Ende der Rampe in der Höhe von 80,9 KE (8+9 = 17) einen Bezug zur 1,7 KE hohen Plattform.

Die Oberkante der Plattform bei 82,6 KE führt bei dieser ungewöhnlichen Betrachtungsweise zu 82 + 6 = 88, jener Zahl, welche die Länge der Großen Galerie bis zu diesem Punkt bestimmt.

Auffällig ist der Schnittpunkt S_2, der die Plattform in zwei unterschiedlich große Teile teilt, die exakt in einem Verhältnis von 7:8 stehen. Auf diese Proportion sind wir bereits bei der Mondpyramide gestoßen und haben ihre höhere kosmische Bedeutung an jener Stelle erklärt. Ergänzt werden soll, daß die 7, mythologisch betrachtet, eine männliche Zahl ist und unter anderem mit der linken Gehirnhälfte assoziiert werden kann, während die 8 eine weibliche Zahl ist und mit der rechten Gehirnhälfte in Verbindung gebracht werden kann. Die 9 ist weder das eine noch das andere; ihr wird der neutrale Aspekt ± zugeordnet, welcher der geschlechtslosen Seele zugeschrieben wird. Was das alles bedeutet, werden wir in Abschnitt 9.10 lüften.

Petrie hatte bereits sehr präzis ermittelt, daß die 6,05 KE lange Plattform in Richtung Süden eine meßbare Neigung aufweist. Diese Neigung wurde äußerst geistvoll ausgewählt, denn sie erzeugt am Ende des 2,5 KE langen Durchgangs und am Ende dieser riesigen Platte besondere Höhendifferenzen. Sie betragen genau:

- am Ende des Durchgangs: 0,088 KE
- Differenz zum Ende der Platte: <u>0,0088 KE</u>
- Summe am Ende der Platte: 0,0968 KE

Mit diesen Maßen entsteht ein Gefälle von $\frac{0,0968}{6,05} = \frac{2}{125} = 0,116 = 1,6\%$. Beim Umrechnen dieses Gefälles in Grad passierte mir durch Zufall ein kleines Mißgeschick, welches mich in Erstaunen versetzte. Bevor der Rechner die notwendige Umrechnung ausführte, tippte ich vorzeitig auf die Taste für die sexagesimale Darstellung. Auf dem Rechner leuchtete ein Ergebnis, welches folgenden Wert anzeigte: 0°0'57,6". Dieser letzte Zahlenausdruck entspricht haargenau der Höhe der ersten Steinschicht der Pyramide und als 100fache Größe der Höhe der Pyramide bis unter das Pyramidion (5760 Zoll). War hier ein weiteres mathematisches Glanzstück verborgen, auf das ich nur durch Zufall gestoßen bin? Praktisch ist dieser Wert in unserer heutigen Mathematik nicht zu verwenden, weil wir Zahlen und Proportionen nicht in einer derartigen Schreibweise ausdrücken, wir praktizieren es lediglich für Winkel, und unser Winkel ergab dann richtig umgerechnet 0,916654° bzw. 0°54'59,96".

Bei den gesamten Untersuchungen zu dem 16 KE langen Gangabschnitt, der zur Königskammer führt, bin ich zu der Erkenntnis gelangt, daß es eine zweite Rasterlinie gibt, die in 82,5 KE Höhe (der Hälfte von 165) liegt und von der die Planwerte für die vordere und die hintere Passage sowie auch für die Vorkammer bestimmt werden. Unter diesem Gesichtspunkt besitzt die Vorkammer eine Rasterhöhe von 7,2 KE, die durch Sprünge und Gefälle im Fußboden im Detail abweicht. Erstaunlich ist, daß dieses Planungskonzept dazu führt, daß der Höhenunterschied zwischen dem untere Ende der Plattform (80,9 KE) und der Oberkante der Passage (84,6 KE) 3,7 KE bzw. zur Decke der Vorkammer 8,8 KE beträgt!

Auf diese weitere Rasterlinie sowie den restlichen Weg zur Königskammer will ich hier im Moment nicht weiter eingehen; diese Details werden in Abschnitt 9.7 gesondert behandelt werden. Vorher gilt es, die innere Struktur, welche die Lage der Königinnenkammer bestimmt, vollständig zu begreifen.

9.3. Die Große Galerie und der Weg zur Königinnenkammer

Um weitere Details der Pyramide zu begreifen, tasten wir uns gemäß den Gedankengängen der Planer die Große Galerie abwärts entlang. Es wurde bereits erwähnt, daß diese ohne die Plattform 88 KE lang ist. Bei dem idealen Steigungswinkel von 26,565...° läßt sich sowohl der horizontale wie auch der vertikale Anteil dieser Länge mit Hilfe der Winkelfunktionen bestimmen:

- horizontaler Anteil: $\cos \alpha \times 88 = 78{,}709593... \text{ KE}$
- vertikaler Anteil: $\sin \alpha \times 88 = 39{,}354796... \text{ KE}$

Es ist einleuchtend, daß die Höhe des Eingangs zur Großen Galerie wie auch dessen horizontaler Abstand zur Plattform sich auf diesem Wege mit keiner rationalen Zahl ausdrücken läßt. Der Abstand des Galerieeingangs zur Ost-West-Achse mit 3,0 + 78,709... KE wird somit zu einem Problem, weil letztlich auch die Lage der Königinnenkammer nur dann einen rationalen Zahlenausdruck erhielte, wenn man ihren Abstand zum Eingang der Großen Galerie mit einer unendlich langen irrationalen Zahl ausdrücken würde.

Dieses scheinbar unlösbare Problem konnte selbst durch die Planer der Pyramide nicht auf direktem Wege gelöst werden, weil sich die Wegstrecke auch nicht durch einen Bruch ausdrücken läßt. Es mußte eine vollkommen neue Lösung her, die unsere herkömmliche Denkweise gleich in gravierendem Maße durchbricht.

Um die gefundene Lösung zu begreifen, bitte ich Sie, nochmals Abbildung 63 anzuschauen, die Petrie vor rund 125 Jahren angefertigt hat. Es wurde bereits darauf hingewiesen, daß in der «Trial Passage» nach dem Eingang zur Großen Galerie eine dreieckige Vertiefung eingefügt wurde. Diese fiel auch Petrie bei seinen Messungen auf. Er stellte unter anderem fest, daß der aufsteigende Gang in der Pyramide abweichend vom Modellgang nicht unmittelbar am Galerieanfang endet, sondern noch ein Stück weitergeführt wird. Erst dann kommt dieses ungewöhnliche Detail, welches den Weg zur Königinnenkammer einleitet. Dies wird in der übernächsten Grafik (Abbildung 68) im Gesamtzusammenhang gezeigt.

Diese konstruktive Lösung betrachte ich mit großem Abstand als das faszinierendste Detail innerhalb der gesamten Pyramide. Sie entspringt einem Sternenwissen, das unser irdisches Wissen um Größenordnungen übersteigt.

Hier wird mit einem Kunststück gezeigt, wie man durch die Verwendung von zwei verschiedenen Maßsystemen Maßketten mit irrationalen Zahlen in solche mit rationalen Zahlen umwandelt!

Dies ist gleichzeitig der Beweis dafür, daß in der Cheops-Pyramide die Königselle und der Zoll durch die gemeinsame Mutter, das metrische System, zu einer Einheit verbunden wurden.

Die Wahl dieser Parameter mit einer 0,32 KE langen Vertiefung zeigt sich als sehr geschickt, ist der Weg

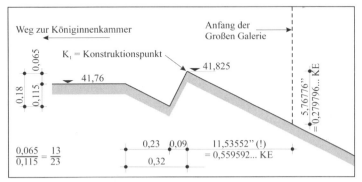

Abbildung 67: Die dreieckige Vertiefung am Beginn des Weges zur Königinnenkammer

zur Königinnenkammer doch gleichzeitig der Weg zur Erlangung des 32. Grades. Mit der Absenkung des Weges um 0,065 KE auf ein Niveau von 41,76 KE wird ein neuer Höhenbezugspunkt in Richtung Königinnenkammer festgelegt, der seine Bedeutung erst auf dem letzten Abschnitt des Weges erkennen läßt.

Mit dieser dreieckigen Vertiefung und der hier erkannten Bedeutung wird bewiesen, daß das entsprechende Konstruktionsdetail in der «Trial Passage» (siehe Abbildung 63) bewußt eingearbeitet wurde und tatsächlich deren Modellcharakter für die Pyramide beweist.

Im weiteren soll gezeigt werden, welche Auswirkungen dieses Detail nach sich zieht.

Weiter vorn wurde der vertikale Anteil der 88 KE langen Galerie mit Hilfe der Winkelfunktionen zu $h_1 = 39,354796...$ KE bestimmt. Nun sehen wir in Abbildung 67, daß der aufsteigende Gang in die große Galerie hineinreicht und dort noch eine Höhe von 5,76776 Zoll in Anspruch nimmt. Rechnet man diesen Wert in Königsellen um, erhält man die ebenfalls in der Abbildung angegebene Höhe $h_2 = 0,279796...$ KE. Wir rechnen nun wie folgt: Die Galerie endet am Fuß der Plattform bei 80,90 KE. Davon ziehen wir den berechneten vertikalen Anteil h_1 ab, von dem wir nochmals h_2 subtrahieren:

- Höhe am Fuße des Podestes: 80,90 KE
- minus h_1: − 39,354796... KE
- minus h_2: − 0,279796... KE
- **neue Höhe K_1:** **41,825 KE**

Dieser neue Höhenpunkt entspricht jenem Konstruktionspunkt K_1, wo der Weg zur Königinnenkammer beginnt. Nun betrachten wir den horizontalen Anteil der 88 KE, der mit $x_1 = 78{,}709592...$ KE bestimmt wurde. Aus Abbildung 67 entnehmen wir wieder den zu 11,53552 Zoll gehörigen Wert von $x_2 = 0{,}559592...$ KE. Somit sind wir in der Lage, die tatsächliche horizontale Entfernung vom Konstruktionspunkt zum Ende der Plattform zu bestimmen:

- horizontaler Anteil x_1:   78,709592...
- minus x_2:   − 0,559592...
- **Abstand zur Plattform: 78,15 KE**

Somit erkennen wir, daß nur die Kombination von Zoll und Königselle sowie das ideale Steigungsverhältnis von 1:2 in der Lage sind, an diesem Punkt der Cheops-Pyramide die scheinbar unlösbare Situation zu meistern: eine irrationale Zahl in einen rationaler Zahlenausdruck zu verwandeln. Dies war ein gewollter Effekt, um in Verbindung mit dem Weg zur Königinnenkammer dieser eine bestimmte Position innerhalb der Pyramide zuordnen zu können.

Wenn man bedenkt, daß die Konstruktionsgröße des in die Galerie überstehenden Teiles des aufsteigenden Ganges mit fünf Nachkommastellen (!) in der Maßeinheit des Zolls festgelegt werden muß, um zu diesem Ergebnis zu kommen, kann man vor einer solchen Meisterleistung nur den Hut ziehen. Selbst in unserer heutigen Zeit wäre das für einen Computer eine schwere Aufgabe, da er nur für **eine** Maßeinheit programmiert ist. Aber wir sollen glauben, daß dies die Baumeister von Cheops geschafft haben!

Mit diesen neuen Werten ausgerüstet, können wir uns an die nächste Aufgabe heranwagen: die Einordnung der Königinnenkammer in Bezug zur Ost-West-Achse der Pyramide. Petrie liefert uns hier einen ersten, wenn auch ungenauen Wert. Er maß vom Beginn der Galerie bis zur Mitte der mit einem Giebeldach ausgestatteten Königinnenkammer 1625,5 Zoll = 78,853... KE. Ohne den Wert x_2 ergibt das 78,3 KE. Stadelmann ermittelt dagegen umgerechnet etwas weniger als 78 KE für die gleiche Strecke – eine erhebliche Abweichung. Beim Vergleich der von den verschiedensten Autoren verwendeten Maße drängte sich mir der Verdacht auf, daß zu einem beträchtlichen Teil einfach die Maßangaben von Petrie verwendet wurden, die man lediglich in Meter umrechnete. Beim Steigungswinkel des aufsteigenden Ganges wird dies besonders deutlich, so daß man annehmen muß, daß selbst ein Herr Stadelmann in der Cheops-Pyramide keine eigenen Messungen angestellt hat. Inwieweit ihm bei den Umrechnungen Fehler unterlaufen sind, ist schwer einzuschätzen. Fakt ist, daß er mit einer Reihe von Maßen deutlich danebenliegt.

Tatsächlich ist der theoretisch ermittelte Wert für den horizontalen Abstand des Konstruktionspunktes bis zur Plattform (78,15 KE; siehe auch Abbildung 71) korrekt. Mit dieser Einordnung liegen die Mittelachsen der Königinnenkammer und der Königskammer 21 KE voneinander entfernt.

Abbildung 5:
Die Kukulcán-Pyramide in Chichén-Itzá auf der Halbinsel Yukatan in Mexiko. (S. 28)

Abbildung 6:
Licht- und Schattenspiel an der Kukulcán-Pyramide. (S. 28)

Abbildung 8: Die Schichten des Pyramidenkörpers der Cheops-Pyramide; im Vordergrund der Autor. (S. 39)

35. Schicht
34. Schicht

Abbildung 10: Die 34. und 35. Steinschicht der Cheops-Pyramide mit dem auffälligen Sprung in der Schichtdichte (S. 41).

Abbildung 11: Die erste Steinlage der Cheops-Pyramide
mit den Verkleidungssteinen. (S. 41)

Abbildung 12:
Die Spitze der Cheops-Pyramide (S. 43).

Abbildung 27:
Die Mondpyramide
von Teotihuacán
in Mexiko. (S. 82)

Abbildung 28:
Blick von der 44,4 m hohen
Mondpyramide in Teotihuacán
auf die große Zentralstraße,
heute «Straße der Toten»
genannt; links im Bild
die Sonnenpyramide. (S. 83)

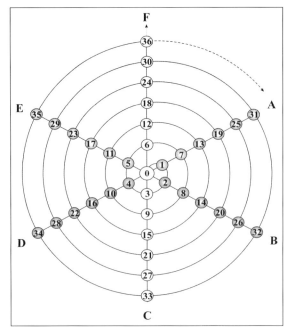

Abbildung 42:
Die 6geteilte Spirale mit entsprechender
Zahlenanordnung. Auf der Achse E–0–A
befinden sich Primzahlen und Produkte
von Primzahlen. Auf der Achse D–0–B
befinden sich alle Zahlen, die durch 2
teilbar sind, mit Ausnahme der Zahlen,
die durch 3 teilbar sind. Auf der Achse
F–0–C befinden sich alle durch 3
teilbaren Zahlen. (S. 96)

Abbildung 46:
Die Rote Pyramide
von Dahschur.
(S. 119)

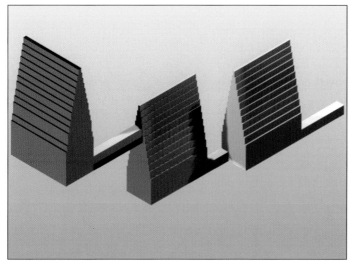

Abbildung 50:
Die Kammern der Roten
Pyramide in dreidimensionaler
Ansicht. In dieser Abbildung
sind die äußere Umhüllung,
d. h. der Pyramidenkörper,
und der absteigende Gang
nicht mit abgebildet. Der
untere Teil des Ganges zur
dritten Kammer, der nach-
träglich herausgehauen wurde,
ist schwarz eingezeichnet.
(S. 121)

Abbildung 51:
Der Gang zur dritten Kammer, aufgenommen von der
dritten Kammer aus mit Blick auf die zweite Kammer. Auf
beiden Seiten des Ganges sind die unterschiedlichen Bear-
beitungsspuren deutlich zu erkennen: oben die glatte Fläche,
die auf die viel später erfolgte Vergrößerung der Ganghöhe
zurückgeht. Der Boden des Ganges ist glatt, weil dies die
Oberseite der nächsten Steinschicht ist. (S. 123)

Abbildung 54:
Das Pyramidion
der Roten Pyramide.
(S. 132)

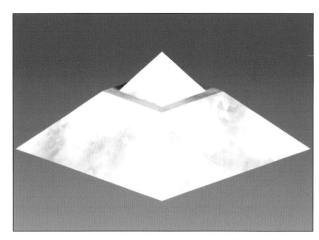

Abbildung 55:
Das Pyramidion und die
Plattform. Man beachte, daß hier
nur ein Ausschnitt des obersten
Teils der Pyramide (die letzten
rund 8,50 m) abgebildet ist, um
durch die Vergrößerung die
Situation im Detail besser
darstellen zu können.
(S. 133)

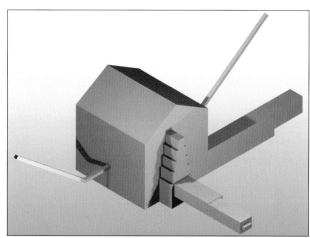

Abbildung 69:
Dreidimensionale Ansicht
der Königinnenkammer in der
Cheops-Pyramide. (S. 163)

Abbildung 91:
Der «Sarkophag» in der Königskammer, in Blickrichtung Westen. (S. 210)

Abbildung 102:
Der Autor und Dr. Zahi Hawass in dessen Büro in Kairo, März 2004. (S. 235)

Abbildung 73:
Die Nische in der Ostwand
der Königinnenkammer.
(S. 172)

Abbildung 75:
Der «Grabräubergang» in der Nische
der Königinnenkammer. (S. 172)

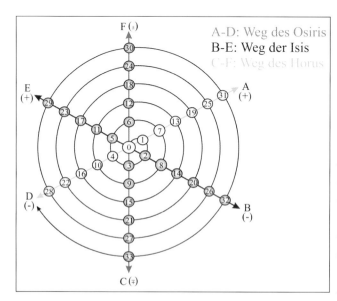

Abbildung 81:
Die Spirale der 6 und die
drei Ausbildungswege: Weg des
Osiris, Weg der Isis und Weg des
Horus. Diese Spirale spielt in der
Einteilung des Einweihungsweges
über 33 Grade eine entscheidende
Rolle. (S. 186)

Bevor man sich wieder kriechend in den Gang zur Königinnenkammer begibt, kann man sich über einen Abschnitt von gut 5 m aufrecht bewegen. Auf diesem genau 9,15 KE langen Abschnitt (nach der dreieckigen Vertiefung) kann man bequem die volle Größe der Galerie betrachten.

Zunächst schauen wir uns Abbildung 68 an, auf welcher der soeben beschriebene Bereich eingezeichnet ist.

Unser Augenmerk legen wir diesmal auf die vertikale Maßkette, die durch die geschickte Teilung der Höhe von 4,2 KE ein Verhältnis von 7:8 erzeugt. Gegenüber dem aufsteigenden Gang, dessen rechtwinklige Höhe 2,3 KE beträgt, ist der Gang zur Königinnenkammer mit 2,24 KE geringfügig niedriger. Diese Größe verdankt er einerseits dem gewollten 7:8-Verhältnis, andererseits aber auch dem letzten Gangstück, auf das wir anschließend eingehen.

Aufgrund der Länge des Abschnittes von 9,15 KE ist der vertikale Abschnitt der hellgrau hinterlegten

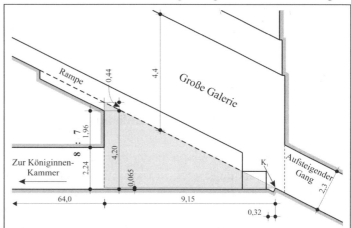

Abbildung 68: Die Passage zur Königinnenkammer

Fläche halb so hoch. Allerdings müssen zu diesem Teilergebnis 0,065 KE hinzugefügt werden, da der Gang um diesen Betrag abgesenkt ist. Die Differenz zu 4,2 ergibt die Höhe der vertikalen Aussparung im Bereich der Rampe mit 0,44 KE, was gleichzeitig einem Zehntel der Höhe entspricht, welche die Große Galerie bis zu ihrer ersten Auskragung einnimmt:

$$\frac{9,15}{2} + 0,065 - 4,2 = 0,44$$

Diese Verfahrensweise ist eine sehr typische Erscheinung innerhalb der gesamten Konstruktion. **Werte, die irgendwo auftreten, erscheinen mit derselben Zifferenfolge wieder an anderen Stellen, manchmal als die gleiche Zahl, manchmal mit versetzter Kommastelle oder mit einer anderen Maßeinheit.** Auf diese Weise finden ermittelte Werte an anderem Ort ihre Bestätigung.

Nach dem 9,15 KE langen Abschnitt beginnt der beschwerliche Teil, nicht nur, weil ab hier der Gang niedrig wird, sondern auch, weil die Königinnenkammer keine direkte Schachtverbindung nach außen besitzt. Dadurch wird die Luft drückend und das Schwitzen intensiver. In diesem niedrigen Gang gibt es im Fußboden plötzlich eine Stufe nach unten, die zu einer Absenkung von 0,96 KE (3 × 0,32) führt, wodurch das letzte 10,5 KE lange

Teilstück 3,2 KE hoch wird. Die Höhen der beiden Gangabschnitte verhalten sich wie 0,7:1.

Diese Maße wurden nicht ohne Grund erwähnt. Wie bei der Roten Pyramide ist auch das gesamte Gangsystem der Cheops-Pyramide wohldurchdacht und geometrisch codiert. Vom abgesenkten Gangabschnitt an ist der Fußboden relativ uneben, als würde man von einer Asphaltstraße auf einen Feldweg gelangen. Als Petrie* die Königinnenkammer vermaß, stellte er fest: «... the general floor is hopelessly irregular» («Der ganze Fußboden ist hoffnungslos unregelmäßig»), um damit seine Schwierigkeiten bei der Vermessung auszudrücken. Für R. Stadelmann ist dieser Zustand des Bodens ein Hinweis darauf, daß die Bodenplatten irgendwann von Schatzsuchern entfernt wurden.** Gemäß seiner Annahme ist die Höhe der Königinnenkammer, die er mit einem ursprünglichen, hypothetischen Wert von 11 KE angibt, rund 1 KE geringer. Aber ist diese Annahme wirklich richtig?

9.4. Die Königinnenkammer und ihre Geheimnisse

Nach diesen Ausführungen ist es an der Zeit, sich der Königinnenkammer zuzuwenden und nach ihrem Verwendungszweck zu fragen. In dieser Kammer wurde niemals eine Königin oder die Frau eines Pharaos bestattet. Ihren Namen verdankt sie lediglich der Tatsache, daß ihre Decke eine Giebelform hat; und weil es bei den Arabern Brauch ist, Frauen in Grabkammern mit giebelförmigen Decken zu bestatten, im Gegensatz zu den flach gedeckten Gräbern für Männer, hat man diese Kammer in der Cheops-Pyramide «Königinnenkammer» genannt. Dementsprechend wurde die obere Kammer, die eine ebene Decke hat, Königskammer genannt. In Wirklichkeit jedoch ist nicht der geringste Hinweis auf den Zweck oder den Namen dieser Kammern überliefert. Dennoch verwende ich hier ebenfalls diese mittlerweile gängigen Bezeichnungen.

In der östlichen Wand der Königinnenkammer befindet sich eine Nische mit beidseitig nach innen versetzten Auskragungen. Innerhalb dieser Nische beginnt der sogenannte Grabräubergang (siehe Abbildungen 69 und 73 im Farbteil). Bisherige Erklärungsversuche hinsichtlich ihrer Bedeutung haben kaum zur Aufklärung beigetragen, da ihre wahre Bedeutung nicht erkannt wurde.

Wenn die Königskammer mit einem Ort der Einweihung in Verbindung stand, so liegt der Gedanke nahe, daß die Königinnenkammer dem gleichen Zweck gedient hat. Wie kann man aber nun diese Geheimnisse in der heutigen Zeit lüften, wo es doch keinerlei schriftliche Überlieferungen mehr gibt? Es kann nur einen Weg geben, diese zu enthüllen: Es ist der bekannte Weg über die heilige Geometrie. Betrachten wir zuerst die Gesamtanlage (Eingang plus Gang zur Großen Galerie, die Nische, den «Grabräuberschacht» und die seit-

---

* W. F. Petrie: *The Pyramids and Temples of Gizeh*, S. 67
** R. Stadelmann: *Die ägyptischen Pyramiden*, S. 118

lichen Schächte) in dreidimensionaler Projektion. Am Ende des «Grabräuberschachtes» ist ein kleines rechteckiges «Auge» zu erkennen, auf das noch in diesem Abschnitt eingegangen wird (siehe Abbildung 69 im Farbteil).

Petrie, der ein überaus exakter Mensch war und bei der Vermessung des Pyramidenfeldes aufgrund wiederholter Überprüfungen für einen einzigen Meßpunkt mitunter einen ganzen Tag benötigte, ermittelte folgende Durchschnittswerte auf der Grundlage des Zolls mit 2,54 cm:

Petrie war übrigens vorsichtig genug, bei seinen Meßwerten Toleranzen anzugeben, um anzudeuten, daß die Meßwerte nicht dogmatisch betrachtet werden dürfen. In Tabelle 21 sind diese nicht mit aufgeführt, sondern lediglich die von ihm berechneten Durchschnittswerte und ihre Umrechnung in Zentimeter und Königsellen.

	Zoll	cm	KE
Breite	205,85	522,8590	9,985...
Länge	226,47	575,2338	10,986...
Höhe Seitenwände	184,47	468,5538	8,948...
Höhe First	245,10	622,5540	11,889...

Tabelle 21: Die Istmaße
der Königinnenkammer (in Zoll nach Petrie)

Bei der Länge und der Breite ist es offensichtlich, daß die Planer der Cheops-Pyramide den runden Wert von 10 KE bzw. 11 KE beabsichtigt hatten. Die korrekte Höhe ist viel schwerer abzuleiten, da der Fußboden auch heute noch «hoffnungslos uneben» ist. Zusätzlich verwirrend war für Petrie, daß im Fußboden 8 Vertiefungen entdeckt wurden, so daß es unklar war, wo der entscheidende Punkt zu finden ist, der das Höhenniveau dieses Raumes bestimmt. Der Fußboden selbst ist mit einer mörtelähnlichen Schicht überzogen, die vermutlich im Zusammenhang mit einer späteren Nutzung für ganz andere Zwecke aufgebracht wurde. Die Vertiefungen können daher auch als Lagepunkte für Pfeiler von Trennwänden gedient haben. Diese Schicht mit dem darunterliegenden unebenen Fußboden erschwert die Ermittlung der ursprünglichen Höhe der Kammer beträchtlich.

Ein weiteres Problem sind die unterschiedlichen Neigungen der Deckenplatten, die von 30°10' an der Westseite bis 30°48' an der Ostseite reichen. Der ursprünglich geplante Neigungswinkel der Deckenplatten basierte auf einem Verhältnis von 3:5 (3 KE Giebelhöhe und 5 KE halbe Kammerbreite). Dies ergibt einen Tangens von 0,6, umgerechnet als Winkel 30°57'49,52". Aus dieser Differenz ist zu schließen, daß sich die Deckenplatten – möglicherweise durch Erdbeben – etwas gesenkt und leicht verschoben haben. Immerhin beträgt die maximale Abweichung von einer idealen Giebelhöhe nur etwa 0,09 KE. Zieht man diese Veränderung einschließlich des unebenen Fußbodens in Betracht, kommt man zu der Annahme, daß die in der nachfolgenden Tabelle aufgeführten Werte die tatsächlichen Planungsmaße waren. Abgeleitet von diesen Planmaßen, lassen sich dann auch die weiteren Daten berechnen (siehe Tabelle 22 auf der folgenden Seite):

Erstmalig ergeben die Maße der Königinnenkammer in ihrer Gesamtheit einen Sinn! In dieser Tabelle sind eine Reihe von Daten besonders hervorgehoben. Der bereits erwähnte Neigungswinkel der Deckenplatten hat zur Folge, daß sich die beiden Teilvolumen A und B wie 6:1 verhalten.

	Planmaß Basis [KE]	Planmaß Basis [cm]
Breite	**10,0**	523,60
Länge	**11,0**	575,96
Höhe Seitenwände	**9,0**	471,24
Höhe First	**12,0**	628,32
durchschnittliche Höhe aus 9,0 und 12,0 KE	**10,5**	549,78
Neigung der Decke	α = 30,963756...°	**tan α= 0,60**
Umfang der Kammer	42,0	2199,12
Flächeninhalt Stirnfläche	**105,0**	287 864,8080 cm²
Flächeninhalt Seitenfläche	99,0	271 415,3904 cm²
alle Wandflächen	408,0	111,856...m²
Grundfläche	110,0	30,157... m²
Volumen bis 9 KE Höhe (A)	**990,0**	142,113... m³
Volumen im Giebelbereich (B)	**165,0**	23,685... m³
Verhältnis Volumen (A) : (B)	**6 : 1**	6 : 1
Volumen gesamt	**1155,0**	165,798... m³

Tabelle 22: Die Planmaße der Königinnenkammer

Das im Giebelbereich gebildete Raumvolumen (B) von 165 KE³ sticht besonders hervor, wenn man weiß, daß die Sarkophagwanne eine innere Höhe von 1,65 KE besitzt.

Zusätzlich beträgt das Volumen der gesamten Kammer ohne Nische in unserem metrischen System 165,... m³. Man erinnere sich in diesem Zusammenhang auch an die Rote Pyramide, deren erste und zweite Kammer ein Volumen von 1650 KE³ aufweisen. Somit unterstreichen diese verschiedenen Darstellungsformen der Ziffernfolge 1-6-5 deren besondere Rolle.

Gleichfalls registrieren wir mehrere Male die Ziffernfolge 1-0-5. Nun sehen wir, daß nach dem letzten Gangabschnitt von 10,5 KE die durchschnittliche Höhe der Kammer ebenfalls 10,5 KE und die Stirnfläche 105 KE² beträgt. Im sogenannten Grabräubergang werden wir erneut auf diese 10,5 stoßen.

Dies war offensichtlich gewollt, und daher ist es angebracht, nun auf die Bedeutung dieser Zahl einzugehen. Wie bei der bereits erläuterten Zahlenfolge 44-88-132 stellt die 105 (= 3 × 35) ein höheres Prinzip (±) dar, das (in einem von mehreren Systemen) den Polaritäten 35 und 70 übergeordnet ist.

Betrachtet man die Einzelqualitäten dieser Zahlen unter ihrem positiven Aspekt, führen diese zu folgenden Aussagen:

- **35**: Suche nach der geistigen Wahrheit; Vereinigung bewußter und unbewußter Kräfte auf der Grundlage geistiger und seelischer Harmonie; Beginn einer kosmischen Vernetzung (!)
- **70**: Bei den Untersuchungen zur Roten Pyramide, deren Gangsystem 700 KE³ betrug, wurde diese Zahl bereits erörtert, um dann die Qualität der 700 ableiten zu können. Dort wurde formuliert: auf der Grundlage höheren Wissens einen neuen Weg beschrei-

ten. Dieser Weg führt zu einer Veränderung des eigenen Ichs, in dem Einstellungen und Auffassungen eine deutlich neue Qualität erreichen. Mit diesem Weg werden bestehende Grenzen durch Veränderungen übersprungen, die dem Menschen vollkommen neue Möglichkeiten eröffnen.

- **105**: Mit den bisher erreichten Fähigkeiten ist der Einzuweihende bereits ein Hocheingeweihter. Er kann sich bereits in «höhere Felder» einklinken und Botschaften aus höheren Dimensionen empfangen. Ihm fehlt zu diesem Zeitpunkt aber noch die Fähigkeit der weisen Voraussicht. Mit Hilfe der bis dahin erreichten Fähigkeiten war es leicht, die richtigen Entscheidungen für den eigenen geistigen Weg zu treffen. Das Ziel erscheint nun nah. Das dritte Auge ist aber noch nicht dauerhaft geöffnet, denn bis dahin sind noch weitere Prüfungen zu absolvieren. Er weiß jedoch, daß ihn die «Götter» auch auf den letzten Wegabschnitten begleiten, und so nimmt er mit gestärktem Bewußtsein auch die vor ihm stehenden Hürden in Angriff, denn schließlich hat er gelernt, sich nicht vor neuen und unbekannten Wegen zu scheuen.

Erst viel später, bei der Ermittlung der Höhen, fiel mir auf, daß die gesamte Fläche der Wände von genau 408 KE² mit der Rasterhöhe des Fußbodens in Beziehung steht. Dessen Höhe von 40,80 KE über Oberkante des Geländes beträgt ein Zehntel der zahlenmäßigen Größe der Wandfläche. Die Höhen haben demzufolge eine besondere Bedeutung. Mehr durch Zufall stieß ich dann auf eine weitere Eigentümlichkeit. Addiert man die beiden Höhen von Fußboden und Giebelspitze – also 40,8 plus 52,8 –, erhält man 93,6 KE (Siehe Abbildung 72). Das ist exakt die Oberkante der Höhe der Königskammer! Diesen ungewöhnlichen Effekt habe ich nochmals in der Vorkammer entdeckt, auf die wir später zu sprechen kommen.

Somit ist wieder erkennbar, daß in der Cheops-Pyramide ein Prinzip zum Ausdruck kommt, welches dem Satz «Wie im Kleinen, so im Großen» entspricht. Entscheidende Planwerte tauchen nicht nur einmal auf, sondern finden sich in vielfältiger Form an anderen Stellen innerhalb oder auch im Äußeren der Pyramide wieder!

In Tabelle 22 wurde in der letzten Zeile das Gesamtvolumen der Königinnenkammer (ohne Nische und Gang) mit 1155 KE³ ausgewiesen. Die Quersumme dieser Zahl führt zum Wert 12, der nicht nur mit der Gesamthöhe der Kammer von 12 KE übereinstimmt, sondern Bestandteil einer weiteren verborgenen Aussage ist. Dazu schauen wir uns Abbildung 70 an, die mit zusätzlichen Daten versehen wurde.

Das bemerkenswerte ist, daß sich in diesen Querschnitt bei

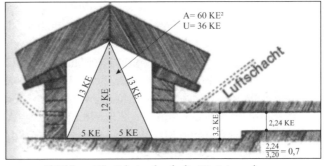

Abbildung 70: Schnitt durch die Königinnenkammer

einer Höhe von 12 KE exakt ein Dreieck mit den seitlichen Kantenlängen von jeweils 13 KE und einer Basislänge von 10 KE einzeichnen läßt. Diese Erkenntnis resultiert aus der Tatsache, daß man das eingezeichnete Dreieck durch eine Mittelsenkrechte in zwei kleinere Dreiecke teilen kann, in denen entsprechend dem Satz des Pythagoras folgendes gilt: $5^2 + 12^2 = 13^2$. Daß der Umfang 36 = 6 × 6 KE und der Flächeninhalt 60 KE² ergibt, stellt wieder eine faszinierende Lösung im Sinne der altägyptischen Mythologie dar. Die Spitze des Dreiecks zeigt nach oben, also dorthin, wo der Übergang von der 12 zur 13 erfolgt.

Nun wird die Zahl 13 in der heutigen Zeit zumeist negativ beurteilt. Oft wird sie sogar mit dem Tod in Verbindung gebracht, was zur Konsequenz hat, daß es Hotels gibt, die kein Zimmer mit der Nummer 13 besitzen. Selbst ein Freitag, der 13., wird als ein Unglückstag angesehen. Dagegen war Jesus der 13. im Bunde seiner 12 Apostel, und was soll hieran Negatives sein? Was verbirgt sich also tatsächlich hinter dieser 13?

Der Sinn ist am besten zu begreifen, wenn man unter dem positiven Aspekt den 11., den 12. und den 13. Einweihungsschritt im Zusammenhang betrachtet.

- **11**: Diese Zahl symbolisiert Kraft durch geistige Stärke. Probleme der Polarität werden nicht mehr mit der Faust ausgetragen, sondern mit dem Geist. Es ist der Beginn des Begreifens, daß der mir gegenüberstehende Mensch (1-1) mir gleichwertig ist, deshalb auch so behandelt werden möchte, wie ich es im Verhalten von jemand anderem mir gegenüber erwarte. Es ist der Anfang des Verstehens, daß beide – kosmisch betrachtet – der gleichen Quelle entstammen.
- **12**: In der nächsten Stufe wird diese Auffassung in großem Maße erweitert. Man begreift, daß es im Kosmos höhere Prinzipien gibt, die am besten mit dem Satz wiedergegeben werden können: «Wie im Großen, so im Kleinen; wie oben, so unten.» Hinter diesem Satz verbergen sich holographische Prinzipien, nach denen auch unser Gehirn aufgebaut ist. Überträgt man diese Prinzipien auf den Kosmos, bedeutet das, daß überall die gleichen Informationen abgerufen werden können.*
- **13**: Wer begriffen hat, daß das Universum holographisch aufgebaut ist, weiß auch, daß die Entwicklung vom Niederen zum Höheren einen spiralförmigen Prozeß durchläuft. Diese Erkenntnis führt zwangsläufig zu einer anderen Einstellung zum Leben, den anderen Menschen und der Natur gegenüber. Diese Spirale läßt sich auf vieles übertragen, sei es, daß man als Mensch durch eine plötzliche Erkenntnis oder durch ein Ereignis seine geistige Einstellung grundlegend ändert oder durch eine äußere Entscheidung in einen vollkommen neuen «Spiral-Kreislauf» gerät. Der Übergang von der 12 zur 13 ist wie das Durchschreiten einer Tür, deren hohe Schwelle man überwinden muß. Auf der einen Seite der Tür sind die bisherigen Auffassungen, auf der anderen Seite ist die neue Erkenntnis mit neuen inneren Einstellungen. Das Alte hat man vor der Schwelle abgelegt. Die altägyptische Mystik bezeichnete deshalb die 13 als «die Schwelle». Es ist leicht

---

* Siehe auch Axel Klitzke: *Die kosmische 6 – von der Zahl zur Holographie des Universums*

einzusehen, daß die negativen Aspekte vorhergehender Stufen für den Menschen hier zu einem gewaltigen Problem werden können. Dann «schlägt» die 13 mit anderen Mitteln zu, um den Menschen zum Umdenken zu bewegen. Daher ist die einseitige, negative Interpretation dieser Zahl abzulehnen, denn wenn der Mensch das Prinzip kennt, kann er dieses Wissen für sich zum geistigen Wachsen benutzen. Ein weiterer Aspekt dieser 13, so wie es im alten Ägypten verstanden wurde, war das Übertreten der Schwelle, um das Materielle zu überwinden, um mit dem Geist in andere Dimensionen zu gelangen. Dann ist als weitere Konsequenz nicht zu vermeiden, daß die irdischen Maßstäbe über Bord geworfen werden müssen, um zu höheren Maßstäben zu gelangen (Letzteres ist, kurz zusammengefaßt, die Bedeutung der 14.)

Somit führt die 13 zu einem Qualitätswechsel im Bewußtsein, den der Weise bewußt herbeiführen will, der weltlich gesinnte Mensch aber tunlichst vermeiden will, um seine lieb-gewonnenen Gepflogenheiten möglichst lange aufrechtzuerhalten.

Im vorhergehenden Abschnitt wurde das Gangsystem in Richtung Königinnenkammer behandelt. Dabei blieb die Frage offen, wo sich diese Kammer exakt im Verhältnis zur Ost-West-Achse befindet. In Abbildung 71 wird die Lage der Königinnenkammer in Bezug zur Plattform dargestellt (mit einem reduzierten vertikalen Abstand).

In der Fachliteratur wird gesagt, daß sich die Giebelspitze der Königinnenkammer direkt unter der Vorderkante der Plattform am Ende der Großen Galerie befindet. Dies wird hier bestätigt. Über zwei verschiedene Wege wurde ermittelt, daß der Abstand vom Beginn des Konstruktionspunktes K_1 (siehe Abbildung 68 und 71) bis zur Mittelachse der Königinnenkammer 78,15 KE (= 9,15 + 64,0 + 5,0) beträgt. Der zweite Berechnungsweg (siehe Seite 160) hat gezeigt, daß die horizontale Projektion der 88 KE langen Großen Galerie ebenfalls 78,15 KE lang ist. Damit ist klar erkennbar, daß die Giebelspitze, die sich über der Mittelachse der Königinnenkammer befindet, genau unter der Vorderkante der Plattform liegt.

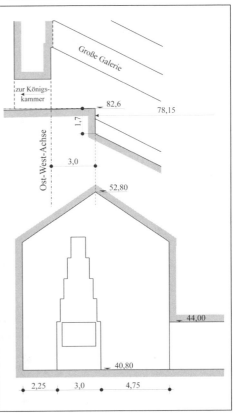

Abbildung 71: Die Lage der Königinnenkammer im Bezug zur Ost-West-Achse (Der Abstand des Giebels zur Plattform ist reduziert dargestellt.)

Bereits zuvor wurde bewiesen, daß die Ost-West-Achse der Pyramide sich 3 KE entfernt von der Vorderkante der Plattform, am absoluten Ende der Großen Galerie, befinden muß. Dementsprechend wurde sie hier eingezeichnet.

Im letzten Abschnitt dieses Kapitels werden wir sehen, daß es noch einen sehr wichtigen Grund mit ebenenübergreifendem Zusammenhang gibt, der diese Aussagen zweifelsfrei beweist.

Eine neue Erkenntnis ist, daß in der Königinnenkammer eine Einweihung in den 32. Grad stattfand. Im Abschnitt 9.6 werden präzise Details dieser Einweihung beschrieben. Die Kammer selbst enthält Geometrien, die diese Einweihung in symbolhafter Form enthalten. So ist, wie bereits erwähnt, der letzte Teil des Ganges zur Königinnenkammer 3,2 KE hoch, die obersten beiden Steinlagen der Kammerwände im Giebelbereich besitzen mit 1,7 und 1,5 KE zusammen ebenfalls eine Höhe von 3,2 KE. Logischerweise muß dann der untere Teil der 12 KE hohen Kammer 8,8 KE betragen! Erwähnt werden soll noch, daß beide Stirnseiten je 8 Steinlagen umfassen.

Selbst die Steinschichten der Pyramide wurden so geplant, daß sie diesem Ziel untergeordnet sind. Die 32. Steinschicht reicht bis knapp unter die Giebelspitze, während dort bereits die 33. Schicht mit einem Anteil von 0,21 KE hervorlugt, um anzudeuten, daß der 33. Grad nicht hier, sondern weiter oben erreicht wird (siehe Abbildung 72). Die 33. Schicht ist 1,32 KE hoch und symbolisiert mit dieser Größe gleich beide Einweihungsziele: einerseits durch die Zahl 32 nach dem Komma und andererseits – in der Addition mit der 1 vor dem Komma (Q2-Code) – durch die Zahl 33. Von dieser Steinschicht verbleiben demzufolge noch 1,11 KE, die über den First hinausgehen. Dieser Rest, mit 10 multipliziert, ergibt die wahre Höhe der Königskammer! Wir werden sehen, daß mit genial ausgewählten Maßen noch lange nicht Schluß ist, denn das Einweihungsritual hält noch eine gewaltige Überraschung bereit.

Mit dieser Abbildung wird offensichtlich, daß der Pyramidenkern eine geplante innere Struktur besitzt und nicht zufällig – «auf gut Glück» – je nach Anlieferung der Steinblöcke

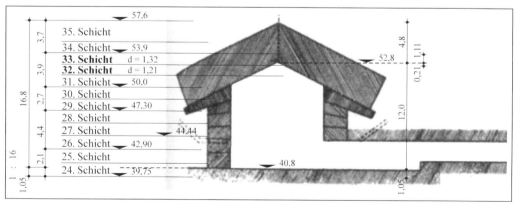

Abbildung 72: Die höhenmäßige Einordnung der Königinnenkammer und ihr Bezug zu den Steinschichten des Pyramidenkerns

aus dem Steinbruch – wie die Ägyptologen glauben – montiert wurde. An dieser Pyramide wurde jedes Detail geplant, was auf ein umfassendes geometrisches Konzept und ein hohes Wissen über energetische Wirkungen schließen läßt! Die 24. Schicht, die hinsichtlich ihrer Zahl mit dem 24 KE langen ersten Teil des Einweihungsweges in dieser Kammer übereinstimmt (siehe Abschnitt 9.6), wird von der Rasterlinie des Kammerbodens in einem Verhältnis von 1:2 geteilt, so daß der Anteil unterhalb des Fußbodens 1,05 KE beträgt. Dieser Anteil teilt die verbleibenden 16,8 KE (dies ist gleichzeitig die maximale Höhe der Großen Galerie) in einem Verhältnis von 1:16.

Betrachtet man die hier gezeigten 12 Steinschichten, welche die Königinnenkammer bis zur Spitze der Giebelsteine in 57,6 KE Höhe «einrahmen», im Rhythmus von jeweils 2, 3, 2, 3 und 2 Schichten, erkennt man eine auffällige Maßzuordnung mit bedeutungsvollen Zahlen.

Um für den Leser die hier in Königsellen angegebenen Maße glaubhaft zu verdeutlichen, werden in der folgenden Tabelle die Maße einschließlich ihrer Höhenbezugspunkte der 24. bis zur 36. Schicht in Zoll umgerechnet wiedergegeben und den von Petrie ermittelten Daten gegenübergestellt, die er ebenfalls in Zoll angab.

Wenn man die beiden letzten Spalten vergleicht, stellt man nur einen sehr geringen Unterschied fest, und das trotz der beträchtlich starken Beschädigungen der äußeren Schichten des Pyramidenkerns. Es ist leicht nachzuvollziehen, daß Petrie erhebliche Schwierigkeiten gehabt haben muß, sinnvolle Messungen durchzuführen.

Es muß an dieser Stelle nochmals betont werden, daß der **gesamte** Schichtenaufbau bewußt geplant wurde – und nicht nur die Lage bestimmter Kontrollschichten, wie ich am Anfang des Buches erwähnte. Eine Aussage über die komplette Planung jeder Schicht wäre zu diesem Zeitpunkt sicherlich nicht akzeptiert worden, obwohl grundsätzlich die Frage im Raum steht, warum der unterschiedlichen Schichtdicke seitens der Forschung bisher keine größere Aufmerksamkeit geschenkt wurde. Es darf jedoch nicht übersehen werden, daß die Mauerschichten nicht durchgängig eben verlegt wurden, sondern daß es auch im Interesse der Stabilität Verzahnungen mit benachbarten Schichten gab.

	Planmaße				Istmaße
Schicht	Höhe [KE]*	cm	Schichtdicke [KE]	Zoll	nach Petri**
24.	39,75	2081,3100	1,575	819,41174700	820,3 – 820,4
25.	41,325	2687,3770	1,575	851,87900490	852,7
26.	42,90	2246,4400	1,54	884,34626280	885,0 – 885,1
27.	44,44	2326,8784	1,44	916,09202608	915,8 – 916,3
28.	45,88	2402,2768	1,42	945,77637616	945,5 – 945,9
29.	47,30	2476,6280	1,34	975,04844360	974,7 – 975,1
30.	48,64	2546,7904	1,36	1002,67138048	1002,8 – 1003,1
31.	50,00	2618,0000	1,37	1030,70660000	1031,0 – 1030,9
32.	51,37	2689,7332	1,21	1058,94796084	1058,8 – 1059,2
33.	52,58	2753,0888	1,32	1083,89106065	1085,1 – 1085,2
34.	53,90	2816,9680	1,25	1109,04040160	1111,4
35.	55,15	2887,6540	2,45	1136,86937980	1137,6 – 1137,7
36.	57,60	3015,9360	2,00	1187,37400320	1187,4 – 1186,9

Tabelle 23: Die Gegenüberstellung der Planmaße mit den Istmaßen (Unterkante)
* Höhe in Bezug zur Geländeoberfläche mit ±0
** erstes Maß: Nordostecke, zweites Maß: Südwestecke

Aus den Maßen der inneren Struktur und ihren zugeordneten Qualitäten können wir nun ableiten, warum die 35. Steinschicht um einiges dicker sein muß als die 34. Schicht (siehe auch Abbildung 10 im Farbteil) und warum die Oberkante auf das besondere Höhenmaß von 57,6 KE angesetzt wurde. Diese 12 Steinschichten symbolisieren – ebenso wie die 12 KE hohe Kammer und die 12 Hauptdimensionen der materiellen Welt – Ziele, die mit der Einweihung in den 32. Grad im Zusammenhang stehen. Hier nehme ich dieses Ziel vorweg, obwohl die Einweihung selbst erst später behandelt wird. Mit seinem bereits zum Teil geöffneten dritten Auge erkennt der Hocheingeweihte, daß unser Kosmos holographisch aufgebaut ist, daß er Prinzipien beinhaltet, wonach im Kleinen alles so aufgebaut ist wie im Großen: wie oben, so unten! Deswegen taucht auch hier das Maß von 57,6 KE auf, hinter dem sich eine kosmische Rastergröße verbirgt, deren Gesamtqualität gegenwärtig nur ansatzweise erfaßt werden kann. Zu dieser Qualität gehört im ganzheitlichen, kosmisch übergreifenden Sinne das Erkennen und Begreifen detaillierter Zusammenhänge, welche das meisterhafte holographische Konzept des Universums bestimmen. Somit wird in der Königinnenkammer (einschließlich der dazugehörenden umschließenden Wände und Deckenplatten) eine entscheidende Etappe auf dem Weg zur letzten Einweihungsstufe erreicht. Allerdings hat der Eingeweihte auch nach diesem kosmischen Tiefenblick noch nicht die komplette Fähigkeit der weisen Voraussicht erlangt, denn diese umfaßt das konstante Sehen mit dem inneren Auge, wozu auch das konkrete Erkennen der Konsequenzen des eigenen Handelns gehört, d.h. ein bildliches Sehen in die Zukunft – wie ein Sprung in der Zeit hin zu der jeweiligen zukünftigen Situation – und auch ein Sehen in andere Dimensionen.

Dieses im Inneren der Pyramide zu erreichende Ziel wird von der sich optisch abhebenden 35. Steinschicht angezeigt, die gegenüber der 34. Steinschicht um 1,2 KE (62,832 cm) dicker ist. Die Einzelmaße sind:

- 34. Steinschicht: 1,25 KE
- 35. Steinschicht: 2,45 KE
- $\frac{1,25}{2,45} = \left(\frac{5}{7}\right)^2$

Die 12 Steinschichten, welche die Königinnenkammer «einrahmen», verbergen noch ein weiteres Geheimnis. Addiert man alle Zahlen von 24 bis 35, erhält man als Summe 354. Das Besondere dieser Zahl versteht man erst dann, wenn man weiß, daß der Einweihungsweg für den 32. Grad bis zum Verlassen der Königinnenkammer eine Länge von 354 KE erreicht! Erwähnenswert ist auch die Tatsache, daß die Umfassungswände der Königinnenkammer eine eigene Struktur besitzen und folglich nicht mit den Schichthöhen des Pyramidenkerns übereinstimmen.

Was die innere Struktur des Pyramidenkerns betrifft, so sind bei weitem noch nicht alle Erkenntnisse, die in diesen 216 Steinlagen verborgen sind, angesprochen worden. Um die Aussagen zu diesem Thema abzurunden, soll noch eine letzte Erkenntnis dargelegt werden, die eine Analogie zu den bisherigen Ausführungen enthält. Ähnlich wie von der 34. zur 35. Schicht ein markanter Unterschied in der Höhe (Dicke) der Schichten festzustellen ist, so gibt es auch einen gravierenden Unterschied zwischen der 89. und der 90. Schicht. Die 89. Schicht ist 1,11 KE und die 90. Schicht 1,85 KE hoch. Erstaunlicherweise befinden sich diese beiden Sprünge in der Schichtdicke an vergleichbaren Orten: der Übergang von der 34. zur 35. Schicht im Giebelbereich der Königinnenkammer und der Übergang von der 89. zur 90. Schicht im Giebelbereich der Kammern oberhalb der Königskammer!

Vergleicht man die Höhe der 89. und der 34. Schicht, erhält man aus ihrem Verhältnis den Wert 0,888; addiert man die Höhe dieser vier Schichten, ergibt sich eine Summe von 6,66 KE! Auf diese Ziffernfolge (in ihrem positiven Aspekt), die als geheimer Code dreifach in der Königskammer verborgen ist, werden wir im betreffenden Abschnitt näher eingehen.

Ergänzend soll noch erwähnt werden, daß sich die Oberkante der 90. Schicht in einer Höhe von 133,2 KE befindet (133,2 = 12 × 11,1); das Zehnfache (1332) kann auch als Produkt von 36 × 37 dargestellt werden! Diese markante Schicht wurde aus einem bestimmten Grund so deutlich hervorgehoben. Wie bereits erwähnt, endet die Deckenkonstruktion der Königskammer einschließlich der sogenannten Entlastungskammern genau in dieser Höhe. Diese Konstruktion hat absolut nichts mit einer Entlastungsfunktion zu tun, sondern mit der Funktion, die im letzten Kapitel beschrieben wird. Eine der Entlastung der Kammerdecke dienende Konstruktion bräuchte gemäß den Gesetzen der Statik lediglich das Gewicht, das sich aus einem Lastdreieck über der Kammer ergibt, zu berücksichtigen, da die über der Königskammer befindliche Last nur im Bereich dieses Dreiecks statisch wirksam ist und die Schwerkraftlinien der darüber liegenden Bereiche bereits bogenförmig außerhalb der Seitenwände vorbeigehen. Selbst bei einer Berechnung mit der größtmöglichen Last müßte das Lastdreieck höchstens 11 KE hoch sein. Hier beträgt die Höhe der sogenannten Entlastungskammern jedoch 39,6 KE (36 × 1,1 KE)! Daß diese Konstruktion gleichzeitig mystische Aussagen verbirgt, wird bereits angesichts dieser Zahlen offensichtlich. Setzt man die obersten Punkte der Konstruktionshöhen von Königinnenkammer und Königskammer ins Verhältnis, erhalten wir Zahlen bzw. Ziffernfolgen, die uns noch öfters begegnen werden (und die ich an der entsprechenden Stelle auch erläutern werde).

$$\frac{57,6}{133,2} = \frac{16}{37} = 0,\overline{432}$$

Somit wird ersichtlich, daß die beiden Schichten, die durch einen abrupten Höhenunterschied gekennzeichnet sind, mit der inneren Konstruktionshöhe der Königinnen- und Königskammer eng verknüpft sind.

Hiermit soll dieser kurze Exkurs, in dem es um eine Analyse der Struktur des Pyramidenkerns ging, abgeschlossen werden. Die vorgestellten Erkenntnissen lassen bereits deutlich genug erkennen, daß die in diesem Zusammenhang bestehenden Auffassungen der offiziellen Wissenschaft falsch sind.

9.5. Die Nische in der Königinnenkammer

Bisher betrafen die Ausführungen zur Königinnenkammer lediglich ihre Form und Lage sowie ihre Einordnung innerhalb des Pyramidenkerns, ohne daß die noch vorhandene Nische mit berücksichtigt wurde, die sich an der östlichen Stirnseite befindet (siehe Abbildung 73 im Farbteil).

Die Ägyptologen glauben, daß in dieser hohen Nische früher einmal eine Diorit-Statue gestanden haben könnte. In der Rückseite dieser Nische befindet sich eine weitere Öffnung mit einem Gang, der ca. 15 m tief in das Felsgestein reicht. Auf diesen Gang komme ich noch zu sprechen. Petrie war der erste, der – bei seinem Aufenthalt um 1880 – die 3 KE breite und 2 KE tiefe Nische exakt vermessen hat.* Ich selbst habe die Maße nochmals überprüft und die präzise Arbeit von Petrie bestätigen können. Werden diese Maße von den geringfügigen Toleranzen befreit und in Königsellen umgerechnet, ergibt sich eine äußerst geniale Konstellation. In Abbildung 74 sind diese Maße eingetragen, von denen die wichtigsten in Tabelle 24 zusammengefaßt sind.

Was ist nun das Besondere an diesen Maßen? Es gibt einen Zusammenhang, der auf den ersten Blick nicht gleich erkennbar, aber in Verbindung mit dem «Grabräubergang» noch überraschender ist. Als erstes ist festzustellen, daß die Werte für die Höhe und die Querschnittsfläche Spiegelzahlen sind (8,91/19,8), und als zweites, daß der Wert für das Volumen genau doppelt so groß ist wie der

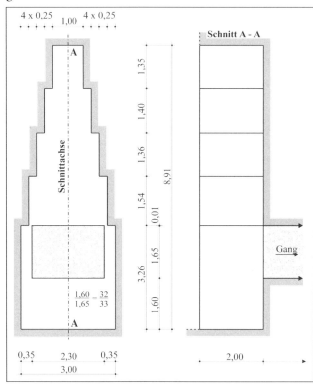

Abbildung 74: Die Detailmaße der Nische

	KE	cm
Höhe	27 × 0,33 = 8,91	466,5276
Breite am Fußboden	3,00	157,0800
Breite oben	1,00	52,3600
Tiefe	2,00	104,7200
Auskragung pro Stufe und Seite	0,25	13,0900
Querschnittsfläche [KE²]	60 × 0,33 = 19,80	5,428...m²
Volumen [KE³]	120 × 0,33 = 39,60	5,684...m³

Tabelle 24: Die Hauptmaße der Nische

---

* W. F. Petrie: ebd., S. 70

Wert der Querschnittsfläche: 39,60 = 2 × 19,80. Damit stehen alle drei Zahlenwerte in einer besonderen, für uns Menschen der heutigen Zeit ungewöhnlichen Verbindung, die durch die Teilbarkeit durch 0,33 einen noch größeren besonderen Reiz erhält. Kurioserweise ist 8,91 = **27** × 0,**33** und 19,8 = **60** × 0,33. Da die Königskammer erst später behandelt wird, bitte ich, die Zahlen 27, 33 und 60 vorläufig im Gedächtnis zu behalten.

Mathematisch hält die Zahl 8,91 eine weitere Überraschung bereit. Ermittelt man den reziproken Wert, d.h. $\frac{1}{8,91}$, erhält man die interessante Ziffernfolge 0,11 22 33 44 55 66...! In dieser Ziffernfolge repräsentiert jeweils eine Zahl den positiven und die andere den negativen Aspekt. So betrachtet, bedeutet diese Folge, daß der Mensch eine ständige Weiterentwicklung anstrebt, vorzugsweise im Positiven, leider aber auch im Negativen. Mit dieser Ziffernfolge wird angedeutet, daß der Einzuweihende noch mit der polaren Welt verbunden ist und in seinem täglichen Leben eine neutrale, wertungsfreie Entscheidung im kosmischen Sinne noch nicht möglich ist. Um diesen höheren Aspekt in sich zu integrieren, müßte er mit der Energie der Zahl $\frac{1}{8,991}$ = 0,111 222 333 444... konfrontiert werden, die auf der Ebene der Königinnenkammer noch nicht möglich ist.

Weiter hervorzuheben ist die Gliederung des unteren Bereichs der Nische, wodurch der untere Absatz und die Höhe des Ganges in eine besondere Ordnung gesetzt werden. Mit 1,60 KE zu 1,65 KE ergibt sich genau ein Verhältnis von 32:33. Besser kann kaum ins «Bild» gesetzt werden, daß ein Eingeweihter sich auf einem besonderen Weg befindet. Derjenige, der hier seine Einweihung erlebt, befindet sich bereits als Hocheingeweihter im 32. Grad und ist auf dem Weg, den 33. Grad zu erlangen. Das ist eine der Hauptaussagen dieses unteren Bereichs der Nische.

Die darüber befindlichen kragenartigen Versätze besitzen nicht nur symbolhaften Charakter. Sie schaffen das zusätzliche Raumvolumen, das noch zur Gesamtaussage der Königinnenkammer benötigt wird. Entscheidender ist jedoch, daß durch Geometrien Energien beeinflußt und verändert werden. Dieses für uns noch nicht begreifliche Wissen entspringt einem Wissen höherer Dimensionen. Bei dem Abschnitt über das Einweihungsritual innerhalb der Königinnenkammer komme ich auf dieses Thema zurück.

Im folgenden möchte ich mich auf den «Grabräubergang» konzentrieren (siehe Abbildung 75 im Farbteil). Es war erforderlich, seine ursprüngliche Geometrie ganz exakt zu erfassen, weil er nicht nur hinsichtlich seiner Geometrie, sondern auch im Zusammenhang mit dem Einweihungsweg eine entscheidende Rolle spielt. Die in der linken unteren Ecke zu sehende Installation enthält ein Kabel und einen Lüftungsschlauch, um Forscher im hintersten Teil des Ganges mit Licht und Frischluft zu versorgen. Dieser Gang endet als Sackgasse, ohne daß es außer stickiger Luft etwas Besonderes zu registrieren gäbe.

Die Auffassung der Ägyptologen zu diesem Gang ist nicht ganz widerspruchsfrei. Da der erste Teil auf eine Bearbeitung schließen läßt, Grabräuber sich aber kaum die Mühe einer solchen Arbeit gemacht hätten, nur um einen vermuteten weiter hinten liegenden Schatz auf glattem Boden suchen zu können, muß dieser Gang bereits Teil der ursprünglichen Planung gewesen sein.

Dennoch wird mancherorts die Auffassung vertreten, der gesamte Gang sei durch Grabräuber angefertigt worden. Auf veröffentlichten Computergrafiken der Ägyptologen wird
deshalb dieser Gang in der Regel weggelassen, weil er scheinbar ohne Bedeutung ist. Für
den letzten Teil des Ganges ist diese Annahme auch tatsächlich berechtigt. Michael Haase
vertritt in seinem bereits erwähnten Buch *Das Rätsel des Cheops* (S. 136) eine andere Auffassung. Er glaubt, daß es sich beim ersten Teil dieses Ganges um ein Magazin für Grab-
beigaben gehandelt haben könnte. Bei genauer Betrachtung der Struktur des 10,5 KE (!)
langen Teilstückes, das einen ebenen Fußboden und eine glatt bearbeitete linke Gangseite
aufweist, erscheint dieser Gedankengang jedoch nicht sehr glücklich. Warum sollte ein
Magazin in seiner Höhe derart gering angelegt worden sein (1,65 KE = 86,4 cm) und obendrein mit einer versetzten Seitenwand, wobei der Gang nach 5,4 KE noch niedriger wird?
Und warum wurde das erste Gangstück mit einer Höhe von genau 1,65 KE geschaffen, die
auch der Innenhöhe des Sarkophags entspricht? Das alles ergibt keinen Sinn, zumal es in
ganz Ägypten in keinem Grab solch eine seltsame Konstruktion für ein Magazin gibt. Diese
wurden grundsätzlich bedeutend größer angelegt. Diese Annahme ist mangels besserer
Erkenntnisse zumindest ein Erklärungsversuch; da in der Cheops-Pyramide aber niemals
eine Mumie aufbewahrt wurde, bestand auch keine Notwendigkeit für ein Magazin.

Wie auf Abbildung 75 (siehe Farbteil) zu erkennen ist, sind die linke und die untere
Seite dieses ersten Abschnittes relativ glatt bearbeitet, während die beiden anderen Seiten
nachträglich durch Grabräuber bearbeitet und erweitert wurden. Es ist unzweifelhaft, daß
in früheren Zeiten Grabräuber versuchten, am Ende des Ganges tiefer in die Pyramide einzudringen. Offensichtlich glaubten sie, hinter dem letzten Stein sei ein Schatz verborgen. So
machten sie sich die enorme Mühe, den Gang erst zu erweitern, denn bei dieser Beengtheit
war es kaum möglich, einen Hammer ausreichend zu bewegen. Glücklicherweise erkennt
man im Boden- und im linken Wandbereich, wie groß der erste Gangabschnitt ursprünglich ungefähr war.

Auf diesem Bild kann hinter dem nachträglich eingesetzten Rahmen die Struktur leider
nur andeutungsweise erkannt werden. Es war mir jedoch möglich, in diesen Teil hineinzu-
kriechen und Höhe und Breite annähernd zu bestimmen. Auch dort ist die linke Wandseite,
allerdings in etwas reduzierter Höhe, glatt bearbeitet.

Der Stahlrahmen wurde genau dort eingesetzt, wo der Gang durch einen Versatz enger
wird. Die Untersuchung der rechten Seite des Gangbodens konnte keine absolute Klarheit
darüber bringen, ob der hintere Teil des Ganges auf dieser Seite ebenfalls mit einem Versatz
gebaut worden war oder nicht. Da durch die Beschädigungen der rechten Wandseite auch
der Boden in Mitleidenschaft gezogen worden war, vermutete ich anfangs eine geradlinige
Fortsetzung dieser Wandseite. Erst im Zusammenhang mit allen geometrischen Aussagen,
die durch die Lage der Ost-West-Achse der Pyramide bestimmt sind, konnte ich erkennen,
daß diese Seite um 0,1 KE (5,236 cm) nach innen versetzt gewesen sein muß. Letztlich war
es wieder die «heilige Geometrie», die half, das Rätsel dieses «Grabräuberganges» zu enträt-
seln. Der Grundriß dieses Ganges wird in der folgenden Abbildung 76 dargestellt.

Bevor ich auf die Details des Ganges eingehe, möchte ich etwas zur Lage der Nische sagen. Der Beginn wird in Abbildung 76 mit 4,75 KE ab Eingang zur Kammer angegeben. Petrie maß hierfür rund 2 Zoll weniger, was durchaus eine erhebliche Abweichung darstellt. Bei der Deckenkonstruktion wurde bereits festgestellt, daß sich die Deckenplatten im Verlauf der Zeit, vermutlich durch Erdbebeneinwirkung gesenkt haben und mit einem asymmetrischen Verrutschen zur Außermittigkeit der Stoßstellen beider Platten geführt haben müssen.

Es gibt übergreifende Zusammenhänge, die eindeutig beweisen, daß das hier ausgewiesene Maß korrekt ist. Es ist hier und in diesem Buch noch zu früh, diese Zusammenhänge darzulegen. Deswegen muß sich der Leser damit begnügen, dieses Maß aktuell zur Kenntnis zu nehmen.

Zu den Detailmaßen des Ganges ist folgendes zu sagen: Die beiden Abschnitte hinter der Nische ließen sich relativ leicht bestimmen, da die linke Seite und der Boden eine Vermessung zuließen. Allerdings war eine absolut genaue Messung nicht möglich, da die rechte Bodenkante und die linke Oberkante der Seitenwand durchgängig beschädigt sind. Aus den annähernd ermittelten Werten bestimmte ich für den ersten Abschnitt folgende Daten:

- Länge: 5,40 KE
- Breite: 2,30 KE
- Höhe: 1,65 KE

Diese runden Werte bestätigten sich auch im nachhinein, als ich die ursprüngliche Form des Ganges herausgefunden hatte.

Zwischenzeitlich hatte ich die Rote Pyramide in ihrer Analyse komplett abgeschlossen und festgestellt, daß nicht nur die Teilvolumen eine Rolle spielen, sondern auch die Flächen. Aus diesem Grund untersuchte ich den «Grabräubergang» nochmals und entdeckte, daß die Flächen auch hier, im ersten Abschnitt, zu weiteren verborgenen Aussagen führen. Die Umwandlung der Ergebnisse in Teilausdrücke stellt dabei nochmals etwas Besonderes dar, wie gleich zu sehen ist.

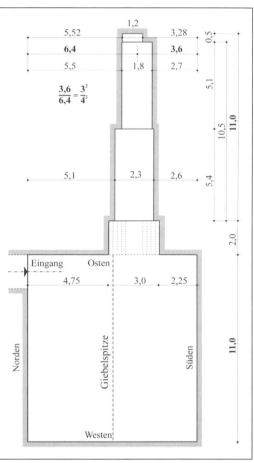

Abbildung 76: Der Grundriß der Königinnenkammer (mit Nische und «Grabräubergang»)

- Grundfläche: 5,40 × 2,3 = 12,42 KE²
- Querschnittsfläche längs: 5,40 × 1,65 = **8,91** KE²
- Volumen: 20,493 = 2,3 × 2,7 × 3,3 KE³ (in umgewandelter Form)

Einer der Werte, der bei der Analyse der Nische am meisten auffällt, ist die Höhe von 8,91 KE (siehe Abb. 74). Interessanterweise erscheint diese Zahl auch hier im ersten Gangabschnitt. In den beiden anderen umgewandelten Ausdrücken tauchen sowohl die Ziffernfolgen 2-3, 2-7 und 3-3 auf. Der 2,3 sind wir bereits in der Roten Pyramide begegnet, und in der Cheops-Pyramide haben wir sie ebenfalls mehrfach entdeckt. Die beiden anderen Ziffernfolgen sind ebenfalls schon bekannt, es wurde aber stets darauf hingewiesen, daß ihre umfangreiche Bedeutung erst im Zusammenhang mit dem Code des Sarkophags endgültig geklärt wird.

Der zweite Gangabschnitt, an dem die glatt bearbeiteten Flächen endeten, ließ sich hinsichtlich seiner Länge ebenfalls relativ leicht bestimmen. Mit 5,1 KE ergaben beide Abschnitte zusammen eine Länge von 10,5 KE, womit es den Anschein erweckt, als hätte ich damit die ursprüngliche Ganglänge bereits vollständig bestimmt. Die in der Gesamtlänge enthaltene Ziffernfolge 1-0-5 ist bereits mehrmals aufgetaucht: vor der Königinnenkammer in dem abgesenkten Gangstück mit 10,5 KE, in der durchschnittlichen Höhe mit 10,5 KE und in der Querschnittsfläche der Kammer mit dem zehnfachen Zahlenwert 105 KE². Insofern war es durchaus glaubwürdig, daß dieser Gang früher möglicherweise die erwähnte Gesamtlänge besaß. Es soll hier erwähnt werden, daß der zweite Gangabschnitt tatsächlich 5,1 KE lang gewesen ist, womit wir aber noch nicht die gesuchte Gesamtlösung gefunden haben.

Problematisch war es, die richtige Gangbreite und Ganghöhe dieses Abschnittes zu bestimmen, da die Beschädigungen durch Grabräuber doch beträchtliche Ausmaße angenommen hatten. Trotz alledem fand ich eine Lösung, die wegen des hohen Zerstörungsgrades nicht leicht zu bestimmen war. Einige Werte aus diesem zweiten Abschnitt, die ich früher veröffentlicht hatte, mußten jetzt korrigiert werden, da ich anfangs einen übergreifenden Zusammenhang noch nicht mit in Betracht gezogen hatte. Tatsächlich müssen es folgende Werte sein:

- Länge: 5,1 KE
- Breite: 1,8 KE
- Höhe: 1,6 KE

Bei diesen Werten lohnt es sich, nochmals einen Blick auf Abbildung 74 zu werfen. Der 1,65 KE hohe Gang begann 1,60 KE über dem Boden der Königinnenkammer. Im zweiten Gangabschnitt reduziert sich die Höhe geringfügig um 0,05 KE, so daß die obere Seite des Ganges bei 3,2 KE liegt. Damit wird wieder verdeutlicht, daß der Einzuweihende sich zu diesem Zeitpunkt noch im 32. Grad befindet.

Die obigen Werte führen zu folgenden weiteren Berechnungen:

- Grundfläche: 5,1 × 1,8   =   9,180 KE²
- Querschnittsfläche längs: 5,1 × 1,6   =   8,160 KE²
- Volumen: = 14,688 KE³

Der Leser mag sich fragen, worin der Sinn der bisherigen Rechnungen liegt, und könnte das alles vielleicht als bloße Zahlen-Jongliererei betrachten. Warten wir aber ab. Mir fiel bei diesen Ergebnissen besonders die Grundfläche auf. Addiert man die Flächen der beiden Gangabschnitte (12,42 + 9,18), führt dies zur Summe von 21,6 KE². Dies entspricht einem Zehntel von 6 × 6 × 6 oder, in Form der 216, der Anzahl der inneren Steinschichten der Pyramide. Damit wird klar, daß die Planer der Cheops-Pyramide auch an das kleinste Detail dachten und nichts unberücksichtigt ließen. Alles, was sie taten, hatte eine Bedeutung. Folglich war nicht auszuschließen, daß auch hinter dem Gesamtvolumen ein Geheimnis versteckt wurde. Beide Teilvolumen ergeben 35,181 KE³, zusammen mit der Nische 74,781 KE³. Das ergibt definitiv keinen Sinn. Folglich war noch etwas zu berücksichtigen, was mittlerweile spurlos verschwunden ist.

Als ich am folgenden Tag nochmals in einem Kairoer Hotel rechnete, kam mir der Gedanke, daß dieses fehlende «Raumteil» möglicherweise ebenfalls durch die Grabräuber zerstört wurde, die den Gang bis auf eine Länge von rund 15 m (ca. 30 KE) erweiterten. Schließlich gibt es in der Pyramide die sogenannten «Luftschächte», die in das Innere der Pyramide führen, ähnlich wie es hier diesen blinden Gang gibt. Es ist also gut möglich, daß die Grabräuber den Gang in der Tiefe vergrößerten, um hinter dem letzten Stein nach einem Schatz zu suchen. Diese Lösung muß leider als Theorie betrachtet werden, denn niemand kann die Existenz und erst recht nicht die Größe dieses Endstückes je beweisen. Die Werte jedoch, die sich aus der neu berechneten Struktur ergeben, sind indirekt ein Beweis für die Richtigkeit meiner Rekonstruktion.

Einer regelrechten Eingebung folgend, wurde mir bewußt, daß es zusätzlich zu den auf einer Länge von 10,5 KE bearbeiteten Flächen noch ein Endstück geben mußte, welches mit einer Länge von 0,5 KE zu einer Gesamtlänge von 11 KE führt. Im Detail kam ich zu folgender Lösung:

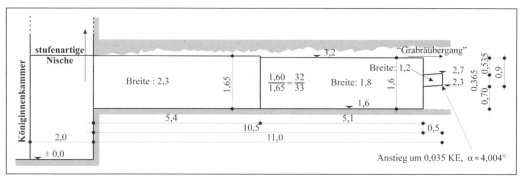

Abbildung 77: Der «Grabräubergang» und seine Maße

Um das Ende des Ganges hinsichtlich seines Höhenunterschiedes zur Rasterhöhe des Gangbodens besser verdeutlichen zu können, habe ich den Boden der Kammer auf ± 0,0 gesetzt.

Die kleine Nische am Ende des Ganges war zwingend erforderlich, um die heilige Geometrie abzurunden. Im übernächsten Abschnitt wird diese Aussage mit dem Verlauf des Einweihungsweges eindeutig bewiesen werden. Mit Sicherheit ist anzunehmen, daß dieses «Auge» bis ins kleinste Detail geplant wurde. Deswegen habe ich dieses Endstück ansteigend mit einem Winkel von rund 4,004° (tan α = 0,07; Höhendifferenz $\frac{0,7}{2}$!) einge-tragen, weil sie durch diese Parameter auf einer Unterkantenhöhe von 2,3 KE (Höhe über dem Boden der Kammer) beginnt und in 2,7 KE Höhe endet. Diese Konstellation führt dazu, daß der Mittelpunkt des «Auges» in 2,5 KE Höhe liegt.

Die weiteren Angaben, die für dieses Endstück theoretisch unter Beachtung der heiligen Geometrie festgelegt wurden, lauten:

• Länge: 0,5 KE
• Breite: 1,2 KE
• Höhe: 0,365 KE

Diese Breite führt zu einem zusätzlichen Effekt, denn bei einer Gesamtbreite der Kammer von 10 KE würde unter diesem Aspekt der verbleibende Rest (links und rechts des «Auges») 10 − 1,2 = 8,8 KE groß sein. Wir sehen also, daß auch in der Königinnenkammer wie in der Großen Galerie immer wieder die Ziffernfolge 8-8 im verborgenen eingeplant wurde.

Die Proportion zwischen den beiden Werten 1,2 und 8,8 ergibt 0,1$\overline{36}$, wobei sich die 36 ständig wiederholt. Insgesamt führen diese hypothetischen Werte zu den letzten Teilergebnissen:

• Grundfläche: 0,5 × 1,2   = 0,600 KE²
• Querschnittsfläche längs: 0,5 × 0,365 = 0,1825 KE²
• Volumen: = 0,219 KE³

Mit diesen Daten kann nun auch das letzte Ziel, das in geometrischer Form verpackt wurde, enthüllt werden. Die Größe dieses letzten Teilstücks entspricht $\frac{0,6}{21,6} = \frac{1}{36}$ der Grundfläche der beiden vorhergehenden Gangabschnitte. Durch die Grundfläche dieses Teilstücks vergrößert sich die Gesamtfläche des «Grabräubergangs» auf 22,2 KE², während das Gesamtvolumen auf 35,4 KE³ anwächst. Zusammen mit der Nische werden es 75 KE³. Mit der +75 wird die entscheidende Aussage dafür geliefert, daß der Einzuweihende sich auf dem richtigen Weg befindet. Er ist sich seines Zieles und seines schweren Weges bis zum Abschluß des Einweihungsweges bewußt. Diesen Weg hat er mit fester Absicht selbst gewählt. Deswegen fürchtet er sich auch nicht vor den letzten Hindernissen und Prüfungen, die noch vor ihm liegen.

Die Zahl 22,2 taucht übrigens nochmals verborgen in der Königinnenkammer auf. Dazu ist es jedoch erforderlich, die exakte Lage der Nord-Süd-Hauptachse der Cheops-Pyramide in Bezug zur Achse des Gangsystems zu kennen. Dieser Abstand wurde bereits mit 13,8 KE = 722,568 cm bestimmt. Da die Königinnenkammer mit ihrer Ostseite 1 KE von der Gangachse entfernt liegt, muß diese in die folgende Berechnung mit einbezogen werden. Damit beträgt der Abstand zwischen Nord-Süd-Achse und Ostseite der Kammer 14,8 KE. Um auf den genannten Wert zu kommen, sind folgende Einzelmaße zu addieren:

- 14,8 KE: Abstand östliche Wand der Königinnenkammer bis zur Hauptachse
- 2,0 KE: Tiefe der Nische
- 5,4 KE: erster Gangabschnitt
- **22,2 KE**

Somit erweist sich dieser erste Gangabschnitt als ein entscheidender Meilenstein auf dem Weg der Einweihung.

Nach diesen Zwischenbemerkungen wollen wir uns wieder dem «Grabräubergang» zuwenden. Mit der zusätzlichen Nische ist der Gang exakt 11,0 KE lang und ist somit genauso lang wie die Königinnenkammer. Dazwischen befindet sich die Nische, so daß in Ost-West- und West-Ost-Richtung folgende Teillängen bestehen: 11-2-11, insgesamt 24 KE. Ohne Bindestriche erhalten wir die Zahl 11 211 oder 3 × 3737. Mir ist nicht bekannt, ob dieser wunderschöne Effekt zusätzlich gewollt war oder nicht, er ergänzt zumindest optisch die in dieser Kammer bestehende Dualität der Zahlen bzw. Ziffernfolgen.

Was gibt es zu den bis jetzt gewonnenen Erkenntnissen zu sagen?

Der rauhe Fußboden und die durch Geometrie enthüllte Zahlenmystik der Königinnenkammer haben den Einzuweihenden wissen lassen, daß er noch nicht vollkommen ist. Wenn er weiterkommen, seinen persönlichen Aufstieg erreichen will, kann er das Ziel nicht vor sich auf der gleichen Ebene finden. Er muß sich auf die nächsthöhere Ebene begeben, die sich oberhalb der Königinnenkammer befindet. Aus diesem Grund befinden sich die 32. und 33. Steinschicht der Pyramide im Giebelbereich der Kammer und weist die Symbolik mit der Spitze des Dreieckes nach oben (Abbildung 70). In gleicher Weise wirkt der leichte Anstieg der kleinen Zusatznische. Es sollte dem Einzuweihenden wohl damit verdeutlicht werden: «Hier in diesem Gang kannst du nicht zu höheren Zielen gelangen, du wirst hier Gefangener der Materie bleiben. Also suche den Weg, der nach ‹oben› führt.»

Was läßt sich abschließend über die Höhe der Königinnenkammer sagen? In ägyptologischen Kreisen ist man der Meinung, daß der Boden dieser Kammer früher mit Platten bedeckt war, daß die Höhe ursprünglich also geringer war als heute nach dem angeblichen Raub dieser Platten durch Schatzsucher. Die hier vorgelegten Ergebnisse beweisen jedoch die Auffassung, daß der Fußboden der Kammer nie mit Steinplatten ausgelegt war. Die Meinung, daß Plünderer für die Absenkung des Fußbodens verantwortlich sind, entbehrt somit jeglicher Grundlage. Der Querschnitt durch die Königinnenkammer mit dem Längsschnitt durch den Gang, der in diese Kammer führt (siehe Abbildung 70), zeigt, daß der Boden des Gangs mit einer Stufe plötzlich um 3 × 0,32 KE abgesenkt wird. Die Symbolik des Gangsystems zeigt die Anwendung von Prinzipien einer heiligen Geometrie, die erst unter den Bedingungen der veränderten Fußbodenhöhe auf diesem letzten Gangstück vor der Königinnenkammer, das 10,5 KE lang ist, zur vollen Entfaltung kommt. Dies spricht eindeutig dafür, daß dort nie zusätzliche Platten eingebracht worden waren.

Es ist einleuchtend, daß der Beweis für die Einordnung besonders des letzten kleinen Teilstückes, das wie ein Auge in die mächtigen Steinschichten blickt, nicht möglich ist. Bei der «Wahl» der Maße kamen verschiedene Möglichkeiten in Frage, die jede für sich überzeugend wirkten. Erst im Frühjahr 2005 wurde mir wieder das alte Einweihungsritual bewußt, das vor Tausenden von Jahren in dieser Kammer praktiziert wurde. Erst dadurch konnte von den verschiedenen Möglichkeiten die richtige Lösung ausgewählt werden. Im Abschnitt 9.6 wird dieses Ritual erstmalig veröffentlicht, ein Ritual, das selbst in mystischen Organisationen, die ihren Ursprung in Ägypten sehen, schon längst vergessen ist.

Es wird dann auch ersichtlich werden, warum so scheinbar belanglose Werte wie der 5,52 KE lange Abstand des Auges von der Nordwand doch ihren Sinn haben. Zerlegt man diese Zahl, erhält man wieder eine Abhängigkeit von der Zahl 23, da 5,52 nichts anderes ist als 23 × 0,24. Für die Festlegung dieser räumlichen Einordnung möchte ich hier schon etwas vorgreifen. Deswegen wird hier ein kleiner Ausschnitt aus der Lösung gezeigt:

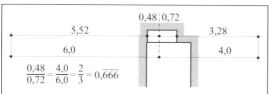

Abbildung 78: Die räumliche Lage des «Auges»

Das Besondere dieser räumlichen Einordnung liegt in der Tatsache, daß sich der entscheidende Punkt innerhalb des Auges genau 6 KE entfernt von der Nordwand der Kammer befindet, wodurch zweimal ein Verhältnis von 2:3 geschaffen wird.

Ich habe bereits erwähnt, daß der Einzuweihende, der im Besitz des 32. Grades ist, den Weg durch die Königinnenkammer als integralen Bestandteil der letzten Einweihung durchlaufen muß. Die verborgene Symbolik zeigt, daß die Ziffernfolge 3-2 in diesem räumlichen Bereich mehrfach auftaucht. Zusammenfassend sollen alle Hinweise auf die 32 noch einmal aufgeführt werden:

- Das letzte Wegstück zur Königinnenkammer ist 3,2 KE hoch.
- Der zweite Gangabschnitt des «Grabräuberganges» befindet sich mit seiner Oberkante 3,2 KE über dem Fußboden der Königinnenkammer.
- Die beiden letzten oberen Steinlagen der Kammerkonstruktion sind 3,2 KE hoch.
- Die Giebelspitze der Königinnenkammer befindet sich auf der Höhe der 32. und 33. Steinschicht der Pyramidenkonstruktion.
- Die sogenannten «Luftschächte» haben ihre Oberkante 3,2 KE über dem Kammerboden.

Um eine weitere Aussage verständlich zu machen, soll darauf hingewiesen werden, daß die Ostwand der Königinnen- und der Königskammer auf der gleichen Achse liegt. Das hat zur Folge, daß die Distanz zwischen der östlichen Außenkante des Ganges und der westlichen Wand der Königskammer genau 33 KE beträgt! Daraus können wir ableiten, daß nur in Verbindung beider Kammern der letzte Grad der Einweihung erreicht werden kann und seinen Abschluß in der höher liegenden Königskammer findet.

Zum Abschluß der geometrischen Betrachtungen möchte ich noch das Gesamtvolumen der Königinnenkammer mit all ihren Bestandteilen berechnen. Addiert man die Teil-volumen des Ganges, der Nische und der Kammer, erhält man ein Gesamtvolumen von 1155 + 75 = 1230 KE³.

Man beachte hier die Folge der ersten drei Ziffern (1-2-3). Sie weist auf etwas, das noch nicht zum Abschluß gekommen ist; sie besagt, daß der Weg fortgeführt werden muß. Der Einzuweihende erkennt darin, daß er sich noch mit der 0 verbinden muß, hinter der sich das Göttliche verbirgt. Dieser Weg ist bereits verknüpft mit einem erreichten hohen Bewußtseinsstand, der zum Ziel hat, das individuelle geistige Potential noch stärker auszu-schöpfen, um mit Gott (bzw. den Göttern) zukünftig einen bewußten Kontakt zu erlan-gen. Allerdings wird in dieser Kammer vom Einzuweihenden verlangt, daß er die richtige Entscheidung trifft, damit dieses Ziel auch verwirklicht werden kann.

In der dreidimensionalen Grafik von Abbildung 69 (siehe Farbteil) sind auch die beiden sogenannten Luftschächte eingetragen, allerdings nicht in ihrer vollen Länge. Obwohl sie länger sind, als lange vermutet wurde, gehen sie nicht bis an die Außenseite der Pyramide. Diese Schächte sollen Gegenstand der nächsten Untersuchungen sein.

9.6. Die Schächte der Königinnenkammer

Sinn und Zweck der beiden Schächte sind der Wissenschaft nach wie vor unklar. Allein die Tatsache, daß diese Schächte ursprünglich keine Öffnung hatten, stellt schon ein großes Rätsel dar.

Der britische Archäologe Waymon Dixon stellte im Jahr 1872 durch Abklopfen der Wände fest, daß je eine Stelle in den gegenüberliegenden Längswänden ein anderes Klangbild ergab. Neugierig geworden, ließ er diese Stellen freimeißeln und entdeckte da-durch die beiden Schächte, die nach einem kurzen, horizontalen Stück schräg nach oben weiterlaufen. Petrie reizten diese Schächte ebenfalls, so daß er sogar Messungen anstellte, um deren Ausdehnung und Winkel zu ermitteln. Im Jahr 1993 sind diese Schächte aufgrund der Forschungsarbeit des deutschen Ingenieurs Rudolf Gantenbrink erstmals ins Rampenlicht geraten. Er hatte in Zusammenarbeit mit der ägyptischen Altertümerverwaltung einen Roboter mit Videokamera den engen Gang in der Südwand hochfahren lassen und dabei entdeckt, daß der Gang nach 65 m vor einem Verschlußstein endet. Da die diesbezüg-lichen Vorgänge einschließlich der Nachfolguntersuchungen durch ein amerikanisches

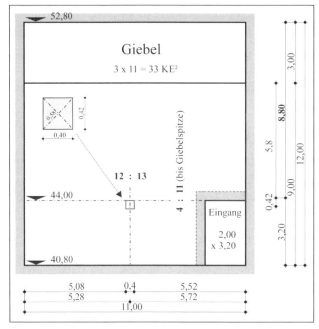

*Abbildung 79: Die Lage des Nordschachtes
(identisch mit der Lage in der Südseite)*

Team in der Literatur ausführlich beschrieben worden sind, sollen sie hier nicht Gegenstand weiterer Betrachtung sein. Mich interessierte zuerst die Geometrie dieser beiden Öffnungen und ihre Lage innerhalb der Königinnenkammer. Folglich ermittelte ich die exakte Position beider Schachteingänge einschließlich ihrer Längen- und Höhenausdehnung. Dabei stellte ich eine erste Überraschung fest, als ich die Maße in Königsellen umrechnete und die Diagonale des Querschnitts ermittelte (siehe Abbildung 79).

Alle drei Werte – 0,40, 0,42 und 0,58 – sind bisher kaum in Erscheinung getreten. Und doch sind sie hier bewußt gewählt worden, um beiden Diagonalen zu einem runden und besonderen Wert zu verhelfen: Der über dem Kammereingang befindliche riesige Steinblock von 5,8 KE Höhe ist exakt 100 mal länger als diese Diagonale.

Die von Petrie und mir überprüften horizontalen Längen der Schächte ergaben umgerechnet rund 3,9 KE für die Südseite und 3,7 KE für die Nordseite. Mit diesen beiden Ziffernfolgen 39 und 37 fiel mir sofort als Querverbindung ein, daß ich den Urzoll mit einer Proportion bestimmt hatte, die $\frac{1}{0,3937} = \frac{100}{39,37}$ lautete.

Als nächstes untersuchte ich die exakte Lage der Öffnungen im Verhältnis zu beiden Längswänden (ebenfalls Abbildung 79). Dabei habe ich in der Toleranzrechnung berücksichtigt, daß der Fußboden uneben ist. Der Eingang dieser Schächte befindet sich in der südlichen Wand an genau derselben Stelle wie in der nördlichen Wand, so daß die Meßwerte in Bezug zur Ostwand und zur Höheneinordnung identisch sind.

Im Detail leiten sich aus den Messungen folgende Ergebnisse ab:

• Die senkrechte Mittelachse der Schachtöffnung teilt die Längswand im Verhältnis **12 : 13** oder, in Maßen ausgedrückt: 5,28 KE : 5,72 KE = 276,4608 cm : 299,4992 cm. Die Quersumme aller Einzelziffern (Q1-Wert) beider in Zentimetern ausgedrückten Werte beträgt 33 bzw. 44.

• Die Oberkante der Schachtöffnung liegt mit 3,20 KE auf gleicher Höhe wie die Oberkante des Eingangs.

- Der Schacht befindet sich von der östlichen Seite der Kammer genau so weit entfernt wie das Auge im «Grabräuberschacht» von der nördlichen Seite der Kammer: 5,52 KE.
- Der Eingang besitzt die gleiche Höhe wie die beiden obersten Steinlagen der Kammer.
- Die Oberkante des Eingangs liegt bei 44 KE, die Kammer besitzt eine Längsquerschnittsfläche von 3 × 44 KE² (ergibt sich aus 12 KE Höhe und 11 KE Länge)
- Die Höhe des Eingangs (3,2 KE) dividiert durch die Differenzhöhe von 8,8 KE ergibt $0,\overline{36}$.
- Die Längsquerschnittsfläche des Giebels besitzt eine Größe von 33 KE².
- Die Diagonale der Schachtöffnung ist 0,58 KE lang und entspricht einem Hundertstel der Höhe des über dem Kammereingang liegenden Steinblocks.

Im Hinblick auf die Interpretationen voriger Ergebnisse fällt es leicht zu erkennen, daß mit diesen Proportionen eine Kontinuität geistiger Inhalte fortgeführt wird.

Mit den Planungsparametern für die Königinnenkammer wird gezeigt, daß die Erzielung von aussagefähigen Proportionen ein ständiger Begleiter der Planung war. Es muß deshalb deutlich betont werden, daß es keinen Nachteil darstellt, eine Mathematik auf Proportionen aufzubauen, sondern daß gerade dadurch verborgene Inhalte offenbart werden. Insofern ist es nicht ein Mangel altägyptischer Mathematik, daß sie auf Proportionen aufbaut, sondern ein Hinweis auf den Besitz alten Geheimwissens, das kosmischen Ursprungs ist. An dieser Stelle soll mit einem Querverweis darauf aufmerksam gemacht werden, daß die Harmonielehre der Musik ebenfalls auf Proportionen aufbaut.

Bleiben wir vorerst noch bei den Schächten der Königinnenkammer, denn ihre Analyse ist noch nicht ausgeschöpft. Als nächstes betrachtete ich die Winkel der Schächte, konkret den ersten schrägen Teil des Schachtes, da die Winkel sich nachfolgend ändern. Von Petrie werden diese Winkel mit einer durchschnittlichen Steigung wie folgt angegeben:

- Südschacht: $\alpha = 38°28'$
- Nordschacht: $\beta = 37°28'$

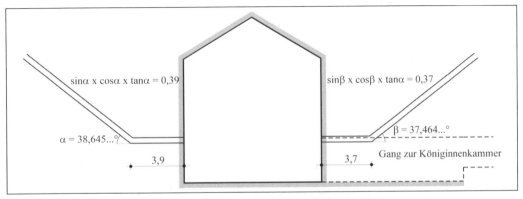

$\sin\alpha \times \cos\alpha \times \tan\alpha = 0,39$ $\qquad$ $\sin\beta \times \cos\beta \times \tan\alpha = 0,37$

$\beta = 37,464...°$

$\alpha = 38,645...°$ $\qquad\qquad$ Gang zur Königinnenkammer

3,9 $\qquad\qquad\qquad$ 3,7

Abbildung 80: Die Königinnenkammer und die Lage der Schächte im Schnitt

Die Frage lautet nun: Sind das die tatsächlich beabsichtigten Maße, und gibt es hier ebenfalls eine verborgene Mathematik?

Manchmal ist es nicht einfach zu erklären, warum man gerade das tut, was man tut. Aber irgendwie wußte ich, daß es bei den Winkeln einen Code gibt, der über die Winkelfunktionen verborgen ist. Und so kam ich auf folgende Winkelgrößen:

- Südschacht: α = 38°33'43,740" = 38,645483502...°
- Nordschacht: β = 37°27'53,888" = 37,464968927...°

Wo aber liegt nun das Besondere an diesen Winkeln? Die Überraschung enthüllt sich bei folgender Rechnung: $\sin(\alpha) \times \cos(\alpha) \times \tan(\alpha)$ bzw. $\sin(\beta) \times \cos(\beta) \times \tan(\beta)$. Diese Rechnung führt zu Koeffizienten mit folgendem Ergebnis:

- Südschacht: 0,39 (!)
- Nordschacht: 0,37 (!)

Sollten diese ungewöhnlichen Winkel die ursprüngliche Planungsabsicht dargestellt haben, wäre es ein Beweis für eine «Sternenmathematik», die unser geistiges Niveau von heute deutlich übersteigt.

Unter Beachtung dieser Zwischenbemerkung möchte ich die Bedeutung der angeführten Planungswerte zusammenfassen. Die Länge der jeweiligen horizontalen Abschnitte steht in einem unmittelbaren Zusammenhang zu den Winkeln des ersten geneigten Gangabschnittes:

- Südschacht: Länge horizontal 3,9 KE plus Koeffizient 0,39
- Nordschacht: Länge horizontal 3,7 KE plus Koeffizient 0,37

Einen Zufall halte ich hierbei für ausgeschlossen. Mit dieser «mythologischen» Mathematik wird eine Qualität offenbart, die sich den Kenntnissen der 4. Dynastie völlig entzieht. Zu keinem Zeitpunkt der früheren (oder späteren) Pharao-Dynastien war es möglich, derartige Zusammenhänge zu planen oder auszuführen.

Im Kapitel über den Urzoll haben wir gesehen, daß das besondere Merkmal des Urzolls in einer sich ständig verdoppelnden Ziffernfolge besteht, die ihren Ursprung im reziproken Wert von 0,3937 hat. Es wäre eine falsche Annahme, wenn man dieser primären Ziffernfolge keine höhere Bedeutung beimessen würde, denn schließlich tauchen ihre Bestandteile 37 und 39 gleich zweimal in der Königinnenkammer auf. Es ist daher an der Zeit, auf die Bedeutung des Zusammenhangs dieser beiden Zahlen einzugehen. An einem Beispiel soll dies verdeutlicht werden.

Wenn man das zu erreichende Ziel auf der gegenüberliegenden Seite eines Flusses markiert, sich aber noch auf der Ausgangsseite befindet, benötigt man eine Brücke, um zum Ziel zu gelangen. In dieser Analogie ist die Zahl 37 das Ziel, die 39 benötigt die Brücke. In der Mythologie weist man der 39 unter anderem die Qualität zu, eine Brücke zwischen Gefühl und Geist zu sein. Insgesamt steht diese Zahl unter dem Aspekt einer Transformation, einer Rückkehr zum «Vater», wie der Mystiker Reichstein es formulierte.

Überträgt man diesen Gedankengang auf die Königinnenkammer, so besitzen die beiden Schächte eine geistige Bedeutung, die wiederum nur im Zusammenhang mit Einweihungszielen zu verstehen ist. Eine detaillierte Aussage ist jedoch aktuell noch nicht möglich. Es ist lediglich erkennbar, daß der Norden mit der 37 in Verbindung steht und ihm demnach vermutlich eine höhere Bedeutung zugewiesen wurde.

Das Thema der Einweihung mag einem materialistisch denkenden Menschen sehr weit hergeholt erscheinen. Besonders die etablierten Ägyptologen werden sich damit sicherlich sehr schwer tun. Aus diesem Grunde werde ich im nächsten Abschnitt auf das Einweihungsritual für den 32. Grad eingehen, so wie es vor sehr langer Zeit noch praktiziert wurde.

9.7. Die Einweihung in den 32. Grad in der Königinnenkammer

Der Begriff Einweihung wurde in diesem Buch schon öfters benutzt. Wir kennen ihn aus dem praktischen Leben, wenn zum Beispiel ein öffentliches Gebäude fertiggestellt wird und dann in Anwesenheit von führenden Persönlichkeiten mit einer feierlichen Zeremonie «eingeweiht» wird. Wenn man in einem solchen Zusammenhang von Einweihung spricht, hat dies ein kleines Körnchen Wahrheit, das aber nur noch sehr entfernt an das erinnert, was früher mit einer Einweihung innerhalb der Pyramide gemeint war. Dem Sinn kommt man näher, wenn der primäre Wortstamm «Weihe» zu Hilfe genommen wird, unter dem man eine heilige Handlung versteht, die in der Regel mit einem Ritual verbunden war. Bei dem obigen Beispiel kommt es ebenfalls zu einem Ritual, nämlich wenn eine ausgewählte Persönlichkeit ein vor den Eingang gespanntes Band durchschneidet. Auch das Schulwesen lebt mit Ritualen, z.B. Abschlußprüfungen und Zeugnisübergabe.

Das Gemeinsame an der heutigen und der früheren Bedeutung liegt im Tatbestand, daß eine vorhergehende Etappe mit einem Ritual abgeschlossen wird. Priesterschüler und bereits «Eingeweihte» einer höheren Stufe schlossen ihre komplexe Ausbildung ebenfalls mit einer Abschlußprüfung ab, die gleichzeitig auch das heilige Ritual darstellte. In dieser Prüfung wurde nicht so sehr auf erreichtes Wissen Wert gelegt, sondern vielmehr auf erreichte geistige und außersinnliche Fähigkeiten. Von Beginn an wurde deshalb auf eine komplexe Ausbildung Wert gelegt, die uns heute fremd ist. Die Zielrichtung der Ausbildung bestand nicht im Abschluß der 1. Klasse bis zur 33. Klasse (!), sondern darin, die in «Wege» eingeteilte Ausbildung zu bestehen. Der Weg selbst war dreigliedrig und wurde – man höre und staune – von der kosmischen Spirale (siehe Abbildung 42 im Farbteil) abgeleitet. Diese Spirale besitzt drei Hauptachsen, denen jeweils ein Name und somit eine Zielrichtung der

Ausbildung zugeordnet wurde. In Abbildung 81 (siehe Farbteil) wird diese Spirale, die wir bereits aus Abbildung 42 kennen, unter einem vollkommen neuen Aspekt dargestellt.

Um einem Mißverständnis vorzubeugen: Die Zahlen auf der Spirale entsprechen nicht der Anzahl der Ausbildungsjahre und auch nicht den Einweihungsgraden. Da die Ausbildung sehr komplex war, gehörten zu jedem Einweihungsgrad fortschreitend immer 3 Schritte auf der Spirale. Das heißt, pro «Einweihungsabschnitt» bzw. Ausbildungsjahr wurden Inhalte aller drei Wege vermittelt. Nicht anders wird es heute praktiziert, denn Hauptfächer wie Mathematik und Deutsch werden in allen Schuljahren gelehrt. Es wäre undenkbar, ein bestimmtes Fach zwei Jahre auszusetzen, um es danach wieder aufzugreifen und mit neuem Lehrstoff fortzufahren, denn in der Zwischenzeit wäre zu viel vergessen worden.

Bezogen auf die sechsgeteilte Spirale hat dies zur Konsequenz, daß pro Einweihungsgrad auf der Spirale stets eine halbe «Runde» abgearbeitet wurde. Bei 33 Graden entspricht dies einem Fortschreiten bis zur Zahl 99, wozu 16,5 (!) Spiralumläufe benötigt wurden. Es wurde bereits darauf hingewiesen, daß das Unterteil des Sarkophags in der Königskammer innen 1,65 KE hoch ist, was nun, im Zusammenhang mit den Spiralumläufen, eine völlig neue Bedeutung bekommt. Im Prinzip muß dies noch deutlicher formuliert werden, denn hier liegt die primäre Begründung dafür, warum für die Innenhöhe des Sarkophags der zehnte Teil von 16,5 als Maß festgelegt wurde: In der Königskammer fand die Einweihung in den 33. Grad statt.

Der Autor Karl-Heinz Zunneck führt an, daß «*die Ägyptische Maurerei oft vernachlässigt wird, weil man glaubt, sie habe keine Bedeutung mehr oder sei als extremer Auswuchs der neuzeitlichen Freimaurer-Bewegung zu sehen. Diese Form der Maurerei wird durch ein besonderes Hochgrad-System verkörpert, das nach unterschiedlichen Angaben, die man in der Literatur finden kann, über 90, 97 oder gar 99 Grade verfügt…*»[*]

Hier erkennen wir, daß aus der tiefen Geschichte Erkenntnisse überliefert sind, die tatsächlich ihren Ursprung in Ägypten haben, also in keiner Weise neuzeitliche Erscheinungsformen sind, aber fälschlicherweise werden die 99 Teilwege mit Einweihungsgraden gleichgesetzt. Daß diese Zuordnung nicht korrekt ist, konnte nun durch die Prinzipien der heiligen Geometrie aufgeklärt werden, denn es gab ursprünglich 33 Grade, nicht mehr und nicht weniger!

Im weiteren Verlauf ist es angebracht, auf die Bedeutung der Zahl 165 bzw. der Ziffernfolge 1-6-5 einzugehen, die hinsichtlich ihrer Qualität im umfassenden Sinne schwer zu erfassen ist. Ein Teilaspekt betrifft mit Sicherheit die dauerhafte und ständige Verbindung zur eigenen Seele, vom sogenannten unbewußten «Ich» bis hin in zeitlose höhere Schwingungsdimensionen. Das ist jener Aspekt, dem wahre Weisheit entspringt, weil sie in weiser Voraussicht die Konsequenzen des eigenen Handelns erkennt. Somit wurde erst der Hocheingeweihte zum wahren Weisen. Die Benutzung des Begriffs «Weiser» für Personen der heutigen Zeit ist deshalb absolut unangebracht, da es wahre Weise nicht mehr gibt!

---

[*] Karl Heinz Zunneck: *Die geheimen Zeichen und Rituale der Freimaurer*, S. 83

In Abbildung 81 wurden erstmalig die Namen dieser drei Ausbildungs- bzw. Einweihungswege aufgeführt, die dementsprechend mit drei Hauptzielen in Verbindung stehen. Diese sind:

- **Weg des Osiris:** Aneignung von Wissen einschließlich «kosmischen Wissens»
- **Weg der Isis:** Ausbildung von Fähigkeiten zur Beherrschung des Geistes über die Materie und über den eigenen Körper
- **Weg des Horus:** Ausbildung geistiger und übersinnlicher Fähigkeiten, Öffnung des dritten Auges, Beherrschung der weisen Voraussicht

Den Achsen in Abbildung 81 (siehe Farbteil) wurden bewußt mathematische Vorzeichen hinzugefügt, die hier als positiver (+), negativer (−) und neutraler Aspekt (±) zu verstehen sind. Auf diese Weise erhielt jeder Hauptweg auch die Erfahrung polarer Gegensätze. Obendrein wurde jede Zahl in einer anderen Betrachtungsweise in sich selbst als polar betrachtet (+1 und −1; +2 und −2 usw.). Wie bereits in Abschnitt 3.4 erwähnt wurde, ist jegliche Symbolik und damit jede Zahl mit einer Polarität verbunden, was der Priesterschüler bereits im ersten Grad erlernte. Deswegen hätte er auch niemals Angst vor einer angeblich «bösen 13» gehabt, da er die Bedeutung dieser Zahl im positiven Sinne kannte.

Nach diesen Vorbemerkungen soll nun der große Schritt in den 32. Grad beschrieben werden. Dieser besaß als Einweihungsgrad seine Selbständigkeit, hatte jedoch auch eine zusätzliche Funktion für den 33. Grad. Im letzten Grad mußte die Prozedur des 32. Grades als integraler Bestandteil nochmals durchlaufen werden, sozusagen als Aufwärmphase für den schwierigsten und letzten Teil.

Allgemein ausgedrückt, wurden durch die Einweihungsrituale in der Königinnenkammer hohe Energien im Körper manifestiert, die dem bereits Hocheingeweihten schöpferische Fähigkeiten im höheren Sinne ermöglichten. Als Moses im Zusammenhang mit dem Auszug der Israeliten aus Ägypten vor den Pharao trat, traten auch die Hohenpriester auf und zeigten Beispiele ihrer «Kunst», für die wir heute den Begriff Magie verwenden. Diese Fähigkeiten sind keinesfalls bloße Märchen und Übertreibungen, auch wenn sie sich unserem logischen Verstand widersetzen. Mittlerweile ist bekannt, daß es weltweit bereits eine Reihe von Menschen gibt, die nicht nur übersinnliche Fähigkeiten demonstrieren, sondern auch in der Lage sind, Materie zu bewegen oder sogar zu beeinflussen. Wir sollten solche Aussagen also nicht vorschnell einfach abweisen.

Abbildung 62 zeigt eine Übersicht über die Struktur des inneren Gangsystems der Cheops-Pyramide, die in Abschnitt 9.3 mit der genauen Beschreibung des Weges zur Königinnenkammer ergänzt wurde. Somit können wir nun den Weg von außerhalb der Pyramide bis ins letzte Detail verfolgen.

Der Weg selbst begann nicht unmittelbar am Fuß der Pyramide, sondern 25,8 KE von der Nord-Süd-Sachse und 24 KE von der Basis der Pyramide entfernt.

Die 36 KE lange Wegführung, die mit einem rechten Winkel im 1:2-Verhältnis eingeleitet

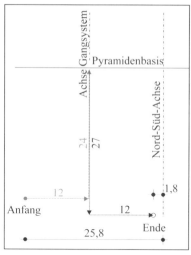

Abbildung 82: Der Beginn des
Einweihungsweges im 32. Grad

wurde, besaß einen tiefen geistigen Hintergrund. Das Steigungsverhältnis der Gänge der Pyramide wurde aus dem gleichen Grund in einer Größenordnung gewählt, der nur mit Aspekten der Atomphysik begriflich wird. Um dies zu verstehen, müssen wir auf Abbildung 3 zurückgehen, wo kosmische Felder in einem Dreieck dargestellt wurden. Die beiden polaren materiellen Ebenen bilden dort die Basis des Dreiecks, während die rein geistige Ebene durch die Spitze symbolisiert wird. In einem anderen Sinne versinnbildlichen die beiden unteren Ecken des Dreiecks unsere beiden Augen, die unsere polare Welt wahrnehmen und die wir auch für eine unterschiedliche «Sichtweise» besitzen. Das sogenannte dritte Auge haben wir dagegen für eine geistige Schau, mit der wir heute zum Beispiel Vorahnungen in Verbindung bringen. Die Spitze des Dreiecks markiert daher das Udjat-Auge, das Auge des Horus. Das 1:2-Verhältnis drückt diesen Zusammenhang aus, zeigt aber gleichzeitig auch, daß ein Teil noch von der 2 getrennt ist. Mit anderen Worten, das dritte Auge ist noch nicht dauerhaft geöffnet.

Mit dem rechten Winkel wird gleichzeitig ein Bezug zu den Freimaurern hergestellt, deren Logenmeister ein rechtwinkliges Winkelmaß an einer Halskette tragen. Verschiedene Autoren äußern heute noch Zweifel darüber, ob die Freimaurer ihren geistigen Ursprung uraltem ägyptischem Geheimwissen verdanken oder nicht. Diese Frage wird in diesem und in den nächsten Abschnitten deutlich beantwortet werden, so daß es keinen Zweifel mehr geben wird: Der Ursprung dieses Wissens liegt tatsächlich im alten Ägypten, obwohl auch diese Antwort noch nicht das letzte i-Tüpfelchen ist.

In Abbildung 82 wurde zusätzlich jener Wegteil integriert, der beim Verlassen der Pyramide die Einweihung abschloß. Dieser Teil ist mit insgesamt 39 KE um 3 KE länger und zeigt in die andere Richtung, um einen weiteren rechten Winkel (mit einer Abwinklung nach links) zu erzeugen. Dadurch endet der Weg 1,8 KE vor der Nord-Süd-Achse. Warum dies so gewählt wurde, werden wir erst mit der Erläuterung des Einweihungsweges im 33. Grad verstehen.

Unter Beachtung dieser Wegführung werden bis zum Beginn der Großen Galerie 204 KE zurückgelegt, die sich aus folgenden Wegbestandteilen ergeben:

- 36,00 KE auf der Terrasse vor der Pyramide
- 41,76 KE auf der Außenseite der Pyramide
- 54,24 KE im absteigenden Gang
- 72,00 KE im aufsteigenden Gang
- **204,00 KE**

Es sei hier bemerkt, daß zum damaligen Zeitpunkt der aufsteigende Gang noch nicht durch Blockierungssteine versperrt war. Diese befanden sich von Anfang an in der Pyramide im Anfangsbereich der Galerie und wurden erst später durch den letzten Hocheingeweihten in die jetzige Position bewegt.

Am Beginn der Großen Galerie, wo nach wenigen Schritten an der rechten Seite ein im Querschnitt 1,3 × 1,3 KE großer Schacht senkrecht in die Tiefe führt, wird ein ungewöhnliches Zeremoniell eingeleitet. Dieser Schacht wurde nicht nachträglich angefertigt, wie Ägyptologen glauben; vielmehr wurde er von Anfang an mit eingeplant, da er für die Einweihung der vorhergehenden Grade benötigt wurde.

Der Weg bis zur Königinnenkammer mußte im Sinne der Gesamtplanung 78 KE lang sein, um die Vollendung des Menschlichen im irdischen Leben zu symbolisieren. Aufgrund der vorhandenen Geometrie fehlen bis zu dieser Länge von 78 KE noch 4,109... KE. Diese fehlende Wegstrecke wurde nun durch meditative Übungen auf zwei geometrisch bestimmten Figuren ergänzt, von der die erste wie ein kleines Sechseck aussieht.

Nachdem dieser Teil überwunden war, konnte der Einzuweihende den Weg in Richtung Königinnenkammer fortsetzen. Vorab sei erwähnt, daß der 72 KE lange Weg innerhalb der Kammer in zwei Etappen – im bekannten Verhältnis 1:2 – unterteilt wurde. Bis zu einem Wendepunkt am Ende des «Grabräubergangs» sind es 24 KE, der Rückweg beinhaltet folglich 48 KE.

Dieses Verhältnis haben wir auch bei der Teilung des «Auges» (siehe Abbildung 78) vorgefunden.

Noch zu erwähnen ist, daß in der Königinnenkammer 27 Stationen zu durchlaufen sind, die – und das dürfte inzwischen nicht mehr überraschen – im Verhältnis 1:2 gegliedert sind. Im Orden der Freimaurer ist bis heute ein Maßstab von 27 Zoll Länge bekannt, der im gleichen Verhältnis geteilt ist. Das Besondere dieser Teilung ist der zweite Teil (10 bis 27). Addiert man alle Zahlen von 10 bis 27, erhält man das Ergebnis 333! 27 ist aber auch 3 × 3 × 3, wodurch über die Ziffernfolge der 3 ein weiterer genialer Zusammenhang offenbart wird.

Den Ursprung dieses Zollstocks finden wir hier in der Königinnenkammer! Wohlgemerkt, es geht hier um einen **Zollstock** und nicht um irgendein anderes Maß. Das heißt aber, daß den Freimaurern das Maß des Zolls tief aus der Geschichte heraus bekannt ist und daß es nicht erst im 17. Jahrhundert in England festgelegt wurde! Dies verwundert uns keinesfalls, haben wir doch längst begriffen, daß der Urzoll eine geistige Proportion ist und in der Cheops-Pyramide fest verankert wurde.

Zusammenfassend seien hier nochmals die Daten des Einweihungsweges in der Königinnenkammer genannt:

	Teil I	Teil 2	Proportion
• Weglängen [KE]	24	48	1:2
• Stationen	9	18	1:2

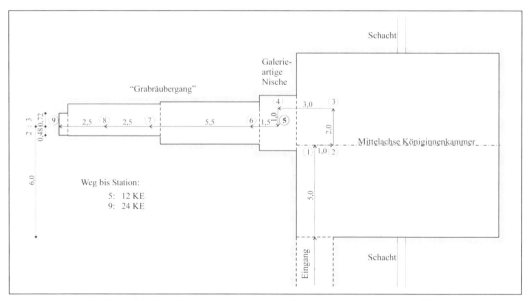

Abbildung 83: Der Einweihungsweg innerhalb der Königinnenkammer (Teil I)

In Abbildung 83 wird der Verlauf der ersten 9 Stationen gezeigt, wobei die Stationen mit einem Kreis gekennzeichnet sind. Zwischen den Stationen sind die jeweiligen Längen in Königsellen angegeben.

Mit dieser Wegführung wird gleichzeitig der Beweis dafür geliefert, daß der «Grabräubergang» einerseits 11 KE lang war und andererseits ein «Wurmfortsatz» von zusätzlich 0,5 KE Länge notwendig wurde. Dieses kleine Stück, welches hypothetisch ermittelt wurde, bildete den entscheidenden und notwendigen Abschluß innerhalb dieses Ganges.

Bei der Betrachtung von Abbildung 83 sehen wir eine relativ einfache Wegführung, deren geistiger Hintergrund erst mit dem Rückweg vollständig erkannt wird. Der «Einstieg» in die Königinnenkammer beginnt mit einem geradlinigen Weg, der bis zur Mittelachse der Kammer führt. Anschließend wird ein 2 × 3 KE großes Rechteck, jedoch nicht komplett, abgelaufen. An dessen Ende, an Station 5, ist die Hälfte des «Hinweges» erreicht. Der Einzuweihende steht bereits mitten in der Nische, von der die Ägyptologen glauben, daß dort eine Diorit-Statue gestanden habe. Eine derartige Statue existierte keinesfalls, denn sie wäre bei der Einweihung nur hinderlich gewesen. Auf jeden Fall mußte sich der Einzuweihende bemühen, keinerlei Unruhe oder Angst aufkommen zu lassen, wenn er vor dem dunklen Loch stand, wie es auf Abbildung 75 zu sehen ist. Innerlich wußte er, daß ihm auch in dem dunklen Gang nichts passieren kann. Nach einer längeren Meditationsphase kroch er schließlich in diesen Gang hinein, in welchem er energetische Schwellen passierte. Die detaillierten Auswirkungen auf den Körper sind mir gegenwärtig nicht mehr bekannt.

Die einzelnen Punkte für die jeweilige Station scheinen auf den ersten Blick willkürlich festgelegt worden zu sein. Dies ist aber keineswegs der Fall, denn genau diese Punkte bestimmen einen weiteren, jedoch relativ komplizierten Code, auf den ich wegen der etwas umfangreicheren Darstellung hier nicht eingehe. Von großer Bedeutung ist die Tatsache, daß an den eingezeichneten Punkten Mantren gesungen sowie meditative Übungen einschließlich energetischer Körperbewegungen gemacht wurden, die an das heutige Tai Chi erinnern.

Am Ende des Ganges befindet sich das «Auge», welches dem Einzuweihenden andeutet, daß es hier nicht mehr weitergeht. An dieser Stelle begreift er, daß er für die höchste Einweihung die waagerecht verlaufende Ebene des Ganges verlassen muß. Dies symbolisiert unter anderem den folgenden Sinn: Wer Höheres erreichen will, kann nicht einen geraden (horizontalen) Weg wählen, sondern muß den steilen Berg erklimmen, den im späteren Verlauf die Große Galerie mit ihrer Steigung darstellt. Zwangsläufig muß er dann wieder umkehren und den zweiten Teil in Angriff nehmen, der doppelt so lang ist und die doppelte Anzahl von Stationen aufweist. Gleichzeitig werden an diesem Ende Energien innerhalb des Ganges gespiegelt, die im Körper eine Art Überlagerung mit verstärkender Wirkung hervorrufen.

Das 1,2 KE breite «Auge» enthält noch eine Symbolik, die unübertrefflich ist. Die Achse des Einweihungsweges, die 6 KE entfernt von der Nordwand der Kammer verläuft, teilt das Auge in zwei Hälften von 0,48 und 0,72 KE. Diese Zahlen entsprechen einem Hundertstel der Größen, die den Einweihungsweg bestimmen: Der Rückweg ist 48 KE und der gesamte Weg innerhalb der Kammer 72 KE lang! Diesen zweiten Teil schauen wir uns auf Abbildung 84 an:

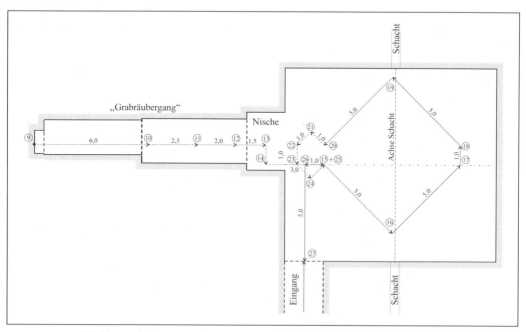

Abbildung 84: Der Einweihungsweg innerhalb der Königinnenkammer (Teil II)

Dieser Rückweg besitzt eine Geometrie, die optisch beeindruckend ist. Es werden zwei Schleifen durchlaufen, die zwei verbundene Sechsecke umhüllen. Das kleinere, jedoch um 90° Grad gedreht, ähnelt jenem, welches in der Großen Galerie gleich neben dem Schacht durchlaufen werden mußte, um einen Teil des Ergänzungsweges zu kompensieren. Dort wurde der Einzuweihende bereits im Kleinen auf das vorbereitet, was im größeren Stil hier in dieser Kammer zu absolvieren war. Die damit verbundene Energiearbeit am eigenen Körper verhilft zu Fähigkeiten, die wir nur ansatzweise begreifen. Die bereits angesprochenen schöpferischen Fähigkeiten sind um Meilensteine höher zu bewerten als das, was wir normalerweise unter kreativem Schaffen verstehen. Da in dieser Kammer mit dem 32. Grad stets ein versteckter Hinweis in Zusammenhang mit der 12 verbunden war, soll diese Verknüpfung näher erläutert werden.

Schöpferisch im Sinne altägyptischer Philosophie konnte man nur sein, wenn man kosmische Wirkungsprinzipien begriffen hatte, wenn man verstanden hatte, wie man (geistige) Energie erzeugt, formt und verändert. Es ist im höchsten Maße das Verstehen, wie analoge kosmische Prozesse im «Kleinen» wirken. Im Tarot wird die Zahl 12 sehr oft mit einem «Gehängten» symbolisiert, der sich die Welt von unten anschaut. Natürlich ist das Aufgehängtsein nur eine Symbolik, die man nicht falsch verstehen darf. Dieser «Gehängte» bemüht sich bildlich, das Kleine zu sehen, was sich auf dem Boden befindet. Er sucht zu ergründen, was im Kleinen vor sich geht. Dies ist auch die Symbolik dafür, die Welt aus einer anderen Sichtweise heraus zu betrachten, womit nicht nur die materialistische Betrachtungsweise gemeint ist. Somit ist der wahre Sinn dieser 12 in dem Satz des Hermes Trismegistos zu sehen: «Wie im Großen, so im Kleinen; wie oben, so unten.»

Wer dieses Prinzip als durchgängiges kosmisches Prinzip erkennt und anzuwenden vermag, beherrscht den 32. Grad!

Kommen wir nun wieder zurück zum zweiten Teil der Wegführung. Im dunklen Gang sind die Stationen 10, 11 und 12 zu absolvieren. Bemerkenswert ist, daß die Summe dieser drei Zahlen 33 ergibt. In der Nische sind 12 KE zurückgelegt. Erst nach einem 90°-Richtungswechsel summiert sich dieser Weg zu 13 KE. Bis zur 15. Station sind weitere 3 KE zurückzulegen. Ab Station 15 beginnt die größere Schlaufe, welche zweimal die damals noch nicht sichtbaren Schächte tangiert. Diese Schächte sind in ihrer Bedeutung seitens der Wissenschaft noch nicht geklärt. Sicher ist, daß durch diese Schächte ein Energiestrahl geleitet wurde, dem sich der Einzuweihende aussetzte. Wenn sich der Einzuweihende an diesen Stellen länger aufhielt, kam er in Berührung mit Frequenzbändern und wurde dadurch unter anderem mit kosmischem Wissen «geimpft», welches sich im Unbewußten verfestigte.

Daß es damals noch keine Öffnungen gab, tut diesem Anliegen keinen Abbruch, da Energien auch durch Gestein geleitet werden können.

Ab Station 20 beginnt die kleinere, sechseckige Schlaufe, die an Station 25 mit der Station 15 zusammenfällt. Bis dahin sind 66 KE Weg zurückgelegt. Der verbleibende Weg bis zum Ausgang der Königinnenkammer verläuft dann identisch mit dem Hinweg.

Nun könnte man meinen, daß nach diesen vielen Betrachtungen zum Einweihungsweg die Kammer wieder verlassen werden könnte. Es fehlt aber noch etwas Entscheidendes, welches auf Abbildung 85 zu sehen ist. Dort wird auf einen ungewöhnlich versteckten Zusammenhang hingewiesen, der etwas mit Flächen zu tun hat, die aus diesem Grunde farblich markiert wurden.

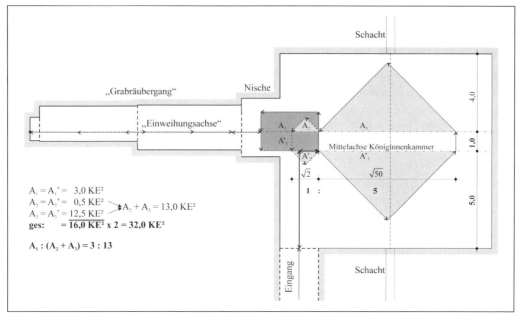

Abbildung 85: Der komplette Einweihungsweg innerhalb der Königinnenkammer

Sowohl unterhalb der Mittelachse als auch oberhalb derjenigen Achse, auf der die Wegführung in den Gang verläuft, wurden die beiden Flächen A_2 und A'_2 sowie A_3 und A'_3 hellgrau hinterlegt. Die zwei jeweils zusammengehörigen Dreiecke (ein großes und ein kleines) besitzen zusammen eine Fläche von 13 KE². Die beiden nebeneinander liegenden Rechtecke A_1 und A'_1 wurden dunkelgrau hinterlegt und besitzen jeweils eine Fläche von 3 KE².

Betrachtet man nun die Flächen beidseitig der «Einweihungsachse», entsteht eine Proportion, die innerhalb der Cheops-Pyramide von dominanter Bedeutung ist. Dieses Verhältnis 3 : 13 bestimmt die Wegführung von der Vorderkante der Plattform am Ende der Großen Galerie bis hin zum Eingang in die Königskammer. Dort ist die Plattform 3 KE und der restliche Weg durch die Vorkammer hindurch 13 KE lang! In völlig anderer Form wird in der Königinnenkammer dieser spätere Weg hier als Flächenproportion vorweggenommen. Damit aber nicht genug. Addiert man alle Teilflächen, erhält man die Summe von 2 × 16 = 32 KE², wodurch erneut das bisherige Erreichen des 32. Grades dokumentiert wird.

Die 33. Steinschicht des Basismauerwerks untermauert die getroffene Aussage, daß bei der Einweihung in den 33. Grad diese Kammer nochmals durchlaufen werden muß. Diese

1,32 KE dicke Schicht befindet sich mit 0,21 KE im Giebelbereich der Kammer, während 1,11 KE darüberliegen. Diese Zahl selbst enthält zusätzlich Hinweise für beide Grade, denn nach dem Komma steht 32, und addiert man die 1 vor dem Komma hinzu, erhält man den letzten Grad. Auf wiederum neue Weise wird symbolisiert, daß der 33. Grad nicht in dieser Ebene erreicht werden kann. Deswegen muß der Einzuweihende die Kammer wieder verlassen, um in der darüber befindlichen Ebene, in der Königskammer, den krönenden Abschluß zu finden!

Neben diesen Teilergebnissen fallen die beiden 5:1-Proportionen auf, die sich einerseits durch die Teilung der Königinnenkammer über die Mittelachse ergeben sowie über die Hypotenusen der hellgrau hinterlegten Dreiecke. Deren Hypotenusen werden über den Satz des Pythagoras berechnet. Kurios ist – obwohl mathematisch logisch –, daß die beiden Wurzelwerte exakt dieses Verhältnis ergeben:

$$\sqrt{50} : \sqrt{2} = 5 : 1$$

Eine letzte Aussage zu diesem Einweihungsweg soll hier noch angefügt werden. Der Gesamtaufenthalt in der Königinnenkammer betrug 6 Stunden. Zusammen mit dem Einweihungsweg in der Königskammer ergibt dies einen noch später zu erkennenden Sinn.

Die bisher absolvierte Wegstrecke ergänzt sich nun zu 354 KE:

- 204 KE bis Eingang Große Galerie
-   78 KE bis Eingang Königinnenkammer
-   72 KE Einweihungsweg innerhalb der Königinnenkammer
- **354 KE**

Damit finden wir erneut jene Zahl vor, die wir aus der Umhüllung der Königinnenkammer mit 12 Steinschichten (24. bis 35.) als Summe der Zahlen 24 bis 35 (= 354) ableiteten.

Der Rückweg erfolgt nun auf dem gleichen Weg bis zum Fuß der Pyramide, womit genau 600 KE Weglänge erreicht werden. Es wurde bereits gezeigt, daß der Einzuweihende noch weitere 39 = 3 × 13 KE in einem rechten Winkel außerhalb der Pyramide zu gehen hat, bis ihn die Priester ehrenvoll empfangen und beglückwünschen.

Dieses letzte Teilstück wird mit der bisher so dominierenden Zahl 27 als gerade Wegstrecke gelaufen, um dann, nach einem rechten Winkel, nach 12 KE den Abschluß zu finden. Insgesamt beläuft sich der Einweihungsweg in den 32. Grad auf 639 KE. Das Besondere dieser Größe liegt in ihrer Spiegelung 639-936, denn die Oberkante der Königskammer liegt bei 93,6 KE. Von dieser Konstellation ausgehend, ist zu erwarten, daß der Einweihungsweg in den 33. Grad noch eine Überraschung bereithält (siehe Abschnitt 9.11).

Abschließend bleibt noch eine Frage offen, die da lautet: Was ist das besondere an der außerhalb der Pyramide gewählten Geometrie gemäß Abbildung 82. Den wichtigsten Hinweis liefern die beiden Weganteile:

- Hinweg: 36 KE
- Rückweg: 39 KE

Es ist leicht festzustellen, daß $\frac{36}{39} = \frac{12}{13}$ ergibt, womit das in der Königinnenkammer vorherrschende Verhältnis 12:13 die beschriebene Einweihung abschließt. Darüber hinaus kann man zwei Flächen ableiten, die sich aus der Gesamtbreite von 24 KE und den vertikalen Weganteilen ableiten:

- $24 \times 24 = 576$ und
- $24 \times 27 = 648 = 3 \times 216 = 3 \times 6^3$

Der erste Wert weist auf den in der Pyramide verborgenen kosmischen Raster mit der Ziffernfolge 5-7-6 hin, die wir in der Höhe der Basisschicht und der Höhe der Pyramide bis unter das Pyramidion gefunden haben. Der zweite Wert, der um den Betrag 72 größer ist, verdeutlicht die Ziffernfolge, die massiv die innere Struktur der Pyramide bestimmt. Dabei ist die Zerlegung der Zahl 216 in $6 \times 6 \times 6$ von entscheidender Bedeutung. Das werden wir vor allem in der Königskammer erfahren.

Insgesamt veranschaulicht der Einweihungsweg in der Königinnenkammer, daß der Transformationsprozeß für den Einzuweihenden bereits hier eingeleitet, aber eine Etage höher in der Königskammer vollständig abgeschlossen wird. Aus anderer Sichtweise verdeutlicht es auch, daß der Eingeweihte bereits ein sehr hohes, kosmisches Wissen besitzt (siehe: Rat der 12 Weisen), der letzte Schritt – die **dauerhafte, geistig bewußte** Verbindung zu Gott – aber noch fehlt. Dies zu erreichen war Sinn und Zweck der Einweihung im 33. Grad innerhalb der Königskammer.

Wenn auch einerseits mit einer Menge an Datenmaterial bewiesen werden konnte, daß Wegführung und Konstruktion der Pyramide in einer homogenen Einheit geplant waren, so können andererseits die verschiedensten Abschnitte des Einweihungsweges gegenwärtig nur in begrenztem Maße interpretiert werden. Das reicht aber aus zu erkennen, daß der Mystik eine Bedeutung zukommt, die unser heutiges Verständnis arg strapaziert. Gleichzeitig zeigen die mystischen Inhalte, daß die Planer der Pyramide über ein kosmisches Wissen verfügten, welches unser wissenschaftliches Wissen in Verlegenheit bringt. Es sei deshalb hier die Frage gestattet: Was würden wir sagen, wenn bewiesen werden könnte,

- daß hinter dieser ganzen Zahlensymbolik ein Wissen höherer Dimensionen verborgen ist,
- daß höhere Dimensionen allein durch veränderte Schwingungsmuster, abweichend von der uns bekannten dritten Dimension, entstanden sind und dort ebenfalls Lebensformen existieren,
- daß, kosmisch betrachtet, Quantitäten und Qualitäten in einem untrennbaren, uns aber verborgenen Zusammenhang stehen?

Wenn wir all diese Beweise hätten, würden wir keinerlei Probleme haben, Zahlen so zu interpretieren, wie es bisher in diesem Buch getan wurde. Wir würden ehrfurchtsvoll die Pyramiden als Bauwerke akzeptieren, in denen höheres Wissen in Stein manifestiert wurde, und wir würden begreifen, daß mystisches und mythisches Wissen in den verschiedensten Orden überliefert wurde, welches im Verlaufe der Geschichte leider immer spärlicher wurde und heute nur noch in Ansätzen vorhanden ist ...

Überlebt hat lediglich ein winziger Teil der äußeren Form, der in Ritualen an jene ferne Zeit erinnert, als uns die «Götter» das Wissen gaben.

9.8. Der Weg zur Königskammer

Oft schon wurde erwähnt, daß der wichtigste Teil der Einweihung eine Etage höher erfolgt. Es ist begreiflich, daß wir zuvor einige Dinge klären müssen, zu denen auch der Weg zur Königskammer gehört. Einen entscheidenden Anteil dieses Weges bildet die Große Galerie, zu der solche Fragen berechtigt sind wie:

• Welche Bedeutung besitzt sie?
• Was gibt es an Besonderheiten in dieser Galerie?

Ursprünglich war beabsichtigt, diesen Teil komplett zu überspringen, weil eine umfassende geometrische Betrachtung und Funktionsbeschreibung gegenwärtig nicht möglich sind. Die Galerie ist in ihrer inneren Struktur sehr kompliziert, und es gibt eine Menge zu berücksichtigen, seien es die nischenartigen Vertiefungen rechts und links neben der Rampe oder die sägezahnartige Gestaltung der Decke, um nur einige zu nennen. Deswegen diesen großen Gangabschnitt zu überspringen wäre jedoch auf keinen Fall gerechtfertigt. Andererseits wurde die Große Galerie bereits mehrfach erwähnt, insbesondere ihre Länge bis zur Plattform mit der markanten Größe von 88 KE und die Form der Plattform selbst. Ein sehr wichtiger Punkt fehlt in dieser Aufzählung noch, er betrifft sowohl die Höhe der Großen Galerie wie auch ihren höchsten Punkt. Angesichts der allgegenwärtigen Zahlenmystik in der Pyramide kann diese Höhe nicht irgendeine x-beliebige Zahl sein, sie muß etwas Markantes darstellen. Mißt man die Höhe von der Plattform aus, beginnen gleich die ersten Rätsel. Bekanntermaßen sind die Wände allseitig abgestuft, wie das nachfolgende Bild der Galerie zeigt.

Auf dieser über 100 Jahre alten Zeichnung wurde die Ost-West-Achse der Pyramide («Mittellinie») falsch eingezeichnet. Die korrekten Aussagen wurden hierzu in diesem Buch bereits gegeben. Der in der Mitte befindliche Aufgang, der in der rechten kleinen Querschnittzeichnung zu erkennen ist, bildet die geradlinige Fortführung des aufsteigenden Ganges und ist auch gleich breit wie er, 2 KE. Beidseitig der Galerie befinden sich Rampen von 1 KE Höhe und 1 KE Breite, wodurch sie die Breite der Galerie auf Bodenhöhe auf

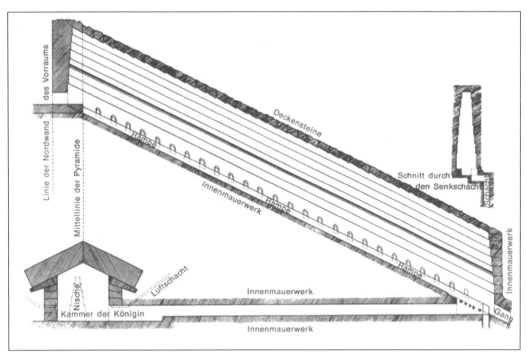

Abbildung 86: Die Große Galerie im Längsschnitt mit sägezahnartiger Deckengestaltung;
(oben rechts) der Querschnitt durch die Galerie auf der Höhe des Senkschachtes

4 KE erweitert. Auf Höhe der Oberkante der Rampe verläuft eine Rasterlinie, welche das Podest schneidet. Darauf kommen wir später nochmals zurück.

Von der Oberkante dieser Rampe bis zur ersten Auskragung beträgt die Höhe 3,4 KE, die sich mit der Rampe zu 4,4 KE und beidseitig zu 8,8 KE ergänzen. Somit haben wir ein erstes Höhenmaß, das bereits auf ein höheres Konzept schließen läßt. Um die restliche Höhe zu erfassen, benötigen wir eine weitere Grafik (Abbildung 87, siehe folgende Seite).

Deutlich ist der sägezahnartige Abschluß der aneinandergereihten Decksteine zu erkennen, die alle eine unterschiedliche Länge aufweisen. Dies geht darauf zurück, daß die horizontale Projektion der Deckenkonstruktion mit 79,709... KE eine irrationale Zahl ergibt, wodurch im Minimum mindestens ein Stein ein anderes Maß besitzen muß. Eine genaue Aussage zu den restlichen Steinen ist auch mir gegenwärtig nicht möglich. Bei der Ermittlung dieser Länge muß man die horizontale Projektion der Großen Galerie, die Länge der Plattform und die jeweils um 1 KE nach innen springenden Stirnwände der Galerie berücksichtigen.

Von der Wissenschaft wurde bereits ermittelt, daß der letzte Deckstein an seinem untersten Punkt mit der Vorderkante der Plattform übereinstimmt. Da gleichzeitig bekannt ist, daß die südliche Stirnseite mit ihren regelmäßigen Auskragungen insgesamt um eine Königselle nach innen springt, teilt dieser letzte Deckstein mit einer gedachten vertikalen

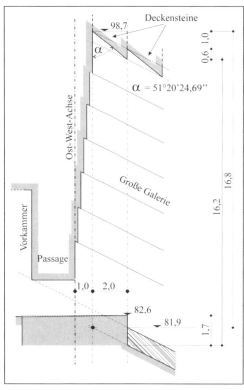

Abbildung 87: Das obere Ende der Großen Galerie

Linie die Plattform in das so oft vorkommende Verhältnis 1:2.

Um die Deckensituation richtig zu begreifen, soll der oberste «Sägezahn» (Deckenstein) näher beleuchtet werden. Seine Länge und seine sichtbare Breite von 2 KE besitzen das gleiche Maß wie die Gangbreite zwischen den beiden Rampen. Die überstehende Höhe ist erst im Zusammenhang mit der Neigung des Ganges zu begreifen. Das Gesamtgefälle dieses Steines beträgt auf seiner Länge von 2 KE insgesamt 1,6 KE. Davon ragen im Übergang zum nächsten Deckenstein lediglich 0,6 KE in die Galerie heraus. Das Gefälle mit einer Höhendifferenz von 1,6 KE entspricht einem Hundertstel der Gesamtlänge des aufsteigenden Gangsystems (72 + 88 KE) und einem Zehntel der Weglänge von der Vorderkante der Plattform bis zum Eingang zur Königskammer (16 KE). Zusammen mit den Teilhöhen der Plattform ergeben sich weitere beabsichtigte Zusammenhänge:

- Höhe Plattform plus Höhensprung an der Decke: 1,7 + 1,6 = 3,3 KE
- Höhe Plattform plus «Sägezahn»-Überstand des Deckensteines: 1,7 + 0,6 = 2,3 KE
- Höhe Plattform ohne Rampe plus Überstand: 0,7 + 0,6 = 1,3 KE
- Höhe Plattform ohne Rampe plus Höhensprung an der Decke: 0,7 + 1,6 = 2,3 KE

Bisher bereits in Erscheinung getretene Ziffernfolgen weisen auf das letzte Ziel hin: Das Übertreten einer geistigen Schwelle (1-3), das vollständige Ausschöpfen des individuellen Potentials (2-3), welches mit dem 33. Grad verbunden ist. Daß sämtliche dahinter verborgenen Zahlen im positiven Sinne zu betrachten sind, versteht sich von selbst. Mit den hier vorgestellten Zusammenhängen wird dieser markante Punkt an der Vorderkante der Plattform zu einem wesentlichen Bestandteil des Einweihungsweges, der den vorletzten Abschnitt der Einweihung einleitet.

Bedingt durch die Sägezahn-Gestaltung der Decke, weist die Große Galerie zwei unterschiedliche Höhen auf. Die offiziell gemessenen Werte weichen erneut von den Planwerten ab, die aus den bereits beschriebenen Faktoren ableitbar sind.

Sie lauten:

	KE	cm	gemessen [cm]
max. Höhe:	16,8	879,648	874
min. Höhe:	16,2	848,232	846
Mittelwert:	**16,5**	**863,940**	

Da haben wir wieder unsere bekannte Ziffernfolge 1-6-5, welche uns seit der Roten Pyramide verfolgt und noch weiter verfolgen wird. Die in Zentimeter umgerechnete Zahl verbirgt über den Q2-Code eine Bestätigung dieses Wertes, denn 8+63+94 ist ebenfalls 165.

Die beiden Höhen, die zusammengezählt 33 ergeben, bedürfen keiner weiteren Erklärung. Mit dieser Konstellation erreicht die Große Galerie bei 98,7 KE oder rund 51,68 m über dem Gelände ihren Höchstpunkt. Diese Höhe symbolisiert zweierlei. Es ist die Ziffernfolge 7-8-9 und umgekehrt 9-8-7, die man je nach Betrachtung beim Aufstieg bzw. Abstieg in unterschiedlicher Reihenfolge betrachten muß.

Beim Aufstieg zur Königskammer symbolisiert die ansteigende Ziffernfolge die Transformation männlicher und weiblicher Energien zu einem neutralen Zustand. Mit anderen Worten: Es ist das Ziel, Gleichklang von linker und rechter Gehirnhälfte zu erzielen, um durch die neutrale Seele Kontakt in höhere Sphären zu erreichen. Auf dem Rückweg kommt dann die Reihenfolge 9-8-7 zum Tragen, die wieder den Übergang ins irdische Leben mit seinen polaren Erscheinungen symbolisiert, jedoch im Körper die Energien von 9 ($\pm$), 8 (weiblich) und 7 (männlich) fest integriert hat. Für den Menschen nicht sichtbar, werden in dieser Galerie kosmische Energien in verschiedene Frequenzmuster transformiert. Dies ist jedoch nur ein kleiner Teil der Wahrheit, auf weitere Aspekte gehe ich im letzten Kapitel ein.

Die in der Plattform in Verbindung mit der Rasterlinie enthaltene Geometrie stellt die Vorwegnahme einer weiteren entscheidenden Geometrie innerhalb der Königskammer dar! Deswegen sollen Details dieser Konstruktion in Abbildung 88 (siehe folgende Seite) genauer beleuchtet werden.

Betrachtet man die Situation am Schnittpunkt S_1, stellt man als erstes eine Unterteilung der 3 KE langen Plattform in einen 1,4 und einen 1,6 KE langen Abschnitt fest. Wir erinnern uns, daß eine Königselle 52,36 cm lang ist und 6 KE umgerechnet 3,1416 cm entsprechen. Die gleiche Ziffernfolge taucht nun auf der Oberseite der Plattform auf, denn läßt man die Kommas weg, kann man der 3 KE langen Plattform in richtiger Reihenfolge die Ziffernfolge 1-4-1-6 zuordnen! Diese beiden Teilstücke können mit der Aussage verglichen werden, daß demjenigen, der sein Leben nach höheren Prinzipien (14) gestaltet, der geistige Durchbruch gelingen wird (16). Obendrein wird diese Plattform dadurch in einem $\frac{7}{8}$-Verhältnis geteilt, das bereits im Abschnitt über die Mondpyramide erörtert worden ist. Im Abschnitt 9.10 werden diese Erläuterungen weiter ergänzt.

Der nächste Schnittpunkt (S_2) ist nicht, wie man erwarten würde, mit der oberen Kante der ersten Passage identisch, sondern befindet sich 0,05 KE darüber.

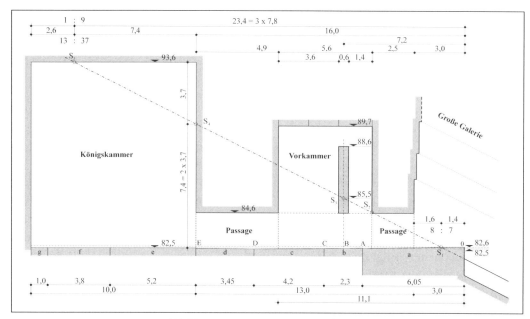

Abbildung 88: Der Weg zur Königskammer

Der Fußboden selbst enthält gewisse Details, die der Tourist in der Regel beim gebückten Laufen übersieht. Petrie stellte bereits fest, daß dieser 16 KE lange Weg nicht eben ist und zwischen den Steinen kleine Höhensprünge aufweist. Er war sogar so eifrig, die Höhensprünge an den vier Steinplatten zu ermitteln. Den Hintergrund bzw. die verborgene Geometrie konnte er freilich nicht erkennen, denn mit dem Maß des Zolls war dies unmöglich.

Glücklicherweise akzeptieren die Ägyptologen, daß die Cheops-Pyramide ein **Meisterwerk** ist. Ein Meister im Steinmetzhandwerk muß zur Meisterprüfung etwas Besonderes vorzeigen, eben ein Meisterwerk. Von denen gibt es in der Cheops-Pyramide genügend an der Zahl, und der Weg zur Königskammer gehört zweifelsohne dazu. Allein dieses Teilstück würde einen umfangreichen Aufsatz rechtfertigen, da die Menge an genialen Details kaum in einer gerafften Darstellung plausibel erklärt werden kann. Um die Grafik nicht vollständig in Zahlen zu ersticken, mußte ich einen Weg finden, diese Details anders herauszuarbeiten. Das ist der Grund dafür, daß an markanten Stellen Großbuchstaben für Höhenmaße und Differenzen sowie Kleinbuchstaben für Steinlängen und ihren dazugehörigen Neigungen eingefügt wurden.

Angesichts der Präzision, mit der die Steine im Außenmauerwerk zusammengefügt wurden (mit nur rund 0,5 mm Fugenabstand), darf man annehmen, daß es den Erbauern möglich gewesen wäre, im Inneren der Pyramide die gleiche Präzision anzuwenden. Wenn aber markante Abweichungen vorliegen, muß es eine Erklärung dafür geben. Geistiger Hintergrund hierfür sind wieder die erwähnten Frequenzmuster, die bei einer absoluten Symmetrie und Geradlinigkeit nicht erzeugt werden können. Folglich gibt es ein Rastersystem, welches an bestimmten Stellen dem Idealmaß entspricht, in den restlichen Bereichen aber davon abweicht. Für diese winzige Asymmetrie gibt es physikalisch-energetische Gründe, die wir in ihrer Wirkungsweise noch nicht begreifen.

Da der Boden dieses Durchgangs als etwas Besonderes bezeichnet wurde, ist es angebracht, mit seinen Details zu beginnen. Eingeleitet wird der Weg durch eine riesige Steinplatte (in Abb. 88 als a bezeichnet), die 6,05 KE in den Gang hineinreicht. Ihre Größe ist in der Tat imposant, nimmt sie doch die ganze Breite der Plattform (4 KE) bei einer Dicke von 1,7 KE in Anspruch. Das ergibt 41,14 KE³ oder rund 5,9 m³ mit einem Gewicht von ca. 16 t! Die Zahl 6,05 beinhaltet eine seltsame Eigenschaft: Ermittelt man ihren reziproken Wert, erhält man $\frac{1}{6,05}$ = 0,165 289 256 198... Die in Dreiergruppen geschriebene Zahl beginnt mit der bekannten 165, dieser folgt in anderer Schreibweise 17^2 = 289 sowie 16^2 = 256 und zum Schluß 198 = 6 × 33. Somit verbergen sich in dieser Zahl weitere Planzahlen der Pyramide.

Das Gefälle dieser Platte wird beim Begehen kaum bemerkt, da es sehr gering ausfällt. Dafür ist es äußerst geschickt berechnet. Der Höhenunterschied von 0,0986 KE scheint auf den ersten Blick nichts Aufregendes zu enthalten. Erst mit einer detaillierten Untersuchung enthüllt sich das Geniale. Das Verhältnis des Höhenunterschieds zur Länge, welches als Tangens ausgedrückt werden kann, ergibt $\frac{0,0968}{6,05}$ = 0,016 = 1,6%. Dieses Gefälle führt am Beginn der Passage zu einem Höhendifferenz von 0,048 KE, am Ende der Passage von **0,088** KE, und am Ende des Steines, beim Punkt A, kommen nochmals **0,0088** KE hinzu, so daß sich der genannte Gesamthöhenunterschied von 0,0986 KE ergibt!

Der gesamte Durchgang zur Königskammer besteht aus zwei niedrigen Passagen mit einer dazwischen liegenden Vorkammer. Der Boden dieses Durchgangs wird von vier Steinplatten gebildet, die in Abbildung 88 als a, b, c und d eingetragen sind. In der nachfolgenden Tabelle sind die Länge dieser vier Steine, ihr Gefälle und die daraus resultierenden Höhendifferenzen angegeben.

Bemerkenswert ist, daß bei den drei letzten Steinen die von Null verschiedenen Ziffern, die unterstrichen sind, hintereinander geschrieben den Wert 264 (= 3 × 88) ergeben. Zu ergänzen ist, daß die Steine a, b und c ein Gefälle in Richtung Königskammer auf-

	a	b	c	d	gesamt
Länge der Platten	6,05	2,3	4,2	3,45	16
Höhendifferenz	0,0968	0,046	0,0252	0,0138	0,1818
Gefälle = Tangens	0,016	0,0**2**	0,00**6**	0,00**4**	-

Tabelle 25: Das Gefälle der Steinplatten a bis d auf dem Weg zur Königskammer

weisen, während der letzte Stein wieder ansteigt. In Abbildung 88 ist erkennbar, daß die Königskammer um 0,1 KE tiefer liegt als die Vorderkante der Plattform. Diese Höhe von 82,5 KE (die Hälfte von 165), wurde mit Bedacht gewählt, schließlich soll die Königskammer das letzte Meisterstück darstellen. Die Höhe von 82,5 KE bildet eine zweite Rasterlinie, die es zu erreichen gilt. Die Höhendifferenzen der Steine führen, bedingt durch ihre geometrischen Parameter, auf keinen Fall zu dieser Höhe. Folglich mußten von Stein zu Stein jene Höhensprünge eingeordnet werden, die Petrie registriert und vermessen hat (in Abbildung 88 als A, B, C, D und E eingetragen).

In der nächsten Tabelle sind diese von Petrie in Zoll ermittelten Werte (hier entsprechend der heiligen Geometrie in Königsellen umgerechnet) sowie auch die bei diesen Stufenübergängen entstehenden absoluten Höhen (= Höhe über Oberkante Gelände) angegeben:

	A	B	C	D	E
Höhensprung	+0,0198	0,0	-0,0026	0,0	+0,037
absolute Höhe unten	82,5032	82,5	82,4744	82,4492	82,463
absolute Höhe oben	82,524	82,5	82,477	82,4492	82,5

Tabelle 26: Die Höhensprünge
und die absolute Höhe des Fußbodens im Durchgang

Nach der Beschreibung der ersten und größten Steinplatte des Durchgangs soll das Besondere der zweiten Platte beleuchtet werden. Diese 2,3 KE lange Platte befindet sich mittig unter der Trennwand, welche die Vorkammer in zwei Teile unterteilt. Sie steht leicht erhöht wie ein winziges Podest, das lediglich einen runden Zentimeter über den ersten Stein herausragt. Die beiden Höhensprünge am Beginn und Ende des Steines stehen in einem gut durchdachten Verhältnis, denn $\frac{0,026}{0,0198} = 0,\overline{13}$. Genau unter der Mittelachse der Trennwand, die weiter unten nochmals zur Sprache kommt, schneidet dieser Stein am Punkt B die Höhenlinie von 82,5 KE, die genau auch der Höhe des Fußbodens der Königskammer entspricht. Dadurch wird der freie Durchgang an dieser Stelle exakt 2,1 KE hoch. Diese Rasterlinie bestimmt auch die Rasterhöhe der Vorkammer von 7,2 KE. Zusätzlich beträgt der Abstand von Punkt B bis Punkt 0 an der Plattform ebenfalls 7,2 KE, wodurch die Ziffernfolge 7-2, die uns seit der Mondpyramide in Teotihuacán immer wieder begegnet ist, erneut deutlich ins Bewußtsein gerückt wird.

Die Trennwand selbst ist 4 KE hoch. Da die Vorkammer 3 KE breit ist und somit den Gang sichtbar erweitert, gewinnt diese Trennwand mit ihren Parametern eine überraschende Qualität. Sie besitzt nämlich ein Volumen von 3 × 4 × 0,6 = 7,2 KE³! Einen weiteren geometrischen Höhepunkt entdecken wir in dieser Vorkammer, wenn wir alle Rastermaße addieren, das heißt Länge, Breite und Höhe von Kammer und Trennwand mal 4, da alle Maße bekanntlich umlaufend viermal vorkommen:

	Länge	Breite	Höhe	Summe	Summe × 4
Vorkammer	5,6	3,0	7,2	15,8	63,2
Trennwand	0,6	3,0	4,0	7,6	30,4
Summe				**23,4**	**93,6**

Was wir hier als Ergebnis sehen, sind Parameter der Königskammer! Mit 93,6 KE haben wir den gleichen Wert wie die absolute Höhe der Decke der Königskammer, den wir schon auf anderem Weg über die Teilhöhen der Königinnenkammer festgestellt haben. Der zweite

Wert – 23,4 – bringt die Hauptrasterlinie von aufsteigendem Gang und Großer Galerie unter neuem Aspekt ins Spiel. Verlängert man diese Linie, wie in Abbildung 88 gezeigt, schneidet sie die Decke in doppelter Hinsicht: in Bezug zur Breite der Königskammer im Verhältnis von 13:37 und in Bezug zur Gesamtausdehnung einschließlich Gang im Verhältnis 1:9. Dieses letzte Verhältnis basiert auf den Teilmaßen 2,6:23,4. Dieser in der Vorkammer verborgene Wert (23,4), der dreimal der Größe von 7,8 entspricht, besitzt demzufolge eine besondere Bedeutung. Natürlich wirft die Rasterlinie die Frage auf, wohin sie führen könnte. Hier, in diesem Buch, will ich nur erwähnen, daß mit ihr das Hauptgeheimnis der Pyramide verknüpft ist – die Existenz weiterer Kammern –, daß jedoch die Zeit noch nicht reif ist, auf dieses Geheimnis einzugehen. Aus diesem sicherlich für den Leser nicht befriedigenden Grunde habe ich die Erklärungen und weitere Grafiken für ein nächstes Buch aufgehoben, das zu gegebenem Zeitpunkt erscheinen wird.

Der dritte und der vierte Stein (c und d) stehen mit ihrem Gegengefälle wie ein überdimensionales flaches V zueinander und weisen an ihrer Berührungsstelle keinen Höhenunterschied auf. Petrie ermittelte hier zwar eine winzige Differenz von 0,1 Zoll, die vermutlich aber von unterschiedlichen Setzungsbedingungen verursacht wurde. Der vierte Stein besitzt an seinem Ende ein um 0,037 KE (= 1,93732 cm) niedrigeres Niveau als der Boden der Königskammer im unmittelbaren Anschlußbereich. Diese Differenz entspricht genau $\frac{1}{300}$ der Höhe des letzten begehbaren Raumes der Cheops-Pyramide.

Nach all den bereits umfangreich angesprochenen Detailmaßen, die durchaus noch fortgeführt werden könnten, ist es Zeit, auf die Bedeutung dieser Konstellationen einzugehen.

Die Vorkammer stellt die letzte schwere Hürde und die vorletzte Prüfung vor der eigentlichen Einweihung im Sarkophag dar. Wie bekannt, war die Vorkammer bei ihrer Entdeckung auf normalem Wege nicht passierbar, weil drei hintereinander positionierte Fallsteine den Weg blockierten. Im ursprünglichen Sinne dienten diese Blockierungssteine dem Zweck der Verdichtung von Energien. Aufgabe des Einzuweihenden war es, diese Blockierungssteine für den Durchgang lediglich mit Geisteskraft zu heben. Diese Fähigkeit, die heute als Telekinese bezeichnet wird, war Teil der Schulung zur Beherrschung des Geistes über die Materie und mußte hier auf dem Weg zur Königskammer unter Beweis gestellt werden. Es ist einleuchtend, daß ein Versagen an dieser Stelle ein Mißlingen der Einweihung in den höchsten Grad bedeutete.

Ist der Weg bis zum Ende der Vorkammer bewältigt, sind vom Beginn der Plattform 11,1 KE absolviert. Dreimal die 1 stellt etwas Herausragendes dar, auch darauf gehen wir im Zusammenhang mit der Königskammer noch tiefgehender ein. Die letzte Passage von 4,9 KE stellt einen leicht zu überwindenden Weg dar. Es ist ein Weg, der von Optimismus und Vertrauen in die Zukunft und der Suche nach einem höheren Lebenssinn geprägt ist und eng mit dem «Einswerden mit Gott» verknüpft ist. Diesen Inhalt verspricht die Ziffernfolge 4-9, die auch die 49 bildet, der wir beim Betreten der Königskammer als erstes begegnen, ohne sie bewußt wahrzunehmen. Dazu später mehr.

Was das alles zu bedeuten hat, werden wir im nächsten Abschnitt erfahren.

9.9. Die Königskammer und ihr Geheimnis

Die Königskammer hat schon immer auf die Menschen, die sie je gesehen haben, einen besonderen Reiz ausgeübt. Sie ist eine geräumige Kammer, die aus Rosengranit besteht. Die Platten der Wände und des Fußbodens sind maschinengenau zugeschnitten und überall mit nur einer feinen, kaum sichtbaren Linie aneinandergefügt, so daß nicht einmal eine Rasierklinge dazwischenpaßt. Die Decke besteht aus glatten Granitbalken, die quer über die Kammer gelegt sind und ebenfalls «nahtlos» aneinanderpassen.

Als sich der Kalif Al-Ma'mun um 820 gewaltsam Eingang in die Pyramide verschaffte, war sein wichtigstes Ziel die Königskammer. Aus alten Überlieferungen und Schriften, die den Arabern vermutlich bei einem früheren Ägyptenfeldzug um 640 n. Chr. in die Hände gefallen waren, war ihm zu Ohren gekommen, daß in der Cheops-Pyramide bedeutsame Schätze verborgen sein sollten, die er unbedingt finden wollte. Man muß annehmen, daß es in diesen Schriften auch einen Hinweis auf die ungefähre Lage des Eingangs gegeben haben muß. Trotz umfangreicher Suche war dieser aber nicht zu finden. Bedenkt man, daß die Gangbreite von 2 KE lediglich rund 0,11% des gesamten Umfanges ausmacht, ist es ohne genaue Kenntnis praktisch unmöglich, auf das innere Gangsystem zu stoßen. Aber er ließ auf der Nordseite der Pyramide im Bereich der Hauptachse – ohne zu ahnen, daß diese Stelle unweit vom verborgenen Eingang lag – die Verkleidung durchbrechen, um einen Gang in das Innere zu treiben. Diese Arbeit war extrem schwer, und es müssen große Zweifel bestanden haben, ob man je in das Innere gelangen würde. Es ist nicht überliefert, wie lange die Arbeiten dauerten. Schließlich jedoch waren sie von einem ersten Teilerfolg gekrönt, als der Krach eines Steins, der im Inneren herabfiel, den Weg zum absteigenden Gang wies, den sie dann auch entdeckten. Dieser führte aber nur in die Tiefe. Schließlich entdeckten Al-Ma'muns Arbeiter den Ansatz des aufsteigenden Ganges, der aber mit Blöcken aus Rosengranit versiegelt war. Trotz aller Mühen gelang es nicht, diesen «Pfropfen» aus härtestem Gestein zu zerstören, so daß diese Blockade mit einem Umweg umgangen werden mußte. Erst dann gelang es Al-Ma'mun, in das obere Hauptsystem der Cheops-Pyramide zu gelangen. Aber auch dort wurde ihm der Weg versperrt, denn der weitere Durchgang zur Königskammer war durch drei abgesenkte gewaltige Steinblöcke innerhalb der Vorkammer verhindert. Auch dieses Hindernis wurde von Al-Ma'mun durch Zerstörung beseitigt. Als Petrie in den Jahren 1881 bis 1883 in den Pyramiden seine Messungen durchführte, lagen in diesem oberen Teil des Gangsystems noch viele Steinbruchstücke herum. Er bemerkte dazu, daß diese wohl kaum von außen hineingetragen worden seien, sondern von den Zerstörungen der Hindernisse herrühren müßten.

Nachdem Al-Ma'mun nun endlich die Königskammer betreten konnte, kann man sich sehr gut vorstellen, daß er anfangs etwas ratlos vor dem Sarkophag stand, dessen Deckel seine Gefolgsleute keinen Millimeter anheben konnten. Der Grund hierfür ist ganz einfach. Der aus Rosengranit bestehende Sarkophag war so glatt poliert, daß man zwischen Deckel und Unterteil die Fuge kaum sehen konnte. Man hatte keine Chance, mit einem

Meißel irgendwo in die Fuge einzudringen, um über einen Hebel den Deckel anzuheben. Obendrein muß dieser Deckel ca. 1,9 Tonnen gewogen haben, so daß Al-Ma'mun nichts anderes übrig blieb, als das zu veranlassen, was seine Helfer konnten: mit Gewalt den Sarkophag zu öffnen.

Es war nicht zu erwarten gewesen, daß der Kalif ein besonderes Interesse an der Königs-kammer als Konstruktion gehabt hätte, zu sehr war er auf das Finden von Schätzen aus. Er wird mit Sicherheit nicht festgestellt haben, daß die Umfassungswände aus 100 Steinen bestehen und der Fußboden aus 20 Steinplatten. Zusammen also 120 Steine. Die Decke besteht aus 7 mittleren Deckenplatten, die nur unwesentlich verschieden breit sind; hinzu kommen die beiden Randplatten an der Ost- und Westseite, die ungefähr halb so breit sind wie die anderen. Diese absichtliche Planung sollte bewirken, daß ohne die Decken-randsteine die Zahl 127 in Erscheinung tritt, aber auch mit der Anzahl der Steine des Fußbodens die Zahl 27. Der nächste abzuleitende Sinn war die alleinige Betrachtung der Decke, die mit den beiden halben Randsteinen insgesamt also 9 Steine aufweist.

Die Geometrie der Königskammer war zu Al-Ma'muns Zeit kein Gegenstand von be-sonderem Interesse, dafür war die Zeit noch nicht reif. Erst viel später, als die Wissenschaft von einer «Ägyptomanie» befallen wurde, änderte sich das. Petrie gab sich als erster sehr viel Mühe, die Maße der Königskammer so exakt wie möglich zu ermitteln.

Er stellte auch fest, daß die Kammer einen Hauch geneigt ist; von der Ost- in Richtung Nordseite und dort wiederum in Richtung Südseite. All diese winzigen Abweichungen von einer idealisierten Linie notierte er sorgfältig* und bemerkt dazu, daß die Abweichungen ein Resultat der Zeit und der Erdbeben seien. Diese Feststellung ist deswegen so interessant, weil offenkundig auch der absteigende und der aufsteigende Gang von der idealisierten Linie abweichen.

Vorerst geht es um die Königskammer, deren durchschnittliche Ausdehnung Petrie (in Zoll) wie folgt angab:

Länge Nordseite:	412,40" = 1047,4960 cm	= 20,0056... KE
Länge Südseite:	412,11" = 1046,7594 cm	= 19,9915... KE
Durchschnittliche Länge		**= 19,9985... KE**

Breite Ostseite	206,29" = 523,9766 cm	= 10,0071... KE
Breite Westseite	205,97" = 523,1638 cm	= 9,9916... KE
Durchschnittliche Breite		**= 9,9993... KE**

Auf der Grundlage dieser Maße ist man sich weltweit einig, daß die Grundfläche der Königskammer $10 \times 20 = 200$ KE² beträgt. Viel schwieriger war es für Petrie, die Höhe zu bestimmen.

---

* W. M. Flinders Petrie: *The Pyramides and Temples of Gizeh,* S. 80

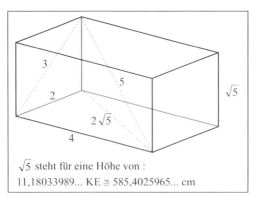

√5 steht für eine Höhe von :
11,18033989... KE ≅ 585,4025965... cm

Abbildung 89: Die bisherige Theorie
zur Geometrie der Königskammer

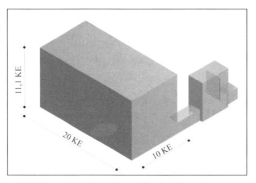

Abbildung 90: Die Planmaße der Königskammer

Über die Königskammer sagt die offizielle Lehrmeinung, daß ihre Geometrie über drei pythagoreische Dreiecke bestimmt wird. Diese Aussage kann man für die Länge und Breite mit Sicherheit gelten lassen, wo die Proportion «2» für 10 KE und die Proportion «4» für 20 KE steht. Für die Höhe und die Diagonale ist ein Zweifel berechtigt. Die bisherige Annahme führt über die mathematische Relation von $5 \times \sqrt{5}$ zu einer Höhe von 585,4025... cm oder 11,18033... Königsellen. Dieser Zahlenwert entspricht einer irrationalen Zahl. Die bisher von den Forschern und mir gemessenen Werte liegen dagegen in einem Bereich von ca. 580,6 bis 584 cm. Eine Herleitung der Planhöhe über die gegenwärtige Höhe ist demzufolge nicht möglich, weil auch viele Einflußfaktoren wie Erdbeben, Senkungen des Fußbodens und Veränderungen im Fußboden durch wissenschaftliche Untersuchungen und Grabungen durch Schatzsucher die ursprüngliche Höhe beeinflußt haben.

Betrachtet man die mythischen Aspekte der damaligen Zeit, sind 11,18033... KE als Planwert auszuschließen, weil diese Zahl im Sinne der altägyptischen Mythologie nichtssagend ist und sich auch nicht als Bruch darstellen läßt. Unter Beachtung der tatsächlich vorhandenen Meßwerte und unter Einbeziehung der heiligen Geometrie erkannte ich, daß der ursprüngliche Planungswert kleiner als der bisher angenommene Wert sein muß. Die weiteren Untersuchungen führten schließlich zu einer Höhe von **11,1 KE**, die in unserem Maßsystem 581,196 cm entsprechen.

Dieser Wert führt zu folgenden «Nachfolge-Ergebnissen»:
• Flächeninhalt Stirnseite: 111 KE² = 3 × 37
• Flächeninhalt Längsseite: 222 KE² = 6 × 37
• Flächeninhalt aller 4 Wände: 666 KE² = 18 × 37
• Volumen Königskammer:.   2220 KE³ = 60 × 37

Diese Werte sind bereits auf den ersten Blick beeindruckend, da hier in jeder Zahl 3 mal dieselbe Ziffer vorkommt und jede Zahl zusätzlich ein Produkt der Zahl 37 bildet. Auf diesem Wege wird nicht nur die altägyptische Trinität der Götter bildhaft in Zahlen zum

Ausdruck gebracht, sondern auch der Wunsch, sich mit dem Göttlichen zu verbinden. In der Mythologie weist gerade die Zahl 37 auf die sogenannte «Unio Mystica» hin, die geheimnisvolle Vereinigung der Seele mit Gott oder, im altägyptischen Sinne, mit den Göttern.

Mit der Höhe von 11,1 KE ist gleichzeitig die Hauptsymbolik der damaligen Einweihung ausgedrückt. Jede 1 steht für das Erreichen der Meisterschaft auf den drei Wegen des Osiris, der Isis und des Horus, die im 11., 22. und 33. Grad erreicht wurde.

Mittlerweile hat sich die Erkenntnis erhärtet, daß die Planer der Cheops-Pyramide die Herkunft der Maßsysteme kannten, weshalb sie auch mit deren Umrechnungsfaktoren arbeiteten. Die sogenannte Sternenmathematik, die deutlich mit mystischen Inhalten verknüpft ist, zeigt auch hier ihre besonderen Eigenschaften. Das Dezimalsystem als kosmisches Informationssystem enthüllt gerade bei der Höhe der Königskammer noch zusätzliche Effekte, wenn man die theosophische Reduktion (siehe auch Kapitel 11) einbezieht. Das soll anhand der in Zentimeter umgerechneten 11,1 KE Höhe demonstriert werden:

$$11,1 \text{ KE} = 581,196 \text{ cm}$$

a) $5 + 8 + 1 = 14$; $1 + 9 + 6 = 16$; $14 + 16 = \underline{\mathbf{30}}$

Die Addition der Einzelziffern ergibt vor dem Komma 14, nach dem Komma 16. Das ist die Folge, die wir bei 6 KE = 3,$\underline{14\,16}$ nach dem Komma kennen und die hier, im speziellen Fall der Höhe der Königskammer, zu dem Wert 30 führt, der Suche nach der kosmischen Ordnung bedeutet.

b) $5 + 81 = 86$; $19 + 6 = 25$; $86 + 25 = \underline{\mathbf{111}}$

Die Addition in Zweiergruppen führt zum 10fachen Zahlenwert der Höhe in KE! Der Wert wirkt wie eine Bekräftigung der beschriebenen Erkenntnis über die neu definierte Höhe. Über diese Zahl wird der zukünftige Weg beschrieben: Durch das Anerkennen einer göttlichen Trinität (1-1-1), die in starkem Maße durch Osiris, Isis und Horus gesetzt war, wird der mit kosmischem Wissen ausgerüstete Einzuweihende seine zukünftigen Aufgaben mit der Kraft des Geistes lösen.

c) $581 + 196 = \underline{\underline{777}}$

Diese Zahl ist erneut bemerkenswert. Was hier steht, ist nichts anderes als die Hauptaufgabe des Einzuweihenden: 700 + 70 + 7 = neue Wege beschreiten in Gottvertrauen, sich geistig erneuern und sich durch göttliche Kräfte leiten lassen in dem Bestreben, im Irdischen den Menschen zu dienen und nicht umgekehrt: die Menschen den eigenen Vorteilen dienen zu lassen.

Es ist immer wieder erstaunlich, wie die Sternenmathematik das verborgene Wesen von Zahlen enthüllt, die in Bauwerken allein durch ihre Maße zum Ausdruck kommen. Mit

Erstaunen wird mancher Leser registrieren, daß die Summe aller 4 Wandflächen (die Fläche des Eingangs bleibt unberücksichtigt) die vieldiskutierte Zahl 666 ergibt. Im Abschnitt 3.3 wurden zu dieser Zahl bereits Erläuterungen gegeben. Hier soll nochmals betont werden, daß in der Mythologie, aber auch der Sternenmathematik, Zahlen unter polaren Aspekten betrachtet werden müssen. Das gleiche wie für eine Temperatur von 20°C, für die es einen Plus- und einen Minuswert gibt, gilt auch für die 666. Der Weg durch die Pyramide, der mit einer Eingangshöhe von 666 Zoll beginnt, endet in der Königskammer mit der gleichen Zahl, wenn auch in einer anderen Maßeinheit. Das hohe Ziel der Einweihung, einen Bewußtseinssprung zu erzielen, ist ein untrennbarer Bestandteil der **plus** 666. Erstaunlicherweise ist das Ziel in dieser Zahl auf eine ganz bestimmte Weise verborgen. Ermittelt man zum Beispiel für 666 cm die Länge in Königsellen, erhält man den Wert 12,719633 KE. Das ist eine Ziffernfolge, die mit der 1-2-7 beginnt, hinter der sich jene Zahl verbirgt, die mit Bewußtseinsinhalten verknüpft ist. Hinzu kommt, daß 666 die Summe der Zahlen von 1 bis 36 ist: $1 + 2 + 3 + 4 + \ldots + 35 + 36 = 666$.

Der Eingang mit $2 \times 2,1 = 4,2$ KE² wurde natürlich so gewählt, daß er eine zur Situation passende Proportion bildet, was die Rechnung $\frac{4,2}{666} = \frac{7}{1110}$ zeigt.

Nun besitzt die Königskammer Seitenwände, die mit 111 KE² und 222 KE² ebenfalls attraktive Zahlenwerte aufweisen. Bei meinen Untersuchungen ist mir aufgefallen, daß die Zahl 666 auf sehr verborgene Weise auch diese beiden Werte erzeugen kann. Addiert man alle Zahlen von 1 bis 666, erhält man **222 111**! Beim Anblick dieser Zahl fehlten mir auf Anhieb die Worte, weil es an das Unfaßbare grenzt, daß die Königskammer nach Prinzipien aufgebaut ist, die einen solchen verborgenen Effekt besitzen. Daher wird es Zeit, auf die Zahlen 111 und 222 hinsichtlich ihrer Qualität einzugehen.

- **111**: Diese Zahl ist insofern von höchster Bedeutung, weil die dreifache 1 verschiedene Inhalte verkörpert. Zum einen versinnbildlicht sie die Trinität Gottes in der christlichen Lehre ebenso wie die Trinität der ägyptischen Götter. Im Sinne der Einweihung weist sie auf die dreifache Meisterschaft hin, die mit der Öffnung des dritten Auges ihren Abschluß findet. Der Eingeweihte ruht trotz seiner meisterlichen Fähigkeiten und seines meisterlichen Wissens in sich. Wir werden noch sehen, daß der Einweihungsweg in der Königskammer 111 KE lang ist und daß dort weitere Eigenschaften hinzukommen.

- **222**: Diese Zahl steht unter dem Stern der Erkenntnis, die zunehmend höhere qualitative Formen annimmt. Es ist das Begreifen, daß jeder Mensch aus der «Einheit» kommt. Aber nicht nur das: Alles entstammt der Einheit, ob chemisches Element, Mineral, Pflanze oder jegliche andere Lebensform. Dazu zählen auch Lebensformen in höheren Schwingungsformen, die sich unseren Sinnen entziehen. Das Begreifen und Erkennen umfaßt auch das Wissen kosmischer Zusammenhänge und schließt unser wissenschaftliches Wissen in aktualisierter Form mit ein. Das Gesamtvolumen der Königskammer mit 2220 KE³ erweitert die Gesamtbedeutung um die Null: Diese

Erkenntnisse sind nur möglich, wenn man sich mit den Hochfrequenzen göttlicher Energien verbindet.

Mit diesen beeindruckenden Ergebnissen ist nicht mehr an der Richtigkeit der neu bestimmten Höhe für die Königskammer zu zweifeln. Selbst Ägyptologen kommen nicht umhin festzustellen, daß die Cheops-Pyramide ein Meisterwerk ist. Dieses Prädikat steht ihr aber nicht nur wegen der Präzision bei der Baudurchführung zu, sondern in erster Linie wegen ihres in Stein manifestierten Wissens.

Im diesem Zusammenhang ist es angebracht, auch auf die Wände der Königskammer einzugehen. Diese besitzen wie der 0,5 KE dicke Fußboden eine Neigung in Richtung Westseite, und sie bestehen aus fünf Steinlagen, die alle – nach Petries Messungen in Zoll – umgerechnet je 2,28 KE (Q2: 2+28 = 30) hoch sind. Sie besitzen eine Gesamthöhe von 11,4 KE. Folglich reichen die Wände im Eingangsbereich bis 0,3 KE unter den Fußboden, was in Bezug zur Gesamthöhe ein Verhältnis von $\frac{0,3}{11,1} = 0,\overline{027}$ ergibt. In der Literatur findet man fast durchgängig die Angabe, daß die Königskammer der 50. Steinschicht aufliegt. Dies resultiert aus der falschen Ermittlung des Steigungswinkels des aufsteigenden Gangs und der Großen Galerie. Die Oberkante der 50. Lage liegt 0,2 KE tiefer als der Fußboden.

Um diesen Hintergrund zu verstehen, muß die 60. Steinschicht zu Hilfe genommen werden, die auf der Höhe der Kammerdecke beginnt und in 95 KE Höhe endet. Petrie ermittelte für diese Höhe einen Wert von 1958,8 Zoll, der gegenüber diesen 95 KE (rund 1958,3 Zoll) nur um rund einen halben Zoll abweicht.

Ermittelt man nun die Höhendifferenz der 10 Schichten zwischen der Oberkante der 60. und 50. Steinlage (82,3 KE), erhält man 12,7 KE! Dies ist nicht nur ein Hinweis auf die vielzitierte Zahl 127, sondern stimmt auch mit dem Umfang des Sarkophags überein.

Die Steinschichten des Pyramidenkörpers, die die Königskammer ab der 51. bis zur 60. Schicht einrahmen, wurden in dieser Anzahl ebenfalls bewußt gewählt. Addiert man die 51 und die 60, erhält man 111, und addiert man die Zahlen von 51 bis 60, ergibt dies 555!

Auch eine andere Rechnung bezüglich der Steinschichtennumerierungen zeigt eine beabsichtigte Planung mit geistigem Hintergrund. Addiert man die zwei untersten Schichten der Gesamtkonstruktion beider Kammern, erhält man 24 + 51 = 75 (siehe auch Abbildung 72), für die beiden obersten Schichten 35 + 90 = 125 = 5³. Das ergibt zusammen 200, die gleiche Größe wie bei der 200 KE² großen Grundfläche der Königskammer. In Worten ausgedrückt, bedeutet das: Wenn der Eingeweihte seinen Weg zielgerichtet und in vollem Bewußtsein in Angriff nimmt, führt dies nicht nur zu dem erhofften potenzierten Bewußtsein, sondern auch zu einer Erkenntnis auf hohem, göttlichen Niveau.

Somit rundet sich auch über den Strukturaufbau der Pyramide die heilige Geometrie der Königskammer ab, die hier nur mit wenigen Details illustriert wird.

Nach all diesen Ausführungen ist zu erwarten, daß auch der Sarkophag mit seiner Struktur dem Konzept der Einweihung – unter dem Aspekt der Anwendung heiliger Geometrie – untergeordnet ist. Der in ihm verborgene Code, der als nächstes enthüllt wird, unterstützt die bisherigen Aussagen und Erkenntnisse nicht nur deutlich, sondern gleich massiv. Die früheren Versuche anderer Forscher, diesen Code zu enthüllen, scheiterten vor allem an der primären Auffassung, man müsse stets «runde» Werte in einer nicht bekannten Maßeinheit finden. Das Rätsel liegt aber in einer ganz anderen Form versteckt, als bisher vermutet wurde. Dieses Rätsel ist nur zu lösen, wenn man akzeptiert, daß auch der Sarkophag ein Gleichnis und ein Meisterwerk in Stein darstellt und daß demnach die Maße aus einem vollkommen neuen Blickwinkel zu betrachten sind!

9.10. Der verborgene Code des Sarkophags

Viele Forscher haben sich in den vergangenen zwei Jahrhunderten den Kopf darüber zerbrochen, ob die Maße des Sarkophags etwas zu bedeuten haben. Petrie vermaß deshalb den Sarkophag mit besonderer Akribie, um ihm irgendein Geheimnis zu entlocken. Zu seiner Zeit kursierte bereits die Auffassung, daß das durch die Innenmaße bestimmte Volumen mit einem bestimmten Hohlmaß verknüpft sein könnte. Insgesamt legte er 669 (!) Meßpunkte fest, davon 388 an der äußeren Oberfläche und 281 innerhalb des Sarkophags in 7 verschiedenen Höhen. Zweifellos stellte er Abweichungen von idealisierten ebenen Flächen fest, die jedoch letztlich so gering sind, daß die Präzision nur Staunen hervorrufen kann. Immerhin ist der Sarkophag aus Granit, einem sehr harten Tiefengestein, hergestellt. Da die frühen Ägypter nur Kupferwerkzeuge besaßen, bleibt es für die Wissenschaft ein Rätsel, wie man diesen kompakten Sarkophag so präzis aushöhlen und glatt schleifen konnte – wenn man denn von der aktuell verbreiteten Entstehungsgeschichte der Cheops-Pyramide ausgeht.

In Abbildung 91 (siehe Farbteil) ist deutlich zu erkennen, welchen Schaden der Sarkophag im Verlauf der letzten 1200 Jahre genommen hat. Man kann sich gut vorstellen, wie Al-Ma'mun und seine Gefolgsleute mit Gewalt versuchten, in das Innere des Sarkophags zu gelangen, als der schwere Deckel noch vorhanden war und für ihre eigenen Kräfte ein unüberwindliches Hindernis darstellte. Ihnen blieb nichts anderes übrig, als mit roher Gewalt Teile des Sarkophags zu zerstören. Dadurch ist es uns heute nur mit Mühen möglich, die exakten Maße besonders an den ehemals vertieften Randabsätzen zu bestimmen.

Bei meinem Aufenthalt in Ägypten habe ich es nicht unterlassen, die Innen- und Außenmaße des Sarkophags selbst zu vermessen. Somit entfiel das Umrechnen von Zoll in Zentimeter. Den ebenfalls wichtigen Randbereich konnte ich nur an der Nord- und Ostseite grob ermitteln, da der Grad der Zerstörung präzise Aussagen in diesem Bereich nicht zuließ, während der Randbereich an den beiden anderen Seiten überhaupt nicht mehr ermittelt werden konnte.

Relativ leicht ließen sich die Hauptmaße des Sarkophags bestimmen, zu denen Länge, Breite und Höhe sowohl innen wie außen gehören. Die letzten Feinheiten im Randbereich stellten dagegen eine sehr harte Nuß dar, die erst gelöst werden konnte, als ein direkter Zusammenhang zur Lage des Sarkophags innerhalb der Königskammer erkannt wurde.

Daher erwiesen sich zwischenzeitlich gefundene Lösungen letztendlich doch als verbesserungswürdig. Nachdem alle Details gelöst worden waren, kam ich nicht umhin festzustellen, daß das alles übertreffende Meisterstück der Cheops-Pyramide seinen Platz in der Königskammer gefunden hat.

Das Unterteil des Sarkophags

Nach den ersten Rechnungen zeichnete es sich ab, daß der Sarkophag – wie die gesamte Königskammer – nur auf der Grundlage der Königselle geplant wurde. Betrachtet man die äußeren Maße des Sarkophags, ist es schwer, auf den ersten Blick ein vernünftiges Maßsystem abzuleiten. Lediglich über die Meßwerte der Höhe kamen die Ägyptologen ebenfalls zu der Annahme, daß die Königselle die Planungsgrundlage gewesen sein könnte.

In der nachfolgenden Grafik werden die Maße des Sarkophags in Königsellen, dem ursprünglich verwendeten Maß, angegeben. Die Wanddicken sowie die Höhe des inneren Randes lasse ich in dieser Abbildung mit besonderer Absicht weg, denn sie können erst in einem nächsten Schritt angegeben werden. Diese Maße werden erst im folgenden Abschnitt begreiflich, wenn die Lage des Sarkophags innerhalb der Königskammer behandelt wird. So muß ich diesbezüglich wieder einmal um etwas Geduld bitten.

In der nachfolgenden Aufstellung werden die in der Grafik aufgeführten Werte übersichtlich dargestellt und sowohl in Königsellen als auch in Zentimetern wiedergegeben.

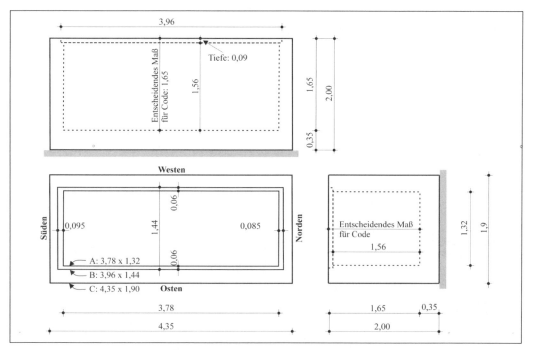

Abbildung 92: Das Unterteil des Sarkophags

Mögliche Meßfehler und Toleranzen wurden für den Planwert eliminiert, um zu einem homogenen System auf der Grundlage der Königselle zu gelangen.

Maße des Sarkophag-Unterteiles:

a) außen

	Planmaß [KE]		Planmaß [cm]
Länge:	4,35	=	227,766
Breite:	1,90	=	99,484
Höhe:	2,00	=	104,720

b) innen

	Planmaß [KE]		Planmaß [cm]
Länge:	3,78	=	197,9208
Breite:	1,32	=	69,1152
Höhe:	1,65	=	86,394

Diese Planparameter weichen in geringem Maße von den Meßwerten ab, was jedoch nicht verwunderlich ist, wenn man den Sarkophag in seiner heutigen, sehr stark beschädigten Form sieht. Hierbei ist auch festzustellen, daß man in der Literatur ebenfalls geringfügig unterschiedliche Meßwerte vorfindet.

Wo liegt aber die Bedeutung dieser Maße, die aus der Tabelle direkt nicht zu erkennen ist? Der Hauptschlüssel liegt darin, Maße zu kombinieren! Der erste Teil der Lösung beinhaltet die Addition der Planwerte aller Außenkanten, der zweite Teil die Addition der Planwerte aller Innenkanten gemäß Zeichnung.

Zu den Angaben in Zeile 1 und 2 von Tabelle 27 möchte ich folgende Erklärungen vorausschicken:

	A [cm]	B [KE]
Summe aller Außenkanten	1 727,8800	33
Summe aller Innenkanten	1 413,7200	27
Summe beider Werte	31 416,0000	60
Breite des Sarkophags im Randbereich	75,3984	1,44
Umfang der Seitenflächen	654,5	12,5
Flächeninhalt der Seitenflächen [cm²/KE²]	68 539,2400	25
Umfang Stirnseite	408,408	7,8
Umfang Stirnseite : 130	3,1416	-
Umfang Länge-Höhe	664,972	12,7

Tabelle 27: Der mathematisch-geometrische Code des Unterteiles des Sarkophags

- $4 \times (4{,}35 + 1{,}90 + 2{,}00) = $ **33,0**
- $4 \times (3{,}78 + 1{,}32 + 1{,}65) = $ **27,0**

Bei der Fülle dieser interessanten und aussagefähigen Ergebnisse stechen die beiden bereits erwähnten Zahlen 33 und 27 hervor, deren Summe 60 ist. Hier stehen sich zwei Zahlenpaare gegenüber, die sich lediglich mit der Ziffer 3 ausdrücken lassen, denn 27 ist das gleiche wie $3 \times 3 \times 3$ oder 3^3!

Außenmaße	**Innenmaße**
33 KE	$3 \times 3 \times 3 = 3^3$ KE

Diese beeindruckende Gegenüberstellung wirkt wie ein potenzierter Hinweis auf die Trinität! Aber auch eine andere Aussage steht damit in Verbindung, die möglicherweise auf etwas Besonderes hinweisen soll. Um dieses Besondere zu erkennen, ist es erforderlich, wieder auf die Qualitäten der Zahlen einzugehen. In Kapitel 4 wurde die Zahl 27 bereits kurz erörtert. Wir sind ihr als Bestandteil in verschiedensten Werten begegnet. So erschien sie in der 127, die mit einer Bewußtseinsstufe verknüpft ist, in der 273, der 2732 und der 1,2732. Die bisherigen Ausführungen brachten sie mit Intuition und der Öffnung des dritten Auges in Verbindung. In den Abbildungen 42 und 81 befindet sich die 27 auf der vertikalen Achse, auf der sich alle durch 3 teilbaren Zahlen befinden. Ihr gegenüber steht die 30, wobei die 3 durch ein völlig anderes System wieder in Erscheinung tritt.

Die 27 gehört zu den heiligsten Zahlen überhaupt, weil sie nicht nur auf die Verbindung zum Göttlichen hinweist, sondern weil über die mit ihr verbundenen Einweihungsaufgaben diese Verbindung erst ermöglicht wird. «Weise Voraussicht», die als eine der wichtigsten Eigenschaften bezeichnet wird, bedeutet, sich in höhere kosmische, holographische Felder einzuklinken, um weitreichende Informationen zu erhalten. Dazu gehört auch zu erfahren, welche Konsequenzen aus dem eigenen Denken und Handeln entstehen. Was passiert, wenn ich mich für etwas und gegen etwas anderes entscheide? Welche Konsequenzen bringt es mit sich – nach einer Woche, einem Monat oder viel später? Ein anderer Aspekt betrifft eine Erscheinung, die vor allem bei Menschen auftritt, die sich sehr gut verstehen, die sich «auf gleicher Wellenlänge» befinden. Dieser Effekt ruft oft genug Erstaunen hervor, wenn der eine Partner sich zu einem x-beliebigen Thema äußert und der andere überrascht feststellt, daß er soeben an das gleiche Thema gedacht hat. Oder wenn einem Familienmitglied etwas zustößt und ein anderes Familienmitglied im gleichen Moment fühlt, daß etwas Schlimmes passiert ist. Der Beispiele gibt es viele, die alle den gleichen Hintergrund haben. Rupert Sheldrake* fand heraus, daß es morphogenetische Felder gibt – ein anderer Ausdruck für holographische Felder –, in denen Informationen gespeichert sind und die in der Pflanzen- und Tierwelt experimentell nachgewiesen wurden. Ein sehr charakteristisches Beispiel betrifft eine Bambussorte, die nur nach 80 Jahren blüht, allerdings mit dem Kuriosum, daß alle Pflanzen der gleichen Gattung rund um den Erdball zur gleichen Zeit blühen, unabhängig davon, wie alt sie sind! Dies beweist, daß es einen «Mechanismus» gibt, über den sich alle Pflanzen der gleichen Art verständigen.

Der Amerikaner Monroe** experimentierte mit Schwingungsfeldern und stellte dabei fest, daß er bei bestimmten Menschen Zustände hervorrufen konnte, die in den paranormalen Bereich fallen. Als die CIA das mitbekam, verschwand er für etliche Jahre von der Bildfläche und mußte im geheimen an diesem Projekt weiterarbeiten. Er fand heraus, daß durch bestimmte Schwingungsmuster in Form einer Lemniskate (einer liegenden 8), die über Kopfhörer auf den Kopf übertragen wurden, allmählich eine Gleichschaltung der

---

* Rupert Sheldrake: *Das schöpferische Universum – Die Theorie des morphogenetischen Feldes*
** Robert A. Monroe: *Der zweite Körper – Expeditionen jenseits der Schwelle*

Frequenzen von rechter und linker Gehirnhälfte hervorgerufen werden konnte. Diese Technik, «Hemi-Sync» (Hemisphären-Synchronisation) genannt, führt gleichzeitig zu einer Absenkung der Gehirnfrequenz, die über ein abgestuftes Training bis auf ca. 3,6 Herz heruntergebracht werden kann. In diesem Stadium war es gut trainierten Menschen, die natürlich auch ausreichend sensitiv sein mußten, möglich, sich in diese holographischen Felder einzuklinken und Informationen abzurufen. Auf diese Weise wurde durch die um Monroe formierte Gruppe Fernspionage (sogenanntes *remote viewing*) betrieben, was übrigens auch die Russen taten.

Mit anderen Worten, heute besitzt man einerseits die Erkenntnis, daß es höhere Felder gibt, in denen Informationen gespeichert sind und übertragen werden, und andererseits besitzt man technische Lösungen, um Effekte zu erzielen, die zumindest in Teilergebnissen den Zielen ägyptischer Einweihungswege entsprechen. Soweit zu den Hintergründen der Zahl 27. Wie erwähnt, steht dieser Zahl als äußeres Erscheinungsbild die 33 gegenüber. Die Summe Außenkantenlängen hat damit unter anderem auch ein äußeres Ziel. Noch heute gibt es im Schottischen Ritus der Freimaurerei den 33. Grad. Mir ist nicht bekannt, ob sich die Herren dieses Ordens noch des damit verbundenen inneren Zieles bewußt sind oder darüber nur noch annähernde Kenntnisse besitzen. Die Freimaurerei identifiziert sich in den höheren Graden mit dem altägyptischen Wissen, ohne noch Detailwissen zu besitzen. Interessant ist auf alle Fälle, daß dieser Orden wie auch andere Strömungen, die im Lauf der Zeit entstanden sind, sich auf Verbindungen zu dem pharaonischen Wissen berufen. Auch der Sarg, als Miniausführung eines Sarkophags, spielt in diesen Strömungen in den Einweihungsritualen noch eine Rolle. Offensichtlich liegt in dem Code des Sarkophags auch eine Verknüpfung zu Freimaurern, Rosenkreuzern und anderen Logenbrüdern verborgen, ohne daß diese es heute noch wissen.

Mit dem Hinweis auf den 33. Grad sind die Ausführungen zur Zahl 33 noch nicht erschöpft. Hinter ihr verbirgt sich eine Form des «Unangreifbaren». Der Einzuweihende ist in der Lage, durch weise Voraussicht jegliche Form eines Angriffes auf seine Person zu erkennen, um rechtzeitig Gegenmaßnahmen einzuleiten. Die komplexe Stärke, welche die Zahl 33 unter anderem repräsentiert, ist auch eine Eigenschaft, die ihn zum gerechten Herrscher werden läßt, denn schließlich ist er sich der Konsequenzen seines Handelns bewußt, was man bei den heutigen Politikern leider vermißt.

Mit diesen Merkmalen ausgestattet war der König (den späteren Königen und Pharaonen muß man die Kenntnis des 33. Grades bereits absprechen) ein Eingeweihter, der die Schulung des rechten, des linken und des dritten Auges des Horus (27 als das innere Merkmal) in seinem Leben abgeschlossen hat. Dies würde, übertragen auf unser heutiges Verständnis, in Kurzform bedeuten, daß er ein wahrer Weiser war:

- ein Weiser hinsichtlich seines Verstandes (linkes Auge des Horus),
- ein Weiser hinsichtlich seines «Herzens» (rechtes Auge des Horus),
- ein Weiser hinsichtlich Entscheidungen in weiser Voraussicht (drittes Auge des Horus).

Wer in der vorhandenen Literatur über Zahlenqualitäten nachschlägt, wird leider fest-stellen müssen, daß das Wissen über die höheren kosmischen Prinzipien, die in den Zahlen verborgen sind, dort zu einem großen Teil fehlen. Interpretationen zum Beispiel der Zahlen 27 und 33 beschränken sich oft nur auf kleinliche subjektive Aussagen, die am Hauptwesen dieser Zahlen vorbeigehen.

In Tabelle 27 wurde angeführt, daß sich beide Zahlen zu der Summe von 60 ergänzen. Diese Zahl, hinter der die «Wissen und Wissenschaft» stehen – aber nicht so, wie wir das heute aus rein materialistischer Sicht verstehen –, ist wie ein Oberbegriff zu verstehen. Nur wer mit dem nötigen kosmischen Wissen (und den sich ergänzenden Fähigkeiten) ausgestattet ist, hat überhaupt die Chance, den 33. Grad und die weise Voraussicht zu erreichen. Aus diesem Grund mußten die Deckensteine der Königskammer in der gleichen Ebene liegen wie die 60. Steinschicht der Pyramide.

Von den in Tabelle 27 aufgeführten Werten möchte ich auf einige weitere Details ein-gehen.

1,44 KE beträgt der lichte Abstand zwischen den beiden gegenüberliegenden Längsnuten, während der Umfang über die Längsseite und die Höhe 12,7 KE (siehe Ausführungen zum Urzoll) beträgt. Man kann durchaus sagen, daß der Einzuweihende sich in ein meisterliches Behältnis legt, das der Bewußtseinserhöhung dient.

Der innere vertiefte Rand für die Auflage und Arretierung des Deckels besitzt als Umfangs-maß 10,8 KE Länge. Praktisch ist dieser Wert zweimal vorhanden, und zwar an der oberen und unteren Kante des Randes. Beide Werte addiert führen zu 21,6 KE = 6 × 6 × 6 geteilt durch 10, was wiederum die Ziffern sind, die den Flächeninhalt aller Wandflächen mit 666 KE² bestimmen. Ebenso interessant ist ein weiteres Detail. In Abbildung 92 wurde die Fläche der Sarkophagwanne mit A und die durch den umfassenden Rand gebildete Fläche mit B bezeichnet. Setzt man beide Flächen ins Verhältnis, erhält man folgendes Ergebnis:

$$\frac{A}{B} = \frac{1,32 \times 3,78}{1,44 \times 3,96} = \frac{7}{8}$$

Wieder ist ein durchgängiges Prinzip erkennbar, das Zahlen und Proportionen von beson-derer Bedeutung stets unerwartet, aber an den rechten Stellen erscheinen läßt.

Mit diesen Ausführungen wurde ein Teil der verborgenen Inhalte erklärt, die sich aus Abbildung 92 ableiten lassen.

Bevor jedoch die ursprüngliche Lage des Sarkophags erläutert wird, soll noch auf die hypothetische Größe des Sarkophagdeckels eingegangen werden.

Der Deckel des Sarkophags

Ausgangspunkt für eine Rekonstruktion sind einerseits die vorhandenen Maße für Länge und Breite des Unterteiles sowie dessen Höhe von 2 KE. Die Höhe des hypothetischen Deckels wird daher mit Sicherheit 1 KE betragen, um mit einer Gesamthöhe von 3 KE wieder auf die Trinität zu verweisen. Nimmt man für die Dicke des Deckels den gleichen Wert wie für die Dicke des Bodens im Unterteil, ergibt sich folgende grafische Lösung mit den aufgeführten Detailmaßen:

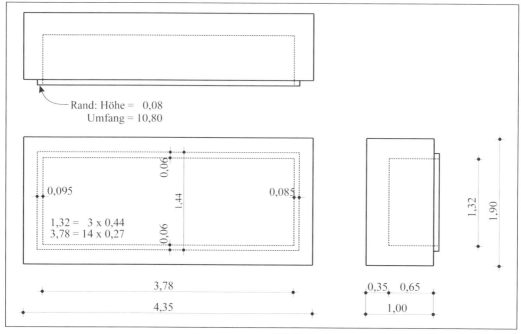

Abbildung 93: Der Deckel des Sarkophags

Bei dieser Lösung tauchen bis auf die Höhe des Deckels und seiner lichten Innenhöhe (ohne Randabsatz exakt eine Königselle kleiner) die gleichen Werte auf wie beim Unterteil. Insofern ist dieser hypothetischen Konstruktion wohl kaum eine wilde Zahlenhascherei zu unterstellen.

Wenn man bei dieser Konstruktion das gleiche Prinzip zur Ermittlung der verborgenen Codes durch Addition aller äußeren bzw. inneren Hauptmaße anwendet, ergibt sich das in Tabelle 28 gezeigte Ergebnis, das letztlich nur ein weiteres Zwischenergebnis darstellt.

Besonders interessant ist, daß der gesamte Sarkophag einschließlich des Deckels eine lichte Innenhöhe von 0,65 + 1,65 = 2,3 KE besitzt, während die Summe aller Innenkanten (ohne Berücksichtigung des Randabsatzes) das Zehnfache dieses Wertes ergibt.

	[cm]	[KE]
Summe aller Außenkanten	1518,44	29,0
Summe aller Innenkanten	1204,28	23,0
Summe beider Werte	2722,72	52,0
lichte Innenhöhe des Sarkophags, gesamt	120,428	2,3

Tabelle 28: Der Code des Deckels des Sarkophags

Damit stoßen wir wieder auf eine Ziffernfolge, die unter anderem die Höhe des aufsteigenden und des absteigenden Gangs (2,3 KE) bestimmt und schon bei der Roten Pyramide eine gewichtige Rolle gespielt hat. Mit diesen Planwerten wird die Bedeutung der Zahlenfolge 2-3 um ein weiteres verstärkt, die im positiven Sinn mit dem Ausschöpfen des individuellen Potentials und der Identifikation mit dem Göttlichen in Verbindung gebracht werden kann. Selbstverständlich paßt auch die 29 in dieses Konzept, denn Wille und Herrschaft im Einklang mit kosmischen Gesetzen sind das Wesensmerkmal dieser Zahl.

Bemerkenswert ist hier die Gesamtsumme von 52 KE, die in der Mythologie auf eine Einweihung in «göttliches» Wissen hinweist, wodurch man zum Weisen wird. Aussagen, die bereits bisher erkannt wurden, werden also durch die Maße des Deckels nochmals bestätigt.

Mit den bisherigen Untersuchungen ist bereits viel erreicht worden, der krönende Abschluß fehlt aber noch: die Betrachtung des «Sarkophags» als eine Einheit, so als wäre die Trennlinie zwischen Ober- und Unterteil nicht vorhanden. Folglich entfallen auch die Maße in diesem Berührungsbereich. Das Ergebnis dieser Betrachtungsweise ist in Tabelle 29 aufgelistet, die zusätzlich die Q2-Werte der theosophischen Addition enthält.

	[cm]	Q2	[KE]
Summe aller Außenkanten	1937,320	19 + 37 + 32 = **88**	**37,0**
Summe aller Innenkanten	1549,856	15 + 49 + 85 + 6 = 155	29,6
Summe beider Werte	3487,176	34 + 87 + 17 + 6 = **144**	**66,6**

Tabelle 29: Der Code des gesamten Sarkophags

In der ersten Zeile ergibt sich einer der beiden Hauptcodes des gesamten Sarkophags, der auf das Ziel der Einweihung hinweist: die «Unio Mystica», die geheimnisvolle Vereinigung der Seele mit Gott (37). Die Größe 37 tauchte bereits verborgen in den Maßen der Königskammer auf und ergibt sich als Ziffernfolge ebenfalls, wenn man die Höhe der Königskammer (11,1 KE) durch die Höhe des geschlossenen Sarkophags (3 KE) dividiert: das Ergebnis lautet 3,7. Die scheinbar unbedeutende Zahl 29,6 stellt das Achtfache von 3,7 dar und verhält sich demzufolge zu den 37 KE wie 0,8 : 1.

Es ist offensichtlich, daß die Maße und die Aussagen zum Deckel des Sarkophags als Hypothese betrachtet werden müssen. Jedoch zeigen die hypothetischen Ergebnisse einen stichhaltigen Ansatz, die Wissenslücke über dieses fehlende Teil zu füllen. Die innewohnende Mathematik und Geometrie – egal ob mit oder ohne Deckel – ist faszinierend und zeugt von einem hohen Wissensstand.

Mit diesen Erkenntnissen ist der wesentliche Teil des Codes des Sarkophags gelöst. Der Rand wurde bei diesen Ausführungen bisher nur kurz erwähnt. Er hat mich sehr lange beschäftigt, und erst relativ spät kam mir die «Erleuchtung» hinsichtlich seiner Bedeutung und seiner ursprünglichen Maße. In den bisherigen Abbildungen wurde auf jegliches Maß zu diesem Konstruktionsdetail verzichtet, weil eine präzise Angabe ohne weitere

Zusammenhänge absolut unbegreiflich erscheinen muß. Aus diesem Grund soll als nächstes Thema die Lage des Sarkophags innerhalb der Königskammer behandelt werden, das die Voraussetzung für dieses Verständnis schafft.

9.11. Die Lage des Sarkophags in der Königskammer

Bei meinem Ägypten-Besuch im März 2004 nutzte ich die Gelegenheit, auch die aktuelle Position des Sarkophags exakt zu ermitteln. Es ging mir darum festzustellen, ob diese Position mit den Prinzipien der heiligen Geometrie in Übereinstimmung steht. Im Fall, daß diese Übereinstimmung nicht besteht, wollte ich über die heilige Geometrie den ursprünglichen Standort präzis bestimmen. Eine weitere Frage bezog sich auf den entscheidenden Punkt, an dem sich der Kopf des Einzuweihenden im Sarkophag und in Bezug zur Königskammer befand, denn es ist bekannt, daß in der Cheops-Pyramide besondere Energien vorherrschen, die in der Vergangenheit schon öfters Gegenstand der Erforschung waren.*

Es mag ungewöhnlich erscheinen, sich dieser Thematik zu widmen. Und doch gibt es gute Gründe, nach der richtigen Position zu suchen. Das in Stein manifestierte Wissen in Verbindung mit dem altägyptischen Glauben verdeutlicht ein Mathematik- und Geometrieverständnis, das gerade innerhalb der Königskammer auf ein durchgängiges Prinzip hinweist und von unglaublicher Qualität ist. Es ist daher kaum zu erwarten, daß der Sarkophag zufällig irgendwo in der Kammer abgestellt wurde.

Bei der Suche nach der entscheidenden Lösung konnte die gegenwärtige Position des Sarkophags nur ein grober Anhaltspunkt sein. Es kann nicht ausgeschlossen werden, daß er in vergangenen Jahrhunderten, aus welchen Gründen auch immer, verschoben wurde.

Der Ausgangspunkt zur Bestimmung der ursprünglichen Position bestand also darin, nach einer Geometrie zu suchen, die einerseits den Prinzipien einer heiligen Geometrie gerecht wird und andererseits der gegenwärtigen Position möglichst nahekommt. Tatsächlich stellte

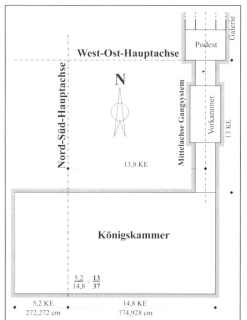

Abbildung 94: Die Lage der Königskammer in Bezug zu den Hauptachsen

* Siehe z.B. Rudi Ph. Weilmünster: *Praxis der Pyramidenenergie*, worin einige grundlegende Erkenntnisse hinsichtlich des energetischen Aspektes der Cheops-Pyramide dargelegt werden.

sich mit Hilfe der genannten Prinzipien heraus, daß der Sarkophag verschoben worden ist.

Bei den Untersuchungen erwies es sich als notwendig, die exakte Lage der Nord-Süd-Hauptachse der Pyramide zu bestimmen, die ja durch die Königskammer verläuft. Diese Frage wurde bereits dahingehend beantwortet, daß die Mittelachse des Gangsystems 13,8 KE von der Nord-Süd-Hauptachse entfernt liegt (siehe S. 155). Demzufolge hat die 1 KE weiter östlich von der Gangachse liegende Seitenwand der Königskammer zur Nord-Süd-Achse einen Abstand von 14,8 KE. Die Einordnung der Königskammer in Bezug zu den Hauptachsen ist in Abbildung 94 dargestellt.

Die Nord-Süd-Achse verläuft genau im rechten Winkel quer durch die Königskammer, jedoch nicht in der Mitte, sondern nach Westen verschoben, und unterteilt sie dadurch unsichtbar in zwei ungleiche Teile, wobei der kleinere, westliche Teil 5,2 KE lang ist, oder in Zentimetern ausgedrückt: **272,272 cm**. Das ist bereits ein sehr ungewöhnlicher Zusammenhang, der nur dann sichtbar wird, wenn man beide Maßsysteme kennt und anwendet. Hier entsteht ein Effekt, bei dem sich die metrische Zahl vollständig über das Komma spiegelt und in ihren beiden Bestandteilen sowohl die Zahl 27 wie auch deren Spiegelzahl 72 bildet. Ganz offensichtlich ist der hintere Teil der Königskammer – dort, wo der Sarkophag steht – von entscheidender Bedeutung. Allein die 5,2 KE, in denen auch die Zahl 52 symbolisch durchscheint, spricht von «göttlichem Wissen». Inzwischen wissen wir auch, daß die 27 etwas mit der Öffnung des dritten Auges zu tun hat. Die 72 wiederum ist ein Hinweis auf die Vollendung der irdischen Macht durch die festigende und allesbeherrschende Kraft des Geistes, wie bei der Mondpyramide und beim Einweihungsritual in der Königinnenkammer bereits erläutert wurde.

Die Zweiteilung der Kammer führt gleichzeitig zu einer Unterteilung, die ein Verhältnis von 13 : 37 repräsentiert. Das ist das gleiche Verhältnis, das auch die verlängerte Rasterlinie auf Abbildung 88 beim Durchgang durch die Decke dieser Kammer erzeugt. Dort schnitt die Rasterlinie die Decke in einer Entfernung von 2,6 KE zur Südwand, hier erzeugt die gleiche Proportion einen 5,2 KE großen Abschnitt. Wen wundert es noch, daß 2,6 : 5,2 ein Verhältnis von 1 : 2 ist?

Im Abschnitt über die Einweihung in den 33. Grad werden wir sehen, daß der Einzuweihende den Sarkophag an der Westseite betritt und an der Ostseite verläßt. Er kommt demzufolge von dem Anteil der 13 in den Anteil der 37. Paßt dies nicht wunderbar zusammen? Nur wer über die geistige Schwelle (13) tritt, erreicht durch diese Meisterung die dauerhafte Verbindung zu den höheren göttlichen Ebenen! Aber auch die Betrachtung aus der umgekehrten Richtung ergibt einen Sinn, wenn man die 13 mit den 13 kosmischen Schwingungsdimensionen (einschließlich der nullten) in Verbindung bringt. Dann bedeutet das: Nur wer sich in seinem Herzen (Durchschnittstemperatur 37°!) mit Gott verbindet, hat Zugang zu allen höheren Schwingungsdimensionen.

Diese Konstellation läßt erahnen, daß möglicherweise auch die konkrete Position des Sarkophags meisterlich gewählt wurde.

Ich sprach bereits über die Bedeutung des 7:8-Verhältnisses und erwähnte auch, daß es zu dieser Kombination noch mehr zu sagen gibt. Zuvor möchte ich die ursprüngliche Lage des Sarkophags in Ausrichtung der Nord-Süd-Achse zeigen.

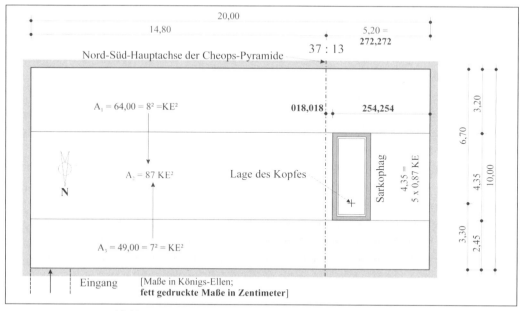

Abbildung 95: Die Lage des Sarkophags in Nord-Süd-Ausrichtung

In dieser Grafik sind die entscheidenden Inhalte eingetragen, die mit den bereits erläuterten Ziffern 7 und 8 im Zusammenhang stehen. Es ist erstaunlich, daß sich eine Fläche von 200 KE² in derart beeindruckenden Proportionen gliedern läßt, wenn die Länge des Sarkophags und dessen Lage richtig ermittelt wurden. Die zwei grau hinterlegten Flächen bilden dabei den Hauptschlüssel. Ihre Größen von 49 = 7 × 7 KE² und 64 = 8 × 8 KE² stehen damit im Verhältnis von (7 : 8)². Wie um die Bedeutung dieser beiden Zahlen noch zu bekräftigen, weist die mittlere Fläche, welche durch die Länge des Sarkophags (4,35 KE = 5 × 0,87!) bestimmt wird, eine Größe von 87 KE² auf.

Was hat das alles nun zu bedeuten, wo liegt der tiefere Sinn dieser Geometrie?

Für das weitere Verständnis möchte ich nochmals auf die in Abbildung 81 gezeigte Spirale zurückkommen. In dem betreffenden Abschnitt 9.6 wurde erklärt, wie über diese Spirale im alten Ägypten Bildungswege codiert wurden. In der dort gezeigten Grafik befindet sich die Ziffer 7 auf der Plus-Achse (männlicher Aspekt) und die 8 auf der Minus-Achse (weiblicher Aspekt). In der gleichen Reihenfolge wird der Einzuweihende in der Königskammer mit dieser Symbolik konfrontiert. Das bedeutet, daß in der Königskammer nicht nur beide Aspekte vorhanden sind, sondern auch Energien beider Aspekte verdeutlicht und verbunden werden sollen. Nördlich und südlich des Sarkophags treten sie in potenzierter Form getrennt auf, in der Mitte erscheinen 7 und 8 in der gemeinsamen Zahl von 87 KE². Betrachtet man nochmals den Flächeninhalt der Sarkophagwanne und des oberen Randabsatzes (siehe Abbildung 92), tritt dieses Verhältnis in zweifacher Form auf. Das hängt von der Betrachtungsweise ab, ob man zuerst den inneren oder den äußeren Flächeninhalt als Ausgangsbasis nimmt. So kann man wechselweise ein Verhältnis von 7 : 8 oder 8 : 7 annehmen. Führt man diesen Gedankengang weiter, kann man ohne den Doppelpunkt die 87 ableiten, die den mittleren Flächeninhalt (in Abbildung 95) verdeutlicht, während die 78 als Spiegelzahl erscheint. Kurios ist nun, daß das Tarot 78 Karten enthält und Mystiker wie Papus* die Auffassung vertreten, das Tarot verdanke seine Herkunft einem alten ägyptischen Wissen und es sei lediglich durch die Zigeuner bewahrt und überliefert worden. Weiterhin wird einhellig geglaubt, das Tarot sei mit 78 Karten erschöpft, weil 78 eine heilige Zahl sei, die sich aus der Summe aller Zahlen von 1 bis 12 ergibt. Deswegen verwundert es kaum, wenn diese Zahl u. a. mit der Vollendung menschlicher Ziele oder dem Gipfel irdischen Glücks in Verbindung gebracht wird. Die 87 übersteigt dieses irdische Glück, weil nun geistige Prämissen in den Vordergrund gerückt sind und den Weg der erleuchteten Seele bestimmen. Das ist aber nicht alles. Das Wechselspiel von 7 und 8 führt in der obigen Spirale vorwärts zur 9 und rückwärts zur 6, zwei Zahlen, die mit einem neutralen Vorzeichen verbunden sind. Der verborgene Sinn dieses Zusammenhanges bedeutet, daß im Sarkophag männliche und weibliche Aspekte vereint werden, um höhere Energien im Körper zu integrieren, die der wertungsfreien und neutralen (= geschlechtslosen) Seele überhaupt erst ermöglichen, in das höhere Schwingungsfeld zu gelangen. Dort verfügt sie einerseits über das Wissen, das in höheren Schwingungsdimensionen vorhanden ist, und andererseits über das Wissen, das sie sich in vielen Leben erworben hat. Unter einem völlig anderen Aspekt gelangen wir zu einer ähnlichen Aussage. Die Zahlen 666 und 144, die in der Königskammer eine Einheit bilden, führen in der Addition zu 810 = 9 × 90. Die 90, in mythischen Organisationen als Ausdruck des rechten Winkels bekannt, gilt dort als das «rechte Maß», das der Mensch als höchstes Ziel erreichen soll. Folglich findet in der Königskammer nicht nur eine Vereinigung von männlicher und weiblicher Energie zur neutralen Energie der 9 statt, sondern es wird gleichzeitig die Verbindung der 9 mit der 0, dem göttlichen Potential, in Aussicht gestellt. Es ist auch die Vereinigung von linker und rechter Gehirnhälfte, die weibliche und männliche Eigenschaften wieder zu einer Einheit verbindet und weder dem Patriarchat noch dem Matriarchat einen Vorrang einräumt.

Jetzt wird auch begreiflich, warum die Königskammer zusätzlich zwei weitere Deckenplatten mit annähernd halber Breite im Verhältnis zu den anderen Deckenplatten besitzt. Wie bereits erwähnt, bestehen der Fußboden, die Wände und die Decke – ohne diese zwei Randplatten – aus 127 Verkleidungssteinen. Die beiden äußeren Deckenplatten mußten in ihrer Dimensionierung kleiner gewählt werden, damit sie einerseits den Hinweis auf die 127 nicht zerstören; andererseits lassen sie die 9 als separate Größe an der Decke erscheinen. Wären sie gleich groß, bestünde die Königskammer insgesamt einfach aus 129 Steinen,

---

* Papus: *Tarot der Zigeuner*, S. VII ff.

und die gewünschte Aussage wäre verlorengegangen. Es wäre nicht mehr erkennbar, daß die Planer der Pyramide das Hauptziel der Einweihung in Stein manifestiert haben, welches über die Anzahl der Steine im Detail wie folgt lautet:

- 20 im Fußboden: geistiges Erwachen, Erkennen der Dualität als Basis für den Aufstieg;
- 100 in den Wänden: das Anstreben höchster Ziele auf der Basis kosmischen Wissens;
- 7 in der Decke: alte, eingefahrene Wege sprengen, um höhere Ziele zu erreichen;
- Summe 127: höheres Bewußtsein durch das geöffnete dritte Auge erlangen;
- 7 plus 2 weitere Steine in der Decke: die Vereinigung der Aspekte der 7 und 8 zur neuen Qualität 9, die wertungsfrei und neutral ist.

Hierdurch erkennen wir, daß die Lage des Sarkophags im Zusammenhang mit der Gesamtkonstruktion der Königskammer eine übergreifende Einheit bildet.

Zu ergänzen ist, daß nach erfolgreichem Abschluß der Einweihung der «dreifache Meister» – beginnend als Meister auf dem Weg des Osiris bis hin zum Meister auf dem Weg des Horus (111+33 = 144) – dauerhaft (!) diese hohe kosmische Verbindung besitzt, weswegen er nun seine irdischen Entscheidungen (6) im Sinne der «9» gerecht, neutral und wertungsfrei trifft. Gerecht heißt hier aber nicht, gewissenlos Paragraphen anzuwenden, sondern beide Gehirnhälften zur Entscheidung heranzuziehen und mit Hilfe des geöffneten dritten Auges auch zu erkennen, welche Konsequenzen die getroffenen Entscheidungen haben. Es wird dem Leser nicht schwerfallen, die Mängel heutiger Rechtssprechung zu erkennen ...

Somit weisen die Ziffern 7 und 8 auf das Mysterium hin, das sich innerhalb der Königskammer abspielt. 7 und 8 bilden dabei die Schlüsselzahlen für ein höheres kosmisches Verständnis, welches der Menschheit im Verlauf der Geschichte verlorengegangen ist.

Mit diesem Teil der Erkenntnis wollen wir uns wieder dem Sarkophag zuwenden. Bei den Untersuchungen zu seinen Maßen wurden die Dicken der Seitenwände bisher mit Absicht nicht erwähnt. Anfangs habe ich nicht im entferntesten daran gedacht, daß die Dicke dieser Wände im Zusammenhang mit der Einordnung des Sarkophags in die Ost-West-Richtung stehen könnte. Petries Messungen haben gezeigt, daß nicht alle Wände gleich dick sind, obwohl die Differenzen nur sehr gering sind. Daher lag der Gedanke nahe, dies könnte auf die Bearbeitung zurückzuführen sein und liege einfach im Rahmen der zulässigen Toleranzen. Dann wurde ich mehr durch Zufall darauf aufmerksam, daß alle vier Seiten des Sarkophags beim Anklopfen einen anderen Ton von sich geben. Das schloß die vermutete Symmetrie absolut aus, so daß ich mir die von Petrie ermittelten Meßwerte genauer anschaute. Im Ergebnis aller Untersuchungen kam ich zu einer sehr überraschenden Lösung.

Die entscheidende Hilfe für diese Lösung war die gewonnene Kenntnis der exakten Lage der Nord-Süd-Hauptachse der Cheops-Pyramide. Es erwies sich als falsch, die Lösung allein über die Proportionen der Maße der Königskammer zu suchen. Bevor wir zu diesem ungewöhnlichen Höhepunkt genialer Planung kommen, möchte ich zuerst auf die Wanddicken in Nord-Süd-Richtung eingehen.

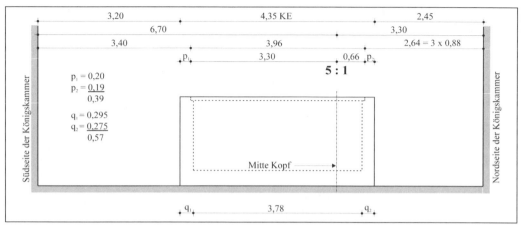

Abbildung 96: Die Geometrie des Sarkophags in Nord-Süd-Ausrichtung

Um das Wirrwarr an vielen Maßen in der Zeichnung nicht zu vergrößern, habe ich die Wanddicken und Randdicken mit Buchstaben bezeichnet und separat aufgeführt. Die beiden oberen Maßketten sind bereits bekannt und wurden hier nur der Vollständigkeit wegen aufgeführt. Für die Nordseite des Sarkophags ermittelte Petrie eine Dicke von 5,67 Zoll, umgerechnet rund 14,4 Zentimeter. Es ist verständlich, daß solch eine Zahl sofort mit Begeisterung aufgenommen und als die ursprüngliche Planzahl angesehen wird. Dieser Wert hat nur den entscheidenden Fehler: er stimmt nicht! Erst nachdem ich über eine längere Zeit nach zusätzlichen, übergreifenden Zusammenhängen gesucht hatte, die ich bei 14,4 cm nicht finden konnte, stellte ich fest, daß die nördliche Sarkophagwand gemäß ursprünglichem Plan 0,275 KE = 14,399 cm dick ist. Dieser winzige Hauch von einem Tausendstel Millimeter mußte berücksichtigt werden, um das verborgene System zu erkennen. Die Dicke der Südwand mit 0,295 KE ergab sich dann aus der Differenz von Gesamtlänge des Sarkophags minus lichter Innenlänge und minus Dicke der Nordwand. Damit unterscheiden sich beide Wanddicken um ein Maß von 1,0472 cm. Die nächste Hürde war der obere Randabsatz, für den ich nur geringe Anhaltspunkte besaß. Petrie machte sich gar nicht erst die Mühe, diese Daten zu ermitteln, weil es hoffnungslos ist, diesen stark beschädigten Bereich präzis zu erfassen.

Erst nachdem ich erkannt hatte, daß dieser Randbereich einerseits mit den Begrenzungswänden der Königskammer und andererseits mit einer inneren Proportion der Länge des Randabsatzes zu tun hat, fand ich die angegebene Lösung in Königsellen, die wie folgt lautet:

	Breite oberer Rand	Breite vertiefter Randabsatz
• Nordseite	0,190	0,085
• Südseite	0,200	0,095
• **Summe**	**0,390**	**0,180**

Mit dieser Lösung ergaben sich auch die erhofften übergreifenden Zusammenhänge. Die Mitte des Kopfes befindet sich nun 0,66 KE vom nördlichen oberen Rand und 3,3 KE von der Nordseite der Königskammer entfernt. Diese 3,3 KE finden wir auch im Abstand von der Achse Kopfmitte bis zum südlichen oberen Randabschluß.

Der verborgene Sinn liegt in den 2 × 3,3 KE, die zu 6,6 KE führen und den Bezug zu den 0,66 KE herstellen. Letzteres Maß bestimmt auch die Lage des Kopfes in der 2 × 0,66 = 1,32 KE breiten Sarkophagwanne.

Anfangs war nicht klar, warum die Zahl 66 im Sarkophag so deutlich in Erscheinung tritt. Erst wenn man weiß, daß mit dieser Zahl das Erreichen aller drei Meisterschaften im 11., 22. und 33. Grad symbolisiert wird, begreift man ihre Verwendung. Alle drei Meisterstufen zusammengezählt ergeben die besagte 66! Die Qualität dieser Zahl repräsentiert die Verbundenheit mit allen Lebensformen. Damit sind in diesem speziellen Fall nicht so sehr Tiere und Pflanzen gemeint – ohne diese Formen auszuschließen –, sondern in erster Linie die höheren Lebensformen anderer Dimensionen, auf die wir schon mehrfach zu sprechen gekommen sind. Die Einweihung im letzten Grad wird somit zu einem grandiosen Erlebnis, welches unser materialistisch geprägtes Vorstellungsvermögen lediglich mit Szenen aus einem Science-fiction-Film vergleichen kann.

Zu den Daten aus obiger Abbildung sind noch folgende Bemerkungen anzufügen. Die Lage des Kopfes teilt den 3,96 KE langen Randbereich im Verhältnis von 1:5. Nicht unerwähnt lassen möchte ich das Maß von 2,64 KE. Es ist weniger die Zahlenspielerei, daß der Q2-Code 2 + 64 gleich 66 ergibt, sondern vielmehr die Tatsache, daß dieser Wert das Dreifache von 0,88 darstellt.

Die Lage des Kopfes in 3,3 KE Entfernung von der Nordwand steht zur restlichen Differenz in Richtung Südwand in einem nicht unbedeutenden Verhältnis: $\frac{3,3}{6,7}$ = 0,49 25 37... Die in Zweiergruppen geschriebenen Ziffern ergeben zusammen wieder 111.

Zu erwähnen ist noch eine bestehende Parallele zur Königinnenkammer, in der wir innerhalb des Einweihungsweges ein 1:5-Verhältnis fanden. Das gleiche Verhältnis finden wir in den Maßen des Sarkophags, wenn die Lage des Kopfes richtig bestimmt wurde.

Alle Maßbeziehungen des Sarkophags zu deuten ist gegenwärtig nicht möglich. Mir ist jedoch bekannt, daß dieses ganze geometrische System eine Frequenzverknüpfung aufweist. So wie die Geometrie eines Geigenkastens die erzeugte Frequenz transformiert und in neuer Qualität wiedergibt, ermöglichen die gewählten Maße sowohl innerhalb der Königskammer als auch innerhalb des Sarkophags eine Transformation eingebrachter Frequenzen, die auf den Körper wirken. Im Sarkophag selbst wird eine Frequenz von 16 × 27 = 432 HZ erzeugt, die mit der Zellfrequenz des Herzens übereinstimmt!

Wer schon einmal längere Zeit in der Königskammer in Ruhe verweilt hat, spürt nach einer gewissen Zeit, daß er tatsächlich von einer besonderen Energie umgeben ist, ohne sie näher beschreiben zu können.

Nachdem wir nun wissen, wie die vollständige Geometrie in der Nord-Süd-Ausrichtung aussieht, möchte ich zum Abschluß dieses Sarkophag-Kapitels die Maße in der Ost-West-

Ausrichtung behandeln. Wir werden sehen, daß hier wiederum eine exzellente Geometrie praktiziert wurde, vor der wir nur staunend stehen können.

In dieser Zeichnung befinden sich zwei Maßsysteme friedlich vereint nebeneinander, die sich gegenseitig ergänzen. Das Besondere einiger Maße liegt in ihrer doppelten Erscheinungsform vor und nach dem Komma. Die Breite von 272,272 cm bildet hier eine Art umfassende Größe, der alle anderen Maße untergeordnet sind, während sie in ihrem Wesen eine Eigenständigkeit bewahren. Das Hervorragende

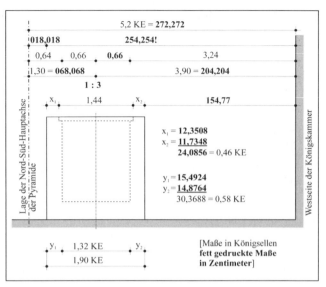

Abbildung 97: Die Geometrie des Sarkophags in der Ost-West-Ausrichtung

dieser Konstruktion ist das Verhältnis von 018,018 : 254,254 cm gleich 9 : 127. Wir erinnern uns, daß der Poldurchmesser der Erde eine Ziffernfolge besitzt, die ohne Komma wie folgt lautete:

$$127\,127 - 254\,254 - 508\,508 - \ldots$$

Die gleiche Ziffernfolge haben wir an der Basis der Pyramide entdeckt. Der Sinn dieser Folge soll verdeutlichen, daß sich das Bewußtsein stufenweise entwickelt, sowohl im Positiven als auch im Negativen, da jeder gebildeten Einzelzahl die beiden gegensätzlichen Aspekte von plus und minus zugeordnet werden können. Das ist aber nur eine mögliche Interpretation. Die nächsthöhere Qualität, die sich hinter dieser von der Zahl 127 abgeleiteten Ziffernfolge verbirgt, ist das Prinzip der Dualität, die ein kosmisches Prinzip darstellt. Es ist ein Prinzip der zusammengehörigen Paare, die sich gegenseitig ergänzen und akzeptieren, um das Gleichgewicht zu wahren.

Es wurde bereits erwähnt, daß der Einzuweihende den Sarkophag an der Westseite betritt und an der Ostseite verläßt, was bedeutet, daß er nach erfolgreichem Abschluß der Einweihung den Sarkophag in einer Entfernung von **254,254** cm von der Westseite verläßt. Die Übersetzung dieser Zahlenkombination bedeutet nichts anderes, als daß er die nächste Bewußtseinsstufe erreicht hat, die durch einen hohen Erkenntnisgrad in Verbindung mit einer geistigen Erneuerung gekennzeichnet ist. Natürlich besitzt er seinen freien Willen, weshalb er diesen höheren Bewußtseins- und Erkenntnisgrad sowohl zum Nutzen der ihm unterstehenden Menschen wie auch zu einem gesteigerten Machtmißbrauch verwenden kann. Die Geschichte hat gezeigt, daß die Versuchung nach mehr Macht auch vor den Pharaonen nicht Halt gemacht hat. Das ursprünglich höchste göttliche Wissen, das in seiner primären Form niemals heidnisch oder primitiv war, ging allmählich verloren. Mit dem Untergang dieses Wissens änderte sich die Einstellung der Menschen zu den für sie nun unverständlichen Dingen, den Hieroglyphen, den Tempeln und den Bauten in Ägypten. Es bestand und besteht auch heute noch Unverständnis sowohl auf seiten der Wissenschaft als auch der Kirche, was dazu führt, daß beide nicht in der Lage sind, die wahre Geschichte der Menschheit und das altägyptische Wissen im richtigen Licht zu sehen. Besonders über die Cheops-Pyramide – ein Denkmal kosmischen Wissens – ist bereits eine Unmenge geschrieben worden, aber niemals sind Forscher und Wissenschaftler dem wahren Geheimnis der Cheops-Pyramide auf die Spur gekommen. Heilige Geometrie in Verbindung mit in Stein manifestierten Maßen ist eine Form, Wissen zu verschlüsseln, was die bisherigen Ausführungen in ausreichendem Maße belegt haben.

Nach diesen Zwischenbemerkungen wollen wir die nächsten Aussagen des Sarkophags enthüllen. Würde man diesen symmetrisch über seine Längsachse konstruieren – also mit gleichen Wanddicken –, würde das aufgezeigte Konzept zerstört. Halbiert man nämlich die Breite von 1,90 KE und addiert sie zu den 18,018 cm, kommt man auf ein Maß von 67,76 cm. Ohne Zweifel ist diese Spiegelzahl sehr interessant, zumal vor und nach dem Komma die Summe der Einzelziffern jeweils 13 beträgt. Bis zu den in der Zeichnung angegebenen 068,068 cm fehlen aber 0,308 cm oder genau $\frac{1}{170}$ KE. Das ist jener Betrag, der zur mittleren Wanddicke von 0,29 KE (= 15,1844 cm) hinzuaddiert werden muß. Die Ostwand des Sarkophags wird somit, in Zentimetern ausgedrückt, 15,4924 cm dick, während die Westseite nur 14,8764 cm dick ist. Diese Unterschiede in der Dicke stellte auch Petrie fest, aber er drückte sie nur in gerundeter Form in Zoll aus.

Unter diesen Bedingungen liegt der Kopf einerseits genau in der Mitte der Sarkophagwanne und andererseits 1,3 KE von der Nord-Süd-Hauptachse der Pyramide entfernt. Auf diese Weise wird der rechte, entscheidende Teil der Königskammer von 5,2 KE im Verhältnis von 1:3 geteilt. In Maßen ausgedrückt, ergibt dies:

$$5,2 = 1,3 + 3,9 \; [\text{KE}]$$
$$272,272 = 068,068 + 204,204 \; [\text{cm}]$$

Bei dieser Konstellation besteht überhaupt nicht mehr die Frage, ob das Maß der Königselle richtig gewählt wurde. Es ist eindeutig klar, daß die Planer für die Königselle bewußt diese Größe festgelegt haben. Das Prinzip der Dualität wurde hier in Zahlen derart offensichtlich ausgedrückt, daß wir in Erfurcht vor solch einer Planung den Hut ziehen müssen. Wenn uns auch die vollständige Interpretation dieser Mathematik noch fehlt, erkennen wir wenigstens über die Folge 3,9 ⇒ 1,3 ⇒ 5,2, welche sich aus der Bewegungsrichtung von West nach Ost ergibt, was hier annähernd ausgedrückt werden soll:

Die 3-9 leitet als Brücke die Transformation für eine Verbindung zu höheren Schöpfungsebenen ein, wird dann durch 1-3 vollständig transformiert, um mit 5-2 zu göttlichem Wissen zu gelangen. Über diese Maßkette wird in anderer Form ausgedrückt, was bereits als Inhalt des 33. Grades beschrieben wurde, nämlich die Erlangung von umfassender Weisheit durch die Öffnung des dritten Auges. Damit stehen wir wieder – wie schon so oft in diesem Buch – vor der Erkenntnis, daß ein solches Wissen und eine solche Mathematik niemals zu Cheops-Zeiten bekannt gewesen sein können, folglich auch nicht von diesem Pharao geplant, geschweige realisiert werden konnte.

Bei der Menge von Daten, die bisher aufgerollt wurden, könnte man leicht übersehen, daß beim Sarkophag ein Detail bisher unerwähnt blieb, und zwar die Höhe des Randabsatzes. Dieses winzige Detail hat sich im Verlauf der Untersuchungen zu einem gewichtigen Detail entwickelt, wie es nicht zu erwarten war.

Um alle folgenden Gedanken deutlicher zu machen, soll zuerst der Rand im Übergangsbereich zwischen Deckel und Unterteil auf der Ostseite gezeigt werden. Zur Begriffsklärung: a nenne ich «oberer Randabsatz», b «Randhöhe», c «Fase» und d «unterer Randabsatz».

Wenn man sich vor Ort den Rand anschaut, kommt man kaum auf die Idee zu registrieren, daß am Fuße des Randabsatzes keine scharfe Kante besteht. Bei dem starken Zerstörungsgrad und der fehlenden Möglichkeit, alles bis auf den kleinsten Hauch zu messen, fällt diese Winzigkeit regelrecht unter den Tisch. Nicht anders war es auch mir bei meinen bisherigen Untersuchungen ergangen, bis mich erneut die Unruhe dazu trieb, dieser Randausbildung mehr Aufmerksamkeit zu schenken. Als entscheidend erwies sich,

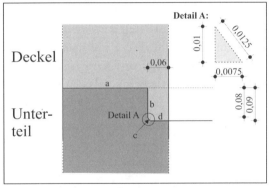

Abbildung 98: Schnittdarstellung der Randausbildung an der Ostseite des Sarkophags

daß der innere Randabsatz eine schräge Fase (Detail A) hat, deren Form in Vergrößerung in Abbildung 98 wiedergegeben ist. Diese Abschrägung besitzt nicht nur einen geometrischen, sondern auch einen praktischen Hintergrund. Immerhin mußte beim Aufsetzen des Deckels beachtet werden, daß das obere und das untere Paßstück ohne Toleranz geplant worden waren. Theoretisch grenzt das ans Unmögliche, aber es geht in erster Linie um eine Konstruktion nach geistigen Prinzipien, bei der man zumindest vom mathematischen Standpunkt aus eine derartige Lösung entwerfen kann. Gesetzt der Fall, dies war tatsächlich die Absicht, mußte es im praktischen Sinn extrem schwer gewesen sein, einen rund 1,9 t schweren Deckel so zu plazieren, daß er haargenau in die darunterliegende Öffnung hineinrutscht. Heute würde jeder Konstrukteur in einer solchen Situation den Berührungsbereich abschrägen, damit der Deckel in einer Art Selbstjustierung gezwungen wird, in die vorgegebene Form zu gleiten. Die Planer der Cheops-Pyramide müssen den gleichen Gedankengang verfolgt haben, als sie die Abschrägung konstruierten, der sie zusätzlich eine besondere geometrische Form gaben. Diese Form entspricht einem idealen pythagoreischen Dreieck. Multipliziert man alle drei Seiten mit 400, erhält man das bekannte Dreieck mit den Seitenlängen von 3, 4 und 5 Einheiten.

Dieses ideale Verhältnis ist auch der Ausgangspunkt der Ziffernfolge 2-3-0-4, der wir zum Beispiel bei der Höhe der beiden ersten Galerien der Roten Pyramide mit 23,04 KE begegnet sind. Sinus und Kosinus der Innenwinkel in diesem Dreieck führen zu $\frac{3}{5} = 0,6$ und $\frac{4}{5} = 0,8$. Die Quadratzahlen beider Werte ergeben 0,36 und 0,64. Die Addition beider Werte ergibt genau 1,00. Viel interessanter sind jedoch die Division und die Multiplikation beider Werte.

- Division: $\frac{0,36}{0,64} = \frac{9}{16}$
- Multiplikation: $0,36 \times 0,64 = 0,2304$

Wer wundert sich noch, daß beide Ziffernfolgen verborgen auch am Sarkophag zu entdecken sind? Ich werde gleich anschließend darauf zu sprechen kommen. Dieses ideale kleine Dreieck weist noch eine weitere Besonderheit auf, die zwar mathematisch trivial ist, trotzdem aber nicht direkt wahrgenommen werden kann. Verlängert man die Seiten des Dreiecks proportional in einem bestimmten Maß, bleibt das Grundverhältnis von 3:4:5 stets gleich. Die Seitenlängen lassen uns trotzdem erstaunen, weil wir im allgemeinen darüber keinen Gedanken verschwenden:

$$
\begin{array}{ccccccc}
 & & & & & \text{Erweiterungsfaktor} & \\
3^3 & + & 4^2 & = & 5^2 & - & \\
33^3 & + & 44^2 & = & 55^2 & \frac{11}{1} & \\
333^2 & + & 444^2 & = & 555^2 & \frac{111}{11} & \\
3333^2 & + & 4444^2 & = & 5555^2 & \frac{1111}{111} & \text{usw.}
\end{array}
$$

Der Erweiterungsfaktor bedeutet, daß in der nächsten Zahlengruppe jede einzelne Zahl um den entsprechenden Betrag vergrößert werden muß. Also ist zum Beispiel $333 \times \frac{1111}{111} = 3333$. Diese Systematik läßt sich weiter fortführen, wie man leicht selbst nachprüfen kann. Insofern stellt genau dieses pythagoreische Dreieck eine besondere Ausnahme dar, da nur unter dieser proportionalen Bedingung – und nur mit unserem dezimalen System – dieser einmalige Effekt auftaucht. Da wir in der Königskammer schon so oft Ergebnisse vorgefunden haben, die drei gleiche Ziffern aufweisen, müssen wir uns auch nicht wundern, daß in der dritten Erweiterungsfolge alle Zahlen dreistellig sind und das gleiche Merkmal aufweisen.

Vielleicht verstehen wir jetzt etwas besser, warum Pythagoras gerade diesem Dreieck so viel Aufmerksamkeit gewidmet hat und davon so begeistert war. Es ist nur schade, daß solche ungewöhnlichen Zusammenhänge nicht im Lehrfach Mathematik vermittelt werden, denn durch dieses tabellarische Bild läßt sich der Satz des Pythagoras viel leichter einprägen. Allerdings muß ich auch darauf hinweisen, daß Pythagoras diesen nach seinem Namen benannten Lehrsatz nicht selbst entdeckt hat, sondern daß er ihm in Ägypten beigebracht wurde! An dieser Stelle möchte ich daran erinnern, daß an dem Adosado der Mondpyramide in Teotihuacán die gleiche Dreiecksform verwendet wurde (siehe Abbildung 33). Damit wird auf andere Weise deutlich, daß das mathematische Wissen dieses Lehrsatzes nicht dem Kopf des Pythagoras entstammt.

Kommen wir nun wieder zum eigentlichen Thema zurück. In der obigen Zeichnung wurden die Teillängen mit den Buchstaben a, b, c und d bezeichnet. Das Teilstück b, welches mit der umlaufenden Randhöhe identisch ist, verlängert in einem ersten Schritt die Deckelhöhe auf 1,08 KE. Folglich bleibt bei einer Gesamthöhe des Sarkophags von 3 KE noch ein Rest von 1,92 KE übrig. Setzt man beide Zahlen in Relation, erhält man ein Verhältnis von $\frac{9}{16} = (\frac{3}{4})^2$! Die nachfolgende Abbildung zeigt einen Schnitt durch den Sarkophag, in dem der hell unterlegte Teil den Deckelausschnitt darstellen soll.

Entscheidend ist hier, daß dem Deckel die 9 und dem Unterteil die 16 zugeordnet ist. Da der Einzuweihende im Unterteil liegt, kann man durchaus die Aussage ableiten: Wenn ihm der geistige Durchbruch gelingt, vereinen sich in ihm seine männlichen und weiblichen Aspekte. Damit schafft er die Voraussetzung für seine Seele, den Einweihungsprozeß zum Abschluß zu bringen. In Abbildung 99, die einen Schnitt durch den östlichen Teil des Sarkophags zeigt, wird dieser Zusammenhang mit einer weiteren Proportion dargestellt.

Im nächsten Schritt betrachten wir die kleine Fase von 0,01 KE Höhe, welche die Randhöhe auf 0,09 KE vergrößert. Die lichte innere Höhe des Deckels beträgt nunmehr 0,74 (= 2 × 0,37) KE, während der untere Teil des Sarkophags sich zu 1,56 KE ergänzt. Die entstehende Proportion ist in der erwähnten Abbildung zu sehen, sie lautet: 37:78! Das ist sehr erstaunlich. Die 78, die Vollendung menschlicher Ziele im Irdischen, wird hier im unteren Teil kombiniert mit der 37, der Vereinigung der Seele mit dem Göttlichen. Nichts anderes haben wir aus den bisherigen Erkenntnissen ableiten können. Deswegen passen auch die Proportionen haargenau zur eigentlichen Bestimmung des Sarkophags.

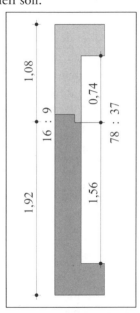

Abbildung 99: Die durch den Rand erzeugten Proportionen

Mit den 1,56 KE Höhe des Unterteiles tritt obendrein ein weiterer, kaum zu ahnender Effekt ein. Addiert man alle Einzelmaße der Sarkophagwanne bis zu dieser Höhe, erhält man folgendes Ergebnis:

- Länge: 3,78 KE
- Breite: 1,32 KE und
- Höhe: 1,56 KE
  Gesamt: **6,66 KE**!

Diese immer wieder auftauchende Ziffernfolge finden wir nun zum dritten Mal in der Königskammer wieder:

1) mit 666 KE² als Summe der Wandflächen,
2) mit 66,6 KE als Summe aller Innen- und Außenkanten des Sarkophags und
3) mit 6,66 KE als Summe der drei Hauptmaße der Sarkophag-Wanne!

Mit diesem überzeugenden Ergebnis könnten wir die Untersuchungen abschließen, obwohl es noch manche Details gibt, die das bisher gewonnene Bild vertiefen und verfestigen würden. Die bisherigen Daten zeigen aber zweifelsfrei, daß der Sarkophag mit seinen scheinbaren Unregelmäßigkeiten keinesfalls schlecht gefertigt wurde, sondern daß alle Normabweichungen ihre tiefe Begründung besitzen. Mit voller Ehrfurcht müssen wir anerkennen, daß es den Planern auch unter den ausgefallensten Bedingungen gelungen ist, in der Geometrie des Sarkophags Meisterliches zu integrieren.

Nachdem wir nun wissen, welche Detailmaße der Sarkophag einschließlich seines nicht mehr vorhandenen Deckels besitzt, bleibt noch die Frage offen: Wo befindet sich der Sarkophag heute, und wurde er im Verlaufe der Zeit verschoben?

Heute beträgt der Abstand des Sarkophags von der südlichen Wand rund 171,2 cm, umgerechnet rund 3,27 KE. Damit müßte der Sarkophag entsprechend der aufgezeigten Geometrie um 0,07 KE (3,65 cm) in Richtung Süden verschoben werden. Von der Westseite aus gemessen beträgt der Abstand rund 148,1 cm = 2,828... KE, theoretisch müßten es aber 154,77 cm sein. Folglich befindet sich der Sarkophag um rund 6,7 cm zu nah an der Westwand.

Dies sind relativ unbedeutende Größenordnungen, wenn man bedenkt, daß keinerlei Aufzeichnungen darüber bestehen, wo der Sarkophag einst tatsächlich stand, und daß Schatzsucher sich kaum die Mühe gemacht haben, vor der Verschiebung den originalen Standort exakt zu vermessen. Für die Ägyptologen wird mit diesen Erkenntnissen erstmalig eine Grundlage geschaffen, den Sarkophag wieder an seinen originalen Platz zu stellen, vorausgesetzt, man akzeptiert die Gesamtheit der hier vorgestellten Theorie.

9.12. Die «Luftschächte» in der Königskammer

Die bisherigen Ausführungen bezogen sich alle auf den westlichen Teil der Königskammer, wo der Sarkophag steht. Doch auch der östliche Teil der Königskammer verdient eine nähere Betrachtung. Dort befindet sich zwar der Eingang, aber sonst ist dieser 14,8 KE lange Teil «leer» – und doch nicht. Die Königinnenkammer ist ebenfalls «leer» und besitzt trotzdem etwas Entscheidendes: die sogenannten Luftschächte. Und solche gibt es auch in der Königskammer! Schon seit einiger Zeit hatte ich mich bemüht, in der Königskammer, ähnlich wie in der Königinnenkammer, einen Zusammenhang zur Länge der Kammer – hier

20 KE – zu finden (siehe Abbildung 95). Aber alle Versuche waren bisher fehlgeschlagen. Nun, nachdem ich in dem 5,2 KE langen Teil westlich der Nord-Süd-Hauptachse wichtige Zusammenhänge erkannt hatte, war ich einen deutlichen Schritt weitergekommen. Diese Zusammenhänge beruhten im Prinzip auf der genannten Länge des westlichen Abschnittes und der richtigen Einordnung des Sarkophags. Sollte möglicherweise die Lage der Schächte in einem besonderen Verhältnis zum Sarkophag festgelegt worden sein und nicht vordergründig zur Gesamtlänge der Königskammer? Dieser Gedankengang erwies sich dann als Volltreffer, wie der 1,1 KE lange Abstand von der Mitte des Schachtes zur Lage des Kopfes des Sarkophags beweist.

Nun muß erwähnt werden, daß in der Königskammer heute nur noch die Größe des nördlichen Schachtes ermittelt werden kann, da die andere Öffnung vergrößert wurde, um einen Ventilator einzubauen. Diesen herauszuschrauben habe ich mich beim besten Willen nicht getraut, sondern zog es vor, Petries Meßergebnissen zu vertrauen. Ihnen zufolge kann man schlußfolgern, daß beide Schachtöffnungen gleich groß und auch symmetrisch an der Nord- und der Südseite angeordnet sind. Letztere Aussage betreffs der Symmetrie habe ich allerdings aus den technischen Zeichnungen abgeleitet, die Rudolf Gantenbrink* auf seiner Internetseite veröffentlicht hat. Aus den dortigen metrischen Angaben konnte ich ermitteln, daß beide Schächte umgerechnet einen horizontalen Anteil von je 3,3 KE Länge besitzen. Das ist schon wegen der Größe dieses Wertes im Zusammenhang mit der Funktion der Kammer zur Einweihung in den 33. Grad bei gleichzeitiger Verbindung in

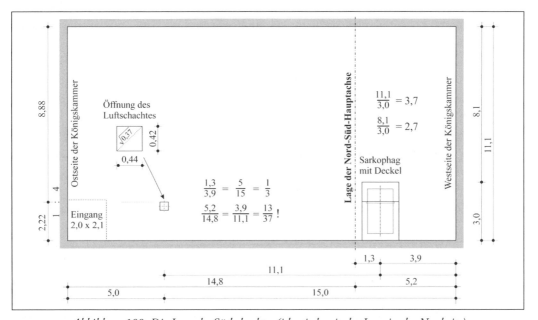

Abbildung 100: Die Lage des Südschachtes (identisch mit der Lage in der Nordseite)

---

* Rudolf Gantenbrink: http://cheops.org

höhere Schwingungsfelder (37) sehr auffällig. Mehr durch «Zufall» stellte ich fest, daß der Quotient von $\frac{33}{37} = 0,\overline{891}$ beträgt. In dieser unendlichen Folge der sich ständig wiederholenden drei Ziffern entdeckte ich jene Zahl, welche die Höhe der Nische in der Königinnenkammer mit 8,91 KE bestimmt. Im Abschnitt 9.4 war dies festgestellt worden, aber niemals hätte ich vermutet, daß ich dieser Ziffernfolge auf solch ungewöhnliche Art erneut begegnen würde.

Die Öffnung der «Luftschächte» ist hier etwas größer als in der Königinnenkammer. Sie ist so gewählt, daß die Diagonale des Querschnitts exakt $\sqrt{0,37}$ KE lang ist. Diese Größe sowie der Mittenabstand der Schächte zur Position des Kopfes mit 11,1 KE zeigen, daß alle ermittelten Maße nicht nur homogen zueinander passen, sondern auch mit der Mystik der Zahlen übereinstimmen. Als das bestimmende Maß wurde die Oberkante der Schachtöffnung festgelegt, welche die 11,1 KE hohe Kammer im Verhältnis von 2,22 : 8,88 = 1 : 4 teilt. Die Schächte bekommen durch diese optisch interessante Geometrie und ihre räumliche Einordnung eine Funktion, die diejenige der Luftzirkulation um Größenordnungen übersteigt. Daß sie etwas mit Einweihungsritualen und mit der Verbindung zu Sternenenergien zu tun haben, werden wir im letzten Abschnitt dieses Kapitels erfahren.

Zu den genannten Zahlen gab es bisher bereits einige Erklärungen. Es scheint angebracht, hier noch etwas zur Zahl 14,8 zu sagen (Distanz zwischen Nord-Süd-Achse und Ostseite der Kammer), die mit 6 multipliziert den Wert 88,8 ergibt.

In der Kabbala kennt man die Bedeutung dieser Ziffernfolge – 1-4-8 – nicht, was allerdings nicht bedeutet, daß sie nicht zu interpretieren ist. Im umfassenderen Sinne symbolisiert diese Zahl die Aufhebung bisheriger Werte und Auffassungen, die mit einer sich anbahnenden Transformation in Verbindung steht. In der Phase, wo die Energie dieser Zahl wirkt, wird nach dem höheren Sinn des Lebens gesucht. Der Einzuweihende besitzt die Bereitschaft, veraltete Ideen und Lebenskonzepte loszulassen. Somit stellt diese Eigenschaft die Grundvoraussetzung dar, die erforderlich ist, um die Nord-Süd-Achse zu überschreiten und dahinter das höhere göttliche Wissen zu erreichen ($14,8 \Rightarrow 5,2; \frac{5,2}{14,8} = \frac{13}{37}$). Das daraus resultierende Verhältnis weist somit gleichzeitig auf die höhere Qualität des Übergangs hin: das Überschreiten einer Schwelle (13), um die Seele mit dem Göttlichen zu verbinden.

In der Königinnenkammer enthielt die Geometrie nur den Hinweis auf die Notwendigkeit, den Schritt von der 12 zur 13 zu wagen, wobei das Ziel noch nicht angedeutet wurde. Aber hier in der Königskammer wird dem Einzuweihenden das nahe Ziel kurz vor dem Sarkophag wie ein letzter Stimulus klargemacht. Überschreitet er die «magische Linie» der Hauptachse, befindet er sich in dem hochenergetischen Teil der Königskammer, in der er einen Einweihungsritus zu vollziehen hat. Jetzt sehen wir auch, warum die Königskammer 11,1 KE und der Sarkophag 3,0 KE hoch sein muß. Die Proportionen, die erst durch diese Höhen ermöglicht werden, führen zu 2,7 und 3,7, welche bereits ausgiebig erläutert wurden.

9.13. Der Fußboden der Königskammer

Beim Betrachten des Durchganges, der zur Königskammer, haben wir festgestellt, daß der Fußboden von der Horizontalen abweicht. Gleiches gilt für den Fußboden der Königskammer. Sein Gefälle in Richtung Westseite ist von außerordentlicher Wichtigkeit, schafft es doch asymmetrische Voraussetzungen für gewollte Frequenzspiegelungen. Der Gedanke, daß Grabräuber den Fußboden verändert haben, muß fallengelassen werden. Die Neigung der Steinplatten wurde mit bewußter Absicht eingeplant und ist – wie nicht anders zu erwarten – mit einer tiefen Symbolik verbunden. Dies zeigt Abbildung 101.

Viele Worte des Staunens wurden bereits über die Qualität der Planungsarbeit gesagt. Es fällt schwer, diese noch zu übertreffen. Deshalb möge der Leser über die Gestaltung des Bodens selbst ein Urteil treffen.

Wie bereits ermittelt wurde, beträgt die Distanz von Mitte Eingang zur Nord-Süd-Achse 13,8 KE. Durch diese Streckenlänge (nicht von der Ostwand aus!) wird das Neigungsverhältnis mit einem Gefälle von 0,05 KE bestimmt: $\frac{0,05}{13,8} = \frac{1}{276} = 0,00362318...$ Rechnet man diese Proportion mit Hilfe der Winkelfunktion des Tangens um, erhält man einen Winkel von $0,207592...°$. In dieser Form ist der Neigungswinkel nichtssagend. Erst die erneute Umwandlung in die sexagesimale Darstellung offenbart das Geheimnis. In dieser Darstellung hat der Winkel eine Größe von **0°12'27,33"**! Der Weg, den der Einzuweihende auf diesen Steinplatten zurückzulegen hat, konfrontiert ihn nochmals mit der 12, zeigt aber

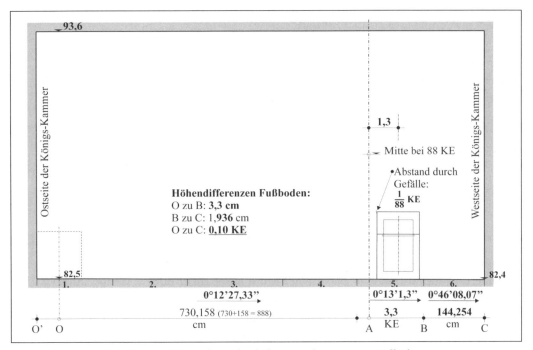

Abbildung 101: Schnitt durch die Königskammer mit Fußboden

gleichzeitig an, was er auf diesem Weg erreichen kann: den 33. Grad mit der dauerhaften Öffnung des dritten Auges. Daß dieser Wert von 27,33" exakt mit dem Hauptcode des Sarkophag-Unterteiles übereinstimmt, stellt eine der faszinierendsten Leistungen dar. Die Deckenplatten, die übrigens ebenfalls nicht absolut eben liegen, erzeugen auf der Nord-Süd-Achse den nächsten Höhenpunkt, denn dort befindet sich die Mitte der Königskammer in 88 KE Höhe.

Bedingt durch die Planungsgeometrie für die 5. und 6. Steinreihe, enden die ersten 4 Steinreihen des Fußbodens nicht an der Nord-Süd-Achse, sondern 44,77 cm davor. Bis dahin wird von der Mitte des Eingangs bis zum Ende der 4. Steinreihe ein Gesamtgefälle von 2,6455 cm erzielt. Umgerechnet in Königsellen ergibt dies eine irrationale Zahl mit unendlich vielen Stellen nach dem Komma, so daß die Schlußfolgerung lauten muß, daß das metrische System das Gefälle bestimmt!

Die 5. Steinreihe, auf der der Sarkophag steht, besitzt eine Breite von 3,3 KE. Ihr Gefälle wurde nochmals geringfügig vergrößert, so daß diese Reihe ein eigenes Gefälle besitzt. Es beträgt 0,0125 KE oder 0,6545 cm. Zusammen mit dem bereits vorhandenen Gefälle sind dies von Mitte Eingang an 2,6455 + 0,6545 = 3,3 cm!

Der Winkel berechnet sich über die Proportion $\frac{0,0125}{3,3} = \frac{1}{264} = \frac{1}{3 \times 88} = 0,03\overline{78}$ und besitzt die Größe 0,217028...° oder in sexagesimaler Darstellung **0°13'1,3"**!

Faßt man diese Daten zusammen, kommt man zu folgendem Ergebnis:
Bezüglich der Ziffernfolge 3-3:

- Die Einweihung erfolgt im 33. Grad.
- Der Sarkophag steht auf einem 3,3 KE breiten Stein, der gegenüber dem Eingang um 3,3 cm tiefer liegt.
- Der Kopf liegt 3,3 KE von der Nordwand entfernt.
- Der horizontale Anteil der Schächte ist 3,3, KE lang
- Die ersten 4 Steinreihen liegen in einem Gefälle von 0°12'27,33".

Betreffs der Ziffernfolge 1-3:

- Der Kopf liegt 1,3 KE von der Nord-Süd-Achse entfernt.
- Die 5. Steinreihe besitzt ein Gefälle von 0°13'1,3".
- Die Nord-Süd-Achse der Pyramide teilt die Königskammer im Verhältnis $\frac{13}{37}$.

Die massive Anhäufung dieser Ziffernfolgen, die durch 2-7 und 3-7 ergänzt werden, untermauert die hier vorgestellte Theorie der Einweihung nicht nur ein wenig, sondern – um beim gleichen Wort zu bleiben – massiv. Daran zu zweifeln, daß die Cheops-Pyramide in erster Linie von altägyptischen Priestern für diese Zwecke verwendet wurde, ist absolut fehl am Platze. Der nachfolgende Kapitelabschnitt wird dies noch einmal ganz deutlich beweisen.

Zuvor möchte ich auch noch auf die letzte, die 6. Steinreihe eingehen, die das Trittbrett für den Einstieg in den Sarkophag darstellt. Ihre Breite beträgt 144,254 cm und ihr Gefälle 1,936 cm. Werden alle drei Höhensprünge addiert, ergibt sich folgendes Bild:

- 2,6455 cm
- 0,6545 cm
- 1,9360 cm

  5,236 cm = 0,1 KE

Auf diese Weise führen die im metrischen System ausgewiesenen Höhensprünge letztendlich wieder zur Königselle.

Mit den Maßen der letzten Steinreihe werden zwei weitere Aussagen getroffen.

Mit der 144 ist der Einzuweihende bereits mit einem Bein in der höchsten Meisterschaft, denn er hat alle Prüfungen bis zu diesem Punkt bestanden. Mit der 254, die der Verdopplungsfolge des theoretischen Poldurchmessers der Erde entstammt, wird angedeutet, daß der Bewußtseinssprung in die nächsthöhere Ebene kurz vor dem Abschluß steht. Erst wenn er erfolgreich und lebend (!) den Sarkophag an der Ostseite verläßt, hat er diesen letzten Sprung komplett realisiert, denn der Abstand zur Westseite der Kammer beträgt dort 254,254 cm. Der Höhenunterschied von 1,936 cm enthält nach dem Komma die auffällige Ziffernfolge 9-3-6, die am tiefsten Punkt der Kammer mit der höchsten Stelle an der Decke übereinstimmt, denn diese liegt bei 93,6 KE.

Aus der Geometrie innerhalb der Königskammer ließe sich noch eine ganze Reihe von weiteren besonderen Verhältnissen und Teilergebnissen ableiten, die ich wegen ihrer Fülle hier nicht mehr alle aufführen kann. Der interessierte Leser kann diese selbst finden und wird staunen, wie alle Planmaße so gewählt wurden, daß sie in das geistige Gesamtkonzept passen. Stellvertretend hierfür möchte ich noch zwei abzuleitende Teilergebnisse anführen. Betrachtet man die Mittellinie der Schachtöffnung als Teilungslinie der Königskammer, beträgt das Volumen dieses Teiles 555 KE³. Dieser Abschnitt verhält sich zum verbleibenden Abschnitt bis zur Hauptachse wie:

$$5,0 : 9,8 = 5^2 : 7^2$$

Bei meinem Besuch im März 2004 hatten Andreas von Rétyi und ich die Gelegenheit, mit Dr. Zahi Hawass, dem Generalsekretär des Obersten Rates der Altertümerverwaltung Ägyptens, zu sprechen (siehe Abbildung 102 im Farbteil). Bei dieser Begegnung, zu der ich auch einige Grafiken mitgenommen hatte, wurde mir die Möglichkeit eingeräumt, einen kleinen Teil meiner Forschungsergebnisse vorzustellen. Dabei konzentrierte ich mich auf die Geometrie der Königskammer und des Sarkophags.

Ich erklärte ihm einige Teile der verborgenen Mathematik in einer vereinfachten Form, ohne auf irgendwelche mythischen Hintergründe einzugehen. Dazu gehörte die äußere

Geometrie der Königskammer und der Code des Sarkophags, der zu den Maßen 27, 33, 37 und 66,6 KE führt. Mit deutlichem Interesse verfolgte er meine Ausführungen, die er sehr aufschlußreich fand. Nach dem Gespräch bat er mich, meine Erkenntnisse doch aufzubereiten und ihm per E-Mail zuzusenden. Diesen Wunsch habe ich ihm im späten Frühjahr 2004 erfüllt, bekam jedoch keine Antwort. Vielleicht hat er bereits geahnt, daß in meinen Ausführungen der Keim für deutliche Widersprüche zu seinen Theorien steht, obwohl ich mich bei der persönlichen Begegnung sehr dezent ausgedrückt hatte, um eine Konfrontation zu vermeiden.

Am gleichen Tag hatte ich abends noch ein Treffen mit Wahid Kamal, dem Direktor des Altertümerbezirkes von Sakkara, und dem Ägyptologen Ashraf Mohie El Din im Hotel Djoser. Mit Ashraf, der auch das Treffen mit Herrn Kamal organisiert hatte, hatte ich mich bereits im Herbst 2003 angefreundet.

Im Verlaufe des Abends sprachen wir natürlich über die verschiedensten Dinge und auch über den Code des Sarkophags sowie dessen Einordnung innerhalb der Königskammer. Ich war überrascht, daß Herr Kamal dieser Theorie ohne jegliche Einwände zustimmte und sogar deutlich ausdrückte, daß diese Geometrie für ihn sehr überzeugend sei. Zum Abschluß des Abends bat mich Herr Kamal, nochmals als sein persönlicher Gast nach Sakkara zu kommen, und bot mir an, daß ich archäologische Stätten besuchen könnte, die für Touristen nicht zugänglich sind. Mit Freude habe ich diese Einladung angenommen, wobei dieser «Abstecher» für mich in der Tat sehr aufschlußreich wurde.

Mit den bisherigen Betrachtungen zur Cheops-Pyramide, in denen ein weiter Bogen von der äußeren Struktur über das Gangsystem bis hin zu den beiden Kammern gezogen wurde, ist ein Anfang zur Enthüllung faszinierender Geheimnisse gemacht worden, die das bestehende Bild der Cheops-Pyramide in jeglicher Hinsicht ins Wanken bringt. Die geniale Mathematik und Geometrie und die damit verbundenen Aussagen beweisen, daß die Cheops-Pyramide definitiv niemals als Grabstätte geplant war. Für die Priester, die noch einen Teil des ursprünglichen Wissens besaßen, wäre es ein Frevel gewesen, einen Pharao in der Cheops-Pyramide oder in einer der vielen anderen Pyramiden zu begraben. Das ist auch der Grund, warum in keiner der Pyramiden jemals eine Mumie gefunden wurde.

Um diese Aussage zu unterstützen, soll im folgenden ein geheimes Wissen enthüllt werden, das der heutigen Menschheit unbekannt ist und früher keinem Menschen mitgeteilt wurde, der davon nicht selbst betroffen war: der Ablauf der Einweihung in den 33. Grad, bezogen auf denjenigen Teil, der in der Königskammer stattfand.

9.14. Die Einweihung in den 33. Grad in der Königskammer

Mit diesen Ausführungen soll ein Einblick in ein Ritual gegeben werden, das selbst bei den Hocheingeweihten, egal ob bei Rosenkreuzern oder Freimaurern, bei der Priéure de Sion oder bei sonst einem Orden, schon längst in Vergessenheit geraten ist.

Im alten Ägypten war die Einweihung von Priesterschülern stets etwas Besonderes. Wer allerdings den 32. Grad erreicht hatte, war kein Priesterschüler mehr, sondern ein Hocheingeweihter. Ihm fehlte lediglich noch eine einzige Stufe, um mit dem letzten Grad ein Weiser im umfassenden Sinne zu werden. Im altägyptischen Sinne gibt es heute keine Weisen mehr, ja man muß sagen, daß im öffentlichen Leben titulierte Weise um astronomische Einheiten von früherer Weisheit entfernt sind!

Ich erwähnte, daß im 33. Grad alle Rituale des 32. Grades nochmals wiederholt werden müssen. Zu Beginn, außerhalb der Pyramide, gab es eine kleine Änderung. Auch dort wurde ein rechter Winkel abgeschritten, aber mit einer verlängerten Wegstrecke.

Der erste Teil verlief mit 18 KE ebenfalls parallel zur Basis der Pyramide, beginnend im Osten, allerdings 36 KE entfernt. Somit umfaßte der erste Abschnitt in der Ebene eine Länge von insgesamt 54 KE. Nach dem erfolgreichen Abschluß der Prüfungen wurde der Weg nach dem Verlassen der Pyramide in der gleichen Länge geradlinig fortgesetzt; am Ende der 36 KE verliefen die letzten 18 KE jedoch in westlicher Richtung. Fehlten im 32. Grad zum Schluß noch 1,8 KE bis zur Nord-Süd-Achse, so wird diese nun um 4,2 KE überschritten. Somit entstand durch diese Wegführung ein Quadrat von 36 KE Seitenlänge. Dieses Quadrat, welches einen Umfang von 144 KE besitzt und auf

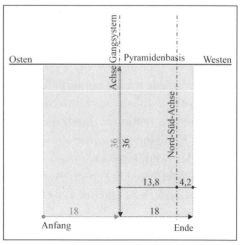

Abbildung 103: Die Wegstrecke vor der Cheops-Pyramide

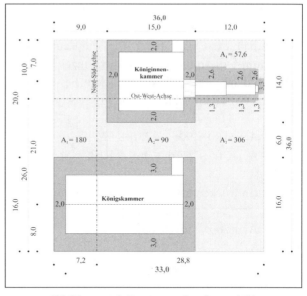

Abbildung 104: Das innere Quadrat, gebildet durch die Linien der Außenseite der Verkleidungsschichten der Königinnen- und der Königskammer

diese Weise bereits vor der Pyramide den «Meisterweg» symbolisiert, hat im Inneren der Pyramide gleichfalls seine Bedeutung, auch wenn das auf den ersten Blick nicht zu erkennen ist.

Um dieses Quadrat zu erzeugen, müssen sowohl die Lage beider Kammern als auch deren Wanddicken berücksichtigt werden, die in Abbildung 104 wiedergegeben sind. In dieser Struktur sind alle wichtigen Proportionen verborgen, die sowohl die Geometrie als auch das Frequenzmuster der Pyramide bestimmen. Über alle enthaltenen Geheimnisse zu schreiben würde wieder ein umfangreiches Kapitel ergeben, insofern ist es sinnvoll, sich auf einige zentrale Inhalte zu konzentrieren. Die Seiten des Quadrats – jede ist genau 36 KE lang – werden bestimmt durch die Außenseite der Verkleidungsschicht der Königskammer und der Königinnenkammer sowie des hinteren Endes des «dunklen Ganges», der von der Nische der Königinnenkammer ausgeht und fälschlicherweise als Grabräubergang bezeichnet wird. Die Wanddicken der Kammern wurden in der Zeichnung direkt eingetragen. Um ein erstes System zu erkennen, werden die Wanddicken umlaufend addiert.

- Königskammer: 10 KE
- Königinnenkammer: 8 KE
- für den Gang rechts und links: 15 KE (plus Schlußstein)
  gesamt: 33 KE

Der 3,3 KE lange Schlußstein hinter dem «Auge» des «dunklen Ganges» ist 1 KE dick und ergänzt somit das System, welches zu dem genannten Quadrat führt.

Innerhalb des Quadrats schaffen die Kammerumhüllungen mit ihren Außenseiten Zwischenräume, die mit A_1 bis A_4 gekennzeichnet sind. Die eingetragen Hilfslinien dienen lediglich dem Zweck, diese Teilflächen besser berechnen zu können. Überraschenderweise führt die Größe ihrer Flächen zu aussagekräftigen Werten.

- $A_1 + A_2 = 180 + 90 \quad = 270$ KE²
- $A_3 + A_4 = 306 + 57,6 = 363,6$ KE²

Viel beeindruckender ist jedoch die Summe von

- $A_1 + A_2 + A_3 = 576,0$ KE²
- plus $A_4 \qquad = \underline{57,6}$ KE²
  gesamt $\qquad = 633,6$ KE²

Was sich hier offenbart, ist mit Worten kaum zu beschreiben, denn hinter diesen Zahlen steht mehr, als man vermuten kann. In dieser Aufstellung ist leicht zu sehen, daß die uns schon bekannte Ziffernfolge 5-7-6 gleich zweimal erscheint. Die Summe dieser beiden Zahlen führt zu einem Wert, der nicht nur (ohne Komma) die Zahlen 63 und 36 spiegelt, sondern auch mit der bekannten Meile von 1609,34... m in Bezug steht. Ihre Länge entspricht 63 360 Zoll, der hundertfachen Größe der hier erscheinenden Flächenzahl. Warum entspricht die Meile gerade 63 360 Zoll? Da diese Zahl hier im Zusammenhang mit dem

Einweihungsquadrat auf der Grundlage der der Seitenlänge von 36 KE erscheint, ist klar, daß sie als Produkt der 36 zu verstehen ist:

$$36 \times 17,6 = 36 \times 2 \times 8,8 = \underline{633,6} \text{ oder}$$
$$360 \times 176 = 360 \times 2 \times 880 = 144 \times 440 = \underline{63\,360}$$

Ich möchte nicht unerwähnt lassen, daß es eine weitere bedeutsame Darstellung dieser Zahl gibt, die ich hier noch ergänzend zeigen möchte:

$$(80^2 - 8^2) \times 10 = 63\,360 = 63\,36 \times 10$$

Mit diesen Ausführungen erkennen wir, daß die Länge einer Meile nicht willkürlich festgelegt wurde, sondern auf Basis einer heiligen Geometrie. Daß dieser geistige Hintergrund der Meile den Menschen des Mittelalters bekannt war, ist vollkommen ausgeschlossen. Die Schlußfolgerung kann deshalb nur lauten, daß dieses Maß dem Menschen gegeben und nicht vom Menschen festgelegt wurde!

Ermittelt man die Grundfläche des Quadrates (36 KE × 36 KE = 1296 KE²), führt dies zu einer sehr bekannten Ziffernfolge, die wir einerseits von den vedischen Zeitaltern mit 1 296 000 Jahren oder von den 50 Platonischen Jahren mit 12 960 000 Jahren her kennen.

Nach diesen Berechnungen bleibt noch übrig, die durch die Kammern und ihre Wände belegte Fläche zu ermitteln, die sich aus der Differenz der Gesamtfläche minus dem «Freiraum» ergibt. Das Ergebnis lautet 1296 – 633,6 = 662,4 KE². Dieser letzte Wert läßt sich selbstverständlich auch anders darstellen: 662,4 = 2 × 2,3 × 144.

Beide Flächenanteile stehen wieder in einem Verhältnis, das sich als sinnvolle Proportion ausdrücken läßt: $\frac{633,6}{662,4} = \frac{22}{33}$.

Diese vorgestellten Ergebnisse sind nur möglich, weil die Dicke des den «dunklen Gang» umhüllenden Mauerwerkes von Süd- zu Nordseite in dem bekannten Verhältnis 1:2 steht. Die konkreten Maße dieses Mauerwerkes von 1,3 + 2,6 KE, zusammen demzufolge 3,9 = 3 x 1,3 KE, führen bei allen drei Teilabschnitten zu einer Summe von 11,7 KE. Was zu diesem Wert noch fehlt, ist die Größe des «Schlußsteins» mit 3,3 KE Länge, der mit dieser Zahl erneut auf den 33. Grad hinweist. Dieses Ziel ist jedoch hier auf der Ebene der Königinnenkammer durch besagten Stein noch versperrt, was erneut darauf hinweist, daß der letzte Grad nicht im Bereich der Königinnenkammer erzielt werden kann. Im Abschnitt 9.4 wurde eine Aussage bereits vorweggenommen, welche sich auf die ebenenübergreifende Ausdehnung beider Kammern bezog. Wir sehen nun deutlich, daß der Abstand zwischen der Westseite der Königskammer und der Ostseite des Ganges innerhalb der Königinnenkammer genau 33 KE beträgt. Es besteht somit kein Zweifel, daß beide Kammern für die Einweihung in den letzten Grad eine gemeinsame Bedeutung besitzen.

Alle anderen Proportionen, die in dieser Konstellation enthalten sind, vor allem wenn man auch die dreidimensionale Ausdehnung innerhalb des Quadrates bzw. Kubus in

Betracht zieht, (beginnend vom Boden der Königinnenkammer bis hin zur Decke der Königskammer), würden ein eigenständiges Kapitel füllen.

Deshalb sei hier nur erwähnt, daß Proportionen von $\frac{1}{1}, \frac{1}{2}, \frac{1}{3}, \frac{1}{4}, \frac{1}{5}$ über $\frac{2}{3}, \frac{3}{4}, \frac{4}{5}$ usw. in einer Bandbreite bestehen, die ein riesiges Potential an bewußtseinserweiternden Frequenzmustern erzeugen. Das 36 × 36 Königsellen große Quadrat bildet somit das Herz der Einweihung in den 33. Grad. Die Planung einer solchen Konstruktion wurde von Intelligenzformen vorgenommen, die nicht von der Erde stammen. Das Wissen, wie man «eingeweiht» wird, welche meditativen Übungen und welche Schrittfolgen erlernt werden mußten, entstammt derselben Quelle.

Das mittlerweile oftmals registrierte Auftreten der 36, einer Zahl, die hier im Zusammenhang mit der 54 verstanden werden muß, bedarf nun einer Erklärung. Es wurde bereits darauf hingewiesen, daß Wegstrecken in einem rechten Winkel zu durchlaufen sind. Gleichfalls wurde erwähnt, daß Logenmeister ein rechtwinkliges Winkelmaß tragen, von denen es mehrere in unterschiedlicher Ausführung gibt. Hier in unserem Zusammenhang geht es um jenen rechten Winkel, der durch seine beiden Schenkel ein rechtwinkliges Dreieck erzeugt, in dem die Schenkel im Bezug zur dritten Seite einen Winkel von 36° und einen Winkel von 54° bilden. (siehe Abbildung 105). Damit läßt sich der Winkel in ein Pentagramm eintragen, wobei die obere Schenkellänge identisch mit der Länge einer Fünfeckseite ist. Nimmt man weiter an, daß sich dieses Symbol innerhalb eines Einheitskreises mit dem Radius 1 befindet, besitzt die untere Schenkellänge exakt die Größe des Goldenen Schnittes Φ (1,6180339...). Mir gelang es, die Entstehung des Goldenen Schnittes in Verbindung mit der Entstehung des Pentagramms im Einheitskreis darzustellen, ausführlich nachzulesen im Buch *Die kosmische 6*. Dort wird beschrieben, wie innerhalb eines Einheitskreises durch eine unendliche Anzahl geometrischer Operationen bis zu einer letztendlichen Begrenzung sowohl der Winkel von 36° wie auch der Goldene Schnitt und das Pentagramm entstehen. Die Grundlage dieser geometrischen Ableitung bildet die folgende Formel für den Goldenen Schnitt:

$$\Phi = ... \sqrt{1 + \sqrt{1 + \sqrt{1 + \sqrt{1 + \sqrt{1}}}}}$$

Diese Formel besagt in Worten, daß der Goldene Schnitt der Einheit (= 1) Gottes entstammt.

Die Zahl 36 wird in der Mythologie mit dem Namen «Die Flamme der Selbstbestimmung» bezeichnet, wird manchmal aber auch mit «Unterdrückung» in Verbindung gebracht. Diese Formulierung entspricht der negativen Eigenschaft dieser Zahl.

Unter ihrem positiven Aspekt ist die 36 auch mit dem Recht auf freie Entfaltung innerhalb gesetzter Grenzen gleichzusetzen. Das heißt, der Mensch darf seinen freien Willen entfalten, soll jedoch unter dem positiven Aspekt erkennen, daß dieser freie Wille nicht mißbraucht werden darf. Deswegen mußte er erkennen und begreifen, daß es Grenzen geben muß, die er im Sinne der göttlichen Ordnung nicht verletzen sollte. Aber auch im täglichen Leben ist das Akzeptieren von Grenzen erforderlich, denn diese sind für das menschliche Zusammenleben notwendig. Sie sollen einerseits die individuelle Freiheit gewähren, jedoch nur unter der Voraussetzung, daß andere unter dieser Freiheit nicht zu Schaden kommen. Natürlich bringen Recht und Ordnung einen Aspekt der «Begrenzung» und «Unterordnung» mit sich. Dies provoziert denjenigen, der davon betroffen ist, zur «Rebellion», zum Widerstand. Und genau das ist der Inhalt der 54, die den gegenüberliegenden Winkel repräsentiert und deren zugeordnete Eigenschaft im negativen Sinne die Impulsivität, das Ungestüme, der Widerstand bzw. die «Rebellion» des Geistes ist. Im positiven Sinne entspricht dies dem Wunsch, be-

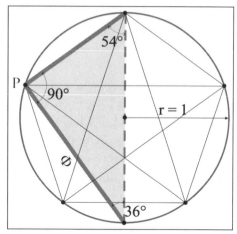

Abbildung 105:
Der rechte Winkel und das Pentagramm

stehende Grenzen zu überspringen, aber unter Beachtung der Lernerfahrung der 36, keinem Menschen Schaden zuzufügen und sinnvolle Grenzen anzuerkennen. Beides – die positive 36 sowie die Lernerfahrung zu integrieren – stellt die Einheit dar. Der Mensch muß begreifen, daß Recht und Ordnung auch im Sinne der kosmischen Ordnung erforderliche Prinzipien sind und daß diese einzuhalten sind. Die Rebellion kann gleichzeitig auch als etwas Positives gesehen werden, denn dort, wo Recht und Ordnung fehlen oder falsch verstanden werden, ist Rebellion gegen diese Zustände angebracht und erforderlich. In weit höherem Maßstab bedeutet das aber auch, daß der Mensch nicht das Recht hat, gegen die kosmische Ordnung zu verstoßen. Da es ein kosmisches Prinzip der Resonanz gibt, hat jeder Verstoß gegen höhere Ordnungsprinzipien seine Konsequenzen, so wie wir das auch in unserem irdischen Leben erfahren.

Wenn der Sarkophag 254,254 cm von der Ostwand der Kammer entfernt steht, bedeutet diese 254 soviel wie 200 + 54, aber auch 2 × 127. Das ist ein Überspringen bestehender geistiger Grenzen auf hohem Erkenntnisniveau, verbunden mit einem Bewußtseinssprung! Wenn wir diese Symbolik richtig verstehen, begreifen wir auch, daß mit göttlicher Unterstützung ein geistiger Aufstieg stets von «unten» nach «oben» erfolgt und daß beim Pentagramm der Winkel von 36° unten und folglich die Spitze des Pentagramms oben sein muß. Die umgekehrte Variante ist in der Tat luziferisch.

Nach diesem eingeschobenen Teil soll der Einweihungsweg für den letzten Grad innerhalb der Pyramide weiter beschrieben werden. Wir verstehen nun, warum in der Ebene der Weg auf 54 KE verlängert werden mußte und warum er im 32. Grad beim Einstieg nur 36 KE lang war.

Dadurch, daß der Einweihungsweg gleich am Anfang gegenüber dem im 32. Grad um 18 KE länger ist, ändern sich die Teiletappen wie folgt:

- 222 KE bis zum Ende des aufsteigenden Ganges
- 300 KE bis zum Eingang in die Königinnenkammer
- 372 KE bis zum Verlassen der Königinnenkammer

Von da an gibt es eine weitere Änderung. Der Rückweg in Richtung Großer Galerie wird in einer geradlinigen Länge von 72 KE passiert, so daß bereits im Bereich der Galerie 444 KE zurückgelegt sind. Nach einigen Ritualschritten besteigt man die östliche Rampe 1 KE entfernt von der Nordseite der Galerie, um sich nach weiteren 88 KE auf der Plattform zu befinden (1 KE entfernt von der Vorderkante). Mit anschließenden 1,5 KE im rechten Winkel ist die Mitte des Ganges zur Königskammer erreicht. Bis zu diesem Punkt sind 540 KE zurückgelegt. Es ist einleuchtend, daß hier nicht von einer Rebellion gesprochen werden kann. Die Zahl 54 plus ergänzender «0» drückt in deutlichem Maße den Wunsch nach Überwinden von Grenzen mit Hilfe göttlicher Kräfte aus. Das ist auch erforderlich, denn schließlich setzen drei gewaltige Blockierungssteine dem Weg ein vorläufiges Ende.

Das Wesen der Prüfung vor diesen Steinen bestand darin, diese Steine mit Geisteskraft zu bewegen (Telekinese), um den Eingang passierbar zu machen. Diese Teilprüfung war zwingend erforderlich, um die letzte Prüfung, die im folgenden beschrieben wird, erfolgreich bestehen zu können. Ein Versagen hätte somit zum sofortigen Abbruch jeder weiteren Prüfungsaktivität geführt.

Mit den restlichen 15 KE bis zum Eingang zur Königskammer sind 555 KE absolviert, wonach die letzte Meisterprüfung in Angriff genommen werden kann.

Wurde die Königskammer erreicht, in der sich der Prüfling allein befand, sah er im Kerzenschein auf vier Säulen insgesamt 12 Kerzen leuchten. Nach all der Dunkelheit auf der vorhergehenden Wegstrecke war dies ein erster «Lichtblick», denn das Ziel erschien nun sehr nah. Telepathisch gesteuert, begann nun eine Wegführung, die insgesamt 6 Stunden dauerte, ehe er vor dem Sarkophag ankam. Es entzieht sich unserem heutigen Wissen, welche Mantren gesungen und welche mentalen Übungen gemacht wurden, um die meisterliche geistige Stärke auf das höchste Niveau zu bringen. Die Wegführung selbst war streng strukturiert und nach Prinzipien einer heiligen Geometrie gestaltet. Sie erfolgte in zwei Teiletappen, die sich in eine äußere und eine innere Wegführung gliederten.

Wir werden sehen, daß jede Schrittfolge geometrisch bestimmt wurde. Mir ist bekannt, daß in alten Orden, die ihren Ursprung in Ägypten haben, noch heute Schrittfolgen praktiziert werden, die für die Mitglieder der jeweiligen Orden hinsichtlich ihrer Entstehung und Begründung absolut unklar sind. Versuche, für diese Rituale und Schrittfolgen Erklärungen zu finden, gehen wegen der Unkenntnis über ihren ursprünglichen Sinn wohl oder übel weit an der Realität vorbei.

Es ist sicherlich verständlich, daß der Einzuweihende mit seinen Füßen nicht jeden Punkt millimetergenau treffen muß. Dies ist in höchster Präzision auch nicht erforderlich, weil das Entscheidende der Wegführung durch den energetischen Aspekt erzeugt wird, denn dieser bestimmt erst den Verlauf des Weges. Dieses Wissen, das zu dem verlorenen

Wissen zählt, gewinnt heute allmählich wieder an Bedeutung und findet zum Beispiel im chinesischen Feng Shui seine Anwendung. Damals war bekannt, daß Geometrien typische Energien erzeugen und sich reflexiv auf den Körper auswirken. Aus diesem Grunde wurde mit Exaktheit darauf geachtet, daß Rituale in der «vorgegebenen» Form eingehalten wurden.

Der äußere «Ring»

Es muß nochmals darauf hingewiesen werden, daß alle Schritte sehr langsam in meditativer Verfassung ausgeführt wurden. Hochkonzentriert versuchte der Einzuweihende vom ersten Schritt an, seinen Geist in einer noch höheren Schwingungsfrequenz zu zentrieren und sein Herz in noch größere Ruhe zu bringen. Durch nichts – auch nicht durch ein Gefühl oder einen Gedanken – durfte er sich ablenken lassen, weil das, was noch vor ihm stand, seine größte Prüfung werden sollte, die ihn beim Versagen das Leben kosten würde. Daher gehörten zu diesem Weg meditative Techniken, die er jahrelang trainiert hatte. Jeder Pfeil in der Zeichnung markiert einen solchen Verweilpunkt, der ein Punkt besonderer Konzentration war, an dem der Einzuweihende verharrte und bestimmte geistige Übungen praktizierte. Parallel hierzu wurde über das Singen bestimmter Wörter eine Frequenz erzeugt, die ergänzend zu den Eigenfrequenzen der Pyramide und der Kammer seinen Körper in einen höheren Schwingungszustand transformierten.

Soweit die Vorbemerkungen. Bei der obigen Abbildung fallen sofort einige Zahlen bzw. Ziffernfolgen auf, die bisher schon sehr deutlich in den Vordergrund getreten sind. Die gesamte Schrittfolge besitzt eine innere Harmonie, die in höchstem Maße erstaunlich ist. Bereits der erste Schritt mit einer Drehung von 30° nach rechts ist gut durchdacht, sichert er doch, daß im weiteren Verlauf der Abstand des äußeren Quadrates von 6,0 × 6,0 = 36 KE² zur östlichen Wand der Königskammer 12,7 KE beträgt. Auch das Unterteil des Sarkophags weist den gleichen Wert auf, wenn man den Umfang über die Höhe in Längsrichtung bestimmt.

Diese Größe, hinter der sich die bekannte Ziffernfolge 1-2-7 verbirgt, weist auf das Ziel der Einweihung hin, nämlich einen Bewußtseinssprung zu erzielen. Nach dem ersten Abschnitt von 10 KE erfolgt ein Richtungswechsel um 60°, um mit 11 weiteren Königsellen anzudeuten, daß auch dieser Grad Bestandteil eines 11-er Zyklus ist und mit innerer geistiger Stärke absolviert werden muß. Mit den an diesem Punkt zurückgelegten 21 KE wird der entscheidende Hinweis dafür geliefert, daß die spiralförmige Entwicklung eines höherstehenden Zyklus auf diesem Weg erreicht werden kann.

Dann beginnt eine Schrittfolge, die äußerst bemerkenswert ist (siehe Abbildungen 106 und 107). Es ist eine überlieferte Schrittfolge, die man heute in mythischen Organisationen noch kennt, aber nicht deren Geometrie und Hintergrund. Jeder der drei Schritte ist 1,1 KE lang und wird in einem bestimmten Winkel absolviert. Diese drei Schritte ergeben eine Gesamtlänge von 3,3 KE (= 172,788 cm). Ermittelt man für diese Länge in Zentimetern

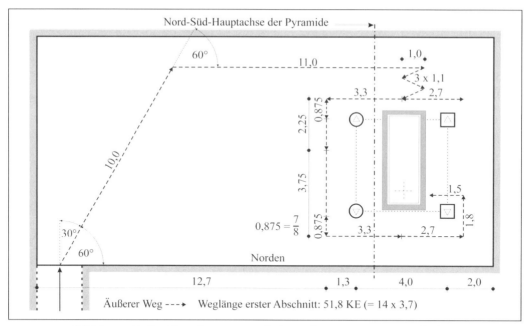

Abbildung 106: Der Einweihungsweg in der Königskammer (erster Hauptabschnitt)

den Q1-Code, erhält man vor dem Komma 10 und nach dem Komma 23, zusammen 33! Wieder zeigt sich, welchen unglaublich zu nennenden, engen Verwandtschaftsgrad die Königselle zum metrischen System besitzt. Der Winkel δ scheint auf den ersten Blick mit seiner Größe fraglich zu sein: er beträgt 24,619977...°. Inzwischen wissen wir aber, daß hinter dem scheinbar Banalen wie so oft das Geniale versteckt ist.

Dieser Winkel entsteht durch die ersten beiden Teilabschnitte von 10 bzw. 11 KE Länge (zusammen 21 KE) sowie durch die Geometrie der Schrittfolge, in denen der zehnte Teil der beiden genannten Längen enthalten ist. Setzt man beide Teilstrecken ins Verhältnis, erhält man $\frac{10}{11} = \frac{1,0}{1,1} = 0,\overline{90}$. Betrachtet man diese Proportion als das Verhältnis, welches in einem rechtwinkligen Dreieck den Kosinus bestimmt – und das ist hier der Fall –, kann man den zugehörigen Winkel bestimmen. Das heißt, daß über den Wert $0,\overline{90}$ die Größe des genannten Winkels zugeordnet werden kann. Diesen Zusammenhang verdeutlicht nochmals die nachfolgende Grafik.

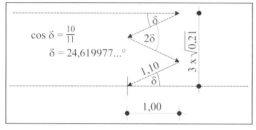

Abbildung 107: Die Geometrie der Schrägschritte

Daß die Ziffernfolge 2-1 hier in den Vordergrund tritt, hat einen geistigen Hintergrund, den man erst erkennt, wenn man die Qualität dieser Zahl zu Rate zieht.

Der 21 schrieb man im System über die Qualitäten von Zahlen die Vollendung eines spiralförmigen Umlaufes zu. Im altägyptischen Tarot verband man diese Zahl mit der Göttin Nut und dem Motto «Du bist im All, das All ist alles». Bernd A. Merz schreibt hierzu:

«Wir sind am Ziel. Die Suchenden haben ihren Zielpunkt, die Einweihung, erreicht, die im Grunde auf der vorigen Station vorgenommen wurde. Jetzt sind sie aus den sinnbildlichen Särgen auferstanden, erkennen den Zusammenhang von Himmel und Erde, von Gottheit und Mensch. Es handelt sich hier um die letzte, die siebte Stufe des Horus-Weges, da dieser Gott, der das Menschliche in sich aufgenommen hat, um den Menschen etwas vom Göttlichen geben zu können, nun die Eingeweihten empfängt. Dazu bedarf es keines Bildes mehr, die Götter leben in uns.» [*]

Zwar ist an diesen markanten Punkten des Weges die Einweihung noch nicht abgeschlossen, aber bereits in vollem Gange, denn ein anderer Spruch lautet: «Der Weg ist das Ziel», so daß im Sinne der Gesamtgeometrie wohl diese letzte Aussage im Vordergrund stand.

Zusätzlich sehen wir in Abbildung 107, wie dieser Winkel ein weiteres geniales Detail erzeugt. Der vertikale Abstand eines Schrittes zur Horizontalen ergibt dreimal den Wert $\sqrt{0,21}$. Die in der Wurzel stehende Zahl stellt gleichzeitig den hundertsten Teil der beiden ersten Teiletappen von 21 KE dar. Am Ende dieser Schrittfolge sind dann 24,3 oder $\frac{3 \times 3 \times 3 \times 3 \times 3}{10}$ KE zurückgelegt!

Am Ende der Schrittfolge muß der Initiand aus seiner Sicht eine Linkswendung machen und schreitet daraufhin ein Teilstück von 2,7 KE in westlicher Richtung ab. Mit den zuvor bereits erreichten 24,3 + 2,7 KE sind nun insgesamt 27 KE bewältigt. Damit ist ein weiterer besonderer Punkt erreicht, denn die Tatsache, daß gerade 2,7 KE zu einer Gesamtwegstrecke von 27 KE führen, zeugt einmal mehr von der akribisch durchdachten Planung.

Es wurde auch kurz erwähnt, daß in der Kammer vier Säulen stehen. Sie sind in Abbildung 106 als runder Kreis bzw. Quadrat mit einem Dreieck in der Mitte eingezeichnet. Hier handelt es sich um 3 KE hohe Säulen, von denen zwei eine runde und zwei eine quadratische Grundfläche haben. Auf den Säulen wurden innerhalb eines Dreieckes je 3 Kerzen aufgestellt, die als einzige Beleuchtung des Raumes vorhanden waren. Sie dienten auch der inneren Konzentration, denn jedesmal, wenn der Einzuweihende sich im Bereich dieser Säulen befand, wandte er sich diesen zu und verharrte eine bestimmte Zeit mit meditativem Blick.

Nach dieser Konzentrationsphase macht er eine Kehrtwendung und geht das gleiche Wegstück zurück. An diesem Punkt wird die 6 KE lange Quadratseite sowohl im Norden wie im Süden im Verhältnis von 2,7 : 3,3 geteilt. Nach dem nächsten Teilstück von 3,3 KE erreicht er die südöstliche Ecke seines Weges. Dort addiert sich der Gesamtweg an der 8. Station zu 33 KE. Wieder sind wir von einer Geometrie fasziniert, die sich mit Zahl und Qualität zu einem Ganzen zusammenfügt, das harmonisch bis ins kleinste Detail geschaffen wurde.

Das bemerkenswerte ist, daß hier auf einem 6 KE langen Teilstück Gegensätzlichkeiten

[*] Bern A. Merz: *Der Ägyptische Tarot*, S. 174

verknüpft sind, wie sie die ägyptischen Priester mit der «6», den «zwei Wegen», verbunden haben. Diese Gegensätzlichkeiten wurden bei der Lösung des Codes des Sarkophags behandelt, in dem die 27 für das «Innere», für das mit Herz und Geist Verbundene, steht, während die 33 das «Äußere» und den erreichten Grad sowie, unter anderen Aspekten betrachtet, auch den Verstand und die erreichte komplexe Stärke repräsentiert.

Nach einer weiteren Konzentrationsübung gibt es einen ersten Doppelschritt von je $\frac{7}{8}$ KE Länge vor und zurück, um wieder den Eckpunkt zu erreichen. Wieder tauchen die 7 und die 8 im Zusammenhang auf und bestätigen hiermit die bereits erläuterten Inhalte zu dieser Proportion. Nun wird eine weitere Teiletappe Richtung Norden zurückgelegt, die nach 2,25 KE unterbrochen wird. Dieser Punkt an der 11. Station ist wieder etwas Herausragendes. Nach den vorher erreichten 33 KE Gesamtlänge müssen nun $2 \times 0{,}875 + 2{,}25$ KE hinzuaddiert werden. Das Ergebnis lautet 37 KE (= 1937,32 cm; Q2 = 88!).

Das letzte Teilstück auf der östlichen Seite ergibt logischerweise 3,75 KE. Die 6 KE lange östliche Seite des Wegabschnittes wird dadurch im Verhältnis von $\frac{2{,}25}{3{,}75} = 0{,}6$ geteilt.

Die folgenden Abschnitte des äußeren Ringes bestehen aus einem nächsten Doppelschritt nach vorne und zurück, wodurch mit der Teilung von 3,3 : 2,7 bekannte Qualitäten verbunden sind; danach wird das Ende des äußeren Ringes eingeleitet. Die beiden letzten Teiletappen von 1,80 und 1,50 KE (zusammen wieder 3,3 KE) beenden in der 18. Station diesen ersten Hauptabschnitt nach 51,8 KE ($= \frac{14 \times 37}{10}$). Die unscheinbare Zahl 51,8 gewinnt erst dann an Bedeutung, wenn man sie ins Verhältnis zu dem sich ergänzenden Gesamtweg von 111 KE setzt. Dieser restliche Weg in einem inneren «Ring» ist folglich 59,2 KE lang. Die Proportion lautet wieder $\frac{51{,}8}{59{,}2} = \frac{7}{8}$!

Der innere «Ring»

Der Weg im inneren Ring, der auf der nachfolgenden Grafik dargestellt ist, mußte viermal durchlaufen werden, wozu viermal eine Teilstrecke exakt auf der Nord-Süd-Achse gehört. Es ist erstaunlich, daß das 1:4-Gesetz auch hier angewendet wurde, einmal äußerer Ring, viermal innerer Ring.

Mit $5{,}0 \times 2{,}4$ KE = 12 KE² umfaßt dieser «Ring» ein Drittel der Fläche des äußeren Ringes. Beide Flächen ergeben zusammen 48 KE². Das betone ich deswegen besonders, weil der Quotient von Breite und Länge $\frac{2{,}5}{5} = 0{,}48$ beträgt. Der Umfang dieses Rechteckes ist mit 14,8 KE genauso groß wie der Abstand der Nord-Süd-Achse zur Ostwand der Kammer. Rechnet man die 14,8 KE (= $4 \times 3{,}7$) in Zentimeter um, erhält man eine Länge von 774,928 cm (Q1 = 37). Diese 4 Runden im inneren Ring wurden von dem Einzuweihenden, mit dem Gesicht zum geschlossenen Sarkophag, in äußerster Konzentration und absoluter Ruhe abgelaufen. Dabei berührten die Hände stets die Außenseiten des Sarkophagdeckels, um diesen zu energetisieren, während die Füße seitwärts gestreckt wurden, um den geringen Abstand zum Sarkophag überhaupt erst zu ermöglichen. Auf diesen letzten vier Runden verband sich der Einzuweihende geistig mit dem Rosengranit, wodurch er seinen

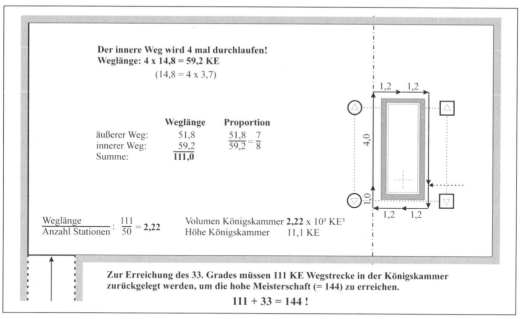

Abbildung 108: Der Einweihungsweg in der Königskammer (zweiter Hauptabschnitt)

Willen und seine Energie auf den Stein übertrug. Nach der 4. Runde war es soweit: Der Deckel erhob sich wie von Geisterhand, allein durch die Geisteskraft des Einzuweihenden, der im Prinzip bereits ein höchst erleuchteter Meister war. Er stieg ein und ließ den Stein wieder auf gleiche Weise absinken, um dann 66 Stunden die Einweihung zu erleben. Wir erinnern uns, daß die Lage des Kopfes durch dreimal 0,66 KE bestimmt wurde und nun als hundertfacher Wert auch die Verweildauer im Sarkophag bestimmt. Dies ist für uns unvorstellbar, weil während dieser Zeit bei jedem Menschen der Sauerstoffgehalt der Luft schnell verbraucht wäre und er ersticken würde. An dieser Stelle muß ich an einen bekannten indischen Yogi erinnern, der sich 7 Tage in einem 2 × 2 × 2 m großen, hermetisch versiegelten Metallbehälter einsperren ließ und unter Aufsicht der Ärzte (er war an Elektroden angeschlossen) seinen Atemrhythmus systematisch senkte, bis er ganz aufhörte zu atmen. Die Ärzte konnten nachweisen, daß er gleichzeitig auch sein Herz zum Stillstand brachte und daß nur noch eine gewisse Hirntätigkeit zu verzeichnen war. Nach 7 Tagen aktivierte er über seine Hirntätigkeit wieder sein Herz, das allmählich und zaghaft wieder zu schlagen begann. Dann wurden die Ventile des Behälters wieder geöffnet, um frische Luft zum Atmen einströmen zu lassen und den wieder arbeitenden Lungen neuen Sauerstoff zuzuführen. Nach einer längeren Reaktivierungsphase wurde der Behälter geöffnet, und der Yogi stieg gesund und munter wieder heraus. Diese Dinge sind für einen heutigen Menschen, der die Welt nur durch die Brille materialistisch-wissenschaftlicher Theorien betrachtet, nicht zu begreifen, weil sie das Verständnis der Wissenschaft übersteigen. Und doch ist so etwas möglich, auch wenn es dafür **gegenwärtig** keine wissenschaftliche Theorie gibt.

Meiner Kenntnis nach gab es noch im letzten Jahrhundert einen Geheimorden («Golden Dawn»), der vergleichbare Riten durchführte, um einem Nahtod so nah wie möglich zu kommen. In diesem Orden war man der Auffassung, daß sich die Seele bei einem Nahtod bereits aus dem Körper begeben hat, um sich in höhere Schwingungsfelder des Kosmos einzuklinken. Bevor die «Trennung» endgültig erfolgte, wurde der Initiand wieder «zurückgeholt». Ihrer Auffassung nach war er nach diesem Ereignis erleuchtet. Das sollte heute jedoch kein Mensch probieren. Die Chance, eine derartige Einweihung zu überleben, liegt heute bei 0 Prozent, weil uns sämtliche Fähigkeiten und das Wissen aller vorausgehenden 32 Grade fehlen.

Kommen wir nun wieder zurück zum inneren «Ring». Nach viermaligem Durchlaufen hatte sich die Wegstrecke zu 59,2 KE aufsummiert. Zusammen mit der bereits zurückgelegten Wegstrecke des äußeren Ringes sind das insgesamt 111 KE. Auf diese Weise wird erneut das Höhenmaß der Königskammer mit 11,1 KE und ihrer Stirnfläche von 111 KE² durch die gleiche Ziffernfolge auf andere Weise bestätigt.

Auch die verschiedenen theosophischen Codes bringen bei diesem Maß von 111 KE Länge, die im metrischen System einer Länge von 5811,960 cm entspricht, wieder Erstaunliches zu Tage. Die Ergebnisse unterscheiden sich deutlich von den bereits analysierten 11,1 KE = 581,196 cm.

- Q1: $5 + 8 + 1 + 1$ // $9 + 6 \Rightarrow$ 15 // 15 $\Rightarrow$ 15 + 15   =   30
- Q2: $58 + 11$ // $\Rightarrow$ 69 // 96 $\Rightarrow$ 69 + 96   = 165
- Q3: $5 + 811$ // 960 $\Rightarrow$ 816//960 $\Rightarrow$ 816 + 960 = 1776 (= 16 × 111)

Die beiden ersten Teilergebnisse 30 und 165 kamen in diesem Buch bereits oft vor, so daß ein Kommentar überflüssig ist. Die letzte Zahl entspricht zufälligerweise (?) jenem Jahr, als durch amerikanische Freimaurer die Unabhängigkeitserklärung gegenüber der Britischen Krone ausgesprochen wurde. Sie steht als römische Zahl auf der 1-Dollar-Note am Sockel der Pyramide. Kurios ist auch, daß der Bruch $\frac{1760}{30} = 59,2$ genau die Länge der Wegstrecke im inneren Ring ergibt und daß die Zahl 1776 auch das Doppelte von 888 ist. Betrachtet man zu guter Letzt die Proportion der beiden Hauptabschnitte, offenbart sich wieder das 7:8-Verhältnis, denn $\frac{51,8}{59,2}$ bringt genau dieses Ergebnis zutage!

Bei den Untersuchungen zur Position des Sarkophags wurde ermittelt, daß seine Ostseite 254,254 cm von der Westwand entfernt ist. Hier verbirgt sich die Kernaussage: Wer den Sarkophag auf der anderen Seite wieder verläßt, hat einen gravierenden Bewußtseinssprung erreicht (zu verstehen als plus 254 und minus 254). Mit diesem Maß wird gleichzeitig auf die Gefahr hingewiesen, die für den Hocheingeweihten von nun an besteht: Er kann dieses Wissen und die neuen Fähigkeiten zum Wohle der Menschen verwenden oder für egoistische, machtorientierte Interessen mißbrauchen. Die Geschichte zeigt, daß dies ein exemplarisches Beispiel für die Wissenschaft in ihrer gesamten Entwicklung ist. Wie viele Erfindungen werden zuerst militärisch genutzt und erst zu einem viel späteren Zeitpunkt für zivile Zwecke! In der Zwischenzeit dienten die Erkenntnisse allzuoft dazu, Menschengruppen oder Staaten zu unterdrücken und sie die «Macht der Sieger» spüren zu lassen. Die Geschichte ägyptischer Pharaonen zeigt gleichfalls, daß die Ergebnisse der Einweihung im Laufe der Zeit zur verstärkten Machtausübung benutzt wurden. **Am Ende des Mißbrauchs steht jedoch stets der eigene Fall!** Dieser Satz besitzt Allgemeingültigkeit und ist des Nachdenkens wert.

Ein wesentlicher Punkt wurde bisher noch nicht angesprochen: die zeitliche Dauer der Einweihung innerhalb der Königskammer. Wir wissen inzwischen, daß der Aufenthalt in der Königinnenkammer 6 Stunden dauerte. Das 12fache an Zeit, also 72 Stunden, hielt sich der Einzuweihende in der letzten Kammer auf, davon 66 Stunden im Sarkophag – alles zusammen 78 Stunden (78 = Vollendung menschlicher Ziele im Irdischen!). Somit beträgt der Anteil der Verweildauer in der Königinnenkammer an der Gesamtzeit (bezogen auf beide Kammern) $\frac{1}{13}$ (6:78) oder, im Verhältnis zur Königskammer, $\frac{1}{12}$ = (6:72). Die beiden Zahlen 12 und 13 bestimmten auf verborgene Weise die Hauptproportionen in der Königinnenkammer, wie zum Beispiel die Lage der Schacht-Mittelachsen in den beiden Längswänden (Verhältnis von 12:13) und die Geometrie der Kammer, wenn man ein Dreieck in den Querschnitt der Kammer zeichnet (12 KE Höhe, 13 KE Seitenlänge; siehe Abbildung 70).

Für das Durchlaufen des Gangsystems wurden weitere 12 Stunden benötigt, 7 Stunden in der Phase des Aufstiegs und 5 Stunden während des Abstiegs. Auf die Weise wurden 85 von 90 Stunden = 5400 Minuten für die eigentliche Einweihung benötigt! Es muß sicherlich nicht explizit erwähnt werden, daß die Zeiteinteilung einer Stunde in 60 Minuten bzw. 3600 Sekunden ebenfalls nichtirdischen Ursprungs ist. Ein Tag mit 24 Stunden oder 1440 Minuten enthält auf analoge Weise verborgene Aussagen, die wir leicht als meisterhafte Zeiteinteilung erkennen. Die theoretischen 12 Stunden des Tages (720 Minuten) und 12 Stunden der Nacht entspringen einem kosmischen Code, der den 12 hauptsächlichen Schwingungsdimensionen der Materie und den für uns im nicht sichtbaren Bereich liegenden 12 hauptsächlichen Schwingungsdimensionen der Antimaterie entspricht. Für den Jetzt-Zeit-Menschen wird es deshalb «Zeit», diese codierten Erkenntnisse wieder zu entdecken und zu erkennen, denn die «Zeit» ist reif dafür.

Der Leser wird bei der Fülle dieser Daten, die sich wie ein Wunder zu immer neuen und ungewöhnlichen Verbindungen und Proportionen ergänzen, ins Grübeln geraten. Einen weiteren Höhepunkt der Sternenmathematik möchte ich anhand der vier Säulen beleuchten, die um den Sarkophag angeordnet sind .

Die Säulen in der Königskammer

Diese Säulen wurden vor sehr langer Zeit entfernt, noch bevor die Cheops-Pyramide endgültig verschlossen wurde. Ihre damalige Anwendung wurde jedoch nicht vergessen. Mystische Orden benutzen auch heute bei ihren Arbeiten Säulen, auf denen Kerzen brennen. Längst vergessen ist, daß in diesen Säulen ein Wissen codiert war, das mit den Planparametern und dem Einweihungsweg der Cheops-Pyramide in Zusammenhang stand.

Auf der westlichen Seite, dort, wo der Einzuweihende in den Sarkophag stieg, hatten die Basis und das Kapitell der Säulen eine quadratische Grundform. Die Begründung dafür liegt im Einweihungsprozeß selbst, denn auf dieser Seite ist der Einzuweihende noch mit letzten Resten materiellen Denkens behaftet, was durch den quadratischen Querschnitt symbolisiert wird. Wenn er den Sarkophag auf der östlichen Seite verläßt, hat er diese materiellen Aspekte hinter sich gelassen. Nun weiß er, daß alles aus einer Quelle kommt und daß er selbst Bestandteil des Göttlichen ist, das sinnbildlich durch den Kreis dargestellt wird. Das ist auch der Grund, warum Pythagoras bemüht war, Geometrien in einem Einheitskreis zu konstruieren; dies tat er aus der Erkenntnis heraus, daß alles aus der «Einheit» Gottes kommt. Konsequenterweise mußten beide östlichen Säulen, zwischen denen der nunmehr im höchsten Grad Eingeweihte dem Sarkophag entstieg, einen durchgängig kreisrunden Querschnitt besitzen.

Die aus Rosengranit gefertigten Säulen besaßen eine Form, die in Abbildung 109 dargestellt wird. Die schematische Darstellung mit den eingetragenen Maßen entspricht in ihrem Grundprinzip der originalen Säulengeometrie, die bei allen vier Säulen gleich war. Wie bereits erwähnt, unterschieden sie sich nur in der Form ihrer Basis und ihres Kapitells, die entweder quadratisch oder kreisförmig war, während der Schaft grundsätzlich rund war. Verzierungen und darauf befindliche Hieroglyphen müßten ergänzt werden, sind mir aber nicht mehr bekannt.

Beginnen wir mit den äußeren Maßen. Die Höhe beträgt 3,0 KE und der Durchmesser bzw. die Kantenlänge des quadratischen Grundrisses 0,6 KE (zusammen wieder 3,6!). Würde man eine derartige Säule quadratisch umhüllen, ergäbe sich ein Umfang von 2,4 KE und eine Mantelfläche von 2,4 × 3 = 0,72 KE². Für jeweils zwei runde wie zwei quadratische Säulen verdoppelt sich diese auf **1,44** KE².

Das Volumen einer solchen Umhüllung führt zu 1,08 KE³ oder bei zwei Säulen zu 2,16 = $\frac{6 \times 6 \times 6}{100}$ KE³. Bereits jetzt ist sichtbar, daß die Maße unter dem Gesichtspunkt einer Gesamtharmonie zur Cheops-Pyramide konstruiert wurden, denn im Vergleich mit dem Schichtaufbau der Pyramide mit 216 inneren und 144 äußeren Schichten (zusammen 360) haben wir hier den hundertsten Teil mit 2,16 und 1,44.

Das Vierfache dieses theoretischen Volumens der Umhüllung einer Säule führt zu 4,32. Dieser Wert erinnert uns

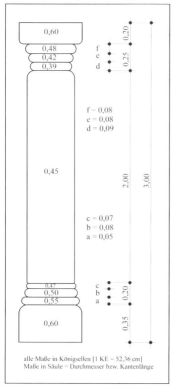

alle Maße in Königsellen [1 KE = 52,36 cm]
Maße in Säule = Durchmesser bzw. Kantenlänge

Abbildung 109:
Die Geometrie der Säulen

an die Frequenz der Herzzellen von 432 Hz und der innerhalb des Sarkophags wirkenden Gesamtfrequenz. So wie die Säulen von einem unsichtbaren Mantel umgeben sind, wird der Sarkophag durch die Säulen von einem Gerüst heiliger Zahlen umgeben, die mit der Einweihung in vollständiger Harmonie liegen.

Der verborgene Code der Säulen liegt in der Multiplikation der Einzeldurchmesser und ihrer dazugehörigen Höhen. Das soll anhand folgender Detailmaße verdeutlicht werden:

- beim Kapitell $0,60 \times 0,20 =$ $0,12$
- beim Sockel $0,60 \times 0,35 =$ $\underline{0,21}$
- zusammen   **0,33**
- für den Schaft: $0,45 \times 2,00 =$ $0,90$
  (0,90 – Symbolik des 90°-Winkels)

Alle drei Werte zusammen ergeben 1,23 bzw. eine Ziffernfolge, die das Volumen der Königinnenkammer bestimmt ($1,23 \times 10^3$ KE^3) und im entsprechenden Abschnitt interpretiert wurde.

Bemerkenswert ist, daß bei den Detailmaßen von Kapitell und Sockel die Ziffern nach dem Komma Spiegelzahlen sind und zusammen 0,33 ergeben: 0,12 und 0,21. Diese beiden Werte kann man auch aus dem Produkt von $0,33 \times 0,37 = 0,1221$ (!) «extrahieren», um in einer getrennten Form höhere Zusammenhänge widerzuspiegeln.

Ergänzt man den ermittelten Teilwert von 1,23 mit dem Codewert der jeweils 3 fehlenden Ringe (unten 0,108 und oben 0,102), führt dies zu dem Gesamtwert von 1,44 pro Säule. Der Codewert dieser Ringe berechnet sich wie folgt:

für die Ringe unterhalb des Kapitells:

- $0,55 \times 0,07 = 0,0385$
- $0,50 \times 0,08 = 0,0400$
- $0,47 \times 0,05 = \underline{0,0235}$
  gesamt   = **0,102**

und für die Ringe oberhalb des Sockels

- $0,39 \times 0,08 = 0,0312$
- $0,42 \times 0,08 = 0,0336$
- $0,48 \times 0,09 = \underline{0,0432}$
  gesamt   = **0,108**

Beide Werte zusammen ergeben 0,21 und zusammen mit dem zuvor errechneten Wert von 1,23 insgesamt wieder 1,44. Damit aber nicht genug. Für alle vier Säulen ergibt dies den Summenwert von 1,44 × 4 = 5,76. Somit finden wir in den Säulen wiederum jene Ziffernfolge, der wir bereits in dem 36 × 36 KE großen Quadrat und auch in der Höhenstruktur der Pyramide begegnet sind.

Das heißt, das Prinzip «wie im Großen, so im Kleinen; wie oben so unten» wurde selbst in den Säulen manifestiert. Mit diesen Ausführungen sind wesentliche verborgene Inhalte in den Säulen erläutert, aber noch nicht alle.

In Abbildung 110 wird der Standort der Säulen angegeben. Die im Quadrat angeordneten Säulen mußten so plaziert werden, daß sie einerseits dem Einzuweihenden nicht im Wege standen, gleichzeitig aber auch den Anforderungen einer heiligen Geometrie genügten.

Wir können erkennen, daß die Achsenlage des durch die Säulen gebildeten Quadrates wunderbare Proportionen erzeugt, die alle in diesem Buch schon mehrfach aufgetaucht sind. Deshalb ist es nicht mehr notwendig, diese nochmals zu erläutern.

Bei der Königinnenkammer haben wir zum Schluß die sich durch den Wegverlauf ergebenden Flächen betrachtet. Sie ergaben dort 32 KE². Daraus resultiert die Frage: Enthält der Einweihungsweg in der Königskammer ebenfalls einen solchen verborgenen Zusammenhang? Wir fassen deshalb die bekannten Ergebnisse zusammen: Im ersten äußeren Wegabschnitt war ein 6 × 6 = 36 KE² großer Abschnitt zu umlaufen. Daraufhin folgte der innere Weg mit 5 × 2,4 = 12 KE², und schließlich haben wir noch die durch die Säulen gebildete Fläche von 4 × 4 = 16 KE². Das ergibt zusammen 36 + 12 + 16 = 64 KE²! Das ist nichts anderes als die doppelte Fläche, die sich in der Königinnenkammer ergab. Somit finden wir zum Abschluß das Verhältnis von 32:64 = 1 : 2 auch im Einweihungsweg bestätigt!

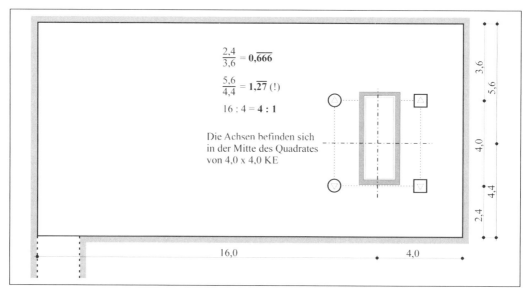

Abbildung 110: Die Position der Säulen

Ursprünglich sollte an dieser Stelle das Kapitel über die Cheops-Pyramide beendet sein. Dann aber kam mir die Idee, den Weg zu betrachten, der sich in der Königskammer ergibt, wenn der nunmehr in den höchsten Grad Eingeweihte den Sarkophag wieder verläßt. Es ist einleuchtend, daß dann keine Notwendigkeit mehr besteht, irgendwelche komplizierten Wege zu durchlaufen, sondern daß es das Ziel ist, auf kurzem Weg die Königskammer zu verlassen. Es wäre allerdings falsch zu glauben, die Planer der Cheops-Pyramide hätten sich für diesen Weg nichts Besonderes einfallen lassen. Wenn der Eingeweihte seinen Weg ins Freie beginnt und den ersten Schritt neben den Sarkophag setzt, genau auf die Linie der Nord-Süd-Achse, hat er bis zum Ausgang 16 KE zurückzulegen. Dies ist genauso lang wie der Weg von der vordersten Kante der Plattform bis zum Beginn der Königskammer. Die letzte Abbildung in diesem Buch, die «durch Zufall» die Nummer 111 erhielt, zeigt dieses Stück des Weges.

Durch diesen letzten Abschnitt wird der in der Königskammer absolvierte Weg insgesamt 127 KE lang, womit sich der Kreis zu den Abhandlungen über den Urzoll und die «Planparameter» der Erde wieder schließen. Die oben gezeigten Proportionen verdeutlichen beweiskräftig, daß in dieser Kammer der Bewußtseinssprung abgeschlossen wird. In der Grafik ist zu erkennen, daß das Verhältnis dieser beiden Teiletappen von Hin- und Rückweg den Wert $0,1\overline{44}$ ergibt. Mit dieser sich ständig wiederholenden Ziffernfolge der Meisterzahl 144 wird dem Eingeweihten bildhaft zum Verstehen gebracht, daß er sich die Meisterschaft immer wieder neu erarbeiten muß und sich nicht auf seinen Lorbeeren ausruhen kann.

Sehr passend wurde auch der letzte Abschnitt von 4,4 KE gewählt, der die 10 KE lange erste Teiletappe beim Betreten der Königskammer in zwei Hälften teilt. Die Proportion beider Abschnitte weist mit $1,\overline{27}$ nicht nur auf die 127 hin, sondern auch in der ständigen

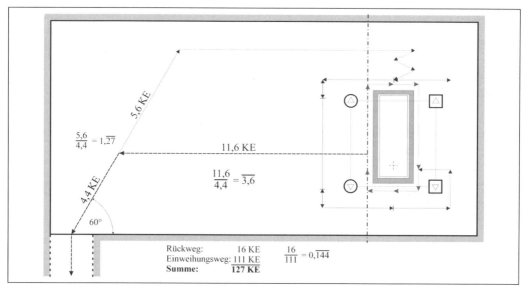

Abbildung 111: Der letzte Abschnitt des Einweihungsweges in der Königskammer

Wiederholung der Ziffernfolge 27 (1,272727 ...) auf die dauerhafte Öffnung des dritten Auges.

Der weitere Weg aus der Cheops-Pyramide hinaus wurde nun gekürzt abgelaufen. Es war nicht mehr notwendig, die Königinnenkammer aufzusuchen. Der Abschlußweg verlief annähernd geradlinig und wurde lediglich im Bereich der Plattform und am Ende der Rampe mit einem rechten Winkel von je 1,5 KE unterbrochen.

Beim Verlassen der Großen Galerie belief sich der Gesamtweg auf 789 KE (das sind 123 KE seit dem Sarkophagausstieg), was der gespiegelten Ziffernfolge des höchsten Punktes der Großen Galerie mit 98,7 KE entspricht. Bis außerhalb der Pyramide addierte sich der Weg mit 72 KE (aufsteigender Gang), 54,24 KE (absteigender Gang) und 41,76 KE Pyramidenaußenseite zu einer Summe von 957 KE, dem, wie bereits beschrieben, die letzten 54 KE folgten. Am Endpunkt angelangt, waren insgesamt 1011 KE Weg zurückgelegt.

Nun könnte das ganze Thema abgeschlossen sein, gäbe es nicht noch einen Zusammenhang zum Einweihungsweg des 32. Grades. Dieser hatte eine Gesamtlänge von 639 KE.

639 + 1011 = 1650 KE

Die Addition beider Wege zeigt über die so oft erwähnte Ziffernfolge 1-6-5 die der Einweihung übergeordnete Bedeutung, beginnend von 0,165 über 1,65, 16,5, 165 bis hin zur 1650. Im Abschnitt 9.6 wurde formuliert, daß die Symbolik dieser Ziffernfolge auf die dauerhafte und ständige Verbindung zur eigenen Seele bis hin in zeitlose höhere Schwingungsdimensionen hinweist. Diese Aussage muß ergänzt werden mit dem Ziel, Beständigkeit zu bewahren und ewige Werte als die höchste Priorität anzusehen. Somit unterstellt der Hocheingeweihte seine Führung und sein Denken mit dem daraus resultierenden Handeln kosmischen Gesetzen.

Durch seine in ihm ruhende dreifache Meisterschaft war der Eingeweihte ein wahrer Weiser und gerechter Herrscher, der in weiser Voraussicht Entscheidungen traf. Das alles gab es lange vor jener Zeit, von der die geschriebene Geschichte nur weiße Blätter besitzt. Vor 5000 Jahren war dieses Wissen bereits verloren. Wirkliche Einweihungen in den 33. Grad gab es nicht mehr, in den mystischen Orden blieb nur noch die Erinnerung daran bestehen. Dies gilt gleichfalls für Ägypten, weshalb es auch in dieser Kultur zu einem Verfall und zu Dekadenz kam.

Mit den Ausführungen in diesem Kapitel wurden zahlreiche Daten präsentiert, welche die bestehenden Vorstellungen über die Entstehung und den Zweck der Cheops-Pyramide bis in die Grundfesten erschüttern.

Daß in der Cheops-Pyramide noch viel mehr an außergewöhnlichen Geheimnissen enthalten ist, muß in aller Deutlichkeit betont werden. Die Erbauer wählten die Maße nicht nur unter dem Aspekt der Einweihung, sondern auch, um kosmische Daten zu verschlüsseln. In der Vergangenheit und Gegenwart haben sich bereits viele Autoren bemüht, diese Geheimnisse zu lüften. Ihnen fehlte jedoch ein klares geometrisches Konzept der

Ursprungsmaße, so daß die Schlußfolgerungen nie ausreichend präzis, mitunter auch falsch getroffen wurden. Mit den hier veröffentlichten Daten können derartige Aussagen überprüft werden (das ist jedoch nicht das Anliegen dieses Buches).

Bei den Ausführungen zur Roten Pyramide und zur Cheops-Pyramide wurde die dominante Rolle der Königselle deutlich sichtbar. Eine weitere Frage lautet daher: War dieses Maß nur ein zeitweiliges Maß, das für ägyptische Bauwerke angewendet wurde, oder gelang es den ägyptischen Priestern, dieses Maß auf geheimnisvolle Weise zu «exportieren»?

Im nächsten Kapitel möchte ich auf diese Frage eingehen und zeigen, daß die Königselle im verborgenen bis in das späte Mittelalter überlebt hat.

10. Das königliche Maß in den Ländern des Mittelmeerraumes

Heute lautet eine weitverbreitete Meinung, die Königselle sie lediglich im pharaonischen Ägypten angewendet worden. Ist das aber wirklich so? Oder hat Moses aus Ägypten vielleicht etwas mehr mitgebracht als nur die 10 Gebote und göttliche Botschaften? Bevor wir die deutlich breitere Anwendung der Königselle und der von ihr abgeleiteten Maße betrachten, möchte ich die Königselle unter einem völlig anderem Aspekt betrachten, der im ersten Moment abstrakt mathematisch klingt, aber leicht zu verstehen ist und auf einen bedeutungsvollen Zusammenhang hinweist.

Wenn man das 100fache der Königselle in die Primzahlteiler aufteilt, so kommt man zu folgendem Ergebnis:

$$2 \times 2 \times 7 \times 11 \times 17 = 5236$$

Offensichtlich läßt sich eine Königselle bequem durch die Primzahlen 7, 11 und 17 teilen. Das für uns Ungewöhnliche ist, daß sich das altägyptische Maßsystem auf einer durch 7 geteilten Ordnung* aufbaut.

Kurioserweise wird für den Wert von $\frac{2}{7}$ einer Königselle kein altägyptisches Maß ausgewiesen. Hier ist unklar, ob dieses Maß in der Überlieferung verlorengegangen ist oder nie mit einem Namen bezeichnet wurde. Zusätzlich eingefügt wurde in das Siebenersystem das Maß für eine halbe Königselle, das wohl mehr aus praktischen Gründen eingeführt wurde.

Name	übersetzt	Faktor zu [KE]	theoretisch [cm]	altägyptisch [cm]
Sop	Hand	1/7	7,48	7,50
-	-	2/7	14,96	-
erta net's	kleine Spanne	3/7	22,44	22,50
Erta	große Spanne	1/2	26,18	26,20
ser, t'eser	Arm, griech.: Fuß	4/7	29,92	29,90
remen	Oberarm	5/7	37,40	37,40
mahi net's	kleine Elle	6/7	44,88	44,90
mahi suten	Königselle	7/7	52,36	52,34

Tabelle 30:
Das altägyptische Maßsystem

Die «Hand» mit 7,48 cm Länge stellt ein relativ großes Maß dar, das für bestimmte Bedürfnisse zu grob war. Aus diesem Grunde wurde die «Hand» nochmals in «Finger» unterteilt. Da die menschliche Hand 4 Finger und einen Daumen besitzt, war das abgeleitete Maß ein Viertel einer «Hand» mit 1,87 cm Länge (1 + 87 = 88). Das Maß «Hand» entsprach etwa der Breite der vier Finger im Bereich des Übergangs vom ersten zum zweiten Glied des Zeigefingers und konnte daher leicht seine kosmische Herkunft verheimlichen.

In dem zitierten Handbuch wird das Längemaß «Finger» exakt mit dem gleichen Wert von 1,87 cm angegeben. Es ist daher nicht begreiflich, warum in diesem Handbuch trotz

---

* Wolfgang Trapp: *Kleines Handbuch der Maße, Zahlen, Gewichte und der Zeitrechnung*, S. 205

der bekannten Proportionen die Nachfolgewerte gerundet wurden, weshalb Werte aufgeführt werden, die vom korrekten Maß geringfügig abweichen. Mit dem bekannten Maß für einen «Finger» wäre es ein leichtes gewesen, alle anderen Maße korrekt zu bestimmen.

Zu diesem Längenmaß ist noch folgendes zu ergänzen. Der «Finger» war im vorderen Orient während der Zeit der Antike als Maß so gängig wie heute der Zentimeter. In den einzelnen Ländern war er mit geringfügigen Abweichungen festgelegt, so daß es «Finger»-Maße gab, die von 1,85 bis 1,91 cm reichten. Diese entstanden vermutlich durch Toleranzen in der Fertigung von Maßstäben, die sich im Laufe der Zeit zu Abweichungen von bis zu 0,6 mm aufsummierten. Dadurch wurde allmählich verschleiert, daß die Königselle das primäre Maß war, von dem der «Finger» abgeleitet worden war.

Als Moses aus Ägypten auszog, nahm er das Maß mit, das für die Ägypter heilig war: die kleine Elle von 44,88 cm, die von nun an *amma* hieß. Im Laufe der Zeit schlichen sich bei der Vervielfältigung der kleinen Elle ebenfalls kleine Fehler ein, so daß heute ein um 0,2 mm vergrößertes Maß überliefert ist. Es entzieht sich heute unserer Kenntnis, ob Moses durch die Veränderung des altägyptischen Wissens über die Maße grundsätzlich mit den Ägyptern brechen wollte und deswegen eine neue Unterteilung erfand oder ob dies erst später geschah. Es ist auch nicht bekannt, ob die ursprüngliche Siebenerteilung eine Weile in Israel überlebt hat oder nicht. Die in Tabelle 31 aufgeführten Maße sind dagegen jene, welche die Zeiten überdauert haben.

Name	übersetzt	Faktor zu [Elle]	Faktor zu Finger	theoretisch [cm]	hebräisch [cm]
esba	Finger	1/24	1	1,87	1,88
tepach	Handbreit	1/6	6	7,48	7,50
zeret	Spanne	3/6	12	22,44	22,50
amma	**Elle**	**1**	**24**	**44,88**	**45,00**
qaneh	Rute, Rohr	6	144	269,28	270,00

Tabelle 31: Das Maßsystem der Hebräer

Vergleicht man diese Werte mit denen in Tabelle 30, so wird ganz offensichtlich, daß das hebräische Maßsystem seinen Ursprung in Ägypten hat, denn die Abweichungen sind durch Rundungen derart gering, daß man von einer ursprünglichen Identität beider Maßsysteme ausgehen kann. Die Ergänzung dieses Systems mit dem Maß Rute bzw. Rohr besitzt eindeutig einen heiligen Bezug. Wer käme auf eine die Idee, die Zahl 144 in einem Maß zu integrieren, wenn nicht die Priester. Das bedeutet aber auch, daß die Hebräer über die Bedeutung der Zahlen bis hin zur 144 Bescheid gewußt haben müssen, denn kein Maß wird ohne Grund festgelegt. Da wir über die Zahl 27 zwischenzeitlich Bescheid wissen, brauchen wir uns auch nicht zu wundern, wenn die Quersumme aller Einzelziffern von 269,28 cm den Wert 27 ergibt. Wenn ein Maß eine besondere Bedeutung besitzt, dann aber auch gleich mit allen Feinheiten und einer Codierung über das alte geheime Wissen.

Im Alten Testament heißt es über den Propheten Hesekiel, daß im 25. Jahr der babylonischen Gefangenschaft (ca. 573 v. Chr.) «die Hand des Herrn über ihn kam»* und ihn (im Geist?) nach Israel führte.

---

* Bibel, AT: Hesekiel, Kapitel 40 ff.

*«Und als er mich dorthin gebracht hatte, siehe, da war ein Mann, der war anzuschauen wie Erz. Er hatte eine leinene Schnur und eine **Meßrute** in seiner Hand und stand unter dem Tor. [...] Und siehe, es ging eine Mauer außen um das Gotteshaus ringsherum. Und der Mann hatte die Meßrute in der Hand; die war sechs Ellen lang – jede Elle war eine Handbreit länger als eine gewöhnliche Elle. Und er maß das Mauerwerk; es war eine Rute dick und auch eine Rute hoch.»*

Hier wird beschrieben, welche Rute der Mann, der wie Erz anzuschauen war, verwendete. Es ist die hebräische Rute mit 269,28 cm Länge, bestehend aus 144 Fingern bzw. 6 Ellen von je 44,88 cm Länge. Der Hinweis auf eine gewöhnliche Elle, die eine Handbreit (7,48 cm) kleiner und somit 37,4 cm lang ist, verweist auf den ägyptischen Remen. Da im hebräischen Maßsystem die Königselle keine Bedeutung besitzt, kann es auch keine Rute auf Basis dieses Maßes sein, denn dann wäre die gewöhnliche Elle diejenige, die 44,88 cm lang ist.

Im Gegensatz zu den Hebräern war bei den Ägyptern die Königselle mit 52,36 cm die entscheidende heilige Elle. Diese Königselle wurde von den Göttern für ihre Bauten verwendet und den ägyptischen Priestern als Maß gegeben. Möglicherweise wurde es aus Respekt vor den Göttern ab einem bestimmten Zeitpunkt nur noch gelehrt, aber nicht mehr verwendet. Übrig blieb das um ein Siebtel kleinere Maß, das dann zum heiligen Maß wurde.

In der Geschichte spielt ein weiteres Volk, das sein Wissen aus Ägypten bezog, eine entscheidende Rolle. Es ist überliefert, daß der griechische Staatsmann Solon auf seinen Reisen auch Ägypten besuchte. In einem Gespräch mit Priestern wurde ihm unter anderem gesagt:

«O Solon, Solon, ihr Hellenen [Griechen] bleibt doch immer Kinder, und einen alten Hellenen gibt es nicht. [...] Ihre seid alle jung an Geiste, denn ihr habt keine Anschauung, welche aus alter Überlieferung stammt, und keine durch die Zeit ergraute Kunde.»

Bei diesen «Staatsgesprächen» wurde vermutlich eine Art Vertrag abgeschlossen, der besagte, daß zukünftig Griechen an ägyptischen Priesterschulen ausgebildet werden dürfen. Pythagoras war einer der ersten Schüler und blieb 22 Jahre in Ägypten, womit deutlich wird, daß er die zwei Schulen des rechten und des linken Auges des Horus durchlaufen hat. Der nach ihm benannte «Satz des Pythagoras» stammt daher definitiv nicht von ihm. Von seinem «Auslandsstudium» hat er ein umfangreiches Wissen und das Pentagramm mitgebracht, das später über dem Eingang zu seiner Schule gehangen haben soll. Von seinem umfangreichen Werk ist leider nur ein kleiner Teil überliefert, und von dem, was überliefert ist, wird wiederum nur ein bescheidener Teil in den heutigen Lehranstalten erwähnt.

Es ist nicht überliefert, ob die ägyptischen Priester ihm auch die Maßordnung beigebracht haben. Es ist allerdings mit hoher Wahrscheinlichkeit anzunehmen, daß er derjenige Wissensträger war, der auch in bezug auf das griechische Maßsystem die entscheidenden Akzente gesetzt hat.

Betrachten wir nun das griechische Maßsystem:

Auch hier beginnt das Maßsystem mit dem «Finger», der im Verlaufe der Zeit um 0,2 mm geschrumpft ist und somit mit dem altrömischen «Finger» übereinstimmt. Trotz alledem ist eine auffällige Übereinstimmung mit dem primären ägyptischen Maßsystem und dem abgeleiteten hebräischen Maßsystem festzustellen, so daß sich jeder weitere Kommentar erübrigt.

Name	übersetzt	Faktor zu Elle	theoretisch [cm]	griechisch [cm]
daktylos	Finger	1/24	1,87	1,85
kondylos	Gelenkbreite	1/12	3,74	3,70
palaiste	Hand	1/6	7,48	7,40
spithame	Spanne	3/6	22,44	22,20
pous	Fuß	4/6	29,92	29,60
pechys	**Elle**	**1**	**44,88**	**44,10**
orgya	Klafter	4	179,52	177,60

Tabelle 32: Das griechische Maßsystem

Als letztes soll auf das römische Maßsystem eingegangen werden. Es ist aus der Geschichte bekannt, daß Rom Kriege gegen Ägypten geführt hat. Neben dem Kriegstribut dürfte aber auch das Maßsystem der Ägypter in die Hände der Römer gefallen sein. Deren Maßsystem baut ebenfalls auf einer Elle auf, die mit einer Länge von 44,4 cm offensichtlich mit der der kleinen ägyptischen Elle verwandt ist.

Im erwähnten *Handbuch der Zahlen, Maße, Gewichte und der Zeitrechnung* wird das Längenmaß «Finger» als die «architektonische Unterteilung des *pes* = Fuß» bezeichnet.

Betrachtet man die verschiedenen Maßsysteme, die rund um das Mittelmeer in Gebrauch waren, findet man die kleine ägyptische Elle mit 44,88 cm als das Vorzugsmaß, von dem analog zum ägyptischen Vorbild Untermaße abgeleitet wurden, die mit dem Maß «Finger» ihre kleinste Unterteilung fanden.

Name	übersetzt	Faktor zu Elle	theoretisch [cm]	römisch [cm]
1/16 pes	(Finger)	1/24	1,87	1,85
palmus	Hand	1/6	7,48	7,40
2 palmi	2 Hände	2/6	14,96	14,80
3 palmi	3 Hände	3/6	22,44	22,20
pes	Fuß	4/6	29,92	29,60
palmipes	Hand plus Fuß	5/6	37,40	37,00
cubitus	**Elle**	**1**	**44,88**	**44,40**

Tabelle 33: Das römische Maßsystem

Natürlich wurden in den genannten Ländern weitere Maße verwendet. Besonders einfallsreich waren die Römer, die den Fuß zusätzlich in einer unzialen Unterteilung bis auf eine Größe von 1/288 teilten, was rund 1 mm entspricht. Ebenso leiteten sie nach oben weitere Maße ab, so wie wir den Kilometer vom Meter. So hatten die Römer zum Beispiel eine Meile, die 5000 Fuß (theoretisch: 1,496 km, bei den Römern 1,480 km) entsprach. Dieser relativ große Unterschied entstand aufgrund der fehlenden 3,2 mm, durch die sich der römische «Fuß» vom Planmaß der Ägypter unterschied. Bei einer Meile schlug sich diese Differenz bereits mit 18 m zu Buche. Gerade bei den größeren Maßen vermehren sich die Abweichungen vom ursprünglichen Planmaß sehr deutlich, weshalb der ursprüngliche Zusammenhang im Laufe der Zeit buchstäblich aus den Köpfen der Menschen verschwand. So ist es kein Wunder, daß die heutige Wissenschaft glaubt, sämtliche Maße seien von Menschen erdacht worden.

Die Ausführungen aller vorangegangenen Kapitel zeigen ganz deutlich, daß dies nur eine Teilwahrheit ist. Grundlegend wurde die beginnende Zivilisation der Menschheit in der Form begleitet, daß die entscheidenden Maßsysteme dem Menschen gegeben wurden!

Mit diesen Aussagen könnte normalerweise der fachliche Teil des Buches beendet werden. Doch ich habe bereits im ersten Teil des Buches darauf aufmerksam gemacht, daß am Ende des Buches nähere Ausführungen zu den mathematischen «Geheimcodes» folgen werden. Ich hob dies für den Schluß auf, damit der Lesefluß nicht durch einen solchen Einschub gestört würde. Diese Thematik ist zugegebenermaßen sehr speziell und ist nur für diejenigen Leser gedacht, die sich damit näher beschäftigen möchten. Es stellt kein Problem dar, das nächste Kapitel einfach zu überspringen, um gleich zum letzten Kapitel überzugehen, in dem ich auf die Frage eingehen möchte, die sich bereits eine Vielzahl von Menschen stellen: Wer hatte dieses Wissen?

11. Die geheimen Zahlencodes der Ägypter

In den bisherigen Kapiteln wurde des öfteren eine für uns relativ fremde Mathematik angewandt, die durch die unterschiedlichsten Quersummenbildungen gekennzeichnet ist. Diese Methode wurde in der Antike «theosophische Reduktion» genannt. Papus* schrieb vor über 100 Jahren: *«Diese Operationen heißen deshalb theosophisch, weil man mit ihnen in die Welt der essentiellen Gesetze der Natur eindringen kann und sie nicht von der Wissenschaft der Phänomene verstanden werden können ...»*

Diese *theosophia,* «göttliche Wissenschaft», wurde laut seiner Aussage vor langer Zeit in allen indischen, ägyptischen und griechischen Universitäten gelehrt, bis sie in der Zeit der Aufklärung in den Hintergrund gedrängt und schließlich ganz aus dem wissenschaftlichen Denken verbannt wurde.

Wie der Name bereits verrät, werden bei dieser Methode Zahlen bis auf ihr primäres Wesen reduziert. Wenn man etwas reduziert, muß es auch möglich sein, das Gegenteil zu praktizieren. Dieses Gegenstück zur Reduktion wurde «theosophische Addition» genannt. Im Sinne alter Auffassungen war es mit dieser Art der Mathematik möglich, vorausschauende Aspekte zu erfassen. Des weiteren gibt es noch eine Möglichkeit, beide Methoden zu kombinieren.

Nun wird die berechtigte Frage aufkommen: Ist das nicht alles schon längst überholt? Einige werden das ganze sogar für blanken Aberglauben halten. Dem möchte ich einfach entgegenhalten, daß wir es hier mit altem Geheimwissen zu tun haben, das nicht auf der Erde entstanden ist (!) und mehr versteckte Wahrheiten enthält, als wir uns vorstellen können.

Betrachten wir zuerst die theosophische Addition, da wir die andere Art im Verlaufe des Buches bereits in ihren Grundzügen kennengelernt haben. Am Schluß werden wir überrascht feststellen, daß wir zu den Einweihungswegen gelangen. Das Ungewöhnliche dieses Umgangs mit Zahlen ist die arithmetische Addition aller Zahlen bis zur ausgewählten «Additionszahl». Zum Beispiel bedeutet die theosophische Addition der Zahl 3, daß man die Zahlen 1 bis 3 zusammenzählt: $1 + 2 + 3 = 6$.

Wir machen jetzt einen kleinen Sprung, der jedoch mit diesem Thema direkt verknüpft ist. Bei meinen Arbeiten fiel mir auf, daß in der Cheops-Pyramide die Zahl 6 mit all ihren Verwandtschaftsverhältnissen sehr oft zum Ausdruck kommt. Man kann sogar sagen, daß bestimmte von ihr abgeleitete Zahlen der Pyramide dominant ihr Gepräge geben. Um dies nachvollziehen zu können, sind einige Schritte erforderlich, die mit den herkömmlichen Prinzipien der Mathematik nichts zu tun haben. Anschließend werde ich diese Ergebnisse interpretieren.

---

* Papus: *Tarot der Zigeuner – Der absolute Schlüssel zur Geheimwissenschaft,* S. 15

Summe

- **6:**

1×6	=	6	1 bis 6:	**21**	$\Rightarrow$	2	+	1	=	**3**

- **66:**

1 bis 66:   **2211** $\Rightarrow$ 22   +   11   =   **33**

6 + 6   =   12

6 × 6   =   36   (1 bis 36:   666)

- **666:**

1 bis 666:   **222 111** $\Rightarrow$ 222   +   111   =   **333**

6 + 6 + 6   =   18

6 × 6 × 6   =   216

Summe   =   **288 = 2 × 144**

Voraussetzung für diese Lösungen ist, das Trinitätsprinzip für die 6 bis zum Ende anzuwenden. Dadurch müssen die möglichen Kombinationen der 6 aufgeführt werden, um schließlich über die theosophische Addition zu erkennen, daß die 666 zu einer Trinitätszahl führt, die ihre Krönung in den Maßen der Königskammer besitzt. Wegen der außergewöhnlichen Aussagekraft sollen hier nochmals die im Abschnitt 9.8 getroffenen Aussagen wiederholt werden. Dort war errechnet worden, daß die Summe der Wandflächen 666 KE², die Längsseite 222 KE² und die Stirnfläche 111 KE³ groß ist. Alle drei Werte lassen sich aus der soeben gezeigten Rechnung ableiten. Aufschlußreich ist dabei, daß die theosophischen Werte von 6, 66 und 666 zu Ergebnissen führen, die in der Quersummenbildung der gleichen Ziffern nach obigem Vorbild eine analoge Folge mit 3, 33, 333 usw. ergibt.

Mit den letzten Kombinationsmöglichkeiten, die zu 18 und 216 führen, haben wir noch eine weitere Aussage der vielfältigen 6 entdeckt: Die Summe aller Teilkombinationen besitzt das Ergebnis 2 × 144. Der Weg zur Meisterschaft ist also in vieler Hinsicht mit der 6 «gepflastert», was letztlich auch zeigt, daß auch die heutzutage in Verruf geratene 666 neben dem luziferischen auch ein göttliches Potential besitzt.

Damit erschöpfen sich keinesfalls alle Möglichkeiten der theosophischen Addition. Eine weitere besteht zum Beispiel darin, jede dritte Zahl theosophisch zu addieren, was zu einem Effekt führt, bei dem nur der Zahlenwert 1 übrigbleibt. Die sich wieder auf 1 reduzierenden Zahlen lauten:

1 :			= 1	
4 : 1 + 2 + 3 + 4		= 10	= 1 + 0 = 1	
7 : 1 + 2 + 3 +...+ 7	= 28 = 2 + 8	= 10	= 1 + 0 = 1	
10 : 1 + 2 + 3 +...+ 10	= 55 = 5 + 5	= 10	= 1 + 0 = 1	

Die Zahlen 1-4-7-10-... entsprechen genau jener Folge, die den Weg des Osiris bestimmt. Ebenso gibt es Methoden, über sich die sich die Zahlenfolgen herleiten lassen, die den Weg der Isis und den Weg des Horus bestimmen. Mit diesen Bemerkungen möchte ich den Teil zur theosophischen Addition abschließen, um zur theosophischen Reduktion zu kommen.

Bis in die heutige Zeit hat als Überbleibsel dieser alten Wissenschaft lediglich die einfache Quersummenbildung (QS1) überlebt, weil sie auch einen praktischen Nutzen besitzt. Dieser Nutzen liegt darin, daß durch die Addition aller Einzelziffern leicht zu überprüfen ist, ob eine Zahl durch 3 teilbar ist oder nicht. Ist die sich ergebende Zahl durch 3 teilbar, ist es auch die Ausgangszahl. Da das Ergebnis als Zahlenwert relativ klein ist, stellt es kein Problem dar, diese Prüfung durchzuführen. Selbst bei einer so großen Zahl wie zum Beispiel 13 905 231, deren Quersumme 24 ergibt, fällt die Überprüfung leicht.

Dieses Wissen ist auch heute noch Bestandteil des Lehrplanes im Fach Mathematik. Die Wissenschaft der antiken theosophischen Mathematik kennt aber noch viele weiterführende Aussagen und Regeln. Der sich aus der einfachen Reduktion ergebende Zahlenwert bezieht sich im altägyptischen Sinne auf ein Ziel, das auf die wesentlichsten Merkmale abstrahiert wird. Detaillierte Interpretationen daraus herzuleiten wäre verfehlt. Es wäre dasselbe, wie wenn man nur aus dem Sternbild, unter dem ein Mensch geboren wurde, dessen detaillierte Charaktereigenschaften ableiten wollte.

Eine weitere Regel besagt, nur eine bestimmte Anzahl von Stellen nach dem Komma zu verwenden. Dies ist vor allem dann einleuchtend, wenn es um irrationale Zahlen geht, die eine endlose Folge von Ziffern besitzen. Betrachtet man das einfache Beispiel des Bruches $\frac{9}{13}$, kommt man schon in Verlegenheit. Die Lösung lautet $0,\overline{6923076}$ mit einer sich ständig wiederholenden Folge der Ziffern 9-2-3-0-7-6. Es ist verständlich, daß man hier nicht bis in alle Unendlichkeit Quersummen bilden kann. In den Bauwerken Ägyptens und Mittelamerikas besteht der Hauptcode darin, drei bzw. sechs Ziffern nach dem Komma sowie alle Ziffern vor dem Komma einzubeziehen. Daß es gerade sechs Ziffern sind, geht auf die Tatsache zurück, daß wir in einem Raum-Zeit-gebundenen und -begrenzten System leben, in dem analog zu einem dreidimensionalen Koordinatensystem **drei** Achsen mit insgesamt **sechs** Strahlen – vom Mittelpunkt aus betrachtet – vorhanden sind. Weitergehende Codes enthalten 12, in einem nächsten Schritt 24 bis hin zu maximal 36 (= 3 × 12) Stellen nach dem Komma. Hierin sind wieder kosmische Parameter verborgen, die mit der Anzahl möglicher Hauptschwingungsdimensionen in den materiellen, antimateriellen und immateriellen (= transzendenten) Feldern in Verbindung stehen. Es ist unter diesem Aspekt einleuchtend, daß für irdische Bauwerke der Hauptcode auf sechs Stellen nach dem Komma beschränkt wird.

Ein weiterer Gesichtspunkt dieser Codes ist der «Verwandtschaftsgrad» der Maßsysteme, das bei der Umrechnung in unser dezimales Maßsystem zusätzliche Aussagen liefert. Es wurde in diesem Buch bereits festgestellt, daß die hier aufgeführten Maßsysteme untereinander logisch verknüpft sind und daß unser dezimales System ein «kosmisches Informationssystem» ist. Diese Thematik wird von Dr. Peter Plichta* in seinem Buch *Das Primzahlkreuz* behandelt wie auch von mir in meinem Buch *Die kosmische 6 – von der Zahl zur Holographie des Universums*.

Eines der letzten entscheidenden Maße, das in Kapitel 9 in Erscheinung trat, war das Maß 36 KE. Es soll nun unter Einbeziehung der verschiedenen theosophischen Codes sowohl in Zentimetern als auch in Zoll betrachtet werden. Die einfache Addition führt zu:

$$36 \text{ KE} \Rightarrow 3+6 = 9$$

Bei Umrechnung in Zentimeter:
$$1884,96 \text{ cm} \Rightarrow 1+8+8+4\,,\,9+6 \Rightarrow 21\,,\,15 \Rightarrow 21+15 = \mathbf{36}$$

Bei Umrechnung in Zoll:
$$742,108752'' \Rightarrow 7+4+2\,,\,1+0+8+7+5+2 \Rightarrow 13\,,\,23 \Rightarrow 13+23 = \mathbf{36}$$

Diese in Zentimeter und Zoll umgerechneten Werte entpuppen sich bei genauerer Betrachtung als eine Bestätigung des Ausgangsmaßes von 36 KE. Zu beachten ist, daß bei der Maßangabe in Zoll die Ziffernfolgen 13 und 23 als Teilsummen erscheinen.

Im nächsten Schritt betrachten wir die theosophische Addition in Zweiergruppen, die zu folgenden Ergebnissen führt:

Bei Umrechnung in Zentimeter:
$$1884,96 \text{ cm} \Rightarrow 18+84\,,\,96 \Rightarrow 102,96 \Rightarrow 102+96 = \mathbf{198}$$

Bei Umrechnung in Zoll:
$$742,108752'' \Rightarrow 7+42,\,10+87+52 \Rightarrow 49,149 \Rightarrow 49+149 = \mathbf{198}$$

Auch hier stellen wir eine Übereinstimmung fest, die im gleichen Zahlenwert von 198 zum Ausdruck kommt. Das ist aber nichts anderes als 6 × 33, wodurch das Ausgangsmaß von 36 KE auf verborgene Weise den primären Faktor 6 und den höchsten Grad in sich vereinigt.

Diese beeindruckende Übereinstimmung habe ich bisher lediglich bei dieser einen Zahl vorgefunden, wodurch sich die Bedeutung der 36 von allen anderen Zahlen noch zusätzlich abhebt. Der Verwandtschaftsgrad der Maßsysteme wird bei dieser Zahl deutlich gezeigt, während bei anderen Zahlen ergänzende Aussagen abgeleitet werden können, die über diese drei Maßsysteme einen geistigen Bogen spannen.

Mit diesen Aussagen möchte ich es bewenden lassen und nun auf die letzten Fragen eingehen, die mich selbst über einen langen Zeitraum bewegt haben: Wer waren die Erbauer der Pyramiden? Wurden die Pyramiden wirklich vor ca. 4500 Jahren errichtet?

12. Die letzten Geheimnisse

Wer sich in diesem Buch bis hierher durchgearbeitet hat, wurde mit einem Wissen konfrontiert, das auf der Erde in der Vergangenheit einmal vorhanden war – wovon die Pyramiden ein deutliches Zeugnis ablegen. Zwischenzeitlich werden beim Leser möglicherweise Zweifel aufgekommen sein, ob all die dargelegten Ergebnisse nur dem Wunschdenken des Autors entstammen und er mit der Geometrie wie ein meisterlicher Billardspieler nur gespielt hat, um seine Zuschauer zu verblüffen. Wenn das meine Absicht gewesen wäre, müßte man es als einen sehr üblen Scherz betrachten, der Verachtung verdient. Bei diesen Erkenntnissen geht es aber keinesfalls um konstruierte Lösungen, die nachträglich in die Bauwerke hineininterpretiert wurden, wie es leider schon so oft mit manchen nicht korrekten Theorien geschehen ist. Gerade die Archäologie ist jene Wissenschaft, wo subjektive Annahmen oft genug die Lehrmeinung bestimmen.

Allein die Ausführungen über den Urzoll und seine abgeleiteten Maße, die bis nach Amerika nachweisbar sind, zeigen einen höheren Zusammenhang, der unser irdisches Wissen um kosmische Größenordnungen übersteigt. Wer hätte vor 5000 Jahren zur Zeit der 1. Dynastie Ägyptens einen Urzoll festlegen können, der in proportionalem Zusammenhang zum metrischen System und zum Poldurchmesser der Planeten unseres Sonnensystems einschließlich unserer Sonne steht? Wer konnte eine solche ausgeklügelte Geometrie, die einen hohen Stand in den Naturwissenschaften erfordert, in die Cheops-Pyramide integrieren?

Betrachtet man die Aussagen zur Roten Pyramide, deren gesamter Aufbau von der äußersten Ecke bis zur Spitze der letzten Kammer lückenlos ein in sich geschlossenes System darstellt, kommt man nicht umhin, an der offiziellen Lehrmeinung zu zweifeln. Im Verlauf des Buches habe ich mehrmals angedeutet, daß ich im letzten Kapitel auf die wahren Erbauer dieser Pyramiden eingehen werde. Die letzten Geheimnisse betreffen demzufolge nicht Aussagen zu den Pyramiden, sondern die letzten Geheimnisse, die in diesem Buch angesprochen werden. Die letzten Geheimnisse der Cheops-Pyramide entdecken und enthüllen zu können halte ich für unmöglich, weil die damit verbundene Sternenmathematik und Physik weit über unser gegenwärtiges Vorstellungsvermögen und wissenschaftliches Wissen hinausgehen!

Der Leser wird bereits ahnen, daß die nachfolgenden Äußerungen von größter Brisanz sind. Zuvor sind jedoch noch einige wichtige Bemerkungen erforderlich.

Wenn man den aktuellen Büchermarkt betrachtet, stellt man eine deutliche Zunahme außergewöhnlicher Literatur fest, die vor allem der esoterischen Richtung zugeordnet wird. Eine der üblichen Feststellungen hierzu lautet, daß hier ein Kommerzmarkt entwickelt wurde, um geistigen Außenseitern eine Befriedigung zu vermitteln. Folglich wird diese Literatur vom größten Teil der Bevölkerung als Nonsens betrachtet, dem man keine Beachtung zu schenken braucht. Gleichzeitig schaut man sich aber im Fernsehen Sciencefiction-Filme an, kennt Filmserien wie «Akte X» oder ähnliche Filme, die sich mit mysteriösen Dingen beschäftigen, und findet sie mitunter recht unterhaltend. Vielen Menschen wird dabei nicht bewußt, daß wir tatsächlich in einer ungewöhnlichen Zeit leben, die erst den Geist für solche Bücher und Filme entwickelt und ermöglicht.

Es ist bekannt, daß sich Wissenschaftler in einer ganzen Reihe von Ländern mit paranormalen Phänomenen beschäftigen. Selbst die Russen haben zu Zeiten des Kommunismus unter einem Deckmantel an diesen Themen gearbeitet. China ist bereits seit Jahren sehr bemüht, die teilweise supermedialen Fähigkeiten von Kindern zu erforschen, die seit Mitte der 90er Jahre systematisch erfaßt werden. Diese Kinder besitzen nicht nur telekinetische Fähigkeiten (Gegenstände allein mit dem eigenen Bewußtsein bewegen oder verändern), sondern können auch Gedanken lesen!*

In Amerika beschäftigen sich angeblich bis zu 10 000 Wissenschaftler und Mitarbeiter mit diesen Phänomenen, welche die verschiedensten Teilbereiche des Paranormalen umfassen. Wenn in einem Land ein derartiger Aufwand für Untersuchungen auf diesem Gebiet betrieben wird, muß man sich schon fragen: warum? Immerhin werden gerade in den USA strengste Kriterien für die Wirtschaftlichkeit von Forschungszielen angesetzt, und für diese Themenstellung scheinen diese Kriterien auf den ersten Blick nicht erfüllt zu sein.

Unter Leitung von Robert A. Monroe wurde im Rahmen eines CIA-Programms besonders die Forschung auf dem Gebiet der Hemisphären-Synchronisation mit Hilfe von Frequenzen untersucht.** Bis zum Ende des Kalten Krieges Anfang der 90er Jahre war dieses Programm streng geheim, weil die Erkenntnisse auch für Spionagezwecke genutzt wurden. Hintergrund dieser anerkannten Theorie ist, Gehirnfrequenzen durch eine äußere, über Kopfhörer in linke und rechte Gehirnhälfte eingebrachte Frequenz synchron zu steuern und in ihrem Frequenzniveau in den Bereich von ca. 3,6 Hz abzusenken. Bei trainierten Menschen tritt dann der Effekt ein, daß sich das Bewußtsein in holographische Felder (Qualitäten der Schwingungsdimensionen) des Kosmos einklinkt und Informationen nach bestimmten Vorgaben abgerufen werden können. Von der CIA wurde dieses Wissen genutzt, um sich in diese kosmischen Felder der Sperrbezirke der Russen einzuklinken, um dort unerkannt Spionage durchführen zu können. Der Autor Elmar R. Gruber schreibt in seinem Buch*** über diese Forschungen sehr ausführlich.

Der Leser wird sicherlich erahnen, warum ich diese Beispiele aufführe. Mit diesen Forschungsprogrammen wird versucht, auf wissenschaftliche Weise das nachzuahmen, was in der Cheops-Pyramide durch die Einweihung erreicht wurde! Der Wissenschaft sind hier allerdings Grenzen gesetzt, weil die Grundschwingung eines Menschen, die durch dessen Bewußtseinsentwicklung bestimmt ist, ausschlaggebend dafür ist, wie weit und in welche Qualität des holographischen Feldes er vordringen kann.

Ein Mensch mit einem «niedrigen» Schwingungspotential kann also nur Ziele anvisieren,

---

* Jan Udo Holey: *Die Kinder des neuen Jahrtausends*
** Robert A. Monroe: *Der zweite Körper – Expeditionen jenseits der Schwelle*
*** Elmar R. Gruber: *Die PSI-Protokolle – Das geheime CIA-Forschungsprogramm und die revolutionären Erkenntnisse der neuen Parapsychologie*

die seinem Bewußtseinsstand entsprechen, kann also niemals in höchste Felder gelangen. Um «kosmisches» Wissen höchster Qualität zu erreichen, bedurfte es deshalb im alten Ägypten einer langen Ausbildung, in der die Einzuweihenden in den Tempeln vorbereitet wurden.

Natürlich ist mit all diesen Vorbemerkungen noch lange nicht geklärt, wer den Priestern das Wissen vermittelte, das sie an ihre Schüler weitergaben. Die kurze historische Zeitspanne von wenigen Jahrhunderten reichte um 3000 v. Chr. nicht aus, innerhalb kürzester Zeit eine derartige Blüte in Ägypten zu erzielen. Diese Formulierung ist in Wirklichkeit nicht korrekt, denn um diese Zeit begann nicht die Blüte Ägyptens, wie die Ägyptologen fälschlicherweise annehmen, sondern der Verfall war bereits seit langem eingeleitet!

Die im Buch ausführlich behandelte Rote Pyramide und die Cheops-Pyramide (wie viele andere Pyramiden und Bauwerke) blicken auf eine weitaus längere Geschichte zurück. Sie sind Zeugnisse einer außerirdischen Kultur, welche die Pyramiden auf Gitternetzpunkten der Erde errichtete, um ein energetisches Gitternetz um die gesamte Erde zu errichten. Dieses Gitternetz war und ist erforderlich, um die Erde in ihre energetische Form zu bringen und in dieser Form zu halten. Gleichzeitig schufen diese energetischen Gitternetze die Voraussetzung, daß sich überhaupt höhere Intelligenz in der dreidimensionalen Materie entfalten konnte und noch kann. Bestimmten Bereichen der irdischen Wissenschaft ist es bereits bekannt, daß derartige Gitterstrukturen bestehen, die als übergeordnetes Muster die Form eines Pentagondodekaeders besitzen (Platonischer Körper mit regelmäßigen Fünfeckflächen, ähnlich einem Fußball). Diese Hauptstrukturen sind durch Rastersysteme in kleinere Flächen aufgeteilt. Die Cheops-Pyramide steht auf dem wichtigsten Gitterpunkt. Es ist jener Punkt, an dem kosmische Energien aus höheren Schwingungsdimensionen aufgenommen, transformiert und verteilt werden. Diese Funktion erfüllt die Cheops-Pyramide heute noch, auch wenn ihre äußere Form stark beschädigt ist. Amerikanische Forscher, denen das bekannt ist, rätseln darüber, wie das alles funktioniert. Sie vermuten, daß sich im unterirdischen Bereich des Giseh-Plateaus technische Anlagen bzw. Relikte befinden, und versuchen, diese zu entdecken, um sich dadurch Informationen über die für uns unbekannten Prinzipien zu verschaffen. Diese Suche ist bereits in vollem Gange, auch wenn erst die ersten Schritte dazu eingeleitet wurden.

Bei unserem Besuch in Ägypten fragten wir Dr. Zahi Hawass nach dem Zweck der riesigen, bis zu 7 m hohen Mauer, die rund um das Giseh-Plateau errichtet wird und inzwischen auch fertiggestellt ist. In stark emotionalen Worten erklärte er, daß der aktuelle Zustand eine Zumutung sowohl für die Touristen als auch für die Wissenschaftler sei. Jedes Jahr müsse mehr als eine Million Dollar aufgewendet werden, um Beschädigungen, die vor allem durch die eigenen Landsleute mit Pferden und Kamelen durch Unachtsamkeit und Verantwortungslosigkeit angerichtet werden, zu beheben. Dazu gehören Unmengen von Müll, die achtlos an den archäologischen Stätten weggeworfen werden, als wären es Mülldeponien. Gleichfalls störe ihn, daß Touristen aus aller Welt ständig von einheimischen Verkäufern bedrängt werden, was kein gutes Licht auf Ägypten werfe.

In seiner eindringlichen, aber auch angenehmen Art fügte er hinzu, daß er am Ende seiner Amtszeit nicht ein verfallenes Giseh-Plateau an seinen Nachfolger übergeben möchte, und er möchte auch für weitere Zerstörungen nicht die Verantwortung übernehmen müssen. Deswegen werde er auch dafür Sorge tragen, daß andere Kulturstätten ebenfalls durch Mauern geschützt werden.

Insgesamt ist diese Begründung in der Tat sehr ehrenhaft, denn der Schutz dieser Weltwunder muß eine vordringliche Aufgabe sein und bleiben. All diese Aussagen sind zweifellos richtig, und hinsichtlich dieser Ziele ist Dr. Zahi Hawass alle Unterstützung zu wünschen. Trotzdem bleiben Fragen offen. Warum muß diese Mauer aus Stahlbeton gefertigt werden und 7 m hoch sein? Kann man im Zeitalter der Technik nicht elegantere Methoden einsetzen, die den gleichen Zweck erfüllen? Und warum ist die Mauer so lang? Ich selbst habe versucht, mit einem Kamel wenigstens einem Teil der Mauer zu folgen. Wenn man aber sieht, wie tief sich diese Mauer in die Wüste hineinschlängelt, ohne daß erkennbar wäre, wieviel Zeit man für eine Umrundung benötigt, gibt man irgendwann auf. Verschiedene Autoren, angefangen mit Armin Risi Mitte 2002, haben auf den Bau dieser Mauer hingewiesen. Heute wissen wir, daß sie das gesamte Pyramidengelände mit einer Länge von 14 km umgibt und damit eine Fläche von rund 12 km² umschließt. Aber damit ist der Bau noch nicht abgeschlossen, denn im Süden wird sie auf beiden Seiten weitergebaut. Dieser monströse Bau kann mittlerweile sogar über Satellit im Internet (Google Earth) gesehen werden. Tatsächlich sind mit diesem Bau viele offene Fragen verbunden, die mich an der offiziellen Erklärung zweifeln lassen.

Zu einem anderen Themengebiet befragten wir Dr. Zahi Hawass ebenfalls. Bezüglich des unterirdischen Gangsystems gestand er ohne Umschweife ein, daß es dieses im Giseh-Plateau, von dem ich selbst einige wenige Einstiegspunkte kenne, gibt. Dieses System soll in den nächsten Jahren vermessen und zum gegebenen Zeitpunkt auch der Öffentlichkeit bekanntgegeben werden. Dazu ist es vermutlich erforderlich, Bohrungen und intensive Schachtungen durchzuführen.

Hier kann man durchaus zwei Fliegen mit einer Klappe schlagen. Mit dem Freilegen und Vermessen unterirdischer Anlagen läßt sich die Suche nach weiteren Räumlichkeiten leicht vertuschen.

Im Herbst 2004 war ich überrascht, als mir Prof. Hurtak sagte, daß es 12 unterirdische Tempel gibt. Ich weiß, daß es 13 sein müssen und daß dieser dreizehnte, der sich tief unter der Sphinx befindet, eine zentrale Funktion besitzt. Es ist sicher, daß diese Tempel noch gewaltige Überraschungen für die Öffentlichkeit parat halten, vorausgesetzt, sie erfährt etwas davon. Insofern kann die Mauer eine weitere Funktion erfüllen, indem sie unbefugte Menschen in der Zeit von abends bis früh von dem Giseh-Plateau fernhält.

Nun stehen wir vor der nächsten Frage, denn der Leser wird fragen: Woher will der Autor das alles wissen? Wieso hat er überhaupt so viele Dinge mit einer Bestimmtheit geäußert, egal um welches Bauvorhaben aus früherer Zeit es ging? Sind es nur seine Kenntnisse auf dem Gebiet der Geometrie und Mathematik, oder gibt es noch andere Gründe?

In diesem Buch verband ich nicht ohne Grund dieses naturwissenschaftliche Wissen mit der «Mystik». Vor Jahren war mir (als DDR-Bürger) die Mystik selbst noch fremd, zu sehr identifizierte ich mich mit reinem Faktenwissen und absoluter materialistischer Logik. Dann begann mit magischer Anziehungskraft Ägypten auf mich zu wirken (da bin ich nicht der einzige, dem es so geht), allerdings kam dann noch ein anderer Faktor hinzu: **Ich begann mich zu erinnern!**

Das ist an sich nichts Besonderes, weil das Potential hierzu in **jedem** Menschen liegt und bereits viele Menschen diese Erfahrung kennen. In meinem Umfeld gibt es schon eine Vielzahl von Menschen verschiedensten Alters, die Stück für Stück diese Fähigkeiten erhalten, mit dem Geist mehr zu sehen als mit ihren Augen. Dadurch gelangte ich in relativ kurzer Zeit zu neuen Einsichten und vor allem zu altem Wissen, welches unserem heutigen Wissen nicht nur ebenbürtig, sondern weit voraus ist. Es wäre falsch, jetzt zu behaupten, daß mir alles Wissen aus früherer Zeit wieder zur Verfügung steht. Es ist ein Prozeß, ähnlich dem langsamen Heben eines Theatervorhangs, der mehr und mehr von dem Bühnenbild zum Vorschein kommen läßt. Während ich dieses Buch schrieb, spürte ich diesen Prozeß deutlich, besonders dann, wenn ich mich äußerst intensiv mit Details beschäftigte, die in den einzelnen Kapiteln ausführlich behandelt wurden.

Noch ist der Vorhang erst ein kleines Stück angehoben, das reicht aber aus, die Dinge zu sehen und zu erkennen, die hier geschrieben wurden.

Ich möchte deutlich betonen, daß dieses «geistige Erwachen», das den Erdparametern mit in die Wiege gelegt wurde, eines der wichtigsten Zeichen dieser Zeit ist und mit gravierenden Veränderungen im Energiefeld der Erde verbunden ist. Dies ist keine Phantasterei, wie bestimmte Wissenschaftskreise leicht abtun, ohne die wahren Hintergründe zu kennen oder mit ihrem angeeigneten Wissen diese Dinge erklären zu können. Wir leben aktuell in einer Epoche, die derjenigen des Mittelalters ähnelt, als mutige Denker gegen die konservativen, überholten und falschen Auffassungen der Kirche ankämpften. Letztlich mußte die Kirche eingestehen, daß nicht die Erde im Mittelpunkt unseres Sonnensystems steht, sondern die Sonne. Die heutige Revolution im Denken nimmt dagegen noch größere Ausmaße an, weil nicht eine relativ kleine Kirchenspitze mit neuen Erkenntnissen konfrontiert werden wird, sondern eine weltweit umfassende Gilde materialistischer Wissenschaftler. Der Atomwissenschaftler Werner Heisenberg formulierte einst: *«Der Trunk aus dem Becher der Naturwissenschaften macht atheistisch; aber auf dem Grund des Bodens wartet Gott.»* Das ist die Botschaft, mit der die Wissenschaft sich auseinandersetzen muß, wenn der nächste Qualitätssprung für das Wissen der Menschheit erreicht werden soll.

Dieses beginnende geistige Erwachen führte mich auch zu der Erkenntnis, daß die Pyramiden nur sekundär einem Einweihungsweg dienten, der jedoch für spätere Generationen von Priestern eine entscheidende Bedeutung besaß. Entscheidend ist, daß die pyramidale Form die grundsätzlichen Schöpfungsmuster widerspiegelt, die in allen Schwingungsdimensionen ihre Gültigkeit besitzen. Diese Form besitzt vielfältigen Charakter, ähnlich der Dreiheit, die uns selbst im täglichen Leben begegnet, sei es:

- mit der Ausdehnung nach Länge, Breite und Höhe oder
- in der Einteilung nach dick, dünn oder normal,
- dem räumlichen Bezug mit innen, außen oder Mitte,
- der Zeiteinteilung in Vergangenheit, Gegenwart und Zukunft,
- usw.

Im kosmischen Sinne muß man sich um die Pyramide eine Kugel vorstellen, in der unterhalb der Mittelebene eine zweite Pyramide gespiegelt wird. Die Cheops-Pyramide verdeutlicht hier annähernd den Idealfall, weil die Spiegelachse nur um einen winzigen Hauch am Durchmesser der Kugel vorbeigeht, während bei anderen Pyramiden die Grundfläche in deutlicherem Maße entweder unterhalb oder oberhalb der Durchmesserebene liegt. Es ist daher möglich, um jede Pyramidenform eine Kugel zu projizieren. Eine «ideale» Pyramide verdeutlicht als kosmisches Modell mit ihrer senkrechten Achse durch die obere und untere gespiegelte Spitze die Hauptachse des transzendenten Bewußtseinsfeldes des Schöpfers, welche eine neutrale Eigenschaft aufweist, wie in der Mathematik das ± oder die imaginären Zahlen mit +i und −i. Dies bedeutet, daß eine Schwingungsform sowohl positive als auch negative Eigenschaften in sich vereint. Bildlich kann man sich das so vorstellen, als würde man ein schwarzes und ein weißes Mikadostäbchen in der Mitte zersägen und unterschiedlich zusammenkleben. Das Ergebnis wäre ein schwarz-weißes (± oder +i) und ein weiß-schwarzes (∓ oder −i) Mikadostäbchen. Dies ist nur ein vereinfachter Erklärungsversuch, denn in Wirklichkeit muß man sich um diese Achse ein Schwingungsmuster mit Ausbreitungs- und Rückkehrfunktion vorstellen, die sich in ihrer Polarität aufheben. Schwingungsmuster dieser Art können meßtechnisch nicht erfaßt werden, da sie an den Enden keinen Polaritätsunterschied aufweisen. Unsere gesamte, auf polaren Prinzipien aufbauende Meßtechnik benötigt einen Potentialunterschied, um die Existenz eines Teilchens oder einer Energieform überhaupt erfassen zu können. Dies ist der Grund, warum es bisher noch keinem Wissenschaftler gelungen ist, den wissenschaftlichen Nachweis für einen Schöpfergott zu erbringen. Erst wenn neutrale Energien «aufgespalten» werden, beginnt für den Menschen ein erster, winziger Teil sichtbar und beweisbar zu werden. Wenn dieser Prozeß der Aufspaltung beginnt – wir nennen es «Urknall» – werden materielle und antimaterielle Schwingungsformen in einem Atemzug geschaffen (das indische Bild vom ein- und ausatmenden Gott Vishnu). Dies verdeutlichen die beiden Hauptachsen in der Ebene der Pyramide. Sie sind um 90° zueinander versetzt und bilden somit einen rechten Winkel. Es wurde mehrfach betont, daß dieser Winkel in mystischen Organisationen seine Bedeutung hat, ohne daß deren Mitglieder wissen, welchem primären Ursprung sie dieses Symbol verdanken.

Diese pyramidale Form mit ihren drei Hauptachsen ist das große Geheimnis der Schöpfung und der Hauptgrund, warum in mystischen Organisationen Gott als der dreifache Baumeister bezeichnet wird! Die Kugelform mit den drei jeweils um 90° versetzten Hauptachsen ist das Grundmodell einer kosmischen Bewußtseinsstruktur, die über subatomare

Strukturen miteinander verknüpft ist und Informationsaustausch über alle Schwingungsformen und alle Distanzen bis an das Ende des Universums ermöglicht. Mit den enthaltenen, von den Menschen noch nicht entdeckten Grundprinzipien lassen sich auch su-
perholographische Eigenschaften des Kosmos erklären, die letztlich auch zum Verständnis
paranormaler Eigenschaften bis hin zu morphogenetischen Feldern führen.

Deswegen ist es wichtig, die Pyramide als ein Symbol zu verstehen, das durch höhere
Intelligenzformen auf der Erde materialisiert wurde! Das in der Doppelpyramide in Form
eines Oktaeders verborgene Prinzip stellt nur ein extrem vereinfachtes Modell dar, welches geordnete, für jede Schwingungsdimension typische Schwingungsmuster in einer
Art Unterfunktion besitzt. Die Dimension, in der wir leben, ist daher nicht statisch wie
eine abstrakte geometrische Form. Sie ist in ihren kleinsten energetischen und materiellen
«Teilchen» ein kompliziertes Gebilde, in der die bestimmenden materiellen Schwingungsmuster die gleiche abstrahierte Grundstruktur einer Pyramide besitzen. Allerdings ist dies,
wie bereits erwähnt, nur eine sehr vereinfachte Erklärung, die noch nicht verdeutlicht, wie
innerhalb einer Dimension die unterschiedlichsten morphogenetischen Felder entstehen.
Diese interessante Geschichte gehört nicht in dieses Buch, weil sie einen umfassenden
eigenen Themenkreis darstellt. Sie wurde nur deshalb angesprochen, um zu verdeutlichen, daß in der Spannbreite von Schwingungsmustern und Frequenzen unserer dritten
Dimension der Grund dafür liegt, daß der Mensch sich nicht wie ein Eisklotz benimmt,
sondern Freude und Leid empfinden kann. Dies ist auch der Grund dafür, daß unsere
Zellen in diesen unterschiedlichen emotionalen Zuständen unterschiedlich hoch schwin-
gen und unsere beiden Gehirnhälften ein Frequenzmuster aufweisen, welches wir durch
eigenes Verhalten beeinflussen können. Ärger und Freude und tiefe, innere Ruhe zeigen
in einem EEG (Elektro-Encephalogramm = Bild der Gehirnströme) unterschiedliche Frequenzen an. Wie könnte dies möglich sein, wenn wir in einem starren dreidimensionalen
kosmischen System ohne Schwingungscharakteristika leben würden? Die Atomphysiker
haben offenbar bis jetzt nicht annähernd das Wesen der dritten Dimension erfaßt, in der
wir leben, geschweige daß sie begriffen hätten, wie höhere Schwingungsdimensionen aufgebaut sind.

Im höheren Sinne stellt die Pyramidenform die Grundform allen Seins der Schöpfung
dar und ist ein Zeichen dafür, wie höhere Energien auf ein unsere Schwingungsdimension
bestimmendes Niveau transformiert und verdichtet werden bzw. werden können. Im umgekehrten Sinne war es den Eingeweihten möglich, die eigene geistige Energie innerhalb
der Pyramide ebenso zu transformieren, um Kontakt zu höheren Schöpfungsebenen zu
bekommen. Ich erinnere hier an die von Monroe gewonnenen Erkenntnisse, dem es innerhalb eines Forschungsprogramms der CIA gelang, ebenfalls in höhere Schwingungsebenen
und morphogenetische Felder einzudringen.

Einer der größten Irrtümer der Wissenschaft ist es zu glauben, daß Lebensformen nur
in einer dreidimensionalen Welt existieren können. Diese Auffassung ist nicht nur ein
wenig falsch, sie ist absolut falsch. Die Tatsache, daß alle Versuche, im Kosmos Leben zu

finden, bisher gescheitert sind, liegt nicht an fehlender Intelligenz im Kosmos, sondern an der Tatsache, daß wir mit der Technik unserer Dimension versuchen, höhere Lebensformen zu finden. Jeder kleinste Bestandteil unserer Technik ist durch das Schwingungsverhalten unserer Dimension bestimmt und kann demzufolge ein auf anderen Prinzipien basierendes Schwingungsverhalten nicht erkennen. Als Vergleich soll zur Erklärung das Wesen unseres Auges erwähnt werden. Mit unseren Augen erfassen wir lediglich einen Teil unserer Umwelt. Schwingungen, die von Rundfunk und Fernsehen, von Handys, Mikrowellengeräten oder sonstiger hochfrequenter Technik ausgehen, entziehen sich unserem Auge, obwohl wir ständig von ihnen umgeben und durchdrungen sind. Diese für unsere Augen nicht sichtbaren Frequenzen kann unsere Technik erfassen, analysieren und so umwandeln, daß wir sie mit unseren Sinnesorganen erfassen können, zum Beispiel als «Telekommunikation» oder «Television».

Schwingungsfrequenzen höherer Schöpfungsebenen sind für unsere Technik genauso unsichtbar wie Radiofrequenzen für unser Auge, weil auf diesen Ebenen ein völlig anderes System in jedem Elektron und jedem Atom dessen inneres Schwingungsniveau bestimmt. Diese Atome verhalten sich nur anders, als wir es gewohnt sind. Dabei kennen wir ein sehr anschauliches, irdisches Beispiel, wie Atome unter Zuführung von Energie ihre Erscheinungsform ändern: die Aggregatzustände des Wassers. Lediglich durch Energiezufuhr können wir Eis zu Wasser umwandeln. Bei kochendem Wasser sehen wir deutlich, wie Wasser in Bewegung gerät und zu brodeln beginnt, ohne daß wir im Wasser herumrühren müssen. Schließlich beginnt das Wasser als Dampf aus dem Gefäß zu entweichen, was noch gut von unseren Augen wahrgenommen wird. Schließlich entschwindet auch der Dampf unseren Augen, wenn die Luft trocken genug ist, um die nunmehr unsichtbaren Wassermoleküle aufzunehmen. Aufgrund unseres wissenschaftlichen Wissens und seiner eigenen Erfahrungen wird kein Mensch daran zweifeln, daß die als Eis gefrorenen Wassermoleküle immer noch existieren, obwohl sie für unsere Sinnesorgane nicht mehr zu erfassen sind. Sie haben sich regelrecht «in Luft aufgelöst». Konnten wir das Eis mit keinem Teil unseres Körpers durchdringen, bewegen wir uns nun durch das gasförmige Wasser, als wäre es nicht mehr vorhanden.

Was ich hier so ausführlich zu verdeutlichen versuche, soll unserem Verstand näherbringen, daß chemische Elemente in Verbindung mit höheren Energien immer noch existieren, auch wenn sie für die irdischen Menschen nicht mehr bewußt wahrnehmbar sind. Auf analoge Weise verändern höhere Schwingungsformen, die auch höhere Energien beinhalten, die Atomstruktur und damit deren Erscheinungsform. Warum sollten sich dann unter veränderten Energiemustern nicht ebenso Molekülstrukturen bilden können, die lebensfähige Intelligenzformen hervorbringen?

Demzufolge ist es sinnlos, mit einer irdischen Technik nach höheren Lebensformen zu suchen, die auf anderen Energiemustern aufbauen.

Nachdem in den ersten Kapiteln des vorliegenden Buches über den Urzoll, die sakrale Elle, den Hunab und nicht zuletzt über den Zentimeter gezeigt wurde, daß die Erde

Planparameter besitzt, muß man zur Schlußfolgerung gelangen, daß «jemand» die Erde und unser Sonnensystem geplant und vor allem auch erschaffen haben muß, denn «von nichts kommt nichts», wie wir auch im Alltag sagen. Die Bibel spricht diese Leistung Gott zu. Aber gibt es im Kosmos nur Menschen der dritten Dimension und Gott? Wie ich eben versucht habe zu erklären, gibt es Lebensformen höherer Dimensionen, die Gott näher sind als wir. Mit anderen Worten, die Intelligenz und die Fähigkeiten jeder «Intelligenzform» nehmen mit jeder höheren Schwingungsdimension zu. Deshalb versuchten auch die altägyptischen Priester vordynastischer Epochen mit diesen höheren Intelligenzen durch Einweihung in Kontakt zu kommen, einerseits, um auf ihrem Wege zur geistigen Vervollkommnung selbst zu profitieren, und andererseits, um höheres Wissen und die damit verbundenen Fähigkeiten zum Nutzen der Menschheit auf die Erde zu bringen.

Wenn wir – und jetzt kommen wir zu dem für die Wissenschaft heikelsten Punkt – von den Erbauern der ältesten Pyramiden sprechen, dann reden wir von Wesen einer höheren Schwingungsdimension! Diese waren es, die auf der Erde gewirkt und erst die Entfaltung menschlicher Intelligenz ermöglicht haben. Wer die Erde erschaffen und formen konnte, für den war es ein «Kinderspiel», im Verhältnis dazu unbedeutend kleine Pyramiden zu erschaffen. Würde heute noch die Cheops-Pyramide in ihrer originalen Form mit ihrer glatten und weithin glänzenden Oberfläche vorhanden sein, hätten die Wissenschaftler schon längst mittels Meßtechnik ermittelt, daß es hier nicht mit «rechten Dingen» zugegangen sein kann. Es wäre auch das ganze Giseh-Plateau vermessen worden, und man hätte mittlerweile in einem starken Maß kosmische Bezüge feststellen können. Man wüßte dann, daß die ursprünglichen Bauten untereinander in einem mathematischen, geometrischen, kosmischen und schwingungsmäßigen Zusammenhang standen. Unsere ganze heutige Theorie über den Pyramidenbau, den wir der dritten und vierten Dynastie zuordnen, würde ganz anders aussehen. Es würde uns dann nicht mehr schwerfallen, Bauten, die während dieser und der folgenden Dynastien im Bereich des Giseh-Plateaus errichtet wurden, konstruktiv von jenen Bauten zu unterscheiden, die ihre Herkunft einer kosmischen Entstehungsgeschichte verdanken.

Es war aber die Absicht der Planer, dies den Menschen nicht so offensichtlich zu hinterlassen. Die Menschen sollten in ihrer Entwicklung erst durch das Tal der Tränen gehen, das die Veden das Zeitalter des Kali-Yuga nennen.

Die Cheops-Pyramide, die ein Meisterwerk höchster Vollendung ist, sollte über die Zeiten als ein Symbol erscheinen und das Bewußtsein der Menschen inspirieren. Deshalb ist dieses Bauwerk dasjenige, das von der Menschheit als das erste Weltwunder bezeichnet wird, und dasjenige, worüber am meisten geschrieben worden ist.

Eine vor allem für Freimaurer wie auch Freimaurer-Gegner schockierende Erkenntnis dürfte sein, daß diese Pyramide in einer konstruktiven Einheit von Parametern einer heiligen Geometrie wie auch der Geometrie der Einweihungswege geplant und realisiert wurde. Das heißt klipp und klar, **ursprüngliches** «freimaurerisches» Wissen ist kosmisches Wissen und entstand nicht auf der Erde! Es wurde den damals geistig Fähigsten vermittelt, damit es die Zeiten der Dunkelheit auf der Erde in mystischen Orden überlebt. Es sollte nicht der Allgemeinheit zur Kenntnis gelangen, weil es der «profane» Mensch in früheren Zivilisationen keinesfalls verstanden hätte. Die Verwässerung wäre eine noch größere Gefahr geworden, als ohnehin bereits geschehen. In erster Linie durch Desinteresse an höherem Wissen, welches zur Unwissenheit nachfolgender Generationen geführt hat, stehen diese Orden heute lediglich noch vor «Stäubchen» von Wissen, welches hauptsächlich in äußeren Erscheinungsformen überlebt hat. Diese sind es auch, die Kritiker auf den Plan rufen, wenn sie vor allem Geheimniskrämerei beanstanden, oder darauf hinweisen, daß die unteren Grade nichts von dem wissen, was die höheren Grade wissen – und tun.

Um dies im richtigen Licht zu sehen, muß man wissen, daß ursprünglich bereits in den untersten Graden durch Schulung des Geistes Fähigkeiten zur Beherrschung der Materie vermittelt wurden, die ein adäquates moralisches Verhalten erforderten. In diesem Zusammenhang gibt es die bildhafte Geschichte von Goethes Zauberlehrling, der magisches Wissen anwandte, das er noch nicht vollständig beherrschte. Um unter anderem solche Dinge zu vermeiden, durfte höheres Wissen, welches sich vor allem durch höhere Fähigkeiten auszeichnete, nur dem Eingeweihten offenbart werden. Das ist der primäre Grund, warum an ägyptischen Priesterschulen Erkennungszeichen gelehrt wurden, die einem Priesterschüler eines niedrigeren Grades nicht gezeigt werden durften! Auch dieser Hintergrund ist inzwischen vergessen worden. Geblieben sind Teile der «Zeremonie», die heute als das Besondere in diesen Orden angesehen und vor der Öffentlichkeit geheimgehalten werden. Die zwischen den Einweihungsgraden liegende, komplexe Ausbildung ist dagegen verschwunden, auch wenn manche Orden, wie zum Beispiel die Rosenkreuzer, ihre Mitglieder noch zu geistigen Übungen auffordern. Es sind letztlich nur extrem spärliche Reste, die mit Einweihungen in einen nächsthöheren Grad im ursprünglichen Sinn nichts mehr zu tun haben. Daß diese Orden, wie sie auch heißen mögen, eine kosmische Vergangenheit haben, sollte sie stolz machen und sie wieder zu ihren wahre Tugenden zurückführen. Dies kann jedoch nicht die Aufgabe dieses Buches oder des Autors sein. Es ist lediglich beabsichtigt, die uralten Quellen dieser Orden in einem neuen Licht zu betrachten und Anregungen dafür zu geben, dieses für die Zukunft wichtige Wissen wieder zu aktivieren.

Was die Große Pyramide betrifft, so möchte ich auf einen weiteren unbekannten Fakt eingehen: Vor fünftausend Jahren war diese Pyramide bereits verschlossen (!) und weckte dadurch in den Menschen die Frage, was hinter dieser gleißend strahlenden Außenwand, hinter dieser **Materie**, verborgen ist. Die Große Pyramide war für die Menschen der damaligen Zeit unfaßbar, ebenso wie viele andere Pyramiden, die mit glatten Kalksteinplatten in perfekter Form verkleidet waren. Dadurch wurden durch diese Pyramiden den Menschen weitere, unbewußte Fragen mit in die Wiege gelegt: Was kommt nach der Materie? Zeigt uns die sichtbare Materie wirklich alles?

Der Drang, hinter diese Geheimnisse zu kommen, bestimmte deshalb einen beträchtlichen Teil der Wissenschaftssuche des Menschen besonders in den letzten 200 Jahren.

Nun reift die Zeit heran, hinter diese Rätsel zu schauen, allmählich zu begreifen, daß die Geschichte der Menschheit anders ausgesehen hat, als wir sie gegenwärtig niedergeschrieben haben.

Deshalb wird auch die Zeit kommen, in der wir nicht nur glauben, sondern auch wissenschaftlich akzeptieren werden, daß eine Reihe von Pyramiden viel älter ist, als wir bisher annehmen.

Wenn die Pyramiden wichtig für das Gitternetz der Erde waren und noch sind und dieses Gittenetz wiederum für die Funktion unseres Gehirns wichtig ist, müssen die Pyramiden zwangsläufig sehr alt sein. Die Rote Pyramide wurde als erste Pyramide auf diesem Erdball errichtet, und zwar weit vor der Zeit, die von der offiziellen Wissenschaft angegeben wird. Ihre «Außenhaut» wie auch die von anderen Pyramiden war energetisch geschützt, so daß diese Bauwerke so lange vor Korrosion geschützt blieben, wie ihre Außenhaut intakt war. Einen ähnlichen Effekt kennen wir vom Obst her, das sehr lange gelagert werden kann, wenn es keine Beschädigungen in der Schale aufweist. Ein heruntergefallener Apfel beginnt relativ schnell zu verfaulen und ist für eine längere Lagerung nicht geeignet. Insofern sollten wir uns nicht wundern, wenn ein Großteil der Pyramiden in einer Erdepoche errichtet wurde, die um Größenordnungen vor der sogenannten Sintflut liegt.

Ich würde hier gern mehr berichten, wie diese Pyramide im Detail errichtet wurde, aber hier hat sich mein «Vorhang» leider noch nicht genug erhoben, um diese Dinge vollständig zu sehen und zu beschreiben. Ich weiß jedoch, daß die Rote Pyramide der erste Orientierungspunkt auf der Erde war, um Grundvoraussetzungen für die Errichtung des Gitternetzes zu schaffen. Weiterhin wurde sie dazu benutzt, Energien für den Bau anderer Pyramiden bereitzustellen. Die Transformation und Verdichtung dieser Energien erfolgte in den galerieartigen Kammern, wozu auch technische Einrichtungen zum Einsatz kamen, die später wieder entfernt wurden.

Die ältesten Pyramiden, die Bestandteil des Gitternetzes sind und höhere kosmische Funktionen besitzen, wurden definitiv nicht mit manueller Kraft errichtet, sondern nur mit kosmischen Energien, die sich unserem heutigen Verständnis entziehen. Die Cheops-Pyramide wurde unmittelbar danach errichtet, nachdem der wichtigste Gitternetzpunkt festgelegt war. Ihre Galerie wurde schräg angeordnet, um Bewußtseinsenergien zu transformieren, wozu gleichermaßen das Empfangen und Aussenden gehörte. Der geschlossene Sarkophag mit seiner Ausrüstung war der wichtigste Bestandteil für diesen Transformationsprozeß. Ebenso blieb die Cheops-Pyramide aus diesem Grund geschlossen und wurde erst viel später von physisch sichtbaren Wesen wieder für die Priester geöffnet, ehe der letzte Hocheingeweihte diese Pyramide vor mehr als fünftausend Jahren verschloß. Erst Al Ma'mun gelang es um das Jahr 820, sie – mit Gewalt – wieder zu öffnen.

Weiter oben sprach ich davon, daß diese Wesen auch an der Formung der Erde beteiligt waren. So wurden durch sie weitere Parameter in die Erde integriert, die sich durch kosmische Gesetze zwischenzeitlich zum Teil geringfügig verändert haben. Zu diesen Parametern gehören u.a.:

- die Dichte der Erde in den verschiedenen Ebenen:
  - Erdkruste: 2,7 g/cm³
  - äußere Schicht des Erdmantels: 3,0 g/cm³
  - innere Schicht des Erdmantels: 3,3 g/cm³
  - äußere Schicht des Erdkerns: 10,0 g/cm³
  - Erdkern: 13,0 g/cm³
- der Radius des Erdkerns mit **127 000 254** cm = 1270,00254 km bzw. 50 000 000" (er wird von der Wissenschaft mit ungefähr 1275 km angegeben)
- die Temperatur des Erdkerns mit 666 × 10° C (laut Wissenschaft ca. 6650°C)
- der Anteil des Gewichtes aller Wassermassen am Gewicht der Erde ($\frac{1}{4400}$)

Am bemerkenswertesten ist hier der ursprünglich 6660°C heiße Erdkern, der ein eigenes Schwingungsverhalten aufweist, welches durch seine äußeren Abmessungen bestimmt wird. Die in diesem Kern erzeugte Frequenz betrug bei dem angegebenen Radius exakt 118,11 Hz (berechnet aus Lichtgeschwindigkeit geteilt durch den Durchmesser des Erdkerns). Nun ist bekannt, daß sich das Magnetfeld verkleinert hat, während sich die Erdfrequenzen geringfügig erhöht haben. Es ist elementare Physik, daß in einem sich vergrößernden Resonanzraum die Frequenzen sinken und umgekehrt. Wir kennen das im Vergleich zwischen Baß und Violine. Die kleinere Violine kann in ihrem viel kleineren Resonanzraum viel höhere Töne erzeugen als der Baß. Nicht anders ist es mit Orgelpfeifen.

Was hat das alles aber mit dieser Thematik zu tun? Es sind noch einige Vorbemerkungen erforderlich, um den Grund für diese Ausführungen zu begreifen.

Bisher wurde niemals darüber diskutiert, daß sich die Frequenz des Erdkerns ebenfalls verändert hat. Sie ist ebenfalls etwas größer geworden und beträgt aktuell rund 118,25 Hz, also fast unscheinbare 0,14 Hz mehr. Die wichtige Frage lautet: Hat diese winzige Frequenzänderung eine Bedeutung? Berechnet man jetzt umgekehrt aus der vorgegebenen Frequenz den dazugehörigen Radius des Erdkerns, erhält man einen Wert von rund 1268,5 km. Das sind rund 1500 m, die der Erdkern kleiner geworden ist, und das mit der größten Abnahme in den letzten 60 Jahren. Wie ist aber so etwas möglich? Dafür gibt es nur eine einzige Erklärung: Der Erdkern hat sich abgekühlt! Steht diese Aussage nun im Widerspruch zu der aktuell registrierten Erderwärmung? Keinesfalls, sie erklärt die Erderwärmung! Wenn sich der Kern durch äußere kosmische Einwirkung beschleunigt abkühlt, muß die Wärme irgendwohin abgeleitet werden. Dafür gibt es aber nur eine einzige mögliche Richtung: nach außen! Hier liegt der Hauptgrund dafür, daß sich die Meere und die Landoberfläche spürbar und meßbar erwärmt haben. Der Einfluß des Abbaus der schützenden Ozonschicht mag einen geringen Anteil dazu beitragen, aber dies ist **nicht** der wesentliche Faktor.

Wenn ich bereits von den Zeichen dieser Zeit gesprochen habe, von dem geistigen Erwachen einer zunehmenden Anzahl von Menschen, ist das einem kosmischen Einwirken zu verdanken. Sicherlich gibt es für uns Menschen auch Auswirkungen, die wir mit dem Wort «negativ» beurteilen. Die Erwärmung der Erdkruste in einem relativ kurzen Zeitraum führt konsequenterweise zu einer Ausdehnung, wodurch Spannungen in der Erdkruste entstehen. Die Folge sind verstärkte Erdbebentätigkeit ebenso wie eine erhöhte Verdunstung von Wasser in den Ozeanen, die eine sichtbare Zunahme von Wirbelstürmen nach sich ziehen. Natürlich erhebt sich sofort die Frage: Warum passiert das alles?

Der Hintergrund liegt in spiralförmigen Entwicklungsprozessen, denen auch die Erde unterworfen ist. Wenn im Erdkern ein Code verborgen ist, der den Weg von der 127 zur 254 verdeutlichen soll, so bedeutet dies, daß der Mensch in seiner Lebensepoche innerhalb dieser Schwingungsdimension diesen Bewußtseinssprung meistern soll. Demgegenüber weist der Poldurchmesser mit seiner Ziffernfolge 127 127 254 254 508 508... an, daß der Prozeß der Bewußtseinserhöhung in höheren Schwingungsdimensionen fortgesetzt wird. Das heißt, daß die Erde als Ganzes ebenfalls diesem Prozeß unterliegt, denn wie könnte das Schwingungsmuster in den Atomen eines Menschen verändert werden, wenn die gleichen chemischen Elemente, die unsere Erde und Natur formen, unverändert blieben?

Den in den 33. Grad eingeweihten Meistern waren all diese Dinge bereits bekannt, weil sie in dem holographischen Feld die Zukunft sehen konnten. Mit ihrem Wissen waren sie deshalb stets dem «profanen» Menschen um Längen voraus. Eine der wichtigsten Erkenntnisse, die ich selbst im Verlaufe des Buches gewann, war, daß dieses Geheimwissen der Vergangenheit entscheidend wichtig für unsere eigene Zukunft ist. Es ist kein Hobby, welches der Befriedigung der Bedürfnisse eines Einzelnen dient, sondern es ist ein Wissen, daß die Menschheit in ihrem Kern treffen wird und niemals und durch keine Methode unterdrückt werden kann.

Diejenigen, die ihr Sternenwissen auf der Erde in Stein manifestiert haben, waren sich darüber im klaren, daß die Menschheit noch schwere Zeiten durchleben muß, um endlich höhere Zusammenhänge und ihre wahre Herkunft zu begreifen. Später nachfolgende «Götter» bzw. Wesen von anderen Sternensystemen, die in dieses Wissen eingeweiht waren und die für die Menschen in physischer Form erschienen, befruchteten die Menschheit mit dem Samen des Wissens. Sie klärten die Menschen auf und gaben ihnen die Maße und Gewichte, was für eine zivilisierte Entwicklung einen wichtigen Meilenstein darstellte. Mit der Vermittlung von kosmischen Wissen und Hinweisen auf ihre Herkunft fachten sie für den Menschen einen inneren Antrieb an, nach den Sternen zu schauen.

Damit dieses Wissen in den schweren Zeiten, dem «Tal der Tränen», nicht vollständig verlorengeht, wurden in späteren wiederholten Besuchen die Fähigsten der Menschheit auserwählt und in Tempeln geschult. Auf diesem Wege wurde eine Priesterkaste mit dem Ziel herangezogen, dieses Wissen zu bewahren und an geeignete, willensstarke Menschen weiterzugeben. Deshalb finden wir rund um den Erdball Zentren des Wissens und der Weisheit, gleich ob bei den Ägyptern, Sumerern, den Mayas, den Tibetern, den Hethitern, den Kelten usw.

Wichtiges Wissen für die Menschheit einschließlich der Entstehung des Kosmos wurde in die verschiedensten Mythen verschlüsselt eingearbeitet. Daher enthalten rund um den Erdball die vielfältigsten Mythen Weisheiten, die nur noch nicht erkannt wurden. Die durchgängig gewählte bildhafte Sprache macht es schwer, hinter den wahren Sinn zu kommen. Hierzu benötigt man einen Übersetzungsschlüssel, erst dann enthüllt sich, was über Tausende von Jahren verborgen bleiben und erst in der heutigen Zeit wieder zugänglich werden sollte. In diesem Buch haben wir einen wichtigen Schlüssel kennengelernt: jenen, der über Geometrie und Qualität der Zahlen die Zeiten überlebt hat. Es ist einer von mehreren Schlüsseln, der uns von Wesen höherer Intelligenz «geschenkt» wurde, damit wir wieder den Verstand mit dem Gefühl und unseren Geist mit der Seele verbinden. Erst dann werden wir spüren und auch wissen, daß wir alle aus der Einheit kommen und die Erde nur als Schulungszentrum benutzt haben, um uns geistig zu vervollkommnen.

Der Autor

Der Autor Axel Klitzke, geb. 1947 im thüringischen Apolda, absolvierte eine Lehre im Bergbau, danach Ingenieurausbildung mit Diplomabschlüssen an der TH Karl-Marx-Stadt (Ergonomie) und an der Ingenieurschule Gotha (Hochbau); leitete zu DDR-Zeiten viele Jahre ein Ingenieurbüro, das vorrangig die Rekonstruktion von Altstadtzentren in Thüringen plante und umsetzte. Nach der politischen Wende arbeitete er in einem Stahlbauunternehmen in Rudolstadt, wo er das Projektmanagement aufbaute und in dieser Funktion bis zum Jahr 2000 tätig war. Die Nachfolgezeit bestimmten Forschungen auf dem Gebiet der Physik des Kosmos und des in megalithischen Anlagen, insbesondere in den Pyramiden, manifestierten kosmischen Geheimwissens. Ersteres führte zur Niederschrift des Buches *Die kosmische 6 – von der Zahl zur Holographie des Universums*. Im vorliegenden Buch werden nun beide Teilgebiete miteinander verknüpft. Zu diesen Themen veröffentlichte er bereits zahlreiche Artikel, über deren Inhalt er auch Vorträge hält.

Für Anregungen und Kritiken sowie für Kontakte ist der Autor erreichbar unter: Axel.Klitzke@t-online.de

Weitere Informationen unter: www.hores.org.

Literaturverzeichnis

Dorner, Josef: Neue Messungen an der Roten Pyramide, in Guksch, Heike/Polz, Daniel: *Stationen – Beiträge zur Kulturgeschichte Ägyptens,* Mainz 1998

Gahlin, Lucia: *Ägypten – Götter • Mythen • Religionen,* Reichelsheim 2001

Gahlin, Lucia/Oaks, Lorna: *Ancient Egypt,* London 2002

Gantenbrink, Rudolf: http//cheops.org

Gruber, Elmar R.: *Die PSI-Protokolle – Das geheime CIA-Forschungsprogramm und die revolutionären Erkenntnisse der neuen Parapsychologie,* München 1998

Haase, Michael: *Das Rätsel des Cheops – Die letzten Geheimnisse der großen Pyramide in Giza,* München 1998

Hesekiel: Bibel, AT

Holey, Jan Udo: *Die Kinder des neuen Jahrtausends,* Fichtenau 2001

Hurtak, J. J.: *Das Buch des Wissens – Die Schlüssel des Enoch,* Basel 1996

Klitzke, Axel: *Die kosmische 6 – von der Zahl zur Holographie des Universums,* Marktoberndorf 2002

Knight, Christopher/Lomas, Robert: *Der zweite Messias,* Bern, München, Wien 1997

Knight, Christopher/Lomas, Robert: *Unter den Tempeln von Jerusalem,* Bern, München, Wien 1998

Lincoln/Baigent/Leigh: *Der Heilige Gral und seine Erben,* Bergisch Gladbach 1999

Lorber, Jakob: *Die Haushaltung Gottes, Bd. 1, Die Urgeschichte der Menschheit,* Bietigheim 2000

Lübke-Kallenbach: *Mittelalterliche Kirchen* I und II, (Mundus) 2000

Merz, Bernd A.: *Der Ägyptische Tarot,* München 1992

Mendelssohn, Kurt: *Das Rätsel der Pyramiden,* Augsburg 1993

Monroe, Robert A.: *Der zweite Körper,* München 1996

Papus (alias Dr. Gerard Encausse): *Tarot der Zigeuner,* Bern, München Wien 1999

Petrie, W. M. Flinders: *Pyramids and Temples of Gizeh,* London 1900

Plichta, Peter: *Das Primzahlkreuz, Bd. I, Im Labyrinth des Endlichen,* Düsseldorf 1991

Plichta, Peter: *Gottes geheime Formel,* München 1995

Poe: «Der entwendete Brief», in: *Phantastische Erzählungen*

Risi, Armin: *Gott und die Götter – Der multidimensionale Kosmos, Band 1,* Neuhausen 1995

Risi, Armin: *Machtwechsel auf der Erde – Der multidimensionale Kosmos, Band 3,* Neuhausen 1999

Risi, Armin/Paganini, Rico: *Die Giza-Mauer und der Kampf um das Vermächtnis der alten Hochkulturen,* Neuhausen 2005

Sheldrake, Rupert: *Das schöpferische Universum – die Theorie des morphogenetischen Feldes,* München 2001

Sitchin, Zecharia: *Das erste Zeitalter,* München 1993

Sitchin, Zecharia: *Stufen zum Kosmos,* München 1989

Stadelmann, Rainer: Die ägyptischen Pyramiden – vom Ziegelbau zum Weltwunder, Darmstadt 1997

Stelzner, Michael: *Die Weltformel der Unsterblichkeit,* Wiesbaden 1996

Tompkins, Peter: *Cheops,* Bern, München, Wien 1976

Tompkins, Peter: *Die Wiege der Sonne,* Bern, München, Wien 1976 (engl.: *Mysteries of the Mexican Pyramids*)

Trapp, Wolfgang: *Kleines Handbuch der Maße, Zahlen, Gewichte und der Zeitrechnung,* Stuttgart 1998

Weilmünster, Rudi Ph.: *Praxis der Pyramidenenergie,* Stuttgart 1995

Wilkonson, Richard: *Die Welt der Ägypter im alten Ägypten,* Stuttgart 2003

Zunneck, Karl: *Die geheimen Zeichen und Rituale der Freimaurer,* Rottenburg 2004

Quellennachweis der Bilder

Abbildung 1, 23, (Hintergrund): www.solarview.com; copyrightfrei
Abbildung 2: Reinhard Atzbach
Abbildung 5, 6: mit freundlicher Genehmigung Büro E.v. Däniken
Abbildung 13, 63: aus «Pyramids and Temples of Gizeh» von W. M. F. Petri; 1883
Abbildung 25: Britisches Museum
Abbildung 26, 29, 30, 31, 32, 35, 41: aus *The Mexican Pyramids* von Peter Tompkins
Abbildung 27, 28: Tatjana Ingold
Abbildung 45: aus *Der Ägyptische Tarot* von B. A. Mertz; mit freundlicher Genehmigung von Cristiana Eisler-Mertz
Abbildung 65, 70, 72, 86: aus *Cheops* von Peter Tompkins
Abbildung 102: Andreas von Rétyi
Restliche Abbildungen und Grafiken: Axel Klitzke

Axel Klitzke

DIE KOSMISCHE 6

von der Zahl
zur Holographie des Universums

ISBN 3-9807812-4-0
355 Seiten, gebunden
€ 22,– / Fr. 39.60

In diesem Buch befaßt sich Axel Klitzke mit rund 6000 Jahre altem sumerischem und ägyptischem Wissen, in dem er einen kosmischen Code entdeckt hat. Das Ungewöhnliche, das hinter diesem Code steckt, führte ihn nicht nur zu kosmologischem Wissen, sondern auch zur Neubewertung der Zahlen. Das Ergebnis ist die Wiederentdeckung von Gesetzmäßigkeiten, die das System der Qualitäten von Zahlen bestimmen.

Sowohl die numerische Wertigkeit von Tarot-Karten als auch der altägyptische Einweihungsweg bergen tiefes Wissen über die Grundlagen unserer materiellen Schöpfung und können nicht mehr als mythologische Spielerei oder Erfindungen irgendwelcher Priester und Theosophen abgetan werden.

Die Geheimnisse, die hinter der 6 und der 10 – den bestimmenden Größen des sumerischen Sexagesimalsystems – liegen, werden Stück für Stück entblättert und enthüllen schließlich ein System von 3 Energiespiralen, die in Verbindung mit komplexen Drehbewegungen nicht nur höhere Dimensionen aufbauen, sondern auch zur Holographie des Universums führen. Nebenbei werden die kleinsten Elementarteilchen des Kosmos entdeckt, welche die Basis für einen energiedichten Raum im gesamten Kosmos bilden.

Letztlich wird ein Weg zur Einheit von Erkenntnis und Glaube aufgezeigt, für das uraltes Wissen die Grundlagen schafft. Mit dem vorgelegten Wissen versucht der Autor, zwischen Religion und Wissenschaft eine Brücke zu schlagen.

*Der multidimensionale Kosmos,
Band 1:*

Armin Risi

GOTT UND DIE GÖTTER

*Das vedische Weltbild revolutioniert
die moderne Wissenschaft, Esoterik
und Theologie.*

ISBN 3-906347-30-3
5. Auflage, 432 Seiten, gebunden
€ 24,– / Fr. 43.20

Armin Risi entschlüsselt die jahrtausendealten
vedischen Quellen und entdeckt dabei, woher
diese alten Kulturen ihr Wissen bezogen. Dadurch wird ersichtlich, daß die Vergangenheit
ganz anders war, als heute gelehrt wird, und daß
auch die Zukunft ganz anders sein wird.

Aus dem Inhalt:

• Ursprung und Aufbau des Universums
• Die Relativität der Zeit
• Parallelwelten
• Die ältesten UFO-Berichte
• Vedische Prophezeiungen und Nostradamus
• Ursprung von Yoga und Religion
• Prädestination und freier Wille
• Individuelles und kollektives Karma

*Der multidimensionale Kosmos,
Band 2:*

Armin Risi

UNSICHTBARE WELTEN

*Astrale und außerirdische Wesen im
Hintergrund des Weltgeschehens.*

ISBN 3-906347-31-1
4. Auflage, 384 Seiten, gebunden
€ 24,– / Fr. 43.20

Irdische Ereignisse werden erst dann durch-
schaubar, wenn man die überirdischen Einflüsse
mit in Betracht zieht. Denn die Erde existiert
nicht isoliert im Weltall, sondern ist Teil eines
multidimensionalen Kosmos: Sie ist verbunden
mit astralen und außerirdischen Dimensionen.
Die Realität ist nicht auf die sichtbare Materie
beschränkt.

Aus dem Inhalt:

• Die Kategorien von astralen und
  außerirdischen Wesen
• Unterscheidungskraft
• Göttliche und dunkle Mächte im Hintergrund
  des Weltgeschehens
• Resonanz: Die Weltformel
• Was ist materiell, was spirituell?
• Die Ideologie der «Illuminaten»
• Manipulation, Magie und Religion
• Der Kampf um die Erde

Der multidimensionale Kosmos,
Band 3:

Unterscheiden, ohne zu urteilen.

Armin Risi

MACHTWECHSEL
AUF DER ERDE

Die Pläne der Mächtigen, globale
Entscheidungen und die Wendezeit.

ISBN 3-906347-44-3
4. Auflage, 596 Seiten, gebunden
€ 24,– / Fr. 43.20

Armin Risi

LICHT WIRFT
KEINEN SCHATTEN

Ein spirituell-philosophisches
Handbuch.

ISBN 3-906347-62-1
2. Auflage, 504 Seiten, gebunden
€ 24,– / Fr. 43.20

Was sind die Pläne der Mächtigen? Was ist die Wahrheit hinter den vielen Theorien um Geheimgesellschaften, Verschwörungen, UFOs und bevorstehende Umwälzungen? – Aufrüttelnde Erkenntnisse, die nicht mehr länger verheimlicht, verharmlost oder ignoriert werden dürfen!

Aus dem Inhalt:

- Freier Wille und Verantwortung
- Dualität und Individualität
- Die Doppelnatur des Negativen
- Money-pulation
- Die Rolle der okkulten Logen
- Neue Weltordnung und die neue Welt
- Die Gegenwart der Lichtwesen
- Die Transformation der Erde

Ein Buch, das viele berührt und alle betrifft.

Dieses Buch beschreibt eine Art von philosophischer Weltformel, mit der schlüssig und zeitaktuell die zentralen Aspekte unseres Seins erklärt werden können: Dualität und Einheit, das Relative und das Absolute, Schicksal und freier Wille, Karma, Gnade und Liebe.

In diesem Licht können auch die Schattenseiten und Halbwahrheiten der heutigen Zeit durchschaut werden, selbst wenn sie sich mit schönen Worten wie «neue Weltordnung», «Weltfrieden» und «neue Ethik» tarnen.

Diese Themen sind heute von zentraler Bedeutung, weil wir in einer Zeit leben, in der uns die kollektive wie auch die persönliche Vergangenheit einholt und nach Heilung, nach Vollendung ruft.

Einweihung in die Geheimnisse unserer Her- und Zukunft.

Tom H. Smith / Armin Risi

DAS KOSMISCHE ERBE

ISBN 3-906347-54-0
2. Auflage, 384 Seiten, gebunden
€ 22,– / Fr. 39.60

Die Ur-Zivilisationen entstanden nicht aus einer Tier-Evolution, sondern aus einer DEVOLUTION: Die Menschen kamen aus höheren Dimensionen des Kosmos hinunter in die Verdichtung der Erde. Das bedeutet: Wir sind Träger eines kosmischen Erbes, sowohl im geistigen als auch im biologischen Sinn.

Das geistige und genetische Erbgut der Menschen birgt höchste Potentiale in sich und wird gerade deshalb schon seit «Adams Zeiten» von denen, die die Menschen beherrschen wollen, negativ programmiert und manipuliert. Heute jedoch, im Jahrzehnt der Entscheidung, haben wir die Chance, uns endgültig zu befreien.

Was die Menschen während Jahrtausenden nicht wissen sollten, wird nun aus höheren Quellen medial offenbart. Dieses Buch ist eine Einweihung in weltbewegende Geheimnisse, denn die Wahrheit will endlich ans Licht. Die Zeit ist reif.

Die Rätsel um Erschaffung und Evolution der Menschheit.

Isa Denison

DER GÖTTLICHE CODE

ISBN 3-906347-70-2
360 Seiten, geb., durchg. zweifarbig illustriert
€ 22,– / Fr. 39.60

In den Runen der Edda ist auf geniale Weise ein göttlicher Code verborgen. Er zeigt die Evolution der Menschheit vom Beginn bis zum Ende der Zeit. Dieses Buch schildert den spannenden Prozess seiner Entschlüsselung und überrascht mit bahnbrechenden Forschungsergebnissen.

Wegweisend sind auch die Informationen, die aus göttlichen Quellen in das Werk eingeflossen sind. Sie beleuchten sowohl die Zeitalter, die wir Menschen bereits durchschritten haben, als auch das gegenwärtige und die noch folgenden.

Wir lernen die Hintergründe unserer Erschaffung und das Ziel unserer Entwicklung kennen und erleben einen Gott, der uns liebevoll und mit Humor begleitet.

Entdeckungsreisen
durch die menschliche Psyche.

Was uns zur Inkarnation
auf der Erde bewegte.

Ulrich Kramer

IM INTERNET DER SEELEN

ISBN 3-906347-63-X
320 Seiten, gebunden
€ 22,– / Fr. 39.60

«MindWalking» – eine neue Methode zur Persönlichkeitsentwicklung. Ohne Hypnose oder andere Hilfsmittel gelingt es ganz normalen Zeitgenossen, die Pforte zu ihrer Innenwelt zu durchschreiten. Zu ihrer eigenen Verblüffung gelangen sie dabei zu persönlichen Einsichten, die weit über die Grenzen von Schulweisheit und herkömmlicher Psychologie hinausgehen.

Die in Band I präsentierten Erlebnisberichte zu Themen wie vergangene Inkarnationen, telepathische Vernetzungen und dergleichen eröffnen faszinierende Dimensionen der menschlichen Psyche und vermitteln ein vertieftes Verständnis von Körper, Geist und Selbst.

Eine spannende Darstellung auf wissenschaftlichem Niveau!

Ulrich Kramer

AUS FERNEN WELTEN

ISBN 3-906347-64-8
220 Seiten, gebunden
€ 22,– / Fr. 39.60

Auch in Band II berichten Augenzeugen von ihren Erlebnisreisen durch die Welt der Psyche. Dabei werden die kosmischen Urgründe des menschlichen Schicksals beleuchtet.

Der Leser erlebt «live», wie gestandene Bürger während ihrer MindWalking-Sitzungen trotz aller Skepsis ihr gewohntes Weltbild durchbrechen. Sie sehen sich mit der Perspektive konfrontiert, daß sie nicht von dieser Erde stammen, sondern mit besonderem Auftrag hier sind: als kosmische Entwicklungshelfer, als Abgesandte überirdischer Mächte. Aber die Widerstände waren größer, die Gegner mächtiger, als sie dachten.

Nun, als Ergebnis psychologischer Detektivarbeit, wird lange vergessenes oder gewaltsam gelöschtes Wissen wieder verfügbar.

Band 1

Wladimir Megre

TOCHTER
DER TAIGA

ISBN 3-906347-65-6
200 Seiten, geb. Ausgabe mit Lesebändchen
€ 16,– / Fr. 28.80

ISBN 3-906347-66-4
200 Seiten, Taschenbuchausgabe
€ 9,50 / Fr. 17.50

Anastasia ist die Botschafterin eines uralten Volkes, dessen Nachkommen noch heute vereinzelt in der Taiga leben, von der Zivilisation unbeeinflußt und nach wie vor im Besitz der «paranormalen» Kräfte, die der moderne Mensch weitgehend verloren hat.

Dieser Band beschreibt, wie Wladimir Megre 1994 während einer Geschäftsreise in die Taiga seine erste Begegnung mit Anastasia hatte, die sein Leben von Grund auf verändern sollte. Er wird konfrontiert mit einer faszinierend einfachen und göttlichen Lebensweise, die für den modernen Menschen schwer vorstellbar ist.

Weitere Themen sind die Herkunft des Menschen, Gesundheit, kosmische Heilkraft, richtige Ernährung, die Ursache von Krankheit und die Zukunft der Menschheit.

Band 2

Wladimir Megre

DIE KLINGENDEN ZEDERN
RUSSLANDS

ISBN 3-906347-71-0
240 Seiten, geb. Ausgabe mit Lesebändchen
€ 16,– / Fr. 28.80

In diesem Band erzählt der Autor, wie sich nach seinem Treffen mit Anastasia sein Leben auf dramatische Weise wandelte und wie es dazu kam, dass er mit dem Schreiben begann. Die Kette von Ereignissen, die daraufhin ausgelöst wurde, zeigt den überweltlichen, mystischen Einfluß der Taiga-Eremitin und welche Kraft im Traum des Menschen liegt – vor allem dann, wenn er von vielen gemeinsam geträumt wird.

Anastasia betont die Wichtigkeit der reinen Gedanken für eine spirituelle Entwicklung. Die Beziehung zur Umwelt und insbesondere zu den Pflanzen spielt hierbei eine entscheidende Rolle.

Weitere Themen sind die Heilkräfte des Zedernöls sowie die Bedeutung der Dolmen als kosmische Speicher der Weisheit. Außerdem erzählt Anastasias Großvater aus dem Leben seiner Enkelin, die bereits als kleines Kind hochbegabt war und außergewöhnliche Begegnungen hatte …

Band 3

Wladimir Megre

RAUM DER LIEBE

ISBN 3-906347-74-5
220 Seiten, geb. Ausgabe mit Lesebändchen
€ 16,– / Fr. 28.80

Um seinen Sohn zu sehen und Antwort zu finden auf zahlreiche Fragen, unternimmt Wladimir Megre eine weitere Reise in die Tiefen der Taiga. Die Wildnis birgt jedoch ungeahnte Gefahren. Zudem muss er feststellen, dass er längst nicht mehr der Einzige ist, der nach Anastasia sucht. Einflussreiche Kreise sind auf sie aufmerksam geworden und trachten danach, ihre außergewöhnlichen Fähigkeiten für die moderne Wissenschaft nutzbar zu machen. Dabei wird ihnen eine Erfahrung besonderer Art zuteil.

Der Leser macht in Band 3 ferner Bekanntschaft mit dem Wirken eines hochenergetischen Geistwesens und mit Anastasias «Antisystem» der Kindeserziehung, bei dem beispielsweise die traditionelle Rolle von Vätern und Lehrern hinterfragt und in neue Bahnen gelenkt wird. Der «Raum der Liebe» spielt dabei eine zentrale Rolle für die gesunde Entwicklung des Kindes und die Verantwortlichkeit der Eltern. In diesem Zusammenhang erwartet auch Wladimir eine neue, umfangreiche Mission ...

Band 4

Wladimir Megre

SCHÖPFUNG

ISBN 3-906347-75-3
236 Seiten, geb. Ausgabe mit Lesebändchen
€ 16,– / Fr. 28.80

In Band 4 gewährt Anastasia Einblicke in die Urschöpfung und in die Werdensgeschichte des Menschen, dem im Kosmos eine besondere Rolle zugedacht ist.

Unter dem Einfluß astraler Mächte jedoch hat er im Laufe der Jahrtausende seine Aufgabe als Mitschöpfer vergessen, und damit ist ihm auch der Zugang zu wahrer Erkenntnis verwehrt. Sein analytisches «Wissen» kann ihm nicht zu einer ganzheitlichen Weltsicht verhelfen.

Doch die ursprünglichen Kräfte des Menschen schlummern noch heute in uns allen. Insbesondere die Energie geistig inspirierter Leitbilder, die bereits die Zivilisation des antiken Ägypten trug, kann auch in der heutigen Wendezeit zur Entfaltung einer neuen Zivilisation beitragen.

Ein wichtiger Schritt in diese Richtung ist die Entstehung von Familienlandsitzen. Anastasia geht detailliert darauf ein, wie man solche Oasen praktizierter Erdverbundenheit auch mit einfachen Mitteln natur- und umweltgerecht errichten kann.

Einführung in die Wissenschaft der Seelenwanderung.

Ronald Zürrer

REINKARNATION

ISBN 3-906347-61-3
144 Seiten, Taschenbuch
€ 9,50 / Fr. 17.50

Gemäß aktuellen Umfragen glauben heute rund 70 % · der Bevölkerung im deutschsprachigen Raum an eine Weiterexistenz der Seele nach dem Tod, und bereits rund 35 % glauben überdies, daß wir uns im Sinne der Wiedergeburts- bzw. Reinkarnationslehre neu verkörpern können.

Diese Zahlen sind steigend: Immer mehr Menschen, insbesondere aus der jüngeren Generation, interessieren sich für die Idee der Seelenwanderung und möchten mehr darüber erfahren.

Dieses Buch aus der neuen Taschenbuchreihe «Grundlagenwissen im Govinda-Verlag» bietet dem Leser eine Einführung in die zentralen Aspekte der Lehren von Karma, Dharma und Reinkarnation. Alles Wichtige, was man über die Wiedergeburt wissen muß und was darüber bis heute bekannt ist, wird in kurzen Kapiteln angesprochen und in leicht verständlicher Weise erklärt.

Vorteile einer fleischlosen Ernährung.

Armin Risi / Ronald Zürrer

VEGETARISCH LEBEN

ISBN 3-906347-77-X
ca. 120 Seiten, Taschenbuch
€ 4,50 / Fr. 8.–

Vegetarisch leben ist nicht nur eine gesunde, vollwertige Ernährungsweise, sondern auch Ausdruck eines bewußten Lebensstils. Vegetarisch leben ist ein aktiver Schritt, um den destruktiven Tendenzen der modernen Zivilisation entgegenzuwirken. Denn die Nachteile des globalen Fleischkonsums werden immer offensichtlicher.

Dieses Buch aus der neuen Taschenbuchreihe «Grundlagenwissen im Govinda-Verlag» vermittelt die wichtigsten Informationen zur Diskussion über Vegetarismus und Fleischkonsum:

- Gesundheit durch vegetarische Ernährung
- Fleischessen und Zivilisationskrankheiten
- Wirtschaftliche und ökologische Problematik der Fleischproduktion
- Tiermißhandlung durch die Fleischindustrie
- Ethik und menschliche Verantwortung
- Zitate berühmter Vegetarier
- Vegetarismus in den Weltreligionen
- Kollektives Karma und die Weltsituation
- Die Macht des einzelnen